U0840610

珍藏本
纪念版

汉译世界学术名著丛书

路　标

〔德〕海德格尔 著

孙周兴 译

2017年·北京

Martin Heidegger

WEGMARKEN

2. erweiterte und durchgesehene Auflage 1978

3. durchgesehene Auflage 1996

Verlag Vittorio Klostermann GmbH, Frankfurt am Main 1967

本书根据德国维多里奥·克劳斯特曼出版社 1996 年第三版全集版第 9 卷译出

汉译世界学术名著丛书
（120 年纪念版·珍藏本）
出 版 说 明

2017 年 2 月 11 日，商务印书馆迎来 120 岁的生日。120 年前，商务印书馆前贤怀揣文化救国的理想，抱持"昌明教育，开启民智"的使命，立足本土，放眼寰宇，以出版为津梁，沟通中西，为中国、为世界提供最富智慧的思想文化成果。无论世事白云苍狗，潮流左右激荡，甚至战火硝烟弥漫，始终践行学术报国之志，无改初心。

迻译世界各国学术名著，即其一端。早在 20 世纪初年便出版《原富》《天演论》等影响至今的代表性著作，1950 年代后更致力于外国哲学和社会科学经典的译介，及至 1980 年代，辑为"汉译世界学术名著丛书"，汇涓为流，蔚为大观。丛书自 1981 年开始出版，历时三十余年，迄今已推出七百种，是我国现代出版史上规模最大、最为重要的学术翻译工程。

丛书所选之书，立场观点不囿于一派，学科领域不限于一门，皆为文明开启以来，各时代、各国家、各民族的思想与文化精粹，代表着人类已经到达过的精神境界。丛书系统译介世界学术经典，引领时代思想，为本土原创学术的发展提供丰富的文化滋养，为推动中国现代学术和现代化进程做出了突出的贡献。

为纪念商务印书馆成立 120 周年，我们整体推出“汉译世界学术名著丛书”120 年纪念版的珍藏本，寄望既利于文化积累，又便于研读查考，同时向长期支持丛书出版的译者、编者和读者致以敬意。

两甲子后的今天，商务印书馆又站在了一个新的历史时间节点上。我们不仅要铭记先辈的身影和足迹，更须让我们的步伐充满新的时代精神。这是商务人代代相传的事业，更是与国家和民族的命运始终紧密相连的事业。我们责无旁贷，必须做好我们这代人的传承与创造，让我们的努力和成果不仅凝聚成民族文化的记忆，还能成为后来人可以接续的事业。唯此，才能不负前贤，无愧来者。

商务印书馆编辑部

2017 年 10 月

纪念库尔特·鲍赫

我们相互参加对方的艺术史和哲学方面的讲座和讨论班，由此建立和证明了我们的深厚友谊。由一种专心致志的共同的追问之思带来的要求，促使我把本卷论文集——那是在这一个存在问题的行进途中的一系列逗留——献给我的这位已故的友人。

马丁·海德格尔

目　　录

前　　言

本书把我的一些已经公开发表过的文章(参看书后之“说明”,第 568 页)串在一起,意在让读者对一条道路有所体察;这条道路只在途中向思想显露出来——既显示又隐匿。

也许,这乃是一条通向对思想之实事的规定的道路。这种规定并不带来什么新鲜东西。因为,它乃在老中最老者之前进行。它要求那种在持续地被寻求的同一者之同一性中的逗留。

通向这种逗留的道路,不许人们像描写某个现成事物那样去描写它。对力图踏上这条道路的人来说,有所助益的只有持续不断的用力,努力去探讨(即在其位置上去寻找),“存在”(sein)这个词语一度作为有待思的东西已经揭露了什么,这个词语有朝一日也许作为被思的东西将掩蔽什么。

凡踏上思想之道路者,极少知道:是什么东西作为规定性的实事推动他——仿佛从背后战胜了他——走向这个实事。

凡投身进去,向着在老中最老者中的逗留行进的人,都要服从一种必然性,就是他以后必然会受到不同的理解,受到一种与他本人所认为的自我理解不同的理解。

不过,这种必然性建基于那种可能性中,即:依然还有一个自由的运作空间满足历史性传承的要求。也有可能是这样的情形:

历史与传承被拉平了，被平整为对信息的均匀贮存，并且作为信息被用于不可避免的、为一种受操纵的人性所需要的规划。

是否这样一来，就连思想也已然在信息装置中一命呜呼，或者，是否对思想来说，一种进入庇护的沉落(ein Unter-Gang in den Schutz)是由它那个对它本身遮蔽着的渊源决定的，这依然是一个问题。现在，这个问题把思想指引到在悲观主义和乐观主义这一边的地带之中。

1967 年初夏记于弗莱堡

评卡尔·雅斯贝尔斯《世界观的心理学》[1] 1

讨论伊始，我们必须承认，从现有的当代科学和哲学认识的状况中，我们找不到一个“适当的”的方向，借以对雅斯贝尔斯眼下出版的这本著作做一种积极的启发性的批判。这种承认或能恰如其分地显示这份成果的独立性和意义。这里，对一种符合并且追踪内在意图的批判的途径和要求的广度做一种先行思考——而不是对各种可能的方法作某种无益的讨论——，应能有助于我们把评论对象的特性刻画出来。

这部著作起于作者雅斯贝尔斯为谋求心理学整体所作出的种种努力（参看该书，第 5 页），作为整体的心理学应该让人认识到“人是什么”（同上）。世界观的心理学（Weltanschauungspsychologie）是这个整体的一个具有特殊形态和作用的部分，它意在检视“心灵生活的限界”，并因而为心灵提供一个清晰的总体视界。进一步，这种对限界的检视就是一种通盘清理和审视，亦即对在其实质的总体性中的人类精神存在的最终位置的通盘清理和审视。这

---

[1] 《世界观的心理学》一书初版于 1919 年，系雅斯贝尔斯在德国海德堡大学的讲课稿。1921 年，海德格尔把他写的这篇关于《世界观的心理学》一书的评论寄给雅斯贝尔斯，对该书提出了一些批判性的意见（参看《路标》书后之“说明”）。雅斯贝尔斯后来曾回忆说：海德格尔是“唯一知道我尚不完善之处的专业同仁”。——译者注

就意味着一种“对我们眼下抽象地拥有的那个区域的标划”（第6页）。世界观的心理学只是我们藉以赢获“支持”而得以把握心灵整体的一条道路。另一条道路则出现在“普遍的心理学”（原理学说和范畴学说、心理学认识的方法论）中。正如雅氏在这部著作中所做的，这是一种对作为一个整体的心灵—精神生活的基本力量和倾向的审视性理解和明察。在还没有就其真正的目的对之作出评价的情况下，我们可以说，这样一种理解和明察本身，对精神病
2 学以及各门精神科学来说，是具有某种促进认识的意义的，因为它丰富了“自然的”心理学的理解，使这种理解变得更为敏感、更为活泼，使之对心灵存在的细微之处、各个维度以及各种层面差异更有感受力。

不过，作为谋求心理学整体的努力，作为谋求为心理学赢获原则性的视界和区域的努力，这部著作的具体倾向，已然可称为“哲学的”倾向了。虽然世界观的心理学并不想阐明和强求任何一种实证的世界观，但它却是要通过对心灵的位置、过程和阶段的理解性清理和审视，提供出“作为（世界观的）自我沉思之手段的那些澄清和可能性”（见该书“前言”）。因此，前面提出的任务方向（即赢获心理学之整体）才包含着它的最终的目标设定。第一组任务的实行方式，同时就是第二组真正的和哲学的任务的完成途径。而且另一方面，以一种确定地被刻画出来的哲学思考为目标的倾向，又为围绕心理学问题的努力提供了一个根本性的向导。

批判应击中要害。这就是说，批判不应面向秩序模式的确定的内容特性、个别片段，诸如对之作出修正，用其他特性和片段来替代它们；批判的意图并不是对内容作补充性的添加，补上一些未

被注意的“类型”(Typen)。对这种哲学批判工作的方式，需要着眼于它的基本态度并且联系于它企图解决的难题来加以规定。随着这样一种规定，批判工作的要求的作用范围也就同时得到了界定。

在基本态度上，批判应开放出雅斯贝尔斯这部著作的真正倾向；恰恰凭着这种开放，批判要把处处居于支配地位的问题的特征方向及其基本动机更鲜明地突出出来，并且要确定：以何种方式，任务的开端、在实行过程中方法手段的选择和应用种类，是真正符合于这些倾向本身及其显著表现的；着眼于试探性的哲学思考的 3
基本方向，是否完全足以获得这种动机和倾向本身。以此种方式，任何一种有确定取向的标准批判(Maβstab-Kritik)都不起作用了。这就是说，批判工作并不是要迫使雅斯贝尔斯的思考面对一种已经成形的、在其方式上得到可靠奠基的哲学，也不是要就其与哲学问题域的一个已得到贯彻的实质性体系的距离来估价雅斯贝尔斯的思考。同样地，我们也不应按照方法上的科学—哲学的严格性的某个凝固理想，来衡量雅斯贝尔斯的这些思考。当这些标准在本己的哲思(Philosophieren)中已经变得可动用之际，这样一种标准批判就不仅可能是合理的，而且也可能是迫切的了；而当所议论的著作被接受为令人不安的、煽动性的和挑战性的著作时，情形尤为如此。但是，即便这种探究并不是按照诸如“绝对的真理效用”、“相对主义”和“怀疑主义”之类的理念而受评判的，一种标准批判也还应当被排除掉。之所以要停止这样一种衡量，乃是因为我们的评论恰恰是想增强良知，以便有朝一日重新去追问这样一些哲学上的认识理想之设定所具有的真正意义上的“精神历史

的”、意义发生学的原始动机，并且重新去查明，这些哲学上的认识理想之设定是否符合哲思的基本意义，或者，它们是否不如说过着一种隐居生活，亦即过着一种在漫长的正在向虚假脱落的传统中固定下来的、久已缺乏源始居有的隐居生活。① 在此始终活生生的乃是这样一个信念：凭着一个“新的”哲学纲领的“发明”，这样一种良知之增强并没有得到完成，而且真正说来，根本就还没有开始；相反，它必须完全具体地实现在一种具有确定方向的、精神历史上的对传统的解构（Destruktion）中。这种解构任务相当于那种阐明，即对于哲学的基本经验从中源起的那些给出动机的源始
4 情境的阐明——而前述的那些理想设定必须被理解为哲学的基本经验的理论构成。在这里，“理论”本身的意义特征是专门为其本原而设置的（参看柏拉图—亚里士多德）。关于这一任务的意义和规模的“观念”乃是这样一个“观念”，即：这一任务不能轻易地被高估，而毋宁说，恰恰是**由于局限于这一任务**，在有意识地抛弃掉某种“创造性”哲思的那些流传下来的、在历史上却是有所依赖的抱负和野心的情况下，人们才能具体地看到**那个**“亟需的东西”。

这就是说，我们愈是确定地撇开一种意图，即共同去测定那些已牢固地构成、但确凿地缺乏彻底占有的方向，则对所有放纵的、以无约束性和假源始性为前提的“生命哲学”的怀疑就愈加强烈。正是这种“生命哲学”受到了怀疑，而且，这种哲学是从下面这一点上得到分析的，即：何种哲学上的基本动机，何种没有为这种哲学

① 德语短语“ein Schattendasein führen”意思为：“过默默无闻的生活”、“过隐居生活”，在此语境中，似亦可按照字面译为：“实行一种隐蔽的存在”。——译者注

本身所看到的、并且尤其对它来说由于其贫乏的占有状况而不可把捉的哲学上的基本动机，恰恰在这种哲学中——即便是在完全脱落了的形态中——起着反应。

放弃一种在提供固定的方向标准意义上的批判，这绝不意味着不加批判地支持一种悬而未决的、无视差异的、调解一切的混合主义。也有一个固定的方向包含在我们这里要贯彻的基本态度中，而这种基本态度的要旨恰恰就显示在那种坚持方式中。在任何时候，批判性倾向的这种方式都隶属于某种解构性的自我更新的居有(eine sich destruktiv erneuernde Aneignung)。批判乃是一种真正意义上的现象学批判。这种批判是“无前提的”，但这里所谓“无前提的”，却不是在下述的恶劣意义上来讲的，即：人们把那种在本己的客观精神历史处境里径直“在手边现成”的东西扩大开来，扩大到“实事本身”(Sache selbst)的自在(das An-sich)之中，而无视于这样一个固有特性：一切直观之实行，都发生在某个确定的方向和某种预先取得区域的先行把握(Vorgriff)之中，而且，一种直观(Anschauen)，一种想避开那些与实事格格不入的建构观点、仅仅在这个方面关心其直接性的直观，只是太过容易地耽 5 于那种盲目，就是对于本己的、说到底并非源始的动机基础的盲目。源始性(Ursprünglichkeit)之意义并非一个外在于历史的或者超越于历史的理念，不如说，此种意义显示在这样一回事情上，即：无前提性本身唯有在实际地以历史为取向的固有批判中才能被赢获。那种连续的为赢获其本身的关心之实行恰好构成了它本身。[在这里，所谓“历史的”(historisch)，是在某种意义上被理解的，而这种意义恰恰在我们接着的考察中至少要有更进一步的阐

明。]这里所猜度的无前提性，必须理解为哲学的、而不是特殊科学的无前提性。通向哲学所要考虑的“实事本身”的，乃是一条宽广的道路，以至于最近在一些现象学家那里丰富地表现出来的本质洞见方面的慷慨大度(Freigebigkeit)，就是一种十分值得深思的情况，这种情况是无法与布道上的“宽怀坦诚”和“献身精神”相称的。或许，对我们来说，甚至连达到哲学之实事的路向也已经被掩盖了，并且需要一种彻底的开采和回采(Ab-und Rückbauen)，需要一种真正的、在哲思本身意义上共同实行的对我们本身所“是”(sind)的历史的辨析。说到底，这条方向确定的弯路(Umweg)以及这种合乎实行的弯路理解(Umwegverstehen)就是**唯一的**道路。依然有待思索的问题是：是否还不到时候，去查明我们在何种意义上已经完全完成得了我们自以为“具有”和“是”的那个东西——与“我是”(ich bin)之意义的基本问题相联系；是否我们——没有在哲学上严格地把握主要问题——并不是在一种没有被接受为使命的关于文化之拯救的忧心中，开展一种无可名状的勤勉忙碌，忙于无关紧要的小事，忙于那些被某种从前的思维忙碌活动(这种活动
6 过于**深远地**寻求哲学的一切对象)长期称为基本问题的无关紧要的小事。现象学的无前提性标志着一种态度和方向(而且这既不是运动，也不是先知般的、带来救世的渲染)。在现象学的无前提性意义中，包含着这样一回事情：一种由它实行的批判要探究那种东西，这种东西构成问题开端和概念阐明的直观上的经验基础(在现象学意义上理解的经验)。这种赋予基础的“直观”(Anschauung)的源始性、动机、倾向、实行的纯真性以及真正的坚持，将受到批判性的质疑。

这样一种批判性的基本态度开放出研究对象，但却在其内在的预先规定中追踪研究对象，又根据这些预先规定的真正昭示出来的固有意义来考查这些预先规定。这种批判性的基本态度始终处于误解的危险中，或者说，处于那种强行推进的危险中，即强行进入没有预期到的轨道之中，有强调和突出那些没有被选择的倾向的危险。与这个角度上的失败程度相应，积极的批判的传达价值也将一道下降，并且局限于对冒险进行批判者的特有说明的作用上。但不论情形如何，它归根到底像一切着眼于同时代人的效果倾向的哲思一样，依然停留在那个力求**引人注意**的要求范围之内。

批判工作的“积极方面”只在于：提出问题，“更鲜明地”把捉意图；这里有可能出现这样的事情，即所谓“更鲜明地”，其意思不同于仅仅渐渐地得到净化的概念描述。关于彻底解构性的、但始终具有原则性方向的“准备工作”的困难（也许也包括持久的烦琐）的意见是太大了，以至于不敢冒险端出完成了的结论。如若能够成功地在引人注意中使这种或者那种对于所讨论的现象之阐明来说决定性的动机经验起作用，那也就足矣。

对前面指出的雅斯贝尔斯著作中两个任务方向的阐明，即对
其先行的任务（对心理学整体的构造）和真正的任务（提供出作为 7
自我沉思之手段的澄清和可能性）的阐明，能够把人引入批判要强调的问题的方向之中。世界观的心理学检阅心灵之整体。世界观方面的运动必须根据“限界境况”（Grenzsituationen）来理解（第256页）。“从整体看来，必定发生一种对全部心灵的影响，而且，一切也许将以某种方式对一个人的世界观来说变得决定性的”

（第 11 页）。随着对这个整体的标画，就为心灵生活整体赢得了一个“清晰的视界”。这种致力于对心灵整体的区域性确定的努力，迄今为止从未以这样的途径和这样的规模进行过，甚至根本就没有被争取过。在最初的任务开端中，这种努力处理的是心灵生活的某个基本方面。心灵生活是有限界的，在那里有“限界境况”，对“限界境况”可能有某些特定的“反应”，这些对自相矛盾地构造起来的限界境况的反应，“发生”在作为其媒介的心灵生活的“活生生的过程”中（第 257 页）。精神性此在（Dasein）是通过自相矛盾而形成的（第 315 页）。与世界观的心理学的问题态度一道被给予的，是一种确定的对心灵的把握，而心灵本身在问题开端之前并没有显突出来，是在一种确定的以传统方式发生的先行把握中被认识的：心灵具有限界、限界境况，对于这些限界和限界境况，**必定**发生一种对那些组成此在的精神力量之运作的“影响”。心灵的这一处于先行把握中的基本方面，从真正起指导作用的问题倾向来看，是否是一种可能的或者说真正合乎倾向的方面，是否由此并没有以不合理的方式采用未经检验的预先设定，是否由此而彻底地有助于赢获心理学整体的任务，是否这项任务根本上只能以这一方
8 式才能孤立地被提出来——凡此种种问题，必须得到一种原则性的疑问沉思。而首先重要的只是要看到这样一点：**在问题开端中，已经有一种以某种方式清晰地发出的对心灵的先行把握得到了预先确定并起着作用了**。

世界观的心理学并不是要阐发和强求一种生命学说，它的目标倒是要“给出作为自我沉思之手段的各种澄清和可能性”。这种澄清工作乃是**关于**以某种方式被看待的“生命”的澄清；随着澄清

之开端、澄清之技术、澄清之目标的范围和方式，对于这样一些澄清的占有者来说，生命本身就**被逼入某个确定的方面之中**。如果说可能性被开启出来，那它们就是**在**生命和心灵此在的一个确定地被表达出来的方面**中**的可能性，是**对**这个方面**而言**的可能性。也就是说，是借此表达出生命本身之方式的一个本质性意义。尽管人们力求以没有偏见的纯粹观察态度来贯彻一切，但着眼于一种自我沉思来看，即使是在观察中被描述的东西的被理解，按其意义来看，也已经要求着那种进入和同行(Ein-und Mitgehen)，即在某些对那个作为生命和本身被意向的东西的基本设定中的进入和同行。如果说真正的心理学是要去认识“人是什么”(第10页)，那么，在先行的和真正的任务提法中，一方面包含着对这个心灵—精神此在整体的存在意义的先行把握，另一方面也包含着对生命应在其中被澄清并且被经历的那种可能方式的先行把握，以及对那种根本上能够从自身中取得诸如“可能性”之类的东西的基本意义的先行把握。

然而，这一已经收入眼帘的对某些先行把握的共同实行，恰恰不应该诱发一种廉价的和徒劳的哲学上的假批判，譬如说，人们现在就责备雅斯贝尔斯，说他**违背了**他自己的意图，而根据这种责备，人们就宣告雅氏的意图的具体贯彻是不可能的，而且把其整体看作“原则上被驳倒了的”和“已完成了的”。这样一种批判在形式上看，始终占有某种论辩的优势，但它恰恰因此而放弃了积极的继续理解和逆溯理解的种种卓有成果的可能性。要紧的事情毋宁是，我们要**更为**鲜明地突出那些先行把握，向前推进到那种指向它 9
们的定向活动的动机、意义和范围，把它们的也许还明确地和真正

地得到共同理解的合乎意义的要求提升到意识之中，从而最后根据它们的内在意向的哲学上的重要性和源始性来对它们作出判断。

由此就得以显示和承认：先行把握“普遍地”“存在”于实际的生命经验中（就是说，也“存在”于科学和哲学活动中），重要的只是，当先行把握（举例说来）处于某种关于某物的原则性认识的实行的功能中时，共同经验到先行把握本身，并且是在为它们本身所要求的固有光亮中去共同经验这种先行把握。以此方式，一种具体的把握之实行的联系本身（例如某门科学）能够成为一种真正的和纯粹的联系，亦即在方法上变成为符合意义的联系。一切先行把握之问题都是这样一个“方法”问题，而且是一个按照先行把握的源始性、倾向、区域性方向和理论等级来看各个不同的问题。也就是说，人们必须使方法的意义与先行把握本身一道得到预先确定：方法与先行把握一道源自同一个意义源泉。在形式上显示出来的意义上（例如“道路”），对于“方法”的意义确定必须对真正的具体规定保持开放。尽管获得了这些真正的具体规定，但随着这一获得，可能通过形式的意义显示而突入的偏见也必然又被取消了。如果方法自始在对某门实事科学的孤立任务的适应中被看作诸如某种可替换的技术之类的东西，那么，人们就放弃了向来在其源始意义中理解方法的可能性，而且人们就把自身置入对于本己的、由这样一种设定承负的程式（Verfahren）的盲目性中。有可能出现这样的事情，即：对象性的东西——其方向确定的把捉方式明
10 确地被理解和实行，或者并没有作为技术、也即根本上没有作为与对象无联系的规定手段而被理解和实行——由此而在一种与它本身格格不入的把捉意义上最终被排挤掉了，而且，一切在“方法”及

其变异可能性上的消耗，始终都可以在真正被意向的对象上消失而未被认识。

对上面所显示的（包含在雅斯贝尔斯著作中的）先行把握问题的追踪意在表明，任务之开端之所以需要一个彻底的方法之沉思，不仅仅是因为本己的倾向应能发挥真正的作用，而首先是因为，在先行把握中被看待的对象乃是这样一个对象，它恰恰根据一种源始本己的、并非从外部加给它的、而是共同构成它本身的“方法”而成其所是。如若“严格的”意识缺乏这样一个阐明难题（Explikationsproblematik），那么，虽然所讨论的对象始终还可能以某种方式真正得到意向，但这样一来，一种远未得到阐明的直观替代物和概念替代物就已经被推到它面前，进而，这对它的合乎认识的掌握来说，始终还提出这样一个要求（根据真正的、但不能把捉的意向来说明），也即从不同方面得到处理的要求。而最后，替代物却显突出来了，以至于它冒充自己是真正的现象，也就是说，对真正的经验可能性而言，本真的现象消失了，并且只还在字面上是正确的。“我们并不具有占据统治地位的方法，而是一会儿有这种方法，一会儿有那种方法”（第 11 页），而且，这是在“纯粹考察”的基本态度范围内讲的。

在形式显示[①]中，要讨论的真正对象被确定为实存

① “形式显示”（formale Anzeige，或译为“形式指示”）是海德格尔在早期弗莱堡时期（1919—1923 年）形成的一种重要的现象学方法。在本文中，海德格尔把它称为“现象学阐明的某个方法阶段”。在 1921/1922 年冬季学期讲座《对亚里士多德的现象学阐释》中，海德格尔指出：“形式显示”只是给出哲学批判的“开端方向”，而并不给出“对象之规定”（《全集》第 61 卷，德文版，第 32 页）。另可参看海德格尔：《宗教现象学导论》（《全集》第 60 卷），以及《存在学（实际性的解释学）》（《全集》第 63 卷）。——译者注

(*Existenz*)。在这样一种形式上显示出来的意义中,这个概念指示着“我在”(ich bin)现象,即包含在“我在”中的存在意义;而后者乃是一种原则性的现象联系及其所包含的问题的开端。随着这种
11 形式显示(其中可以看出一种方法上的、在此不能进一步予以阐明的一切哲学概念和概念联系的基本意义),恰恰要预防一种非批判性的沉迷,即要预防沉迷于某种诸如基尔凯郭尔或者尼采的实存理解中,以便赢获一种可能性,得以去探究实存现象的某种真正意义,并阐明这种探究。在一个关于基尔凯郭尔的评论中,雅斯贝尔斯说:“实存之意识恰恰经由自相矛盾的境况之意识而发生”(第227页)。从限界境况中,有一道光线投射到活生生的此在上。“在限界境况中升起最强烈的实存之意识,后者本身乃是关于某个绝对者的意识”(第255页)。“对生命体来说,限界境况就是终极者”(第284页)。随着对限界境况的批判性分析(第212—257页),我们就抓住了那个使整部著作凝结起来的核心。于是就必定有可能,至少是在雅斯贝尔斯之研究的这一具体的、也最激烈的段落上,更进一步阐发出上面所勾勒的先行把握问题和方法问题。[这里,雅斯贝尔斯让他的虽然承袭基尔凯郭尔和尼采、但却完全非同寻常的、在开启和发掘“心灵状态”方面的能力和能量发挥作用了,并且由此把出现的现象带向一种宝贵的专注——尽管它更多地只是一种规整性的专注(Konzentration)。]

存在着某些决定性的境况,“它们与人之存在本身相联系,必然地与有限的此在一道被给予”(第212页)。人一旦想弄清楚世界和生命的总体性,他就会感到自己置身于最终的互不相容性(Unvereinbarkeiten)之中了。“我们本身与世界是矛盾地分裂

的”(第 203 页)。“此在的矛盾结构”(世界与我们本身,也即说,在客体方面与主体方面)“乃是客观的世界图景的一个限界”(?),在主观方面(?)与此相应的是“与每一个生命相联系的忧患”(第 214 页)。限界境况的这一“普遍因素”的“个别情形”是“斗争、死亡、偶然、罪责”(同上)。对这一矛盾的境况,存在着一些反应,乃是人借以寻求对付这些境况以及面对这些境况而赢获支点的确定方式。12
“如果人从有限的境况继续进展,去认识这种境况之整体”,那么,他就会普遍地认识到“对立性”、“摧毁过程”。“因为一切对立的东西是能够被构成的,所以(这些对立性)就能够被思考为矛盾”(第 213—214 页)。所谓摧毁(Zerstörung),在理智中就是矛盾。“矛盾作为二律背反,始终处于我们的鉴于无限性的认识的限界上。因此,无限性、限界和二律背反是共属一体的”(第 215 页)。二律背反、限界的意义来自无限者的某个确定或不确定的方面。从二律背反中产生出作为生命力的统一体意志(Einheitswille)(第 223 页)。“‘统一体’总是一再被体验,而且恰恰是最激烈的背悖者,喜欢以矛盾的表达主张这样一个神秘的或者活生生的统一体”(第 225 页)。统一体生命乃是精神本身的生命(第 223 页)。人“始终处于通往无限者或者整体的道路上”(第 214 页)。

由此就可以十分清晰地看到:从这一被纳入真正的先行把握中的“整体”(“统一体”、“总体性”)出发,关于“摧毁”、“分裂状态”、“对立性”的说法才取得了意义。只要人是在“整体”中看,也即在先行把握中具有这一生命方面,看到自己本质上一道被置入这一作为终极者的整体之中了,把他的此在经验为由这一百折不挠的“媒介”所“包围”的此在,那他就处于二律背反之中。唯有从作为

整体的奔涌不息的生命的这一开端出发来看，对二律背反的摧毁、离间，以及对二律背反的经验，其意思也就是：处身于某个边界境况中。在意义发生上看，就连概念亦具有它的来自生命本身的起源。“而且，就像二律背反、无限性、限界、绝对者等等，是一些完全围绕生命整体的概念”（第 255 页），总体性亦然。这些概念不仅围绕生命整体，而且它们从生命整体本身中具有它们的意义，而这就是说：具有它们的概念性结构或者它们的无结构性，以及对它们的
13 任务要把捉和表达的东西的把握而言的能力或者无能（Eignung bzw Nichteignung）。对于这种“整体的看”的意思，以及在无限的反思中对二律背反的经验的意思，作者在书中并没有作出任何规定。无论如何，它就是一种从上面显突出来的先行把握而来才得到说明的、其开端、倾向和作用范围由此才得到调校的“思想”、“观看”；“对总体性的确定”（Sich-der-Totalität-Vergewissern）只有在**这种**先行把握中才具有某种意义。

看起来，仿佛上面这种对于指导性的先行把握的强调旨在表明，雅斯贝尔斯的立场是属于“生命哲学”的。这样一种看法是有可能的。而且，与之相联系的，可能是一种**具有确定方向的**对生命哲学本身的批判，诸如李凯尔特最近所提出的批判。当这种批判原则上要求严格的概念性“构形”（Formung）的必然性时，亦即从一个形式上（着眼于对严格的概念性的强调）无可辩驳的、但关于具体的设定则可讨论的哲学认识的理想出发来衡量这样一种批判时，这种批判就必定会普遍地获得赞同。但是，由此并没有确定这种构形的方式，哲学概念的结构给予过程的意义，哲学的—概念性的阐明的基本倾向。也许，在对概念性构形所做的本身合理的强

调中——其前提是，在一种超出形式的没有偏见的意义上，从实事科学的概念形成中看出的概念结构和关于构形的说法是正当的，而这个前提其实是需要探讨的——恰恰是**这个**问题还没有恰如其分地得到关注，而这个问题就在于："诸形式的意义差异化"（Bedeutungsdifferenzierung der Formen）的作用起因于"质料"（Material）。质料如何存在，它如何被"拥有"，对质料的通达（Zugang）的意义是何种意义？根据这种对质料的通达和拥有来说明的、保持在其中的对质料本身的概念化又具有何种特性？生命哲 14
学，尤其是狄尔泰的高级阶段的生命哲学——所有后继的生命哲学，作为更为糟糕的分店，其决定性方面都要归因于狄尔泰的生命哲学，他们都看错了狄尔泰的那些真正的、甚至在他本人那里也难以显然的直觉，——必须就其**积极的**倾向而得到追问，亦即要追问：尽管它本身被掩盖了，被在传统中收拾起来的表达手段（而不是源始地创造出来的表达手段）掩盖了，但在这种生命哲学中，究竟是否有一种哲思的激进倾向在冒险前进。我们这里的批判就是以此为目标的。关键是要看清，在本真精神历史的方向中形成的生命哲学——而不是特殊的文学家的生命哲学——（表达出来的或者没有表达出来的），乃是以实存现象为意向的。［由于这一点对于生命哲学的一种积极评价来说具有重要意义，故它也许可以暗示性地得到表述，即：我们把本身"模糊的"生命概念确此在它的那些主要的、但本身富有歧义的意义倾向的两个倾向中；这里有一种危险，就是在根本的问题方面对个别的生命哲学期望过多。今天人们吵吵闹闹地强调的、但并非确实可把捉的此在与直接的生命现实性、生命充实、生命要求、生命提高的关联方向，那种已经变

得习以为常的大量关于生命、生命感、体验和经历的谈论，乃是某种确定的精神状态的标志。从各不相同的经验方向而来的、精神历史上的动机的这种紧密交织的相互作用，导致了一种对精神现实的兴趣的支配地位，并且导致了对一种主要在精神科学中的兴趣的把握，而借此并没有完全排除关于生命的生物学上的基本观念。特征性的东西也许恰恰在于一种相互的和交互的运作，即一个特殊生物学的、一个确定的心理学的、一个精神科学的、一个美学的—伦理学的和一个宗教的生命概念的相互运作和交互运作。因此，说到底，当代哲学的问题主要集中在作为“原始现象”(Urphänomen)的“生命”上，或者是把生命设定为基本现实性，并且把一切现象都归结于这种基本现实性，把形形色色的一切都把握为“生命”的客观化和“生命”的显示；或者，则是把生命视为文化的塑造，而且把它与那些给予规范的原则和价值联系起来。“生命”这个疑难词语势必要保持在其多义性之中，为的是能够显示它所意指的各种现象。在这里，我们必须区分两个意义方向，生命的含义主要是根据这两个意义方向发生偏移的，而且从中表达出对于实存现象的倾向：

一、生命是最广意义上的客观化(Objektivieren)，是创造性的塑造和成就，是从自身放逐出去，而且因此模糊地臆指着诸如在这种生命中并且作为这种生命的“在此—存在”(*Da sein*)之类的东西。①

① 这里的“在此—存在”(Da sein)应与海德格尔本人所思的“此在”(Dasein)、“此—在”(Da-sein)相联系。做这篇书评时(1919 年)，海德格尔显然还在通向《存在与时间》的“此在实存论分析”的途中。——译者注

二、生命是体验(Erleben),生命是经验、把握、向自身赶超,而且与此模模糊糊地相联系的,是诸如在这样一种体验中的“在此—存在”之类的东西了。]

雅斯贝尔斯的这部著作的前导性就在于,他通过对迄今为止尚未被人们所认识的现象的有所规整的提供,使人们以最强烈的专注去关注实存问题,并且与此相联系,把心理学问题置入那些更为原则性的维度之中了。而他在哲学上的失败,也即在考察一种真正的对所意指的问题的把握和向这个问题的行进时的哲学上的失败,由下面这一点而变得显而易见,即:雅斯贝尔斯停留在未经检验的意见中,以为能够借助于上面明确地得到强调的先行把握去掌握实存现象,并且能够凭着那些恰恰从科学范围中可支配的概念手段去把握实存现象。

眼下我们需要做的,是在坚持积极的、以实存现象为定向的倾向的条件下,鉴于对这种实存现象的揭示和概念性把握,来讨论那种上面已经得到显突的先行把握,即对从实存现象出发的意义联 16
结之方式、实存现象之结构和它的方法上的作用范围的先行把握。

唯有在一种对无限的生命整体的考察中,我们才能够在功能方面理解诸如“生命的限界”、“限界境况”、“二律背反的结构”、“反应”、“活生生的过程”等概念的确定含义,也即理解这些概念在雅斯贝尔斯的秩序联系中所具有的功能。这些概念的意义可能性以某种方式维系于这个整体的开端,而且,所表现出来的意义联系最后始终被回溯到这个生命整体那里。

对于“实存”(Existenz)的概念性的基本联结而言,被纳入先行把握中的生命整体那种赋予意义的功能的方式,现在就可以以下面的方式显突出来。生物学上的肉体生命，按其目标联系来看，乃是一种强烈的无限性（Unendlichkeit），“我们从未……达到终点”（第 300 页）。这种无限性对立于个别存在（例如一块石头）的材料的无穷性（Endlosigkeit）。“这种与肉体生命相同的无限性占有着**精神之生命**”（同上）。甚至在这里，在对诸联系的观解中，我们也从未达到终点。“在这里，媒介是心理的东西。但在心理的东西中，恰恰存在着精神之**生命**，犹如现象的单纯**无穷性**，类似于在其个别形态中的僵死质料的事实的无穷性。这种精神生命的无限性，对我们来说是在此存在的，不论我们是一般地讨论这种生命，还是就个别品格的唯一的具体形态来讨论这种生命。精神的这种强烈的无限性（在精神生活着之际）对立于它的无穷性（在精神杂乱无章地存在之际）……”（第 300 页）。当我们抓住精神之生命时，我们便具有有限的东西、个别的东西。但我们可以看到，在这背后有某种东西作为力量而处于运动之中，而且作为定向运动而具有通向无限性的方向。因为生命就是“运动”，故精神生命的本质就在于：“成为道路，去实现它的各种性质”（第 301 页）。

17 问题的重点并不在于：在**肉体**生命上看出的无限性之意义的特征，是否可以如此毫无顾忌地转用到“精神之生命”上；某个个别存在的材料的无穷性（或者对这种材料的合乎认识的规定过程的无穷性），与有机体中的目的联系的无穷性（或者在对有机体的规定方面的无止境），绝不能在无限性的意义方面区分开来（这是在雅斯贝尔斯活动于其上的那个区分等级上来理解的）。借此绝没有确定生命之为生命的无限性的意义。这个客观的、似乎明确地在**生物学**的对象统一体中获得的关于无限性的“概念”，也被用于精神之生命,尽管在它的进一步规定中,有另一种东西在其间活动。在精神之生命中,人们注意到“那背后”有诸如某种进入无限者之中的运动。这里所谓“无限的”,其意思是在关于真正的生命体(也即目的联系)的观解过程的无穷性吗?或者,在此是引入了一种完全不同的意义的无限性?而实际上,这里所指的也不是精神的个别“产品和现象”的无穷性。精神的本质在此联系中被规定为“道路”;这个在“那背后”被经验的进入无限者之中的方向,显然指的是包含在行为的实行意义和关联倾向中的无限性,而这种无限性进而以某种方式与那种从对生物学上的生命统一体的客观的外部考察而来获得的“无限性”达成一致。然而,在这里,这个客观的无限性概念(相对于某种客观化的、关涉到质料或者有机体的**理论上的把捉**任务的有限性)并没有得到充分的澄清,也没有作出努力,根据“生命运动”本身去赢获并且在概念上确定无限性的全新意义(相对于某种定向的行为实行之联系本身的内在意义倾向的无限性),也没有确定这两个根本不同的无限性概念——假定它们 18
在此联系中根本上具有一种能澄清某个决定性的东西的意义——是否能够如此毫无顾忌地被统一起来。雅斯贝尔斯之所以能够在“单纯的考察”方面如此这般行动,原因在于那种先行把握,后者在客观化之际把“生命”本身设定为整体。在关于“无限的限界”、“无限的过程”的说法中,这两个本身模糊的无限性概念混为一谈,捉摸不定。甚至在一种按照其意向性的关联意义倾向(Bezugssinn-tendenz)来意指事物客体的先行把握中,雅斯贝尔斯就已然具有了作为整体的生命:“它在此”(es ist da),就是一个运动过程(运动:即意向上定向的;过程:即事件上“发生着的”)。在心理之物的

客观的存在媒介中有（*gibt es*）生命，它在那里出现，也在那里发生。作为整体的生命乃是一个“包围着的”区域，在其中进行着生命的构造和分解过程。认定力量、过程和现象运动具有一个“方向”，这一点绝不在生命的基本方面发生变化；这里所谓生命，就是作为包围着的领域、作为承荷着一切运动的“流”（Strom）、作为涌动不息之流的生命。即便坚决拒绝了一切形而上学，人们也必须以某种方式作出解释——如果哲学上的“游荡”（Sichherumdrücken）不应有任何固定住所的话——，这个所猜度的整体（即“流”），是在何种对象意义和存在样式中被意向的。所谓对生命或者生命之“片段”的任何把握都具有有限性，这种说法只不过是表达了一点：生命被设定为一个按理念来看须得在总体上得到把捉的、未被分割的领域。

任何一种把捉都必须把过程之奔涌和流动纳入概念之中，并且借此必然摧毁在最本己的性质之实现中的生命的本质、生命的不安和运动（在这里又更多地是事件性的，因为它被理解为已定向
19 的）。这种论证所使用的是客观地被看待的、与理论上的把握相关的无限性，并且随着那种本身根基不牢的对被臆测为客观地“发生着的”生命之流的静止状态的指明，相信已经从生命行为本身的特殊的实行意义而来对“生命”之把握或者把握之可能性做了某种确定，只不过，人们在这里已经忘记了首先去审视这些实行意义之联系。在这里，“概念”仿佛客观地被看作物性的器械，它进而必须要打破那种被带到它身边的未破碎的东西。这一柏格森所特有的论证患有某种全身瘫痪症。关于含义、概念和语言的问题——且不论它们仅仅是在客观的实事概念的十分局限的方面被设定的——

始终处于某种十分粗糙和模糊的探讨层面上，这种探讨不亚于那种被用来规定生命和体验整体之基本意义的探讨。而且，或许已经到时候了，不要用这种“滞销品”表现出某种深刻的哲学姿态，因为人们以“不能表达”这种说法就可以轻易地唤起一种印象：人们确实已经在那些不可表达的维度上认识到了要寻找和探讨真正的问题。在成功地揭示了新的现象联系（恰如在雅斯贝尔斯的研究中）之际，这种颠倒的表达理论就是多余的了。虽然生命作为整体很少得到准确的规定，但对所讨论的问题联系来说决定性的那个东西却能得到觉察，那就是“生命”在其中起作用的意义——就是一切现象被嵌入其中的**这个**领域，**这种**基本现实性，那个统一地起包围作用的东西。

批判工作的目标在于讨论指导性的先行把握，讨论这种先行把握所意向的**内容**（*was*）以及它的意向**方式**（*wie*），亦即说，要就其能力来考察这种先行把握，对实存现象作出概念的界定，或者提供出概念性的界定活动于其中的那种基本对象性。因此之故，到眼下为止所赢获的先行把握的功能意义，还必须得到更为具体的理解。

“在世界观上得到把捉的生命运作于主体—客体之分裂中” 20
（第 258 页）。“被嵌入体验中的是那种原始现象，即主体与客体相对立”。“在不再有任何一个客体对立的地方，也即在任何内容都付诸阙如，因而也就不可言说但又被体验之际，我们便在最广泛意义上谈论神秘的东西（das Mystische）”（第 24 页）。只要精神之生命处于不安、运动之中，处于对某个位置的接纳和重新离弃之中，“则它作为无限者就同时超出主体—客体的分裂之外”；精神“其实以神秘的东西为起点，同样也以神秘的东西为终点”（第 316 页）。按一切运动来看，神秘的东西都是唯一的东西，在其中，绝对者并不是作为对象而得到把捉的。“这些限界**包含着**（重点号为引者所加）作为神秘的东西的主体—客体分裂的整个领域，精神并没有遁入神秘的东西中，但通过神秘的东西，精神在其运动中总是一再找到了它的范围；从这些限界而来，有一道无法形容的光线，一种无法表达的、总是力求达到形式的意义，投射到分裂范围内的一切**个体**（重点号为引者所加）上面”（第 316 页）。诸精神类型（Geistes-typen）容纳着各种运动，这些运动不仅是“主体与客体之间的运动”，“同时也是超出两者之外为分裂奠定基础的运动”（第 319 页注，参看第 400 页以下）；“我们所能描写的大多数心灵现象，在一种主体—客体分裂中被描写为主体方面的或者对象方面的特性，而除此一外，则有这样一些心灵体验，在其中主体—客体之分裂尚未存在或者已经被消除掉了”（第 404 页）。在被消除的主体—客体分裂中得到体验的东西，并不是对象性地被取消和被限定的，而是具有一种独特的无限性，而从这种无限性中，生命（行动、思想和艺术创造）的赋予方向的力量得以产生（第 405 页）。主体—客体之分裂本身“就是理智的终极本质”（第 439 页）。“根本上，人生活在主体—客体之分裂的形式中，而且在这里，人绝不是生活在某种宁静状态之中，而是始终生活在一种对某个目标、目的、价值、善的追求之中”（第 212 页）。

21 生命整体乃是一切形态得以从中突现出来的那个东西，从而同时也是“分裂”的**东西**。为了理解先行把握的基本作用，我们原则上必须注意到这样一回事情：雅斯贝尔斯恰恰是把**心灵的原始**

现象完全刻画为“分裂”了。主体与客体这两个概念向来就包含着一种丰富的多样性，例如拿主体来说，有心灵、自我、体验、人格、心理物理上的个体等意义（参看第 26 页）；而主体与客体之间的关系的基本意义乃是分裂。唯当未分裂的东西作为基本现实性被设定起来时，它才具有这种意义。为了防止对这种先行把握之揭露（Vorgriffsabhebung）的方法倾向的误解，我们要明确地看到一点：人们是以形而上学方式去把握这个整体，还是像雅斯贝尔斯想做的那样使这个整体免受这种解释，这对眼下的语境来说是无关紧要的。

这种揭露的重点并不在这样一个问题上：这个整体在现实性的这种或者那种意义上是否实际上是可证实的，它如何是可证实的，基于何种动机它可能在某种实在性意义上作为理念而被设定起来。决定性的东西倒是那个在先行把握中被设定的东西的功能意义。它被意向为一切于其中发生、生成的领域，也就是一个对象性的东西，后者作为把握的相关方式，作为它的被经验过程的基本意义，最终要求一种理论考察的“态度”。这就是说，这种态度的对象性的相关物具有客观实事的基本对象特性。一切分裂的东西，一切运动，一切作用和反作用，都从这个整体中突发出来，又返回到这个整体之中，并且总是一再穿越于其中。因此，作为原始分裂状态的一部分，主体由此而来才根本上具有它的意义，它乃是生命本身即“力量”的“停泊”之所（第 29 页），亦即说，它保持着生命本身的一种有限的个别化的基本特征，而生命本身始终仅仅不完全地在这样一些个别化中发挥作用。“无论在哪里，生命都没有完完全全地编织某个具体的个别生物”（第 301 页）。

22 于是，指导性的和承荷一切的先行把握就作为先行把握而从属于一种原则性的探讨。如果这一对先行把握的双重裁决（Vorgriffsdijudikation）是上述这种探讨所力求成为的东西，那么，这种探讨就意味着：对那种为先行把握之固有意义所要求的追问的实行，也即去实行先行把握本身对那种关于其丰富意义的说明的源始性——在其固有的要求领域中被意向的源始性——的追问。一个现象的丰富意义包括它的意向性的关联特征、内容特征和实行特征［在这里，“意向性的”（intentional）必须完全在形式上被理解，必须被理解为对一种得到特别强调的**理论上**的关联意义的摆脱，后者的特殊含义特别容易诱发人们把意向性理解为“关于……的意指”（Meinen von）或者相关地把它理解为“被臆指为……”（Vermeintsein als）］。这里所谓的意义特征不可被纳入和归入一种累积的并列和相继之中，不如说，这些意义特征的意义，仅仅在于并且恰恰在于一种总是按经验阶段和方向而有所区分的结构联系之中，而在这里，联系和合乎意义的移置不能被理解为“结果”，也不能被理解为一种片刻的“并列”，而是要理解为在意义特征的现象学联结中显示出来的特性。这个特性本身又只能理解为在生命的当下实际性（Faktizität）中进入自身居有过程之中而实行的本己实存的前结构（Praestruktion），也即那种对每一个实行联系本身所构成的具体的、带有关心的期望视界的开启和开放的前结构。

这里所议论的先行把握是从何处显示自身并且如何显示自身的呢？对这种先行把握的设定和坚持的动机是何种动机呢？雅斯贝尔斯并没有提出这些问题。如若他回想一下自己的先行把握，

那他也许就将感到这些问题是空洞的和无关紧要的；而且，我们在这里也不应该企图以某种方式使他相信这些问题。他本人所关心的事情是要作出决定：不提出这些问题他是否“经受得住”，而且这些问题在何种意义上并非恰恰源起于“无限的反思”，那种构成精 23
神性的、也就是知识性的生命的“真正”意义的“无限的反思”。雅斯贝尔斯所处理的，倒是他部分无意识地、部分在根据本己的精神历史性的当前（Gegenwart）所作的经过反思的居有（Aneignung）中接受下来的东西；而这是带着特殊的意图的，其意图针对如此这般被接受的东西中的那个对于获得心理学整体的努力的特殊目标来说殊为重要的东西。对于先行把握之开端本身，雅斯贝尔斯或许会注意到：生命作为整体对我来说是一个指导性的理念，我只需要寻视自己，而这种生命普遍地都以某种方式径直在此存在。这一整体、统一者、未破碎者、超出对立的东西、包围一切生命的东西、与破裂和摧毁格格不入的东西、最终和谐者，引导着我。在它的光亮中我看到一切个别的东西，它给出真正的照亮，它预先确定着那种基本意义，在其中，一切照面事物得以被规定和被把握为从这种生命而来的自行构成和突现，并且被规定和被把握为向这种生命的回降（Zurücksinken）。这一整体给出那种对对象的本质性联结（Artikulierung），而对对象的有所规整的考察乃是意图所在。

真正的动机基础，即这种先行把握得以从中源起的那个动机基础，是那种把生命整体本身合乎理念地保持在观照（Schau）中的基本经验。这种基本经验据说是要在一种完全形式的意义上被确定为“审美的基本经验”。这就是说，那种原初的、预先确定着“生命”这个对象的经验所具有的真正的关联意义，是一种对某物的直

观(Anschauen)、观赏(Be-trachten)。借此并不就是说,雅斯贝尔斯是要“维护”一种“美学的”世界观。对此我一无所知。它或许同样可以是一种完全伦理学的世界观——如果这些被磨损了的词语硬币根本上还有所表示的话。但在这里有可能是这样:雅斯贝尔斯并没有置自身于某种二律背反面前,倒是在一种审美的基本态度中理解和清理本质性的东西、绝对的东西,宛若生命的这个角度在“活生生的过程”的完全的“激情”(Vehemenz)和“力量”中就是
24 一个美学的角度,尽管在内容上,这个“过程”被理解为伦理的过程。生命“在此存在”(ist da),成为某种在对生命的观望中被拥有的、并且在这种拥有方式中作为全面的整体而被赢获的东西。在这里,雅斯贝尔斯原则上会回答说:其实对我来说重要的恰恰就是单纯的考察(Betrachten),进而,被考察者必须具有作为某个被考察者的对象性的东西的基本意义。在这里根本不可能发生别的事情。对于这一点,我们必须说:这种形式的论辩首先始终是空洞的,只要我们还没有确定,是否理论把握的形式意义并不能在完全独特的具体把握方式中被解除形式(entformalisieren),何种问题并不能以演绎的—形式主义的方式,而只能以确定的现象联系为出发点,并且在与确定的现象联系的相符中才可决定。按其意义而言,这种考察始终可能是理论化的,但这并不包含这样一点:被考察者本身的存在意义原初地必须在某种考察中才可通达,而且在先行把握之揭露中得到重视的只是这一点。对象之预先确定(Gegenstands-*vorgabe*)所具有的关联意义,本身并非也是那种有关预先被确定的东西的阐明的关联意义。也就是说,直到眼下为止,单纯的考察,即在雅斯贝尔斯那里一直伸展到那种给定真正对

象的先行把握的单纯考察，绝没有合法地被设定为所要讨论的阐明方式。那种预先确定真正对象的基本经验本身，必须按其丰富的意义而得到追问，并且为这种追问预先规定真正的阐明结构。雅斯贝尔斯意义上的“考察”可能是适当的，但也可能是不适当的。下面的讨论应对此作出决断，但首先只是在这样一种意义上，即要显示摆在面前的是哪些问题。为此目标，我们就必须更为具体地探讨那种被纳入先行把握之中的东西。

生命之整体，也即**这种**生命本身，乃是我们不能直接言说的某种东西（第 299 页）。但是，它必定以某种方式被意向到了，因为实际上恰恰是从**对生命的**观看（Sehen）中，才形成那种关于实存的意识。如若人“在整体上观看到”他的有限的境况，如若人想“确定 25
这种总体性”，那么，他就要把客观世界以及他的主观行为经验为二律背反地分裂开来的。“只要世界观的力量推动着人”，只要在某种程度上对人来说“重要的是某种本质性的东西”，“那么，他就始终处于通向无限者或者整体的道路上”。“**面对**无限性”，人进入二律背反之中。二律背反（Antinomien）乃是对立，而且是“**在**绝对者、价值的**观点的条件下**”的对立。二律背反的因素是“摧毁”。只要这种摧毁得到经验，那它就是在对以某种方式被打碎的“统一体”、整体的共同经验中被经验的。精神之本质乃是“统一体意志”。只要一切摧毁过程能够合理性地被形成，那么，它们就可以被视为矛盾：死亡乃是生命之矛盾，偶然是必然性和意义之矛盾（第 213 页以下）。但是，斗争、死亡、偶然同时也被称为限界境况，这就是说，斗争和死亡能够被经验为在对那个以某种方式超越生命的整体的意识中的限界。“斗争乃是一切实存的一个基本形式”

(第 237 页)。“一切实存并不是什么整体的东西”(第 239 页)——而且因此,只要人想生活,那他就必须斗争。斗争“绝不能让作为整体性的具体个体达乎安静”。“如若没有斗争,生命过程就会停止”(第 237 页)。进一步,对于一切现实性,我们都可以说,它是暂时的;任何体验、任何状态都会消失,人会改变自己(第 239 页)。体验、个人、一个民族、一种文化,都会死亡。“人与本己死亡的关系不同于其他一切暂时性,唯有一般世界的非存在(Nichtsein)才是一种可比较的表象”。“对人来说,唯有某个生物或一般世界的毁灭才具有总体的特征”(第 240 页)。“唯当死亡作为限界境况……进入了体验之中时”,亦即在“对整体和无限性的意识”(第
26 241 页)没有丧失之际,一种“被体验到的与死亡的关系”——它不能与一种“关于死亡的普遍知识”混为一谈——才在此存在。

在此我们不拟深入一种对上面作为具体情形而被提及的限界境况的批判,尽管这样做就会撇开下面这个问题:“有限境况”、“限界境况”、“境况”等概念是否已经得到了澄清,以至于它们可以对一种真正的哲学领悟有所作为了。甚至以下进一步的问题也可能不在考虑之列,即:上面指出的具体的限界境况是否完全在相同意义上满足了关于限界境况的“普遍概念”;是否存在着与这样一些境况相联系的这样一些一般的普遍概念;在何种意义上关于二律背反的具体知识与对对象的“可体验的关系”区分开来,诸如一方从另一方中产生出来;是否人们竟能立即“合理性地构成”那种被经验的境况——作为被经验的二律背反的限界境况,或者,在被经验的二律背反的限界境况中(这种区分还没有清楚地得到强调)——,并且把它们当作“矛盾”来思考;是否这样一来,它们的真

正意义并没有丧失，而且另一方面恰恰只有通过这种理论上的重
新解释，才可能把具体的情形仿佛并列地排列在一起，并把它们当
作矛盾来考察。未经探讨的问题还有：具体的限界境况在自身中
间是否处于相互的确定关系中（在被经验意义上），在何种意义上
恰好它们必须被称为限界境况。在我看来，甚至雅斯贝尔斯关于
具体的限界境况所端出的东西，也是一种“单纯的考察”，符合于这
些现象在他所意向的现象的总体领域中恰好具有的那种原则性意
义，而且，对于这些现象的强调——而丝毫没有对之作适当的概念
加工——恰恰就是他的功绩。因此，我们的具体批判就容易落入
一种危险中，即：去诋毁雅斯贝尔斯的那些他不想承认为他自己的
观点和意思；正如说到底，只要成问题的现象和概念得以从中产生
的那种基本联系没有更清晰地显明，则这样一种批判就处于不确 27
定之中。于是，批判性的考察就看到自己总是又被抛回到先行把
握问题上了。

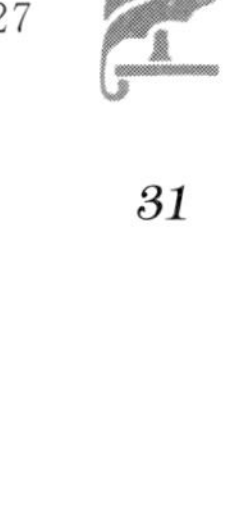

对先行把握之开端来说，那种合乎意义的动机实际上在哪里呢？按照它的历史上“偶然的”来源来看，适用于“考察”的绝对者概念是不难认识的：它乃是一种混合，是康德的二律背反学说和在那里起指导作用的无限概念，与从其特有的路德教派的一宗教的概念而来的或者说在神学上“被净化了的”基尔凯郭尔的绝对者概念的一个混合；这两个组成部分，本身就来自完全不同的基本的先行把握，它们进一步还被置入这种源自上面所刻画的生命概念的模糊状态之中，更确切地讲，它们说到底主要是从这种模糊状态出发被看待的。在对限界概念的一般性探讨过程中，雅斯贝尔斯令人突然地就这种“考察”说明道：它“对精神类型的心理学的观点来

说只不过是前提，还并不是心理学本身”（第 214 页）。但它究竟是什么呢，是逻辑学还是社会学呢？（第 8—9 页）进一步，在这些要赢获根本性的前提的“考察”中，什么东西得到了考察，又是如何得到考察的呢？

也还有这样一种可能性：雅斯贝尔斯想知道这些考察乃是完全形式地被理解的。但这样的话，就更需要讨论这种“形式的东西”（Formalen）的意义，即要讨论：在何种意义上这种“形式的东西”对具体的—实质的考察来说构成偏见，在何种意义上没有构成偏见，在何种意义上这种偏见能够得到避免，在何种意义上这种形式意义其实又是在实际地—具体地—历史地可支配的东西的某个确定地被刻画出来的起点中，并且是在这种起点经验（Ausgangserfahrung）的某种确定地被刻画的阐明中被赢获的，在何种意义上真正得到理解的概念性表达取消了形式的东西，亦即概念之构成并不意味着对某个仅仅出于理论目的的理论论题的强调，而是

28 意味着由解释者揭示出来的经验活动本身或者在同时代人的宣告（Kundgabe）中对经验活动本身的关注。

眼下按照其功能意义（即客观的、实际的领域之设定和领域之意谓）和按照其基本态度的意义（即审美的态度）以及按照其本源（而不是基于精神历史之境况对它的经过讨论的接受）来刻画的先行把握，从现在起就必须着眼于下面这一点来追问，即要问：是否这种先行把握事实上意向到、**能够**意向到它真正想看到和把握到的东西，也即实存现象，是否它说到底也只能获得那种对于实存和实存现象的意义的**可能**追问的实行境况，或者，是否恰恰按其最本己的丰富意义来看它并没有从中被排挤出来；是否它并非处于这

样一种情形中，即在它起支配作用之处，**甚至连围绕着实存现象“打转”都将变得不可能**。

“实存”具有何种性质呢？从上面所作的导论式的评说中，我们已经可以看出：那种认为人们可以直接地靠近实存问题的看法并不成立。实存问题有一个特性，即它恰恰在那时候（也即在那种所谓优先的对弯路的回避中）被错失了。我们不能设想，在这里，甚至进一步在这种取向的有限联系中，也只能把那个本身完全特殊的、恰恰是它本身所包含的实存问题之**开端难题**（*Ansatzproblematik*）在一种满足最为严格的概念性要求的形态中提出来。首先，我们必须说，按照其意义来看，这个开端难题并不能通过空忙一场的形式主义的思索来完成；而且，同样迫切需要强调的是：我们不可把它看作某种“特殊的东西”和“新鲜的东西”，使之完全适合于在哲学中引起新的轰动效应，并且去讨好那种新文化忙碌活动（Neukultur-Betriebsamkeit）——后者尽管现在充分地在宗教上装腔作势，但根本上却是渴求得到完全不同的事物的。

这里，与我们做的评论的特定目标相符合，我们要注意的只是 29
几点，而且这几点指向**一个问题的持存**。

为了在形式显示中（现象学的阐明的某个方法阶段，我们在这里不能对之作深入的探讨，但在下文的讨论中，它仍能得到进一步的理解）提供出一个（按其意义而言又能够分解的）问题开端，我们可以说：

“实存”乃是关于某物的一个规定性；如若人们想对它本身作局部的特性刻画——虽然这种特性刻画最终并且真正地被证明为

对实存之意义的有所曲解的离题——，那么，它就可以被把捉为存在的一种确定的方式，被把捉为一种确定的“是”之意义（“ist”-Sinn），后者本质上“是”（ist）“我是”之意义（“bin”-Sinn），它并非在理论的意谓中真正被拥有，而是在“我是”（bin）之实行中被拥有的，亦即“我”（ich）之存在的一种存在方式。[①] 通过形式显示，如此这般被理解的自身（Selbst）之存在就意味着实存。由此便得说明，作为自身（即我）的确定方式的实存之意义必须从何处获得。可见，决定性的事情乃是：我拥有自己——这成了那种基本经验，在其中，我与作为自身的我自己相遇，以至于我（在这种经验中生活的我）能够合乎其意义地追问我的“我是”[②]的意义。这种“拥有我自身”（Mich-selbst-haben）在不同方面是多义的，而且，这种意义多样性并非必然要在有序的、有计划地在区域上自为地被剥离开来的联系中才变成可理解的，而是必定要在特殊的历史联系中才变成可理解的。在“我是”的真正得到实行的基本经验——在其中彻底地和纯粹地关涉到我自身——的原初意义中，包含着这样一回事情，即：这种经验并没有把“我”经验为处于某个区域中的“我”，经验为某个“普遍之物”的个别化，某个情形；而不如说，这种经验是对作为自身的“我”的经验。在对这种经验之实行的纯粹坚持中，“我”的特殊的区域疏异性和实事领域疏异性（Regions-und

① 这里的“‘是’之意义”（“ist”-Sinn）和“‘我是’之意义”（“bin”-Sinn）亦可译为：“存在”之意义和“我在”之意义。海德格尔在此意在指明：“实存”（Existenz）乃是“我在”或“我是”（ich bin）意义上的。——译者注

② “我是”（ich bin）或译“我在”。汉语对西文系动词“是”以及存在学上的“存在、是”的翻译的困难，我们在此上下文中已经可以有很好的体会。——译者注

Sachgebietsfremdheit)表明，任何一种尝试过的区域性规定—— 30
也就是这样一种规定，它源起于某种对诸如意识流、体验联系的先行把握——都“熄灭”了“我是”的意义，并且使“我”成为一个可用调节方式来确定的和有待编排的客体。**由此得出那种彻底的怀疑**(以及相应的追究)**的必然性，亦即对一切在区域上客观化的先行把握的怀疑的必然性，对由此产生出来的概念联系以及这样一种产生的不同方式的怀疑的必然性**。

作为“是”(ist)之意义的存在意义，产生于以客体对象为指向的、在“理论的”认识中被阐明的经验；在这种关于某物的经验中，这个某物的“是什么”(ist-was)始终以某种方式被言说了。这个对象性的东西无需作为在某个确定的、通过一门科学的实事领域之逻辑而构成的领域中的东西而明确地得到分类排列。毋宁说，它多半是在有关周围世界、共同世界和自身世界的经验中可获得的那种**意蕴**(*Bedeutsamen*)的非理论的“客观性”(Objektivität)；我在实际生活中以某种方式对待这种意蕴，而与这种“对待”相应的，乃是一种固有的现象学上可把捉的对象性之意义。就其本源和其真正的基本经验来追踪，实存意义(Existenzsinn)恰恰就是**这种**存在意义(*der* Seinssinn)，后者并非从那个特殊地在认识之际要阐明的、并且同时要以某种方式客观化的“是”(ist)的“是”(ist)中可赢获的，相反地是从对它本身的**有所关心**的拥有(Haben)的基本经验中才可赢获的，而这种拥有乃是在一种可能接踵而来的、但对实行来说无关紧要的按照“是”(ist)之方式客观化的认识之前已经得到实行了的。只要我追随这样一种认识，那么，那种考察性态度就变成决定性的，而且进一步，一切阐明就具有客观化的、但却排

挤着实存及其真正的拥有（关心）的特征。

在这里，我（Ich）必须被理解为那个完全具体的、历史上实际的自身（Selbst），即那个在历史上具体的本己经验中可通达的自身。它并不等同于作为理论心理学考察的可能对象的经验性主体
31 概念。从后面这种对象性中——诸如被把捉为“身体”出现过程的领域——，“心灵的东西”根本上已经被删除了，或者说，它在**这样一门**心理学的**这种**对象的开端那里，绝没有进入那道有所经验的、先行规定着对象的目光之中。

只要“我是”（ich bin）能够在“他、她、它是”（或者是什么）中被表达为**某物**，那么，在形式上，实存就可以被称为一种存在方式，就可以被称为存在的一种如何（ein Wie）。在此依然有待注意的是，这个“是”在（任何时候都必须具体地来理解的）“他、她、它是”中又能够表示不同的东西，这些差异性本身界定着生命联系或者客体领域的多样性：在某个客观地被表象的自然（客体多样性或者关系多样性）中的现成存在、出现意义上的“他是”（er ist）；在周围世界的共同世界中起某种作用意义上的“他是”，例如，在“X 究竟对 Y 做了什么？”这样一个平常问题的意义上。对后面这个“是”（ist）而言，它的与“他”相联系的“曾经是”（war）和“将成为”（wird）具有其本己的决定性的意义。

可是，对于“拥有我自身”的基本经验并不是立即可动用的，它也不是如此这般普遍地以“我”为目的的；而不如说，只要一般地“我是”（bin）的特殊意义能够在真正的占有过程中成为可经验的，则经验之实行必然在“我”的丰富的具体化中取得其本源，并且反过来以某种方式把这个本源当作目的。这种经验并非某种在理论目的中的内在知觉，意在确定现成的“心理的”过程特性和行为特

性，相反地，它具有进入到“我”之过去中的本真的历史的延展；“我”之过去对“我”本身来说不是一个附带拖拉的添加物，而是被经验为那个历史地由自我本身——同时共同拥有着自身的经验着的自我——先于过去而为自己设定的期望视域的过去。按其**历史** 32
的基本意义来看，对于这种经验之实行的方式所作的现象学阐明，在这一整体的、关涉实存现象的问题复合体中，乃是一项决定性的任务。凭着这种相应于心灵之外观的对“**意识**”中的过去和将来的共同作用的强调，是鲜有所获的，只要过去和将来在这里就像有所作用的状态那样被把捉的话。相应于这一任务，阐明之意义才能作为阐释之实行而被赢获，按其本质性的特征来看，作为解释学的概念，阐明者（die Explikate）本身仅仅在始终重新设定着的阐释之更新中才是可通达的，并且由此而来才能达到它的真正的、与其他方向的概念性构成不可比较的“清晰性”，而且保持于其中。

在与自我相联系的基本经验中，自我的实际性[①]变成决定性的了；本己的此时此际（hic et nunc）被经历的、在这一精神历史的境况中得到实行的实际的生命经验，同样也实行着从中源起的、在其中停留的、向实际的东西本身返回的基本经验。但是，实际的生命经验本身，即我在其中得以以不同方式拥有我自己的实际生命经验本身，并不是诸如我处身于其中的某个区域之类的东西，并不

① “实际性”（Faktizität）是海德格尔在早期弗莱堡时期形成的一个重要概念，用以规定“此在”（Dasein）的存在性质。海德格尔在1923年夏季学期作过题为《存在学（实际性的解释学）》的讲座（现被辑为《全集》第63卷）。在后来的《存在与时间》中，海德格尔明确地指出此在实存的三个环节，即“实际性”、“实存（筹划）”和“沉沦”，而“实际性”标示的是“此在总是已经在世界之中”。特别可参看《存在与时间》，德文版，第56页、第135页。——译者注

是普遍的东西——后者的具体化就是自身；不如说，它乃是一个根本上按其固有的实行方式看来“历史的”现象，而且首先并不是一个客观历史性的现象（我的生命被视为在当前中发生的生命），而是一个如此这般经验着自身的**实行历史性**的现象（*vorzugsgeschichtliches* Phänomen）。这种按其关联意义来看历史地以自身为定向的经验联系，按其实行意义来看亦具有历史的特征。在这里，“历史的东西”（das Historische）并不是一种客观历史性的理论考察的相关物，而是作为本身固然根本不可替换的内容**和**自身对其本身的关心方式。这种“拥有自身”（Sich-selbst-haben）产生于**关心**、保持在**关心**中，并且倾向于**关心**；在这种关心中，特殊的自
33 身过去、当前和将来得到了经验，并非被经验为某个客观的实事秩序的时间图式，而是在非图式的、关涉到经验实行方式的关心意义中被经验的。这就是说，实存现象仅仅向一种经验之实行展开自己，这种经验之实行乃是彻底被争取的历史经验之实行，不是以合乎态度的考察为定向的、以区域客观化的排列为目标的经验之实行，而毋宁说是本质上自身关心的经验之实行。这种经验之实行本身并不是某种被剥离开来的不寻常的东西，而是必须在实际的生命经验本身中得到实行并且从那里得到占有，而且，这又不是在瞬间地被孤立开来的唯一性中发生的，而是在一种在自身关心（Selbstbekümmerung）本身中必然得到说明的、就其本身而言又以历史为定向的关心之更新中发生的。“良知”（Gewissen）——在此被理解为良知之实行，而不是偶然具有良知——，即conscientia，[①]按其基本意义来看，乃是历史地被刻画的自身经验之方式

① 拉丁文的“良心”、“良知”等。——译者注

(Wie des Selbsterfahrens)(这个“概念”的历史必须在实存问题的语境中得到考察,它超出了一项研究性质的任务,尽管后者也是十分迫切的)。随着对历史经验与良知现象的意义联系的说明,我们绝没有扩大历史(das Historische)这个概念,而是回到它的真正的意义来源来理解它了;从这个意义来源中,合乎意义地并且以隐蔽的方式,也实际地产生出在客观历史性的认识的形成过程中的历史经验(也即历史的精神科学)。在今天,历史几乎唯一地只是一个客观的东西,是知识和好奇心的对象,是获得对将来行为的实际指导的机遇和场所,是客观批判的对象和拒斥的对象(被当作某个过时的东西),是材料收集和样本收集,是一般系统观察的“各种案例”的一个混杂物。因为我们今天并没有真正看到实存现象,所以我们不再经验到蕴涵于历史本身中的良知和责任的意义;历史本身不只是人们对之有所认识的某个东西,不只是书本讨论的对 34
象,毋宁说,我们自身就是历史,我们在历史中承荷自身。因此,甚至那种贯穿于本已发生历史中的要向历史返回的动机,也是毫无生气的和被掩盖了的。[①]

关于被经验的东西,具体的实际生命经验本身具有一种跌落到可经验的周围世界的“客观”意蕴(Bedeutsamkeiten)之中的固有倾向。根据这些客观意蕴的存在意义所具有的在这种跌落(Abfall)中得到说明的优势地位,人们可以理解,自身(Selbst)就

① 一般讲来,海德格尔区别使用了表示“历史”的两个德文词语,即:Geschichte 和 Historie,前者为“真实发生的历史”,后者则是“历史学上的历史”。但在本文中,海德格尔似乎还没有作出如此明确的区别使用,因此我们在译文中也没有严格地把两者区别开来。海德格尔也使用了 das Historische 一词,我们把后者译为“历史的东西”,有时也直译为“历史”。——译者注

其存在意义而言就容易在一种被客观化的意蕴（人格性、人性理想）中被经验，在这样一种经验方向中得到理论上的把握并且获得哲学的意义；这一点越是强烈地发生，则被经验和意识的过去，作为客观的传统，就更多地进入到本己的当前境况之中发挥其作用。一旦传统（它必须在多重意义上被理解）对实际生命的这种固有压抑被看到了——在最严重的情形下，这种压抑恰恰多半在对于“拥有自身”的自身世界性的经验中发生作用——，就会产生一种洞见，即：洞察并且在一种真正的概念性中阐明实存现象，这样一回事情的具体可能性得以展开乃是有条件的，就是说，只有当具体的、作为以某种方式依然起作用的东西而被经验的传统得到解构，而且恰恰是着眼于对自身现实的经验的阐明之方式和手段而得到解构，只有当在说明理由之际曾经起作用的基本经验通过这种解构而得到揭露，并且就其源始性而得到讨论时，上述具体可能性才得以展开。按其意义而言，这样一种解构依然植根于具体本己的完全历史的自身关心之中。①

自身在其自身世界、共同世界和周围世界的诸种关联中成其所是，而这些经验方向的意义，说到底乃是一种植根于自身世界的

---

① 海德格尔在此所讲的“解构”（Destruktion）具有现象学的意义。在 1927 年夏季学期马堡讲座《现象学的基本问题》中，海德格尔指明现象学方法的三个“基本环节”，即“现象学的还原”、“现象学的建构”和“现象学的解构”，并且说“现象学的解构”乃是“一种对传统概念的批判性拆解（Abbau）”（参看该书德文版，第 29—31 页）。在《存在与时间》（1927 年）中，海德格尔又提出一项任务：“以存在问题为线索，把古代存在学传下来的内容解构为一些源始经验”（该书德文版，第 22 页）。“解构”并不完全是消极的、破坏性的；所谓“对存在学历史的解构”乃是对构成存在学历史之基础的源始经验的源始居有（Aneignung）。因此，“解构”与“建构”是共属一体的。对于“解构”，本书第十篇文章（“关于人道主义的书信”）亦有所提及。——译者注

历史意义。在现象学最初的先行突现中，由于其确定的目标是对理论经验和认识（逻辑研究，亦即理论的逻各斯之现象学）的现象 35
的源始的重新居有，故赢获一种未变形的观看，即一种对在这样一些理论经验中被经验的对象或者它们之被经验的方式的观看，乃是研究的目标所在。但对于现象学倾向之哲学意义的彻底领悟和真正居有的可能性，却取决于这样一回事情，即：不仅仅是“其他的”、符合于某种哲学传统而被分划开来的“体验领域”（Erlebnisgebiete）（审美的、伦理的、宗教的体验领域）以“类似的”方式得到深入的研究，而是那种具有真正实际的实行联系的完满经验（das volle Erfahren）在历史地实存着的自身中被看到了（这个自身说到底就是哲学要以某种方式加以讨论的）。这并不是要偶尔引入人格性，进而把在适应某种哲学传统的过程中以哲学方式获得的东西应用到这种人格性上，不如说，具体的自身必须被纳入到问题之开端中，而且必须在现象学阐释的真正基础阶段上，也即在与实际的生命经验本身相联系的基础阶段上，被带向“被给予性”（Gegebenheit）。从上面只能提纲挈领地作出的说明中，我们也许可以看出一点：本真的实存现象指示着某种它所特有的通达之实行（Zugangsvollzug）；它唯在某种必须以确定的方式赢获的经验方式中才被拥有；而恰恰这种居有方式，实即居有之实行开端的方式，才是决定性的。

这种实际的、实行历史性的生命，亦即在自身的有所关心的自身居有之方式这个难题所具有的实际方式中的实际生命，源始地乃属于实际的“我是（我在）”的意义。

只要实存现象和实存难题是如此这般被意向的，则关于开端

之实行和通达之实行的方式的问题，就持续地一道处于那个真正得到了理解的任务的开端中。这一关于方式（Wie）的问题乃是方
36 法的问题，而且并不是那种区域性的、决定着实事的客体认识的方法问题，不是对预先确定的、在排列过程中可同向地先行确定的客体多样性的编排方法，而是对那种实际地有所关心的“拥有自身”的具体的基本经验方式所作的实行历史上的解释性阐明的方法。

在这里，我们只能显示一种对现象学的哲学意义的独特澄清的任务，此项任务对今日的现象学立场来说是迫切的。因此，并不是在被替换了的形式上的思索中，而是在具体研究过程中，我们必须澄清以下诸点：

一、何以在所触及的实存难题中，哲学上的——而不是手艺上幼稚地被掌握的——由胡塞尔首次开启出来的现象学的哲学基本态度，获得了它最为彻底的意义本源，并且明确地获得了决定性的关心方向，后者被指派为本质上贯通并且支配一切难题的关心方向；

二、何以这样一来，“历史”（Geschichte）就以某种方式获得居有，而在这种居有过程中，“历史”比一门哲学学科更为丰富，并且从中可得理解：按其意义而言，在哲学难题中的历史的东西（das Historische）源始地已然在此存在，因而哲学史与哲学体系的联系的问题便是一个在根源上不真实的问题，即使人们相信已经用形式主义的绝招“解决”了这个问题；

三、何以真正被掌握的现象学态度的基本意义，更容易被滥用到其他任何一种精神的和文学的胡闹上，而不是被用于为一门已得到纠正的正统教义学——而且尽管它就像按其意义来看真正的

中世纪教义学那样，在其基本环节上是值得崇拜的，并且至今尚未被人们所理解——提供护教学（apologetischen）的基础，对于后者的“反常化”，人们新近已经产生了一些兴趣。

一种对主导性的先行把握之难题的回顾表明，我们所讨论的先行把握，只要它倾向于实存，那它就是与它本己的倾向不相称 37
的，而且这一点关系到它的功能意义（这种意义首先设定，实存必须从何种东西那里才被视为具体的生命，才被视为根本上区域性的特征的一个整体），同样地，这一点也是着眼于那种为它（即先行把握）说明理由的基本经验来讲的（这种基本经验说到底就是在自身世界中无所关心地带着观点对生命的整体、和谐和统一性进行直观的态度）。

然而，完全的先行把握之意义与本己的、在它之中同样活生生的倾向，这两者不仅是不相称的，而且恰恰是背道而驰的，因为在把握的意向性关联意义方面，区域性的目标定向是排斥那种按其意义来看不可区域性地形成和排列起来的实存现象的，而在（形式的）审美的基本态度的实行意义方面，区域性的目标定向并不能决定性地使那种自身关心（Selbstbekümmerung）表现为首先规定着一切难题及其对象性和阐明的方向。

此外，如果我们能够表明，在雅斯贝尔斯那里，“方法”本质上退缩为按其关联意义合乎观点地被刻画出来的技术掌握和安排，这种“方法”因此没有首先一道成为问题，那么，由此便可得知，这种方法虽然与先行把握之结构相符合，但本身却与后者一道，对立于那种向着实存现象的最本己的倾向。

雅斯贝尔斯把他的方法态度称为纯粹的考察。这种纯粹的考察何所作为呢？“对一切考察来说，对象只是迄今为止在此存在的东西。一切考察都喜欢把后者看作整体”（第 338 页）。这个“迄今为止在此存在的东西”就是“此在”（Dasein）吗？而这个“迄今为止”对任何一种考察来说都是相同的吗？雅斯贝尔斯想要考察“生命是什么”（第 257 页）。生命是考察所要说明的，考察“服务于不断增强的生命”（同上）。考察的目标是作为其对象的在先行把握中设定的整体及其具体的形态多样性。作为考察——本身非创造
38 性的——，它只观察在此存在的东西。那么，“生命”究竟如何在此存在呢？如何获得迄今为止在此存在的东西呢？生命现象实际上并不像地板上的石块那样，可以重新被排列。在可支配的、可认识的生命那里，迄今为止在此存在的东西实际上总是已经在那种带向“此在”的理解和概念性把握的不同方式中“在此”（da）存在的；而且，这种如此这般被解说的东西在被雅斯贝尔斯本人接受为此在之际，又被安排到某种确定的理解联系（Verstehenszusammenhang）之中——那种已经被揭露出来的先行把握已经可以使这一点变得容易理解了。难道一种以生命现象为目标的单纯的对“在此存在的东西”的寻视，在没有把迄今为止在此存在的东西纳入某种理解联系之中的情况下，也只能完成一个步骤吗？即使这种考察明确地放弃那种想成为**这种**考察或者成为唯一可能的考察的要求，它作为对生命现象的考察，只要它必然是阐释，那它就是**历史的**；这里所谓“历史的”（historisch），不只是在外在意义上讲的，不只表明它对于某个时期有效，而是说明，按其最本己的考察之实行意义看，它把某种本质上历史的东西（etwas wesentlich Historisches）当作对象。这种“考察”，只要它应当把自己了解为方法并

且想冒充为方法，那它就必须搞清楚这种阐释的意义。

我们今天以完全独特的方式乞灵于历史（Geschichte），在历史中生活，并且随历史一起生活，这一事实实际上至少也是某种“**在此**存在的东西”（如果不说是一件主要的事情的话），即使“心理学”根本上还没有注意到这一事实，而哲学只是在客观的外部方向上注意到这一事实。然而，对一种以实存现象为意向的考察来说，恰恰是这一事实必须被视为某种需要“理解”（verstehen）的东西。

或许，生命现象按其本己的基本意义来看是“历史的”，本身只有“历史地”才可通达；而在此必须得到确定的问题是：历史科学的客观化理解是否就是对历史经验的最本真的和最彻底的理论构 39
成，或者，是不是在与实存难题的难以割断的意义联系中，关于一种源始地历史上的实存阐释的问题硬要充当方法。一个进一步的问题是：根本上，这样一种以实存现象为目标的阐释的明确实行，是否要求诸如类型构成之类的东西，是否这种类型构成倒并不是恰恰与这种阐释不相称，而且在它运作之处，导致了一种对本真的理解方向的根本性扭曲——只要一切类型化（Typisieren）和对类型的重视始终停留在一种伪装的审美态度之中。在我们眼下的语境中，重要的只是要看到，这种所谓的**考察**倾向——它把生命现象看作类型和形态，或者具体过程和事例的多样性，已经剥夺了它们的本真的历史根源——如何**与前面所刻画的先行把握结伴而行**。这就表明，历史并没有被看作实存的一个基本意义之规定性，因而方法问题从其原则性的含义和它的实行方式来看也不是为此目的而设置的。

雅斯贝尔斯的方法所显示的进一步的特性，即对概念性表达

问题和“体系”问题的处理方式，建立在先行把握之中，建立在对作为领域的生命的设定之中，建立在作为考察的对于生命的态度之中。只要生命是一个无限流动的整体，而概念是使生命停滞的形式，那么就将不可能真正地把握生命。

心灵因素的不可表达性往往是在那种与对个体的彻底把握的不可能性相联系的情况下被表达出来的。但在这里，起决定作用的问题乃是，在这一有关概念性表达的问题中，关于个体的何种概念是基础性的东西。我们不想总是再三去重复人们常说的“individuum est ineffabile”[“个体是不可言状的”]，现在或许已经到
40 时候了，我们要来追问一下，在这里，这个“fari”[言]①究竟应当具有何种意义，何种把握方式应得到表达，是否此种 dictum[言语、语句]并不是以某种对个体的把握方式为基础的——这种把握方式说到底建立在一种对“总体人格性”(Gesamtpersönlichkeit)的审美的外部考察中，而即使人格性是内在地在心理学上被“理解”的，这种外部考察也还依然有效；这个客观形象化的角度也依然保留着(例如可参照狄尔泰)。

雅斯贝尔斯选择“方法”和解说“方法”本身的形式和方式，一方面是在先行把握中得到了说明，但尤其可溯源于马克斯·韦伯和基尔凯郭尔的已经得到明确说明的影响；不过，这两者的影响仅仅是通过一种在先行把握中得到说明的对两者的真正意图的原则性误解而发生的。在马克斯·韦伯那里，对雅斯贝尔斯来说变得决定

① 即前句“个体是不可言状的”中的“言”。fari 在拉丁语中有“讲话、发言”等意思。——译者注

性的，首先是对科学的考察与世界观的评价的分离，然后是对最具体的历史研究与系统的思想的结合（第 18 页）。雅斯贝尔斯这里所谓的“系统的”思想，我只能把它理解为马克斯·韦伯的努力，即获得一种与他本己的科学的意义相符合的真正的和严格概念性的构成。而这就是说，对马克斯·韦伯来说，方法问题乃是一个极为重要和迫切的问题，而且恰恰只有**在他最本己的科学的范围内才是一个极为重要的迫切的问题**。他由此在根本上帮助了自己，他把自己与确定的科学理论和概念理论连接起来了——这一点仅仅表明，他如何清楚地在某个关键方面看到了以下情况：一方面，他的科学乃是一种历史的文化科学和精神科学（eine historische Kultur-und Geisteswissenschaft）（“社会学”乃是“一门关于行动的经验科学”）；另一方面则是这样一个事实，即李凯尔特的研究恰恰在科学理论上为历史的文化科学奠定了基础。因此，马克斯·韦伯就有了某种理由径直采纳这些研究，根本上，他在这里就没有什么进展了。然而，如果人们把**这种**态度——它必此在他本己的历 41
史的精神科学中引导着他，并且于自身中包含了某个方法难题——径直采纳到心理学中，甚至进一步采纳到围绕心理学**整体**的努力之中，亦即采纳到**原则性的**、根本上被完全不同地构造起来的“考察”之中，那就是对马克斯·韦伯的真正的科学激情的一种误解。真正的继承乃是这样一种继承，即在本己的心理学领域上并且在赢获作为科学的心理学之整体的问题的联系中，彻底地和不断地致力于一种真正的“系统的”掌握。客观的经济过程和行为，着眼于精神历史的发展看来，实际上乃是某种不同于世界观、“心灵的终极态度”或者实存现象的东西。不过，至少我们必须追问：立

场、方法和概念性结构，从社会学方面看（而且还是在马克斯·韦伯的完全确定的观点中被看待的社会学），是否可以转用到雅斯贝尔斯所设定的心理学难题上面，或者根本上还适合于对一种确定的**哲学**倾向的贯彻。

进一步，我们还要问：在没有讨论哲学认识的情况下，人们能够要求那种在科学考察与评价之间的区分么？——所谓的评价在马克斯·韦伯那里又具有一种完全确定的、源于其本己的具体科学的意义。在这里，在没有澄清哲学认识之客观性的意义的情况下，人们是不能对这种成问题的区分做出什么决定的。

就基尔凯郭尔而言，我们却必须指出一点：并非经常地，在哲学上或者在神学上（究竟在哪里，那是无关紧要的），他恰恰已经达到了严格的方法意识的这样一个高度。如果这种方法意识被忽视或者在第二位的意义上被看待，那么，人们恰恰就放过了基尔凯郭尔那里决定性的东西。

42 当雅斯贝尔斯认为，在一种单纯的考察中，径直可以达到那种对个人决断的不加干预（Nichteingreifen）的最高极限，并且这样一来，个体就向他的自我沉思开放出来——当雅斯贝尔斯持这种意见时，他就落入一种欺瞒中了。相反地，恰恰是由于雅斯贝尔斯把他的研究作为单纯的考察提供出来，他看起来虽然没有去排除一种**确定的**、他所刻画的世界观，但其实他恰恰进入了一种强烈的心灵暗示中，即认为：他的本身没有被揭露出来的先行把握（作为整体的生命）以及与此相联系的本质性的联结方式，乃是某种不受约束的东西、不言自明的东西，而实际上，正是在那里，在这一概念的意义和阐释的方式上，一切都得到了决定。单纯的考察恰恰给

予它想给予的东西以一种彻底的考查和决定的可能性，同样地，还有那种关于方法问题之必然性的严格意识的可能性。一种真正的自我沉思，只有当它在此存在之际，人们才能富有意义地把它开放出来；而且，这种真正的自我沉思唯在一种严格的被唤醒过程中才在此存在，而且它只能以下述方式被真正地唤醒，即：他者（der Andere）以某种确定的方式毫无顾忌地被推入反思（Reflexion）之中，他看到，对哲学对象的占有维系于一种有条理的实行的严格性，而任何一门科学都不逮于这种严格性，因为在诸科学中，唯有实事性（Sachlichkeit）之要求才是决定性的，而哲学之实事却一并包含着哲学活动者本身和（他的）尽人皆知的可悲可怜。人们只有先于道路本身行一段路，才能把……推入反思中、使人注意。

雅斯贝尔斯并不想以这种研究端出一门“普遍的心理学”，于是他就似乎可以为他对方法问题的放弃作出辩护了。诚然，并非一切问题都可以一下子就解决的。但这种先后相继在原则性的研究中并不是单纯的并列。任何一个哲学的具体问题都在自身中包含着种种对那些原则性联系的显示和拒绝（Vorweisungen und 43
Zurückweisungen）。如果说雅斯贝尔斯是以这种具体科学的态度着手处理世界观的心理学的问题的，并且认不清这样一回事情，即“普遍的心理学”与“世界观的心理学”不能相互替换，两者不能与原则性的哲学难题分开，那么，这恰恰就是他对真正的方法难题的错认和低估的一个标志。

尽管雅斯贝尔斯仅仅收集了“在此存在”（da ist）的东西并予以描述，但实际上，他却超出了单纯的排列，达到了对可支配的东西的一种全新的、必须作为积极的继续引导而得到评价的专注。

为了能够作为对当代哲学的冲击而发挥作用，他的这种单纯的考察必须继续下去，达到一种在问题中保持自身的彻底追问的“无限过程”。

增　　补

对雅斯贝尔斯这本书的了解乃是前提条件。我们放弃了一种细致的报告，原因在于，在一种褒义上讲，对于这本书是不能做报告的，除非逐段逐段地直接抄录之；因为不然的话，作者所力争的、并且在许多部分已经充分达到了的那种理解性想象（die verstehende Vergegenwärtigung）的直观性就会失落。因此，甚至新版时的修改，或许我们也只希望作者作幅度适当的改动。如果仅仅通过后来的研究就能表明，那种直观性的对现象的预先确定正是对于哲学阐明而言的预先确定，那么，这些修改也就可以停止了。

但在下面几点上，我们仍可期待作者进行某种修改：

一、导论（第 8—38 页）完全可以省略，而并不影响对主要部分
44 的理解；或者，它需要重写一遍，限于第一、二节和第 38—44 页的那个段落上，这个段落是此书中最好的段落之一，还可以作一种更为原则性的把握和利用。第三节（第 19—36 页）只能在一种原则性的研究中获得一种符合现象之意义的构成。

二、更为恰当地，应把第三章（精神类型）放到开头，并且根据“活力”使第一章（立场）和第二章（世界图像）仿佛也在描述过程中形成。雅斯贝尔斯把立场（Einstellungen）和世界图像（Weltbilder）本身刻画为活力的“放射”（Emanationen）（第 198 页）。或

许更为有效的做法是，可以对第三章作这样一种构成和“划分”，使得第三章占据第一、二章的中心并且包含第一、二章。

三、如果“理解性的心理学”这个方法上的名称把自身限定为“理解性**构造的**心理学”［在这里，“构造的”（konstruktiv）在某种褒义上意指从理解性的直观中获得的、并且在不断适应中实行的类型之构成］，那是与所实行的方法更为符合的做法。在批判性的考察中，理解问题依然未被讨论，这乃是因为，只要在我们这篇“评论”中所显示的关于历史的问题还没有在根源上得到把握，并且还没有被置入到哲学的疑难问题的中心之中，那么，这些问题就还没有到作出决定的时候。对于所谓“作为力量的理念”，情形亦然。

45 # 现象学与神学

前　　言[①]

摆在读者面前的这本小书包括一个演讲和一封书信。

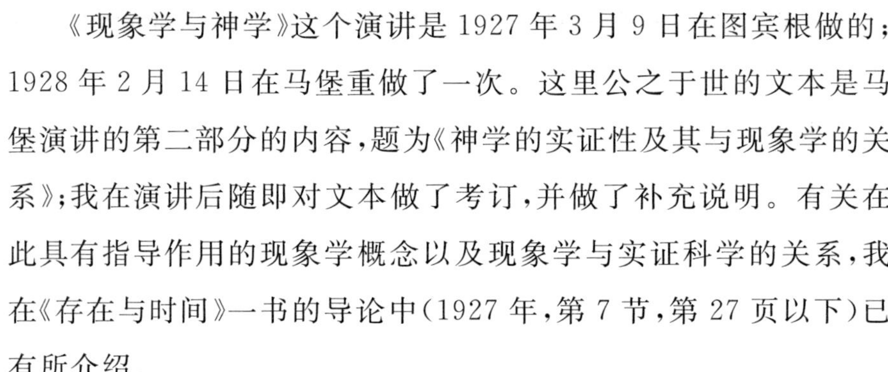

《现象学与神学》这个演讲是1927年3月9日在图宾根做的；1928年2月14日在马堡重做了一次。这里公之于世的文本是马堡演讲的第二部分的内容，题为《神学的实证性及其与现象学的关
52 系》；我在演讲后随即对文本做了考订，并做了补充说明。有关在此具有指导作用的现象学概念以及现象学与实证科学的关系，我在《存在与时间》一书的导论中（1927年，第7节，第27页以下）已有所介绍。

1964年3月11日的这封书信，是为一次关于“**今日神学中一种非客观化的思与言的问题**”的神学谈话而作的，其中对我的主要观点做了若干提示。此次谈话是在美国麦迪逊（Madison）的德鲁（Drew）大学举办的，时间在1964年4月9日至11日。

这里发表的两个文本首次刊印于《哲学档案》第32卷（1969

---

① 这是海德格尔1970年为《现象学与神学》单行本所撰写的“前言”。——译者注

年），第 356 页以下，同时以法译本面世。

本书也许能够促使人们重新去思索基督教的基督性以及基督教神学的种种可疑问题，而另一方面，也促使人们重新去思考哲学的可疑问题，尤其是文中所阐释的问题。

在将近一百年前的 1873 年，有两位友人同时出版了两本著作：一是弗里德里希·尼采的《不合时宜的考察》之“第一部分”，其
中道出了“美好的荷尔德林”；二是弗兰茨·奥维贝克的“小书”《论 46
我们时代的神学的基督性》，这位作者把弃世的末日期待确定为原始基督教的基本特征。

即使在今天这个已经变化了的世界里，这两本著作也还是不合时宜的，而这就是说：它们对无数计算者中间的少数思想者来说是重要的，指示着那种执著，那种对不可通达的东西的道说着、追问着、构成着的执著。

对这两本著作的更为宽泛的问题域的探讨，读者可以参看马丁·海德格尔《林中路》（1950 年，第 193 页以下）中的“尼采的话‘上帝死了’”一文；进一步可参看海德格尔《尼采》第二卷，第 7—232 页（“欧洲虚无主义”）和第 233—296 页（“对虚无主义的存在历史之规定”）。后面这两个文本已于 1967 年单独出版了研究版。

1970 年 8 月 27 日记于弗莱堡

关于神学与哲学之关系，流俗的观点往往以信仰与知识，启示 47
与理性的矛盾形式为定向。人们认为，哲学是远离启示的、无信仰

的世界解释和生活解释；反之，神学则是合乎信仰的世界观和生活观的表达，在我们这里，就是基督教的世界观和生活观的表达。这样来看，哲学与神学便表达了两种世界观立场的张力和斗争。这一关系并不是由科学上的论证来裁定的，而是由世界观的信念和宣布的方式、规模和力量决定的。

我们自始就要对此关系问题作**不同的**理解，而且把它理解为**两门科学的关系**问题。

但这个问题需要有进一步的规定。这里并不是要对两门历史上现成的科学的实际状况做一个比较；事实上，就两者方向上的分歧而言，两门科学中的任何一门的整体状况，在今天都是难以描写的了。通过一种对实际关系的比较，并不能获得任何一种关于基督教神学与哲学的相互关系的**原则性**洞见。

所以，要为原则性的问题讨论准备一个基地，就需要对两门科学的观念作一种理想的建构！根据两门科学本身所具有的可能性，我们就能裁定它们的可能的相互关系。

不过，这样一种问题提法是有前提的，其前提是对一般科学的观念的确定和对这种观念的原则上可能的变种的标画。（对这个
48 必定表现为我们的讨论引子的问题，我们在此不能深究。）仅仅作为指导线索，我们给出下面这个关于科学的形式定义：科学是为被揭示状态本身（Enthülltheit）之故对某个向来自足的存在者领域或者存在领域的有所论证的揭示（begründende Enthüllung）。按其对象的实事特征和存在方式，每个对象领域都具有某种独特的可能的揭示、证明、论证的方式，以及如此这般形成的知识的概念构造方式。倘若把科学理解为此在的一种可能性，那么，根据这种

一般科学的观念就可以表明：科学必然具有两种基本可能性，即，关于存在者的各门科学（存在者状态上的各门科学）和关于存在的**这一门**科学（存在学上的科学，亦即哲学）。存在者状态上的科学向来把某个现成的存在者当作课题，这个现成存在者总是已经以某种方式**在**科学的揭示**之前**被揭示出来了。关于某个现成存在者的科学，即关于某个实在（Positum）的科学，我们称之为实证科学（positive Wissenschaften）。它的特征在于：它把被它当作课题的东西对象化，这种对象化的方向是直指存在者的，从而是一种已经实存着的对这一存在者的前科学态度的继续推进。与之相反，关于存在的科学，即存在学，原则上需要调整那种以存在者为标的的目光：从存在者转向存在，而在那里，存在者恰恰还被保持在目光中——这当然是对一种已经改弦易辙的态度来说的。关于这种调整的方法特征，我在此不拟深究。在现实的或者可能的关于存在者的科学的区域内，亦即在实证科学的区域内，按照一门科学藉以定向于某个存在者领域的当下联系来看，各门具体的实证科学之间只存在着某种相对的区别。相反地，每一门实证科学与哲学的区别就不是相对的，而是**绝对的**。于是，我们的论点就是：**神学是** 49
一门实证科学，作为这样一门实证科学，神学使与哲学绝对地区分开来。

而且，我们因此必须追问的是：既然神学与哲学有着这种绝对的区分，那么，它又是如何跟哲学发生关系的呢？从这个论点我们立即可以得知，作为实证科学的神学原则上更接近于化学和数学，而不是更接近于哲学。这样，我们便以最极端的形式表述了神学与哲学的关系，而且，我们这种表述是违背流俗之见的；流俗之见

认为,这两门科学中的每一门在某种程度上都以同一个领域——即人类生活和世界——为课题,只不过,每一门各以某种特定的把握方式为指导:神学根据*信仰*的原则,哲学根据*理性*的原则。而我们的论点则是:神学是一门实证科学,作为这样一门实证科学,神学便与哲学绝对地区分开来。由此,我们的探讨的任务就是:把作为实证科学的神学描绘出来,并且根据这种对特征的刻画,来澄清神学与哲学——与神学有着绝对区别的哲学——的可能关系。

顺便说明一下,我是在基督教神学意义上来理解神学的,而这并不是说,只存在基督教神学。至于一般神学是否一门科学,这个问题诚然是一个最关键的问题,但在此我们应把这个问题压下不论。这可不是因为我们想回避这个问题,而只是由于,明智地看来,如果我们没有预先在某个特定的范围内廓清了神学的观念,那么,神学是否一门科学的问题根本就不可能提出来。

在转向真正的探讨之前,我还要阐发一下下面的思索的布局。与我们的论点相应,本文关注的是一门实证科学,而且显然是一门独特的实证科学。所以,我们就需要作一简短的解说,说明一般科学的实证性是由什么东西构成的。

50 一门科学的实证性包括以下内容:

(一)一般地,一个已经以某种方式被揭示出来的存在者在某个范围内是现成摆着的,是理论的对象化和探究活动的可能课题。

(二)在某种特定的前科学的与存在者的通达和交道方式中,这个现成的实在是可发现的;在此交道方式中,这一领域的特殊的实际特性(Sachhaltigkeit)和有关存在者的存在方式已经显示出来,亦即说,已经在所有理论把握面前显示出来,尽管是不明确地和未经意识地被揭示出来的。

（三）科学的实证性还包括这样一点：就连这种前科学的对现成存在者（自然、历史、经济、空间、数量）的行为，也已经受一种尽管还是非概念性的存在领悟的照亮和引导了。于是，按照存在者的实际特性，按照存在者的存在方式，按照有关存在者的前科学的被揭示状态的方式以及这种被揭示状态对于现成的东西的归属关系的方式，科学的实证性也能相应地变化。

问题是：神学的实证性是何种实证性呢？显然，在我们能够规定神学与哲学的关系之前，我们必须先回答这个问题。然而，仅凭对神学之实证性的特性的刻画，神学作为科学就还没有得到充分的澄清；这样，我们就还不具有关于作为科学的神学的完整概念，而只是具有作为实证科学的神学的特性。如果说那种按照问题方向、探究方式和概念机制来进行的课题制定应与当下实在相符合，那么，关键毋宁就在于：在以神学的特殊实证性为定向的同时，把神学的特殊的科学特征描绘出来，把神学的特殊的科学性描绘出来。也就是说，只有对神学的实证性的特性刻画和对神学的科学性的特性刻画，才把这门作为实证科学的学科带到我们近旁，从而
为描绘神学与哲学的可能关系提供一个基础。所以，我们的考察 51
工作就有以下三个部分的内容：

一、神学的实证性；

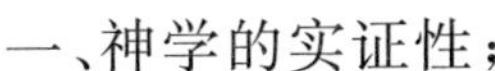

二、神学的科学性；

三、作为这种实证科学的神学与哲学的可能关系。

一、神学的实证性

实证科学是对某个现成摆着的和已经以某种方式被揭示出来的存在者的有所论证的揭示。问题是：对神学来说，什么是现成摆着的？人们会说：对基督教神学来说，现成摆着的东西乃是作为一个历史性事件的基督教，这是由宗教史和精神史所证明了的；同样地，在当代，作为普遍的世界历史性现象，基督教在其建制、祭礼、社团和团体中也是显示可睹的。基督教——这就是现成摆着的实在，也就是说，神学是关于这个现成摆着的实在的科学。显然，这是一个对神学的错误规定，因为神学本身就是基督教的一部分。神学本身是某种世界历史地（weltgeschichtlich）、在历史上（historisch）普遍地显示出来的东西，它处于与整个基督教本身的内在联系中。因此，很明显，神学不可能是关于作为一个世界历史性事件的基督教的科学，不如说，神学乃是这样一门科学，它本身属于这种基督教历史，为这种历史所拥有，又规定着这种历史本身。神学这门自身属于基督教历史的科学，不就像每一门历史学学科一样，本身就是一个历史性现象，而且它总是表现着本身历史性地变
52 化着的历史的自我意识么？如若这样，我们就有可能把神学描绘为在其世界历史性现象中的基督教的自我意识了。可是，神学不仅属于基督教，因为基督教作为历史性的基督教处于与普遍的文化现象的联系之中；不如说，神学是关于那种首先使得诸如基督教这样一个世界历史性事件的存在成为可能的东西的认识。神学是关于那种首先使基督教成为一个源始的历史性事件的东西的概念性知识，是一种关于我们一般所谓的基督性的认识。于是，我们断

言：对神学来说，现成摆着的东西（即实在）乃是基督性（*Christlichkeit*）。而且，基督性决定着作为关于基督性的实证科学的神学的可能形式。这里的问题是：基督性究竟意味着什么？

我们把一种信仰称为基督教的。对于信仰的本质，我们可以在形式上作以下界定：信仰乃是人类此在（Dasein）的一种实存方式，根据其本己的——本质上归属于这种实存方式的——见证，这种实存方式并非从此在中而且并非通过此在而自发地产生的，而是从那个在这种实存方式中并随着这种实存方式而启示出来的东西而来，也即从信仰所信的东西而来产生的。对于“基督教的”信仰来说，原初地为信仰并且仅仅为信仰启示出来的东西，并且作为启示才使信仰产生的存在者，就是基督，即被钉十字架的上帝。如此这般由基督决定的信仰与十字架的关系，是一种基督教的关系。但是，十字架上的受难（Kreuzigung）及其全部内涵，乃是一个历史性的事件（Geschehnis），而且，这一事件本身在其特殊的历史性中唯对于信仰来说才以文字表达出来。关于这一事实，只有在信仰中才能“得到意识”。按其特殊的“牺牲”特征，如此这般可启示的东西具有特定的针对向来实际地、历史性地实存着的人类——不论是同时的还是不同时的单个的人，或者作为信徒的这些个体的社团　　的传达方向。作为传达，这种启示绝不是宣布出关于现 53
实的或者过去的或者刚刚出现的事情的知识；不如说，这种传达使人们成为那种发生事件（Geschehen）的“参与者”，此种发生事件就是启示，就是在启示中公布出来的东西本身。[①] 但这种唯在实

① 海德格尔特别强调德语名词 Geschehen 的动词意义，即“发生、发生之事”等，并且在这种“发生”意义上来理解“历史”（Geschichte）。我们勉强把 Geschehen 译为“发生事件”，有时也径直译为“事件”。——译者注

存中实现的参与，本身始终仅仅作为信仰而由信仰所给定。而在这种对十字架上的受难事件的“参与”和“分有”中，整个实存便作为基督教的、也即与十字架相关的实存而被置于上帝面前，并且，被这种启示所关涉的实存本身便觉悟到自己对上帝的遗忘状态。而且这样一来，按其意义来看——我始终只讨论一种理想的观念构造——，所谓被置于上帝面前也就是：实存被转置于那种在信仰上得到把捉的上帝之仁慈中。也就是说，信仰始终只在信仰上来理解自己。譬如，根据一种对内在体验的理论审察，信仰者绝不知道他的特殊的实存；毋宁说，他只能“相信”这种实存可能性是那样一种可能性：有关的此在自己不能掌握这种可能性，在这种可能性中，此在成了奴仆，被带到上帝面前，从而获得了再生。据此看来，信仰的真正的实存状态上的意义便是：信仰＝再生（Glaube＝*Wiedergeburt*）。而且，再生并非在某种性质的突发赋予意义上的再生，毋宁说，再生乃是在与启示事件一道兴起的这种历史中的实际的、有信仰的此在的历史性实存的样式——在这种已经按照启示的意义而被设定了一个确定的最极端的终点的历史中。把自己提供给信仰并且因而在信仰状态中发生的启示事件仅仅向信仰才揭示自身。马丁·路德有言：“信仰乃是自因于我们看不到的东西中。”（参看《路德全集》，第46卷，第287页）可是，信仰并非某种只不过把救赎事件（Heilsgeschehen）显示为某个事情（Vorkommnis）的东西，并不在某种程度上成为一种经过不同方式修正的认识方式；不如说，信仰作为启示之居有过程（Offenbarungsa-
54 neignung）本身参与构成基督教的发生事件，亦即实存方式，那种规定着在其作为一种特殊天命（Geschicklichkeit）的基督性中的实际此在的实存方式。**信仰乃是在由十字架上的受难者启示出来的、亦即发生着的历史中以信仰方式领悟着的实存**（*Existieren*）。

这一存在者为信仰所揭示，而且信仰本身归属于这一以信仰方式被揭示的存在者的这一发生联系中。这一存在者之整体构成神学所发现的实证性。**假定**神学竟是从信仰中并且为信仰而被托付给信仰本身的，科学竟是**自由地**实行的、以概念进行揭示的对象化，那么，神学就是在那种对信仰和随信仰一道被揭示出来的东西（在此亦即“启示的东西”）的课题制订中构造自己的。大可注意的是，信仰不仅是那个被神学对象化的实在的有所揭示的预先确定的方式，而且信仰本身也沦为课题了。不止于此！就神学被托付给信仰而言，神学只能在信仰本身中才具有它本身的充分动机。如若信仰根本上是与一种概念性解释相背道的，那么，神学就是一种与它的对象（即信仰）恰恰完全**不相适合**的把握。神学就缺乏一个本质环节，而没有这个本质环节，神学自始就绝不可能成为科学。所以，神学的必然性绝不能从一个纯粹合理性地被筹划出来的科学体系中推演出来。更有甚者，信仰不仅激起对一门解释基督性的科学的深入把握；信仰作为再生同时也是**这种**历史，对于这种历史的发生事件，神学本身也作出了它自己的贡献；而且，只有作为信仰（作为特定的历史性事件）的这种成分，神学才具有其意义和合法性。

我们试图对上述联系作一解说，借此来表明，通过神学的特殊的实证性，亦即通过那种在信仰之为信仰中被揭示的基督教的事 55
件，信仰之科学的科学性是如何得到先行标识的。

二、神学的科学性

神学乃是信仰的科学。

这话有下面几重意思：

（一）神学是关于在信仰中被揭示的东西的科学，亦即关于信仰所信的东西的科学。信仰所信的东西在此并不是我们仅仅对之表示赞同的一种关于事实和事情的命题的联系；这些事实和事情虽然在理论上是并不显示的，但在某种程度上恰恰是这种赞同能够居而有之的。

（二）与此相一致，神学乃是关于信仰行为本身的科学，是关于信仰状态（Gläubigkeit）的科学；此种信仰状态向来只有作为被启示出来的信仰状态，才是它按其内在可能性而言一般地所能够是的东西。这就是说，作为信仰行为，信仰本身被信仰，本身也是信仰所信的东西的一部分。

（三）再者，神学是信仰的科学，这并不仅仅因为神学使信仰及其所信的东西成为对象，而是因为神学本身就源起于信仰。神学乃是信仰根据自身来进行说明和辩护的科学。

（四）最后，神学是信仰的科学，不仅是因为神学以信仰为对象并且从信仰中获得理由，而且是因为，对信仰本身的对象化按照在此被对象化的东西来看唯一地只具有一个目的，就是要为信仰状态本身之形成出一份力。——从形式上看，作为与十字架上的受难者的实存关系，信仰乃是历史性此在的一种方式，即人类实存的一种方式，而且是在那种首先在信仰中并且只为信仰而揭示自身的历史中的历史性存在(Geschichtlich-Sein)的一种方式。所以,按其最内在之核心来看,作为一门关于信仰(一种自身历史性的存在方式)的科学,神学乃是一门历史学的科学;而且按照包含 56
在信仰中的独特的历史性——“启示事件”(Offenbarungsgeschehen)——来讲,就是一门特有的历史学的科学。①

作为对信仰性实存的概念性自我阐释,亦即作为历史学上的认识,神学的唯一目标是在信仰状态中可启示的、并且由信仰状态本身在其界限内勾勒出来的基督教事件的透明性。也就是说,这门历史学科学的目标乃是具体化的基督教实存本身,绝不是一个自在地有效的神学命题系统,即关于在某个同样也现存的存在领域内的普遍事态的神学命题的系统。信仰性实存的这种透明性,作为实存—领悟(Existenz-Verständnis),始终只能与实存活动本身发生关系。每个神学命题和概念,按其内容而并非仅仅事后根据所谓的实践“应用”(*Anwendung*),本身都是深入到信徒中的个体的信仰性实存而说话的。神学之对象具有特殊的实际特性,它要求相应的神学认识绝不能表现为一种关于无论何种事态的自由漂浮的知识。同样地,神学的透明性和对信仰的概念阐释,既不能在其合法性方面论证和确保这种信仰,也不能以某种方式使信仰的接受和保持变得轻松起来。神学只能使信仰变得沉重,也就是把信仰带到近处,而信仰状态恰恰不是通过它——作为科学的神学——而能获得的,相反地,唯一地只有通过信仰才能被赢获。因

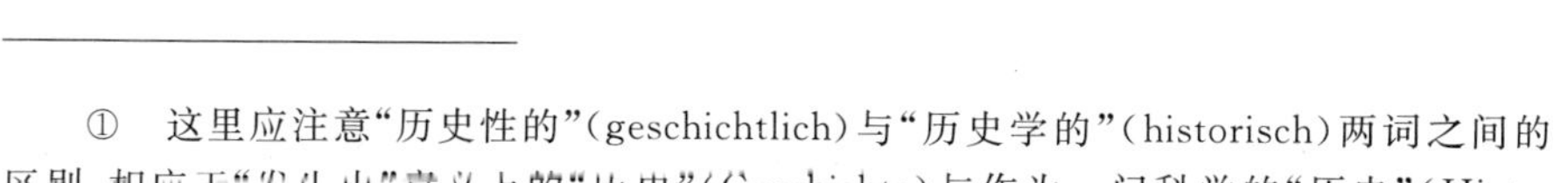

① 这里应注意“历史性的”(geschichtlich)与“历史学的”(historisch)两词之间的区别,相应于“发生史”意义上的“历史”(Geschichte)与作为一门科学的“历史”(Historie)之分别。——译者注

此，神学能够使那种包含于作为“被赠与的”实存方式的信仰状态中的严肃性进入良知（Gewissen）之中。神学“能够”这样做，也就是说，神学有能力做到这一点，而且仅只是**可能地**。

可见，与被神学客观化的实证性相应，神学乃是一门**历史学科学**。以这个论点，我们似乎否认了一种**系统**神学以及一种**实践**神
57 学的可能性和必然性。但必须注意的是，我们并没有说，只有一种排除了“系统”神学或“实践”神学的“历史学的神学”。我们的论点毋宁是说：神学一般地作为科学乃是历史学的，不论它能分解为何种科学。说到底，正是根据这一说法，我们可以理解，神学为什么并且如何不是其他，而是按照其课题的特殊统一性而源始地分解为一门系统学科、一门历史学学科（狭义上的）和一门实践学科。确实，如果人们仅仅掌握某门科学的实际上偶然被先行给定的分划，并简单地接受技术上的分工，以便事后从外部把不同的学科联合起来，进而构成一个“普遍的”概念，那么，人们是不能由此获得对某门科学的哲学理解的。毋宁说，关键是要深入到实际现成的分划背后去追问和了解，这种分划**是否**和**为什么**是由相关科学的本质所要求的，在何种程度上实际的组织符合于那种由其实证性所决定的科学观念。

就神学而论，我们却看到：由于神学是对基督教实存的概念性阐释，所以一切概念按其内容来看都具有一种与基督教事件本身的本质性关联。**把握这种基督教事件的实际内容及其特殊的存在方式，而且唯一地如其在信仰中为信仰而表达自己的那样来把握，这乃是系统神学的任务**。只要信仰状态以文字表达出来，则这种系统神学按其本质来讲就是**新约神学**。换言之，神学之为系统神

学，并不是由于神学把信仰内涵之整体割裂为一系列段落，进而又把它们编排到一个系统的框架中，然后来证明这个系统的有效性。神学并非通过制造一个系统而成为系统的神学，恰恰相反，是通过避免制造一个系统，也就是说，神学唯一地试图把基督教事件本身内在的 σύστημα［整体］毫无遮盖地揭示出来，亦即把进行概念性 58
领悟的信仰者带入启示之历史中。神学越是历史学的，越是直接地把信仰的历史性带向词语和概念而表达出来，它就越是“系统的”，就越少成为某个系统的奴隶。有关这一任务及其方法论要求的知识所具有的源始性，乃是一种系统神学的科学水平的标准。神学越是直接地使它所对象化的存在者**的**存在方式和特殊的实际特性的概念联系预先确定下来，这种系统神学的任务就会更可靠更纯粹地得到完成。神学愈是明确地放弃对某种哲学及其系统的应用，具有其特殊的科学性的神学就愈加具有**哲学性**。

另一方面，上述意义上的神学愈是系统的，则**狭义的历史学神学**（作为解经学、教会历史学和教义历史学）**的必然性**就因此愈加直接地获得了根据。如果这些学科应是真正的**神学**而不是普遍的世俗的历史学科学的特殊领域，那么，它们就**必须**由获得真正理解的系统神学来先行规定它们的对象。

然而，作为一个历史性事件的基督教事件的自我阐释却包含着这样一回事情，即：它总是重新居有着它自己的历史性以及在这种历史性中形成的信仰性此在之可能性的领悟。但由于神学作为系统神学以及历史学学科，原初地以那种在其基督性和历史性中的基督教事件为对象，而这种基督教事件却把自己规定为信仰者的实存方式，而实存活动却是行为，即 πρᾶξις，所以，**神学按其本质**

来看就具有一门**实践科学的特性**。作为关于上帝对进行着信仰活
59 动的人的行为的科学，神学“本性上”就是布道术的（homiletisch）。而且，唯因此才有下面一种可能性，即：神学本身在其实际的组织中把自己构成为实践神学，构成为布道术和传教术，而这绝不是因为，从那些偶然的需要中出现一种要求，要把那些自在的理论命题也推向一种实践应用。**只有当神学是历史学的—实践的，它才是系统的。只有当神学是系统的—实践的，它才是历史学的。只有当神学是系统的—历史学的，它才是实践的。**

所有这些特性本质上在自身中间就是联系在一起的。今日神学中的争论要能成为一种处于富有成果的交流中的真正的争辩，那就只有当做为科学的神学的问题被归结为那个中心的、源起于**作为实证科学的神学**观念的问题之际，也即这样一个中心问题：神学的系统的、历史学的和实践的诸学科的特殊统一性和必然多样性的根据为何？

我们可以通过表明神学**不**是什么，来简短地解说前面粗略地勾画出来的神学的特征。

按字面理解，神之学（Theo-logie）就是关于神的科学。但绝不是说，神是神学探讨的对象，犹如动物是生物学的课题。神学不是关于神的抽象知识。同样地，当我们扩大课题，说神学的对象乃是一般的神与一般的人的关系，或者反过来说，是人与神的关系，这时，我们也没有切中神学的概念；那样的话，神学就会是宗教哲学或宗教历史学，简言之，就会是宗教科学了。进一步讲，神学也不是宗教心理学意义上的关于人及其宗教状况和体验的科学，即，它不是关于体验的科学，并不是要通过对体验的分析最后在人那

里把神揭示出来。人们也许能够承认，神学不是关于神的抽象知 60
识，不是一般的宗教科学和宗教心理学；但人们同时会强调，神学乃是宗教哲学、宗教历史学等等学科中的一个特殊情形，是关于基督教的哲学的—历史学的—心理学的科学。可是，根据我们前文所述，有一点却是清楚的：系统神学不是一门与基督教相关的宗教哲学，正如教会史并不是一种局限于基督教的宗教史。在所有这些对神学的阐释中，神学这门科学的观念自始就被抛弃了，也就是说，**并不是**从那种对特殊的实证性的考察中获得的，而是通过一种对非神学的，甚至在自身中间完全异质的诸门科学（哲学、历史学和心理学）的演绎和专门化中获得的。然而，神学的科学性的界限何在，亦即信仰状态本身对于一种概念上的透明性的特殊要求能够有多大的范围，才能依然保持为可信的，这乃是一个既关键又困难的问题，它与那个关于神学的三门学科之统一性的源始基础的问题最紧密地联系在一起。

对于神学的科学性，我们绝不可通过下述方式来规定，即：把**另一门**科学先行看作其证明方式的自明性和其概念方式的严格性的主要标准。按照本质上只有在信仰中才被揭示出来的神学的实在，不仅神学之对象的获得是一种特有的获得，而且对神学命题的证明的自明性也是一种特殊的自明性。神学所特有的概念方式只能从神学本身那里生长出来。而神学尤其不需要借助于其他科学，去丰富和保证其证明材料；它甚至也不能试图求助于其他科学的知识，去提高或者捍卫信仰的自明性。**毋宁说，神学本身原初地** 61
由信仰来论证，尽管从形式上看，它的陈述和证明过程源自自由的理性行为。

所以，根本说来，即便对非神学的科学的拒绝，从信仰所启示出来的东西来看，也绝不是一种对信仰之合法性的证明。只有当人们首先已经笃信地坚持信仰之真理时，人们才能让“无信仰的”科学来冲击信仰，并且让前者在后者那里撞得粉身碎骨。但如若信仰以为它是通过科学在它那里的撞碎才获得其合法性甚或由此而得到固定的，那是一种自我误解。就其实际的合法性来看，一切神学的知识都建立在信仰本身之上，都源出于信仰并且回归于信仰中。

根据其特殊的实证性和由此而先行标画出来的认识形式，神学乃是一门完全独立的存在者状态上的科学。眼下出现的问题是：以其实证性为特征的神学与哲学的关系如何，以其科学性为特征的这门实证科学与哲学的关系如何？

三、作为实证科学的神学与哲学的关系

信仰并不需要哲学，而作为**实证**科学的信仰**科学**却需要哲学。而且，我们在这里又必须作出区分：实证的信仰科学又需要哲学，并非为了论证和原初地揭示它的实证性，即基督性。基督性以自己的方式论证自己。实证的信仰科学只是在顾及其科学性时才需要哲学。然而，即便这一点也仅仅是以一种虽然根本性的、但却受到独特限制的方式进行的。

62 作为科学，神学向自己提出了要求：以其概念来证明和测度它已作为任务接受下来的要解释的存在者。但是，要以神学概念加以解释的存在者不正是仅仅通过信仰、为了信仰并且在信仰中才被揭示出来的吗？说到底，通过纯粹合理性的方式，对这里要以概念方式来把捉的东西，即本质上不可把握的东西，难道不是因此既不能探究其内容，亦不能论证其合法性么？

虽然它很可能是某种不可把握的东西，是理性绝不能原初地揭示的，但它还是毋需从自身那里排除一种概念性把捉。相反，如果这种不可把握性本身恰恰要以得当的方式被揭示出来，那么，这只有通过适当的、亦即同时触动其边界的概念性解释才能进行。否则的话，这种不可把握性就还几乎是喑哑无声的。而这种对信仰性实存的解释却是神学的事情。那么，哲学何为？每个存在者都仅仅根据某种先行的——虽然未被认识的——前概念性的对这个有关存在者的存在和存在方式的领悟而揭示自身。而一切存在者状态上的解释都是在一种存在学的首先并且多半隐蔽着的根据上展开自身的。但是，诸如十字架上的苦难、罪等等之类明显属于基督教的存在关系的东西，其特殊的存在内容（Wassein）和存在方式（Wiesein），除了在信仰中，还能够作另外的理解吗？这些为基督性所构造起来的基本概念的存在内容和存在方式如何能在存在学上得到揭示？难道信仰可以成为一种存在学的—哲学的阐明的认识标准吗？难道不正是神学的基本概念已经完全从一种哲学的—存在学的沉思那里逃之夭夭了吗？

这里当然不可忽视某种本质性的东西：对于基本概念的阐明——只要它们被设定为合法的——绝不是这样来实现的，即，孤立的概念自为地被阐明和界定，然后就像筹码一般被来回推动。63
一切基本概念的阐明恰恰都致力于在其源始整体性中去洞察那原初的、自足的存在联系——所有基本概念都以此存在联系为指

归——，并且不断地把这种存在联系保持在眼帘中。对那种关于神学之基本概念的阐明来说，这意味着什么呢？

我们已经把信仰标识为基督性的根本构成因素：信仰乃是再生。尽管信仰并不是自行获得的，尽管在信仰中启示出来的东西绝不能通过一种对自由地以自身为目的的理性的合理认识而得到论证，但在作为再生的基督教事件中却包含着这样一回事情，即：在其中，那种前信仰的亦即无信仰的此在之实存已经被扬弃了。所谓被扬弃并不是被消除，而是被提升到新的创造中，被保持和保存于新的创造中。诚然，在实存状态—存在者状态上看，前基督教的实存在信仰中被克服了。但这种包含于作为再生的信仰中的对前基督教实存的实存状态上的克服恰恰意味着：从实存论—存在学上看，在信仰实存中也一并包含着被克服的前基督教的此在。所谓克服（Überwinden）并不意味着排斥，而是重新利用。由此可见，一切神学的基本概念，按其完整的宗教关系来看，自身中总是包含着某种前基督教的、因而纯粹合理地可把捉的内容，这种内容虽然在实存状态上是无力的，亦即**在存在者状态上**被扬弃了的，但恰恰因此**在存在学上**规定着一切神学的基本概念。一切神学的概念必然于自身中蕴涵着**这种**存在领悟，而人类此在本身，只要它终究实存着，就从自身而来具有这种存在领悟。[1] 所以，举例说来，
64 罪（Sünde）就只有在信仰中才是可敞开的，而且只有虔信者才能

① 一切以信仰为核心的神学上的实存概念都意指一种特殊的实存**过渡**（Existenz-*übergang*），在其中前基督教的实存与基督教的实存以自身特有的方式合而为一。这一过渡特征说明神学概念的典型的多维度性，对此，我们这里未能作进一步的探讨。——原注

实际地作为罪人而实存。但如果罪——它乃是作为再生的信仰的反面现象，从而是一个实存现象——应在神学上一概念上得到解释，那么，概念的内容本身，而非神学家的任何一种哲学爱好，便需要向罪责(Schuld)概念返回。但罪责乃是一个源始的存在学上的对此在的实存规定。[①] 此在的基本机制越是源始地、得体地并且在真正意义上得到存在学上的揭示，譬如罪责概念越是源始地得到把捉，则这个概念便越是明晰地能够充当对罪的神学阐明的引线。但如果我们如此这般地把存在学上的罪责概念当做引线，那么，根本上正是哲学原初地决定了神学概念。这样，难道不是把神学系在哲学的裤带上了吗？非也！因为从其本质上看，罪确实不应合理地从罪责概念中演绎出来。更有甚者，我们不应也不能通过这种根据存在学上的罪责概念的定向，以某种方式合理地证明罪这个事实；甚至罪之实际可能性也丝毫不会由此而清晰起来。仅仅以此方式获得的东西，但也是对作为科学的神学来说不可或缺的东西，其目标是为了使作为实存概念的罪这个神学概念赢获那种调校(Korrektion)(即共同引导)，这种调校对于这个神学概念来说——从其前基督教的内容看——是必需的。——相反地，那种原初指引(引导)，作为这个神学概念的基督教内容的本源，始终只是由信仰给出的。据此看来，存在学仅仅充当一种对神学基本概念的存在者状态上的、而且是前基督教的内容的调校(*Korrektiv*)。但这里需要注意的是：这种调校并不是作出论证，并不就像诸如物理学的基本概念通过

① 参看海德格尔：《存在与时间》，第二篇，第58节。——原注

65 一种自然存在学而获得对其全部的更内在的可能性和更高的真理性的源始论证和证明。毋宁说，这种调校仅仅是在形式上显示着，也就是说，存在学的罪责概念本身绝不会成为神学上的论题。罪这个概念也并不是简单地在存在学的罪责概念上被建立起来的。但尽管如此，后者在某个角度上是决定性的，并且在形式上显示着那**个**存在区域的存在学特征，在此存在区域中，罪这个概念必然地保持**为实存概念**。

在这种对存在学区域的形式显示①中，包含着那种指示：恰恰对于这个概念的特殊的神学内容，我们不能在哲学上加以计算，而是要在如此这般被显示出来的信仰的特殊实存维度中把它创造出来，并使之从中预先确定下来。也即说，对存在学概念的形式显示并不具有系缚(Bindung)的功能，而是相反，它具有释放和指示的功能，也就是释放和指示着对神学概念的特殊的、亦即合乎信仰的本源之揭示(Ursprungsenthüllung)。存在学的突出功能并不是指引(Direktion)，而只是"共同引导"，即：调校。

> **哲学乃是对神学基本概念的存在者状态上的、而且前基督教的内涵所作的形式显示着的存在学调校。**

但是，哲学对神学来说必然具有这样一种调校功能，这样一回事情却并不是哲学的本质，从哲学自身来看并且对哲学本身来说，这样一回事情也绝不能得到论证。相反地倒是可以表明，关于其

① "形式显示"(formale Anzeige)是前期海德格尔形成的一种现象学方法，对此方法的较完整论述在海德格尔早期弗莱堡时期讲座中，特别是在《宗教现象学导论》(1920/1921 年冬季学期)中。亦可参看本书第一篇文章的有关讨论。——译者注

他所有非神学的、实证的科学，按哲学的本质来看，它作为对纯粹以自身为目标的此在的自由追问，具有那种在存在学上得到论证的指引的任务。作为存在学，哲学固然给出一种可能性，在那种典型的调校意义上为神学所接受——只要神学随信仰的实际性一道 66
应该成为实际的。但是，哲学必须如此这般被接受，这个要求并不是哲学本身提出来的，而恰恰是神学——只要它把自己理解为科学——提出来的。所以，准确地加以规定，我们就可以概括说：

> 哲学乃是对神学基本概念的存在者状态上的、而且前基督教的内涵所作的可能的、形式显示着的存在学调校。但哲学只能是它所是的东西，而不能实际地充当这种调校。

这一独特的关系并不排除，而是恰好包含着下面这回事情：作为一种特殊的实存可能性，在其最内在的核心中的信仰对于本质上为哲学所包含的、并且实际上最为可变的实存形式来讲依然是不共戴天的敌人。[①] 这种敌对情况是如此绝对，以致哲学首先根本不是要以某种方式与那个死敌作斗争！整个此在的这一在信仰状态与自由的自我承当之间的实存状态上的矛盾，早在神学和哲学之前就已经存在了，而并不是通过作为科学的神学和哲学才形成的；这一矛盾恰恰必然包含着作为科学的神学和哲学的可能共性，只要此种联系能够保持为一种真正的联系而摆脱一切幻想和软弱的调解努力。所以，并没有诸如一种基督教哲学这样的东西，

---

① 这里的关键问题乃是对两种实存可能性的基本的（实存论上的）对照，这样一种对照并不是排除、而是包括了一种向来实际的、实存状态上的、相互的认真对待和承认。关于这一点，我们在此不必作详细讨论了。——原注

这东西绝对是一个“方的圆”。另一方面，也绝没有什么新康德主义神学、价值哲学的神学、现象学的神学等，正如绝没有一种现象
67 学的数学。现象学始终只是表示存在学方法的称号，而存在学的方法本质上是与所有其他科学的方法相区别的。①

也许一位研究者站在他的实证科学之外也能掌握现象学，或者遵循现象学的步骤和探讨。但是，**只有当**他在自己的从那种对他的领域的存在者状态上的关系的实证沉思中生长出来的问题范围内，触动了他的科学的基本概念时，只有当传统的基本概念与他所探讨的存在者的适恰性对他来说变得大可置疑的时候，哲学的认识对他的实证科学来说才可能成为相关的和卓有成效的，并且才是真正意义上的。这样，他才能从他的科学的要求中走出来，走出他自己的科学问题的视野，仿佛在他的基本概念的边界上，回头去追问那个应保持为对象并且重新**成为**对象的存在者的源始的存在状态。如此这般生长起来的问题，就它们所究问的**东西**只有在存在学上才可通达和规定而言，便在方法上超出了自身的范围之外。当然，实证科学的研究者与哲学的研究者之间的科学联系不能以固定的法则衔接起来，尤其是因为，那种向来为实证科学本身所实行的对其基础的批判工作的清晰性、可靠性和源始性，与在哲学中对固有本质的自身澄清工作的当下被达到的和可固定的等级

① 海德格尔眼里的现象学首先而且主要是一种方法。在1927年夏季学期马堡讲座《现象学的基本问题》中，海德格尔指出：“现象学乃是表示存在学之方法的名称，亦即表示科学的哲学之方法的名称。若正确地理解之，现象学就是有关一种方法的概念”（德文版，第27页）。在1927年的《存在与时间》“导论”中，海德格尔亦明言：“现象学”这个词原本就意味着“一个方法的概念。它并不刻画出哲学研究之对象的实事性的‘什么’，而是刻画出这种研究的‘如何’”（德文版，第27页）。——译者注

一样，迅速地而且多样地变化着。只有当相互的、向来自行表达出来的实证的—存在者状态上的和先验的—存在学上的问题受到对实事的直觉和科学程式的可靠性的引导时，并且只有当一切关于科学的统治地位、优先地位和有效性的追问全部让路给科学问题本身的种种内在的必然性时，上面所说的那种联系才能获得并且保持其真正性、生动性和有益性。

附　　录 68

为一次关于“今日神学中一种非客观化的思与言的问题”的神学谈话而作的若干要点提示

1964 年 3 月 11 日，弗莱堡

在这个问题中值得追问的是什么呢？

就我所见，有**三个课题**是我们必须加以深思熟虑的：

（一）首先是要确定，作为一种思与言的方式的神学必须探讨什么。那就是基督教信仰及其所信仰的东西。只有当我们清晰地看到了这一点，我们才能去追问，思与言必须如何形成，才与信仰的意义和要求相符合，从而避免把那些与信仰格格不入的观念嵌入信仰之中。

（二）我们势必要**在**对**非**客观化的思与言进行探讨**之前**，阐明这种客观化的思与言的意思。于此突现出一个问题：是否每一种思之为思，每一种言之为言，已然都是客观化的？

要是业已表明思与言绝非本来就是客观化的，那么，这就引向了第三个论题。

（三）我们须得决断，有关一种非客观化的思与言的问题究竟何以是一个真正的问题，是否于此问题中并没有追问什么，未思及在实事那里要追问的东西，使之离开了神学的论题并且使之混乱
69 而变得多余的了。在此情形下，人们所举办的这次神学谈话就具有了这样的任务，即要搞清楚它误入歧途的问题的情况。看起来，这似乎只是谈话的一个消极的结果。但只是看起来仿佛如此而已。因为实际上，它的不可回避的结论是，神学最终并且明确地意识到它的必然的主要任务，并非借助于哲学和科学而从中去获得它的思之范畴和它的言之方式，而是合乎实情地从信仰而来、为了信仰而去思、去言。如果说这种信仰按其本己的信念与在其本质中的人之为人相关涉，那么，真正的神学之思和言为了切中人并在人那里得到支持，也就不需要任何特殊的准备。

对于上述三个论题，我们需要做具体的更为确切的探讨。我本人只能从哲学的角度对第二个论题做一些提示。因为，对第一个论题的探讨乃是神学的任务，尽管这个论题必定是整个谈话的基础——如果谈话不应华而不实的话。

第三个论题包含着从对前面两个论题的充分讨论而得出的神学结论。

眼下我要尝试为**第二个**论题的讨论作某些提示，而且也只以几个问题的形式做此提示。大家应避免一种印象：仿佛我这里所做的是一种对从海德格尔的哲学中引来的教条论点的阐明——实际上并没有这样一种哲学。

对第二个论题的几点提示

在对神学中一种**非**客观化的思与言的问题进行任何探讨**之前**，我们必然要沉思，在为这次神学谈话所采取的问题立场中，人们所理解的一种**客观化的**思与言是什么。这种沉思势必引发如下问题：

客观化的思与言是一种特殊的思与言，或者，每一种思之为 70
思，每一种言之为言，都必然是客观化的吗？

要解决这个问题，我们首先必须搞清并回答以下问题：

（一）何谓客观化？

（二）何谓思？

（三）何谓言？

（四）每一种思本就是一种言，而每一种言本就是一种思吗？

（五）思与言在何种意义上是客观化的，在何种意义上并不是客观化的？

这些问题在探讨时纠缠在一起，这乃是实事之本性使然。但这些问题的整个重心却是以您们的神学谈话的那个疑难问题为基础的。同时，上述诸问题——多少是清楚的和得到了充分阐发的——构成了当今“哲学”从其最极端的对立立场出发（卡尔纳普→海德格尔）所作的那些努力的还隐蔽着的中心。人们现在称这些立场为：技术—科学主义的语言观与思辨—解释学的语言经验。两种立场从殊为不同的任务方面得到规定。第一种立场想把一切思与言，包括哲学的思与言，置于一种可在技术-逻辑上建构起来

的符号系统的统治之下，亦即把它们固定为科学的工具。第二种立场起于这样一个问题，即：应把什么东西经验为哲学之思的实事本身，应如何言说这种实事（作为存在的存在）。可见，在这两种立场中，问题并不在于一种语言哲学（与一种自然哲学或艺术哲学相
71 应）的被隔离开来的区域，毋宁说，语言被当作哲学之思和任何一种思与言都在其中逗留和活动的那个领域来认识。由于在西方传统中，人的本质被规定为那种“具有语言”的生物（ζῷον λογον ἔχον）——即便是作为行动着的生命体的人也只是那种“具有语言”的人——，所以，上述两种立场的争辩无非是拿人之实存及其规定性的问题冒险。

神学能够和必须以何种方式并且以什么为限度参与这种争辩，这是有待神学来决定的。

在下面对五个问题做简短的解说之前，我们先要做一个评论，此评论是针对“今日神学中一种非客观化的思与言的问题”的所谓动机做的。有一种广泛流行的、未经检验地被接受的意见认为，每一种思作为表象，每一种言作为表达，已然都是“客观化的”。这里我们不可能具体地追踪这种意见的由来。对这种意见来说决定性的，是人们长期以来未加澄清地提出来的那种在理性与非理性之间的区分，这种区分是根据一种自身未曾被澄清的理性之思的机制而设定起来的。而近来，对于每一种思与言的客观化特征的主张来说，尼采、柏格森和生命哲学的学说成为决定性的了。由于我们在言中[①]——明确地或者不明确地——往往道说着“存在”

① 1970年第1版：不充分；不如说：作为栖居者（亦即对世界逗留的解释）。——作者边注

(ist)，而存在(Sein)意味着在场状态，在场状态在现代又被解释为
对象性和客观性，所以，作为表象的思和作为表达的言就必然导致
一种对在自身中流动的“生命之流”的僵固化，由此导致一种对“生
命之流”的扭曲。另一方面，此种对持存的东西的固定，尽管它扭
曲生命，但对人类生命的保存和贮存来说却是不可或缺的。作为 72
这种以不同形式表达出来的意见的例证，我们援引尼采在《权力意
志》中的一段话就够了(第 715 条，1887－1888 年)：“语言表达工
具不能用来表达‘生成’：持续地设定一个由持存物、事物等等(也
即客体)组成的更粗糙的世界，这属于我们的**不可取代的保存需
要**。”

我们下面对五个问题的提示[①]要把自身当作问题来理解和深思。因为全部沉思必须关注的语言之神秘(Geheimnis der Sprache)始终是最值得思考和最值得追问的现象，尤其是当人们生发了这样一种洞识，即，语言绝不是人的一件作品，而是：语言说。人说，只是由于人应合于语言。[②] 这些句子并不是一种玄想的“神秘主义”的奇谈怪论。语言乃是一种源始现象，其本真的东西不能由事实来证明，而只能在一种没有先入之见的语言经验中得到洞察。人能够人工发明音素和符号，但只能着眼于一种已经被说的语言并且从这种语言出发来做这回事情。即便对这种源始

① 1970 年第 1 版：这些提示蓄意地未理会存在学差异。——作者边注

② 后期海德格尔认为，有一种“大”于人言的语言，这种语言比人“更强大”，海德格尔名之为“道说”(Sage)。所谓：“语言说”(Die Sprache spricht)，而人只是跟着语言说，人只是“应合”或者“响应”(entsprechen)于语言。参看海德格尔：《在通向语言的途中》，中译本，孙周兴译，商务印书馆，1997 年，特别是其中的“语言”一文。——译者注

现象，思也始终是批判性的。因为批判性地思意味着：始终区分(κρίνειν)那种需要一种证据对之作合法性辩护的东西与那种为了对之作出证明而要求直接洞察和接受的东西。在给定情形下提供一个证据，这始终要比在不同情形下参与到有所接受的洞察之中容易一些。

对于问题一：何谓客观化？客观化就是使某物成为一个客体，把它设定为一个客体并且仅仅这样来表象它。那么，何谓客体呢？
73 在中世纪，obiectum[客体]的意思是：被迎面抛给和递给知觉、印象、判断、愿望和直觉的东西。相反地，subiectum[一般主体]，[①]即ὑποκείμενον[主体、基体]，意味着：自发地（并非由某种表象迎面带来的）现成摆着的东西、在场的东西，例如：物。subiectum 和 obiectum 两词的含义与它们在今天流行的含义恰恰相反：subiectum 乃是自为地（客观地）实存的东西，而 obiectum 乃是仅仅（主观地）被表象的东西。

由于笛卡尔对 subiectum[一般主体]概念的改造（参看海德格尔：《林中路》，第 98 页以下），客体概念也获得了一种转变了的含义。对康德来说，客体意味着：自然科学的经验的实存对象。任何一个客体都是一个对象，但并非任何对象（例如：自在之物）都是一个可能的客体。绝对命令、道德律、责任等，绝不是自然科学的经验的客体。如果说人们对它们做了深思，如果说它们在行为中

① 按海德格尔这里的主张，拉丁文的 subiectum 一词与近代哲学的“主体”(Subjekt)概念全然不同，subiectum 并非“自我”(ego)意义上的“主体”，而是指：自发地在场的东西。我们在此勉强以“一般主体”译之，以标明它并不特指近代哲学意义上的人这个“主体”。——译者注

被意谓了，那么，它们由此并没有被客观化。

对于更宽泛意义上的物的日常经验既不是客观化的，也不是一种对象化。譬如，当我们坐在花园中，欢欣于盛开的玫瑰花，这时候，我们并没有使玫瑰花成为一个客体，甚至也没有使之成为一个对象，亦即成为某个专门被表象出来的东西。甚至当我在默然无声的道说(Sagen)中沉醉于玫瑰花的熠熠生辉的红色，沉思玫瑰花的红艳，这时，这种红艳就像绽开的玫瑰花一样，既不是一个客体，也不是一个物，也不是一个对象。玫瑰花在花园中，也许在风中左右摇曳。相反，玫瑰花的红艳既不在花园中，也不可能在风中左右摇曳。但我们却通过对它的命名而思考之、道说之。据此看来，就有一种既不是客观化的也不是对象化的思想与道说。

诚然，对于奥林匹亚博物馆里的阿波罗雕像，我完全可以把它当作自然科学表象的一个客体来考察，我可以在物理学上计算这堆大理石的重量；我可以探究这堆大理石的化学特性。但是，这种 74
客观化的思与言并没有洞察阿波罗，并没有洞察到阿波罗如何显示出它的美并且以这种美而作为神的面貌显现出来。

关于问题二：何谓思？如果我们注意到上面所述，我们就会清楚地看到，思与言并不是理论的—自然科学的表象和陈述所能穷尽的。毋宁说，思乃是那种行为，它从某个向来自行显示的东西及其自行显示的情况出发，让那个必须从显现者方面来道说的东西给出自己。思并非必然是一种关于作为客体的某物的表象。只有自然科学的思与言才是客观化的。倘若一切思之为思都已经是客观化的，那么，艺术作品的形象创造就是毫无意义的了，因为艺术作品无论何时都不会向任何人显示自己，而这是由于人立即就使这个显现的东西变成客体，从而阻挡了艺术作品的显现。

认为一切思之为思都是客观化的，这个主张是毫无根据的。它依据于一种对现象的蔑视，并且透露出批判之阙失。

关于问题三：何谓言？语言之为语言只是由于它把思想转化为声音，转化为那种仅仅被人们当作可客观地确定的音调和声响来觉知的声音吗？或者，一种言（在对话中）的表达就已经完全不同于一个可在听觉上客观化的声音的序列，而这些声音已经带有人们借以谈论客体的某种含义么？就其最本己的东西来看，难道言（Sprechen）不就是一种道说（Sagen），一种多样化的显示——让那种对显现者的倾听（亦即顺从的重视）自行道说出来的东西的显示？[①] 只要我们细心地洞察这一点，那么人们还能毫无批判地主张言之为言始终已经是客观化的吗？当我们要给某个病人以安慰，与之作触动内心的攀谈，这时难道我们使这个人变成一个客体了吗？语言仅仅是我们用以加工客体的工具吗？根本上，语言处
75 于人的支配权力中吗？语言只是人的一件工具吗？人是那种占有语言的生物吗？或者，因为人归属于语言，唯语言才首先向人开启出世界并借此开启出人在世界中的栖居，所以竟是语言“拥有”（hat）人吗？

① 这里以及上下文中出现的 Sprechen 与 Sagen 两词，在日常德语中都表示“说”，似无特别显著的差别。而在海德格尔这里，Sprechen 为一般所理解的“人言”，Sagen 则是本真的“道说”、“显示”（Zeigen），是合于“存在”（Sein）——或后期海德格尔所思的 Ereignis——意义上的“道说”（Sage）的。当然两者是可以相通的，区分只是相对的。在本文中，我们姑且把 Sprechen 译为“言（说）”，把 Sagen 译为“道说”；相应地，我们把 Denken und Sprechen 译为“思与言”，把 Denken und Sagen 译为“思想与道说”。——译者注

关于问题四：每一种思都是一种言，而每一种言都是一种思吗？

通过上面所探讨的问题，我们已经得出一种猜度：思想与道说有这种共属一体性（同一性）。这种同一性自古以来就已经得到了证实，因为 λόγος［逻各斯］和 λέγειν［说］同时意味着：说和思。但这种同一性始终还没有得到充分的探讨，还没有得到合乎实情的经验。一个主要的障碍隐藏在：希腊人对语言的解释，也即对语言的语法解释，是以关于物的陈述为取向的。后来，现代形而上学把物重新解释为客体。由此引起一种错误意见，认为思和言联系于客体并且仅仅联系于客体。

但是，与此相对，如果我们洞察到一个决定性的实情，即，思始终是一种让自行道说（Sichsagenlassen），也即让自行显示的东西自行道说，从而是一种对自行显示的东西的应合（Ent－sprechen）（道说），那么，我们就必然会看清楚，在何种意义上作诗也是一种运思着的道说[①]——这当然是关于客体之陈述的传统逻辑不能在其固有本质中加以规定的。

恰恰是对思想与道说的共属一体性的洞察使我们认识到，“思与言本身必然是客观化的”这个论点是站不住脚的、任意的。

关于问题五：思与言在何种意义上是客观化的，在何种意义上

[①] 后期海德格尔把“诗”与“思”，即“作诗”与“思想”，思为“道说”（Sagen）的两种基本的方式，也即人“应合”或者“归属”于“存在”意义上的“语言”——“道说”（Sage）——的两种方式，并且强调“诗与言”的“近邻关系”（“亲密的区分”）。故海德格尔在此指出：“作诗”（Dichten）也是“一种运思着的道说”（ein denkendes Sagen）。——译者注

不是客观化的？在自然科学和技术的表象领域里，思与言是客观化的，亦即是要把给定事物设定为客体的。在此领域里，它们必然
76 是客观化的，因为这种认识事先必须把它的课题设定为一个可计算的、可作因果说明的对象，亦即在康德所界定的意义上的客体。

而在此领域之外，思与言绝不是客观化的。

然而，在今天这个时代里存在并且增长着一种危险，就是科学—技术的思维方式伸展到生活的一切领域上。由此加强了一种错误的假象，仿佛一切思与言都是客观化的。这个毫无根据地、独断地宣布出来的论点推动并支持着一种灾难性的趋向，即只还在技术—科学上把一切都表象为可能的操纵和控制的客体。语言本身及其使命也同样遭受到这种无限制的技术客观化程序。语言被颠倒为一种报道工具和可计算的信息的工具。它就像一个可控制的客体那样被处理，而思维方式必须与此客体相适合。可是，语言之道说未必是一种对那些关于客体的命题的表达。就其最本己的东西看，语言乃是一种从那个以多样方式向人启示出来、向人劝说的东西而来的道说；①倘若人并没有受客观化的思的限制而局限于这种思，并没有对自行显示的东西锁闭自己，则情形就是如此。

思与言只在一种派生的和有限的意义上才是客观化的，这一事实绝不能在科学上通过证明而演绎出来。思想与道说的特有本质只有在一种毫无偏见的现象洞察中才能认清。

所以，认为只有那种在科学—技术上作为客体可以客观地计

---

① 在此上下文中，海德格尔用两个介词“关于”(über)和“从……而来”(von)分别标识出两种态度，前者为对象性的态度，后者为非对象性的“应合”(“响应”)态度。——译者注

算和证明的东西才配拥有一种存在的观点，也许始终是一种谬误。

此种错误意见忘记了早已被亚里士多德道出的一句话，即亚氏在其《形而上学》中写下的一句话（第四卷，第 4 章，1006a6 以下）：ἔστι γὰρ ἀπαιδευσία τὸ μὴ γιγνώσκειν τίνων δεῖ ζητεῖν ἀπόδειξιν καὶ τίνων οὐ δεῖ。“因为未曾受过教育就是不能分辨何处必须寻求 77
证明，何处无须寻求证明”。

按照上面给出的提示，我们可以对第三个论题——即决定何以谈话的论题是一个真正的问题——作以下陈说：

根据对**第二个**论题所作的思考，这次谈话的问题立场必须得到更明确的表达。它必须以一种蓄意加剧的措辞来表达，那就是：“今日神学中一种非自然科学—技术的思与言的问题”。

从这种合乎实事的修改不难看出：由于此问题立场是以一个人人都明白其荒谬的前提为取向的，所以，所提出的问题并不是真正的问题。神学并不是一门自然科学。

但是，在上述问题立场背后，却隐藏着神学的一个积极任务，就是在其本己的基督教信仰领域里根据信仰的特有本质去探讨：神学必须思什么并且应该如何言。在此任务中同时也包含了这样一个问题：神学是否还能够（kann）是一门科学，因为它也许根本就不可以（darf）是一门科学。

对提示的增补 78

为了说明一种别具一格的非客观化的思想与道说，我们在此可以举诗为例证。

在《致奥尔弗斯的十四行诗》(卷一,第三首)中,里尔克以富有诗意的方式来道说,由之来规定诗性的思想与道说。[①] 里尔克诗云:“歌唱即此在。”(参看海德格尔:《林中路》,第 292 页以下)歌唱,即诗人的吟唱着的道说,“不是渴求”,“不是追求”那种最后通过人的所作所为而获得的东西。

诗性的道说乃是“此在”。在这里,“此在”一词是在形而上学的传统意义上使用的。[②] 它意味着:在场状态(Anwesenheit)。

诗性的道说就是:寓于……而在场(Anwesen bei...),并且为上帝而在场。在场状态意谓:单纯的期备(Bereitsein),它无所意求,不计成效。所谓“寓于……而在场”就是:纯粹的让自行道说(Sichsagenlassen),纯粹地让上帝之当前现身自行道说。

在这样一种道说中,并没有某物被设定和表象为对象和客体了。在此找不到一种有所抓取或者有所把捉的表象可与之相对置的什么东西。

“一种无迹可寻的气息”。“气息”标示呼吸,标示让自行道说,即应答被允诺的东西。我们无须做详尽的探讨就可以表明:关于合乎实事的思想与道说的问题,是以关于向来自行显示着的存在者的存在的问题为基础的。

作为在场状态的存在能够以不同的现存(Präsenz)方式显示

---

① “诗性的思想与道说”(das dichtende Denken und Sagen)或可译为“作诗着的思想与道说”,其中“诗性的”为动词 dichten 的第一分词。同理,下文的“诗性的道说”也可译为“作诗着的道说”。——译者注

② 这里的“此在”(Dasein)是在形而上学哲学意义上讲的,海德格尔认为有别于他自己使用的 Dasein。——译者注

出来。在场者无须成为对象；对象亦无须被经验感知为客体。（参看海德格尔：《尼采》第二卷，第Ⅷ节和第Ⅸ节）

79

最后一次马堡讲座节选

这个讲座是在1928年夏季学期做的，它端出了一个任务：尝试做一种对莱布尼茨的辨析。当时，指导这个意图的，乃是那种对人的绽出的“在世界之中存在”[①]的考察，而这种考察是根据对存在问题的洞见来进行的。

本人在马堡大学的第一个学期里（1923/1924年）大胆冒险，做过一种相应的有关笛卡尔的辨析，这种辨析进而在《存在与时间》（第19—21节）中得到了深化。[②]

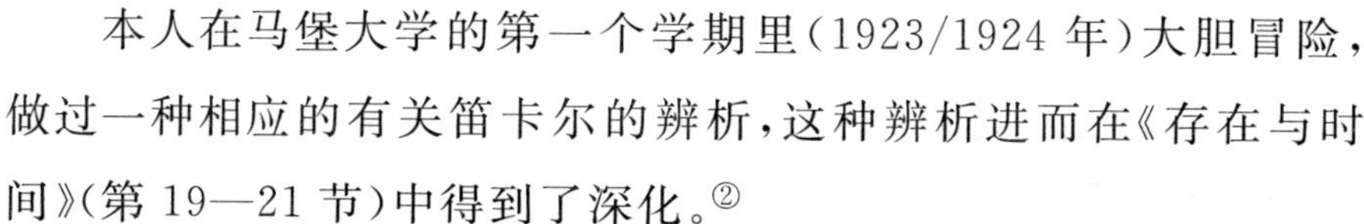

这些以及其他一些解释是由下面这种认识决定的，即：我们在

---

① 这里所谓的“绽出的‘在世界之中存在’”德文原文为：das ekstatische In-der-Welt-sein。其中的形容词“绽出的”（ekstatisch）源自希腊词语ἔκστασις，后者的原意为“站出去”、“绽出”。海德格尔以“绽出”来规定此在的“时间性”，把将来、曾在、当前等现象称作“时间性的绽出”（参看《存在与时间》，德文版，第329页）。海德格尔后来更强调了“绽出”与“实存”（Existenz）的意义联系，并把后者书作Ek-sistenz（参看本书第十篇文章：“关于人道主义的书信”）。又，“在世界之中存在”（In-der-Welt-sein）是海德格尔对此在（Dasein）的基本机制的规定；海德格尔用连字符号把四个德文单词联系起来，以标明此在之存在为一个“整体现象”，此在与世界共属一体、须臾不分。中译文特意用引号（“在世界之中存在”）标示这个整体现象。——译者注

② 在《存在与时间》（1927年）第19—21节中，海德格尔专题探讨了笛卡尔的“世界”概念，这三节的标题依次为：“世界”之被规定为res extensa［广袤物］；对“世界”的存在学规定的基础；用解释学方法讨论笛卡尔的“世界”存在学。参看海德格尔：《存在与时间》，德文版，第89—101页。——译者注

思考哲学时进行着一种与从前的思想家的对话。这样一种对话的意思不同于那种补充，也即不同于那种通过对某个体系哲学的历史的历史学描述来补充这种哲学的做法。但是，这种对话也不能与黑格尔为思考他的观念以及思想史而取得的那种独一无二的同一性相提并论。

依照传统的说法，莱布尼茨所阐发的形而上学乃是一种对实体之实体性的阐释。

本文是从上面提到的马堡讲座中摘引来的，经过审订而成。本文试图指明：莱布尼茨是根据何种筹划、按照何种指导线索来规定存在者之存在的。

莱布尼茨所选用的刻画实体之实体性的词语就很独特。实体乃是单子（Monade）。希腊词语 μονάς 的意思是：单一的东西、统一体、一；但它也表示：个别的东西、孤独的东西。莱布尼茨只是在他已经形成了自己的形而上学之后，也即是从 1696 年开始，才使用了“单子”这个词语。莱布尼茨以“单子”一词所表示的意思，几乎涵括了这个希腊词语的全部基本含义：实体的本质乃在于它是 80
单子。真正的存在者具有个别之物、自为地持存者的单纯统一性的特性。我们预先可以说，单子乃是单一地、源始地、自始就个别化地起统一作用的东西。

因此，就对单子的充分规定而言，我们可以确定以下三点：

一、单子、统一体、点，本身不需要统一作用，不如说，它们就是给予统一性的东西。它们有某种权能。[①]

---

① 此句原文为：Sie vermögen etwas，或可以译为“它们能够有所作为”、“它们有能力做什么”。——译者注

二、作为赋予统一性的东西，统一体本身源始地起着统一作用，在某种程度上是活动的。所以，莱布尼茨把这些点称为 vis primitiva，force primitive，即源始单一的力。

三、单子概念具有形而上学的存在学的意图。所以，莱布尼茨也就没有把这些点称为数学的点，而是把它们称为 points metaphysiques，即“形而上学的点”（格哈德版《莱布尼茨哲学文集》，第四卷，第 482 页；埃德曼版《莱布尼茨哲学文集》，第 126 页）。后来，莱布尼茨还把它们叫做“形式的原子”，而不是质料的原子；它们并不是 ὕλη、materia［质料］的终极元素，而是形式、forma［形式］、εἶδος［爱多斯、形式］的源始的、不可分割的原则。

每个自为存在者都构成为单子。莱布尼茨说（格哈德版《莱布尼茨哲学文集》，第二卷，第 262 页）：ipsum persistens... primitivam vim habet。一切自为存在者都是有活力的。

对于单子学说的形而上学意义的领悟取决于：以得当的方式去把握 vis primitiva［原始力］这个概念。

实体之实体性的问题应当得到正面的解决，而且这个问题对莱布尼茨来说就是一个关于统一性、单子的问题。一切关于力及其形而上学作用所说出的话，都必须根据这一关于实体之统一性的正面规定的问题视界来领悟。力之特性必须根据那个包含在实体性中的统一性问题来思考。莱布尼茨把他的 vis activa［作用
81 力］即力这个概念，与经院哲学的 potentia activa［作用能力］概念划清了界限。在字面上看来，vis activa 与 potentia activa 仿佛是相同的意思。但是，莱布尼茨说：Differt enim vis activa a potentia nuda vulgo scholis cognita，quod potentia activa Scholastico-

rum, seu facultas, nihil aliud est quam propinqua agendi possibilitas, quae tamen aliena excitatione et velut stimulo indiget, ut in actum transferatur（格哈德版《莱布尼茨哲学文集》，第四卷，第469页）。“因为vis activa［作用力］区别于人们通常在经院哲学中认识到的纯粹的作用能力，这是由于经院哲学的作用能力或者说实行能力无非是行为、作为的切近的可能性，但这种可能性要转变为一种实行，还需要一种外来的激发，犹如一种刺激”。

经院哲学所讲的potentia activa只是一种纯粹的作用能力，而且，这种能力适才近乎作用，但还没有发生作用。它乃是一种在某个现成事物中现成的尚未进入运作的能力。

Sed vis activa actum quendam sive ἐντελέχειαν continet, atque inter facultatem agendi actionemque ipsam media est, et conatum involvit（同上）。“但是，vis activa［作用力］包含着某种已经现实的作用，或者说一种活力（Entelechie），[①]它处于纯然宁静的作用能力与作用本身中间，于自身中包含着一种conatus［欲求］，一种诱惑”。

照此看来，vis activa是某种作用，但并非真正实行中的作用，它是一种能力，但并非一种宁静的能力。我们把莱布尼茨在此所意指的东西称为“对……的倾向”，更好地，为了表达出这种特殊的、以某种方式已经现实的作用要素，我们还把它称为欲求（Drängen）、**欲望**（*Drang*）。它既不是一种资质，也不是一个过程，

① 为希腊文的ἐντελέχειαν的德译。在本文中，我们也采用通常的音译法，译作“隐德莱希”。——译者注

而是为……操心(即为自己操心)、着眼于自身(“它有意于此”)、关心自己。

欲望之特征乃是:它从自身而来把自己引到作用中,而且不是
82 偶尔地,而是根本性地。这种“把自身引向……”并不首先需要一种来自别处的动力。欲望本身就是冲动(Trieb),按其本质来看,它是由它自己来推动的。在欲望现象中不仅包含着这样一回事情,即:它从自身而来仿佛带来了引发(Auslösung)意义上的原因,欲望之为欲望始终已经被引发,但它始终还是充满张力的。诚然,欲望在其渴求中可能受到阻碍,但即便作为受阻的欲望,它也不同于一种宁静的作用能力。当然,只有消除了阻碍,才能使欲望释放出来。但一种阻碍的消失,或者——用马克斯·舍勒的一个出色表达来说——阻碍之解除(Enthemmung),①不同于尚未到来的外来原因。莱布尼茨说:atque ita per se ipsam in operationem fertur;nec aux－iliis indiget,sed sola sublatione impedimenti(同上)。[就这样从自身而来把自身引向作用;不需要援助,只需要阻碍之消除。]②看一条绷紧的弦,即可清楚这里所指的意思了。所以,“力”这个表达容易让人误入歧途,因为这个观念让人想到一种宁静的特性。

根据上述对作为欲望的 vis activa 的说明,莱布尼茨获得了下述根本规定:Et hanc agendi virtutem omni substantiae inesse ajo,semperque aliquam ex ea actionem nasci(同上,第 470 页)。

① 或可译为“解除阻碍”、“解阻碍”。——译者注

② 本文中出现的莱布尼茨原文的中译,凡加方括号([])的,为译者根据莱氏原文做的翻译,其余则为译者据海德格尔的德译文所做的翻译。——译者注

“于是我说，这种力包含于每一个实体中（构成实体之实体性），而且它始终产生出某种作用”。换言之，它是欲望，是生产性的（produktiv）；producere［生产］意味着：引发出某物，让某物从自身中产生出来，并使之作为这样被给出的东西保持在自身中。这也适合于有形体的实体。在两个物体的相互碰撞中，只是欲望受到各种各样的限制而已。这一点为那些人（笛卡尔主义者）所忽视，qui essentiam eius（substantiam corporis）in sola extensione collocaverunt（同上）。［物体（有形体的实体）的本质只在广延中。］

一切存在者都具有这种欲望特性，在其存在方面被规定为欲求着的。这乃是单子的形而上学基本特征，不过，这种欲望的结构借此还没有得到明确的规定。

但是，这其中却包含着一个形而上学的陈述，它具有极为重大 83
的影响，我们眼下必须对之作一些先行提示。因为，这一对于本真存在者的阐释，作为普遍的阐释，也必须说明存在者整体的可能性。那么，以单子论的基本论题，莱布尼茨关于宇宙整体中的多种存在者的共同现存说出了什么呢？

如果实体之本质被解释为单子，而单子被解释为vis primitiva［原始力］，被解释为欲望、conatus［欲求］、nisus prae-existens［先在的冲动力］，被解释为源始地欲求着的并且在自身中承荷着起完全统一作用的东西，那么，对于这一影响重大的存在者之阐释，我们就要提出了下面的问题：

一、在何种程度上欲望之为欲望是源始单 地起统一作用的东西？

二、如何根据实体的单子特征来解释宇宙中的统一性和联系?

如果一切存在者、一切单子都自发地欲求着,那么,这就是说,它们自发地就具有它们的存在的本质要素,即它们所欲求的东西和欲求的方式的本质要素。其他单子的一切共同欲求在其与各个个别单子的可能关系中根本上是否定性的。没有一个实体能够给予其他实体以欲望,即它们的本质要素。一个实体所能做的,只不过是解除阻碍或者起阻碍作用,而且它本身以这种否定方式始终只是间接地起作用。一个实体与其他实体的关系唯一地是限定的关系,因而就是一种否定的规定的关系。

在这方面,莱布尼茨说得很清楚:Apparebit etiam ex nostris meditationibus, substantiam creatam ab alia substantia creata non ipsam vim agendi, sed praeexistentis iam nisus sui, sive virtutis agendi, limites tantummodo ac determinationem accipere[根据我们的沉思亦可明见,一个受造的实体并不能从另一个受造的实体那里获得冲动力本身,而只能获得一些限定和规定,而冲动力本身则已然先在]。这里的关键是 praeexistentis nisus[先在的冲动力]。莱布尼茨最后说:ut alia nunc taceam ad solvendum illud problema difficile, de substantiarum operatione in se invicem, profutura[此外,关于那个困难的问题——即实体如何相互作用——的解答,我现在还说不上什么]。

84 这里顺便插一句:vis activa[作用力]亦被莱布尼茨称为隐德莱希(ἐντελέχεια),这是参照了亚里士多德的说法(可参看莱布尼茨:《关于实体的本性和交通的新系统》,第 3 节)。在《单子论》(第 18 节)中,莱布尼茨对这个名称做了如下论证:car elles ont en

elles une certaine perfection（ἔχουσι τὸ ἐντελές），“因为单子自身之内具有某种完满性”，它们以某种方式包含着一种完成，因为每一个单子如其自行显示出来的那样，都已经带有其实在的东西，而且，其实在的东西按可能性而言就是宇宙本身。

这一对 ἐντελέχεια［隐德莱希］的解说与亚里士多德的真正意图并不相符。而另一方面，莱布尼茨是在全新的意义上用这个名称来表示他的单子论的。

早在文艺复兴时期，就有人在莱布尼茨的意义上用 perfectihabia［具有完满性者］来翻译 ἐντελέχεια［隐德莱希］了；在《单子论》第 48 节中，莱布尼茨提到翻译家海姆劳斯·巴尔巴鲁。[①]这位海姆劳斯·巴尔巴鲁在文艺复兴时期翻译和注释了亚里士多德的著作和提米斯修（320—390）[②]的评注，而且其意图是反对中世纪经院哲学而使希腊的亚里士多德发挥作用。不过，他的作品十分难读。所以人们说，他——处在关于 ἐντελέχεια［隐德莱希］这个术语的哲学含义的窘迫困境中——唤来了那个给他以启示的魔鬼。

对 vis activa［作用力］这个概念，我们现在已经笼统地说明了以下几点：一、vis activa［作用力］意味着“欲望”。二、这种欲望特征包含在每一个作为实体的实体中。三、从这种欲望中不断地产生出一种实行（Vollziehen）。

① 海姆劳斯·巴尔巴鲁（Hermolaus Barbarus），15 世纪意大利学者，以翻译亚里士多德著作著名。——译者注

② 提米斯修（Themistius，约 320—390 年），属叙利亚新柏拉图主义学派哲学家，以亚里士多德著作的阐释者和评论者而享有盛名。——译者注

但我们眼下首先要来关心一个真正的形而上学的实体性难题，亦即关于作为原初存在者的实体的统一性问题。不是实体的东西，莱布尼茨称之为现象，后者意味着流失、离弃之物。

单子的统一性并非一种积聚的结果，并非某种事后追加的东西，而是先行给予统一性的东西。这个统一性作为给予统一性的东西乃是活动的，是 vis activa[作用力]，是作为实体之统一性的
85 primum constitutivum[原初构造者]的欲望。这里蕴涵着单子论的核心问题，即**欲望**和**实体性**的问题。

这种活动性(Aktivität)的基本特征已经变得显示了。而依然模糊的是，何以恰恰是欲望本身应是给予统一性的东西。一个具有决定性意义的进一步的问题乃是：根据这种于自身中统一的单子，处于联系中的宇宙整体是如何构造起来的呢？

这里首先有必要插入一种思考。前面我们已经多次强调：只有当我们大胆一试对各种本质性的联系和视角的构造，而且以那种对莱布尼茨的单子论纲要来说决定性的东西为指导线索，这时候，我们才能发现单子论的形而上学意义。

单子论意在说明存在者之存在。因此就必须从某处获得一个典范的存在理念。这个存在理念是从诸如存在这样一种东西直接对哲学追问者揭示自身的地方获得的。我们对存在者有所作为，投身于其中并且迷失于其中，为存在者所征服和剥夺。但我们不仅对存在者有所作为，同时我们本身就是存在者。我们是存在者，而且并非漠然无殊，不如说，恰恰我们自己的存在纠缠着我们。所以，撇开其他原因不谈，追问者本己的存在在某种程度上始终是指导线索，在单子论的纲要中情形亦然。但其中得到先行洞察的东

西却是在存在学上未经追问的。

对于本己此在(Dasein)的不断考察,即对于本己自我的存在状态和存在方式的不断考察,使莱布尼茨获得了一个统一性模式,那就是莱布尼茨分派给每一个存在者的统一性。在许多章节中可以清晰地看出这一点。关于这一指导线索的清楚认识,对我们理解单子论具有决定性的重要意义。

De plus, par le moyen de l'âme ou forme, il y a une véritable unité qui répond à ce qu'on appelle MOI en nous; ce 86
qui ne sauroit avoir lieu ni dans les machines de l'art, ni dans la simple masse de la matière, quelque organisée qu'elle puisse être; qu'on ne peut considérer que comme une armée ou un troupeau, ou comme un étang plein de poissons, ou comme une montre composée de ressorts et de roues(《关于实体的本性和交通的新系统》,第 11 节)。

"借助于对'心灵'或者'形式'的考察,得出了一个真实统一性的理念,这种统一性是与在我们人身上被人们称为'自我'的那个东西相符的;但这种统一性既不在人工机械中,也不在质料性的总体中,即使它能被组织化(形态化)。这么说吧,它始终只能像一支军队或者一群牲畜那样被考察,或者就像一池塘的鱼或一只由弹簧和齿轮组成的时钟那样被考察"。

Substantiam ipsam potentia activa et passiva primitivis praeditam, veluti τὸ Ego vel simile, pro indivisibili seu perfecta monade habeo, non vires illas derivatas quae continue aliae atque aliae reperientur(莱布尼茨致莱顿大学哲学家、笛卡尔主义

者沃尔德[1]的信，1703 年 6 月 20 日，格哈德版，第二卷，第 251 页；布赫诺版，第二卷，第 325 页）。“实体本身，如果它说到底源始地具有欲望特征，我思之为一个不可分的、完满的单子，它与我们的自我是不可比的，……”。

Operae autem pretium est considerare, in hoc principio Actionis plurimum inesse intelligibilitatis, quia in eo est analogum aliquod ei quod inestnobis, nempe perceptio et appetitio, ...（1704 年 6 月 30 日；格哈德版，第二卷，第 270 页；布赫诺版，第二卷，第 347 页）。

“但进一步应当考虑，这个活动（欲望）原则对我们来说是在最高程度上可理解的，因为它以某种方式构成了与我们本身所包含的东西即观念和欲求的一个类似物”。

这里尤为清晰地表明：首先，与“自我”的类比是本质性的；其次，恰恰是这个本源引起了最高程度的可理解性。

Ego vero nihil aliud ubique et per omnia pono quam quod in nostra anima in multis casibus admittimus omnes, nempe mutationes internas spontaneas, atque ita uno mentis ictu totam re-
87 rum summam exhaurio（1705 年；格哈德版，第二卷，第 276 页；布赫诺版，第二卷，第 350 页）。

“相反，自我往往处处都只以我们所有的人在我们的心灵中常常必须充分承认的东西为前提，亦即内在的自动的变化，而且凭着

① 德·沃尔德（Burchard de Volder，1643—1709），笛卡尔派哲学家，时任莱顿大学哲学教授。莱布尼茨自 1699 年起与沃尔德通信。——译者注

这一观念性前提而创造出全部的事物”。

从自身经验中，从那种在自我中可觉知的自动变化中，从欲求中，创造出了这个关于存在的理念，这个唯一的前提，也就是形而上学纲要的真正内容。

“因此，如果我们把实质性的形式（vis primitiva［原始力］）设想为某种与心灵类似的东西，那么人们就可以怀疑，人们是否已经适当地摒弃了它们”（莱布尼茨 1698 年 7 月 29 日致贝努利[①]的信；格哈德版《莱布尼茨数学文集》，第三卷，第 521 页；布赫诺版，第二卷，第 366 页）。由此说来，实质性的形式并非直接就是心灵或者本身全新的事物和物体，而是与心灵相符合的东西。对单子基本结构的筹划来说，心灵只不过是诱因。

...et c'est anisi, qu'en pensant à nous, nous pensons à l'Etre, à la substance, au simple ou au composé, à l'immatériel et à Dieu même, en concevant que ce qui est borné en nous, est en lui sans bornes（《单子论》，第 30 节）。

“……由于我们以这种方式思考我们自己，从而我们同时就把捉到关于存在、实体、单一的或者复合的东西、非质料的东西实即上帝本身的观念，因为我们想象，那种在我们身上受限制的现成的东西，无限制地包含在上帝之中”。（via eminentiae.［提高方法］）

那么，莱布尼茨是从何处取得对存在者之存在的规定的指导线索的呢？他是按照那种与心灵、生命和精神的类比来解释存在

① 约翰·贝努利（Johann Bernoulli，1667—1748），瑞士数学家、物理学家，与莱布尼茨通信频繁。后有《莱布尼茨与贝努利关于数学和哲学的书简》（出版于 1745 年）。——译者注

的。可见，指导线索就是这个 ego[自我]。

就连概念和真理也并非来自感官，而是源出于自我和理智，这
88 一点表达在莱布尼茨致普鲁士王后索菲·夏洛特的信中，“论超然于感官和质料的东西”(1702 年；格哈德版，第六卷，第 499 页以下；布赫诺版，第二卷，第 410 页以下)。

对于一般自我思考和自我意识的指导作用的整个问题来说，这封信具有重大的意义。莱布尼茨在信中说：Cette pensée de *moy*, qui m'appercois des objets sensibles, et de ma propre action qui en resulte, adjoute quelque chose aux objets des sens. Penser à quelque couleur et considerer qu'on y pense, ce sont deux pensées tres differentes, autant que la couleur même differe de moy qui y pense. Et comme je concois que d'autres Estres peuvent aussi avoir le droit de dire *moy*, ou qu'on pourroit le dire pour eux, c'est par là que je concois ee qu'on appelle *la substance* en general, et c'est aussi la consideration de moy même, qui me fournit d'autres notions de *metaphysique*, comme de cause, effect, action, similitude ect., et même celles de la *Logique* et de la *Morale*(格哈德版，第六卷，第 502 页；布赫诺版，第二卷，第 414 页)。

“这个关于我自身的观念——对我自身，我意识到感官客体和我自己的、与此相联系的活动——把某种东西添加到感官的对象上面。至于我是否想到一种色彩或者我是否同时反思这种观念，那完全是另一回事情，正如色彩本身与思考色彩的我是不同的。因为我认识到，甚至其他生物也可能有权以我的身份说话，或者人

们可能替它们说出这个我，所以，我由此理解了人们一般地称为**实体**的东西。此外，对我自己的思考也为我提供了其他**形而上学**概念，诸如原因、作用、活动、相似性等等，其实它们本身就是**逻辑**和**伦理**的基本概念”。

L' Estre meme et *la Verité* ne s'apprend pas tout à fait par les sens（同上）。“**存在**本身和**真理**是不能只根据感官来理解的”。

Cette conception de *l' Estre et de la Verité* se trouve donc dans ce Moy, et dans l' Entendement plustost que dans les sens externes et dans la perception des objets exterieurs（同上，第 503 89
页；布赫诺版，第二卷，第 415 页）。“所以，与其说这一关于**存在**和**真理**的概念处于外部感官和对外部对象的知觉之中，还不如说它处于‘自我’和理智之中”。

关于一般存在认识，莱布尼茨在《人类理智新论》（第一卷，第一章，§ 23）中说：Etje voudrois bien savoir, comment nous pourrions avoir l'idee de l'estre, si nous n'estions des Estres nous mêmes, et ne trouvions ainsi l'estre en nous［而我倒很愿意知道，我们怎么能够有关于存在的理念，要不是我们本身就是存在者，并且因此在我们自己之中发现了存在者］（亦可参看第 21 节；同样可参看《单子论》，第 30 节）。即使在这里，尽管意思模糊，存在与主体性也是被放在一起说出来了。倘若我们自己不是存在者并且在我们身上找到存在者，则我们就不会有存在之理念。

莱布尼茨认为，为了具有存在之理念，我们必定要存在。用形而上学的话来说：我们不可能在没有存在之理念的情况下成为我们所是的东西，这正是我们的本质。存在之领悟对此在来说乃是根本性的(《关于形而上学的谈话》,第 27 节)。

但是,由此不可得出以下结论:我们是在返回到作为存在者的我们本身的过程中才获得存在之理念的。

我们本身就是存在之理念的源泉。——不过,这一源泉必须被理解为绽出的**此在**的**超越**(*Transzendenz*)。唯根据超越,才有不同存在方式的联结(Artikulation)。一个困难的、最终的难题乃是对一般存在之理念的规定。

因为主体作为超越着的此在包含着存在之领悟,所以存在之理念能够从主体中获得。

这一切表明什么呢? 首先,莱布尼茨虽然与笛卡尔有着这样那样的差异,但却与笛卡尔一道,把自我的自身确定性确定为原初的确定性,他与笛卡尔一样,在自我中,即在 ego cogito[我思]中,看到了一切形而上学基本概念必须从中被创造出来的那个维度。他们试图返回到主体身上来解决存在问题这个作为形而上学的基
90 本问题。尽管如此,在莱布尼茨那里就如同在他的先行者和后继者那里一样,这种向自我的返回也还是模棱两可的,因为自我不是在其本质结构和特殊的存在方式中被把握到的。

然而,ego[自我]的指导作用在多个角度上是有歧义的。鉴于存在问题,主体一方面是典范性的存在者。它本身作为存在者与其存在一道提供出一般存在之理念。而另一方面,主体作为领悟着存在的主体而**存在**;作为确定地形成的存在者,主体**在**其存在**中**具有存在之领悟,在这里,存在就不只表示:实存着的此在(existierendes Dasein)。

尽管强调了真正的、存在者状态上的现象,主体概念本身在存在学上依然是未经澄清的。

因此,恰恰在莱布尼茨那里必定会产生一个印象,仿佛对存在者的单子论阐释就是一种人格化论(Anthropomorphismus)、一种按照与自我的类比来进行的对万物的赋灵。不过,这或许是一种外部的、任意的理解。莱布尼茨本身力求从形而上学上来论证这种类比的考察:... cum rerum natura sit uniformis nec ab aliis substantiis simplicibus ex quibus totum consistit Universum, nostra infinite differre possit。“因为事物的本性是相同的,所以,我们自己的本性与组成整个宇宙的其他单一实体不可能有多么巨大的不同”(1704 年 6 月 30 日致沃尔德的信。格哈德版,第二卷,第 270 页;布赫诺版,第二卷,第 347 页)。不过,莱布尼茨所论证的一般存在学的原理,本身或许还有待于论证。

我们不能满足于作出一种人格化论的粗暴断言,而是要问:究竟本己此在的哪一些结构对实体之存在的阐释来说应具有重大关系?为了能够对一切存在者、存在的一切等级作一种单子论上的理解,这些结构应如何来限制自己呢?

需要重新提起的核心问题乃是:标志着实体之为实体的欲望 91
如何能给予统一性?欲望本身必须如何被规定?

如果欲望或者被规定为有欲求的那个东西——只要它是欲求者——能给予统一性,那么它就必定是单一的,它就不能像一个集合、一种积聚那样有不同的组成部分。这个 primum constitutivum[原初构造者](格哈德版,第二卷,第 342 页)必须是一个不可分的统一体。

Quae res plura (actu iam existentia) dividi potest, ex pluribus est aggregata, et res quae ex pluribus aggregata est, non est unum nisi mente nec habet realitatem nisi a contentis mutuatum [一个能够被分为几个部分(它们实际上已经实存)的事物,是由几个部分组成的,而且一个由几个部分组成的事物,只有在(人类的)理智中才是一个东西。它只具有一种从那些个别的内容那里借得的事实成分](致沃尔德的信;格哈德版,第二卷,第267页)。可分的东西只具有某种借得的事实成分。

Hinc jam inferebam, ergo dantur in rebus unitates indivisibiles, quia alioqui nulla erit in rebus unitas vera, nec realitas non mutuata. Quod est absurdum[由此出发,我已得出结论:说在事物中存在着不可分的统一体,因为否则的话在事物中就根本不会有一个现实的统一体还具有某种未借得的事实成分——这样一种说法是荒谬的](同上)。

La Monade dont nous parlerons ici, n'est autre chose, qu'unesubstance simple, qui entre dans les composés; simple, c'est à dire, sans parties(《单子论》,第1节)。"我们这里要讨论的单子不是别的,只是一个进入复合物中的单一实体。它是单一的,这就是说,它没有部分"。

但如果实体是单一地起统一作用的,那么,也就必定有一个被实体统一起来的多样之物。否则的话,统一作用的问题就会是多余的和无意义的了。起统一作用的东西、其本质是统一作用的那个东西,根本上必须具有与多样之物的关联。恰恰在单一地起统一作用的单子中,必定存在着一个多样之物。本质上起统一作用的单子本身必定预先规定着一种多样性的可能性。

作为欲求，单一地起统一作用的欲望必定同时包含着多样之物，必定**是**(*sein*)多样之物。但这样的话，多样之物也就必定具有了欲求的特征、被纠缠和被欲求的东西的特征，即一般受动状态的特征。处于运动中的多样之物是可变的东西和自身变化的东西。不过，在欲望中被纠缠的东西(das Bedrängte)乃是欲望本身。欲 92
望之变化、在欲求本身中自身变化着的东西，是被欲求的东西(das Gedrängte)。

作为 primum constitutivum[原初构造者]的欲望，应是单一地起统一作用的，同时又是可变之物的本源和存在方式。

所谓"单一地起统一作用"(einfach einigend)意味着：统一性不是某种集合物的事后追加的集中，而是源始的组织化的统一。这种统一的根本原则必定早于那个从属于可能的统一作用的东西。统一者必须**先行**存在，它必须先行伸展到那个东西那里，即一切多样之物由之而获得其统一性的那个东西那里。单一地起统一作用的东西必须是源始地伸展着的，并且作为这种伸展着的东西自始就是包涵着的，而且，一切多样性一向已经在这种被包涵状态中多样化了。作为伸展着的包含者(ausgreifend Umgreifendes)，它是先行突出着的，是 substantia praeeminens[卓越的实体](致沃尔德的信。格哈德版，第二卷，第 252 页；施马伦巴赫版，第二卷，第 35 页)。

因此，欲望，即作为源始统一作用之 primum constitutivum[原初构造者]的 vis primitiva[原始力]，必须是伸展着、包含着的。莱布尼茨对此做了如下表述：**在其本质之基础中，单子是表象着的**(*vor-stellend*)、**再现着的**(*re-präsentierend*)。

单子之表象特征的最内在的形而上学动机乃是欲望的存在学上的统一作用。莱布尼茨本人始终看不到这个动机的缘由。但按实情来看，只有下面这一点才可能是动机，而不是思索，即：作为力，单子乃是某种生命体，生命体包含着心灵，而心灵又包含着表象。以这种方式，那就还是从外部把心灵因素转嫁到一般存在者身上了。

因为欲望是源始单一地起统一作用的东西，故它必定是伸展着—包含着的，必定是“**表象着的**”。在这里，表象（Vorstellen）不应被看作一种特殊的心灵能力，而是具有存在学上的结构的。所以，单子在其形而上学本质中就并不是心灵，相反地，**心灵乃是单子的一种可能的变式**（*Modifikation*）。欲望不是一个偶尔也进行
93 表象活动甚或产生出表象的事件，它根本上就是表象着的。这个欲求事件（das drängende Geschehen）本身的结构是伸展着的，是绽出的（ekstatisch）。表象并不是一种纯粹的凝视（Anstarren），而是先行的、在单一之物中发生的把自己投送给多样之物的统一作用。在《自然的原理和神恩的原理》中，莱布尼茨说（第2节）：...les actions internes... ne peuvent etre autre chose que ses perceptions,(c'est à dire les représentations du composé, ou de ce qui est dehors, dans le simple)...［……这些内在的活动……不是别的，无非是它的**知觉**（即复合物或者外在事物在单纯实体中的再现）……］。在给德·博斯[①]的信中，莱布尼茨写道：Per-

① 德·博斯（Bartholomew des Bosses，1688—1738），德国神学家，希尔德斯海姆（Hildesheim，地名，今属德国下萨克斯州）耶稣会神学院神学教师、科隆大学数学教授。博斯1706年初访莱布尼茨，此后十年间两人一直保持着通信关系。——译者注

ceptio nihil aliud quam multorum in uno expressio[知觉不外乎是对在一个唯一行为中的杂多的接受和表达](格哈德版,第二卷,第311页),还说:Numquam versatur perceptio circa objectum,in quo non sit aliqua varietas seu multitudo[知觉绝不围绕着那个其中并不包含某种变化或杂多的客体打转](同上,第317页)。

如同"表象"一样,"欲求"(Streben)也属于欲望之结构(νόησις——ὄρεξις[表象——欲求])。除perceptio[知觉]即repraesentatio[再现]外,莱布尼茨还明确指出了第二种能力,即appetitus[欲望]。莱布尼茨还不得不特别强调这种appetitus[欲望],这只是因为他本人并没有立即彻底地把握到vis activa[作用力]的本质——尽管已经把它与potentia activa[作用能力]和actio[作用]清楚地划分开来了。看起来,这种力还是某种质料性的东西,一个还具有表象和欲求能力的内核,而欲望在自身中就是表象着的欲求,是欲求着的表象。但是,appetitus[欲望]的特征还具有某种特殊的意义,它并非与欲望同义。appetitus[欲望]如同perceptio[知觉],意指一种特有的本质性的、构成性的欲望要素。

源始地起统一作用的欲望必定已经先行于一切可能的多样性,按可能性而言,它必定能对付一切多样性,已经超过和超越了一切多样性。欲望必定以某种方式包含着多样性,让它在欲求自身中产生出来。于是,我们就需要来看看在欲望本身中的多样性的本质起源。

让我们再回顾一下:先行超越着的欲望是源始统一着的统一性,亦即说,单子乃是substantia[实体]。Substantiae non tota

sunt quae contineant partes formaliter, sed res totales quae partiales continent eminenter[实体并不是形式上包含着各个部分的
94 总体，而是以别具一格的方式包含着部分事物的总体事物](1704年1月21日致沃尔德的信。格哈德版，第二卷，第263页)。

欲望乃是实体的本性或本质。作为欲望，它在某种程度上是活动的，但这种活动的东西是始终源始地表象着的(《自然的原理和神恩的原理》，第2节；施马伦巴赫版，第二卷，第122页)。在上引的致沃尔德的信中，莱布尼茨继续写道：Si nihil sua natura activum est, nihil omnino activum erit; quae enim tandem ratio actionis si non in natura rei? Limitationem tamen adjicis, *ut ressua natura activa esse possit, si actio semper se habeat eodem modo*. Sed cum omnis actio mutationem contineat, ergo habemus quae negare videbaris, tendentiam ad mutationem internam, et temporale sequens ex rei natura[要是没有什么东西根据其本性是活动的，那就根本不会有任何活动的东西；如果活动性的根据不在事物的本性中，那它究竟应在哪里呢？但您还补充了这样一个限制条件：**如果活动性始终以这同一种方式进行，那么，一个事物就可能根据其本性是活动的**。然而，由于每一种活动性都包含着一种变化，故我们就会具有您似乎否定的那个东西，即对内在变化的欲求以及一个来自事物的本性的时间序列]。莱布尼茨在这里清楚地道出：作为欲望，单子的活动性本身乃是追求变化的欲望。

欲望原就要欲求它者，是自我超越的欲望。这就是说：在一个作为欲求者的欲求者本身中产生出多样的东西。实体已经successioni obnoxia，即已经经受了先后相继。欲望作为欲望使自

已经受先后相继，并非作为它自身的某个它者，而是作为它所包含的东西。欲望所要欲求的东西服从于时间的顺序。多样之物并不是与欲望格格不入的东西，欲望就是这种多样之物本身。

在欲望本身中蕴涵着“从……向……过渡”（Übergang von...zu...）的倾向。这种过渡倾向就是莱布尼茨所说的 appetitus［欲望］。在独特意义上，appetitus［欲望］和 perceptio［知觉］乃是单子的同样源始的规定。这种倾向（Tendenz）本身乃是表象着的。这就是说：它从一种先行超越着的统一性而来起着统一作用，统一着那种在欲望中被欲求的和自我欲求着的从表象向表象的过渡。Imo rem accurate considerando dicendum est nihil in rebus esse nisi substantias simplices et in his perceptionem atque appetitum［的确，如果我们对事情作细致的思考，那么我们就必须断定：在事物中存在的，无非就是单一的实体，而且在实体中有一种知觉和欲望］（致沃尔德的信。格哈德版，第二卷，第 270 页）。

Revera igitur（principium mutationis）est internum omnibus substantiis simplicibus，cum ratio non sit cur uni magis quam alteri，consistitque in progressu perceptionum Monadis cuiusque，nec quicquam ultra habet tota rerum natura［但事实上，（这个变化原则）内在地适合于一切单一的实体。因为没有任何一个理由，可以说明它更多地适合于这个实体，而更少地适合于另一个实体。它就包含于每一个单子的知觉之进步中，而且根据事实本性，它除 95
此一外并不具有什么］（同上，第 271 页）。

这里讲的 progressus perceptionum［知觉之进步］乃是单子的

本源，是表象着的过渡倾向，是欲望。

Porro ultra haec progredi et quaerere cur sit in substantiis simplicibus perceptio et appetitus, est quaerere aliquid ultramundanum ut ita dicam, et Deum ad rationes vocare cur aliquid eorum esse voluerit quae a nobis concipiuntur[可是，如果我们此外还想继续追问，为什么在单一实体中有一种知觉和欲望，那么这并不意味着——可以说——我们要追问某种超凡的东西，并且要求上帝来说明，为什么他对我们所能够理解的东西有这样的意愿]（同上，第 271 页）。

对莱布尼茨关于欲望和过渡倾向的学说的形成过程来说，1706 年 1 月 19 日致沃尔德的信（草稿）是富于启发性的：Mihi tamen sufficit sumere quod concedi solet, esse quandam vim in percipiente sibi formandi ex prioribus novas perceptiones, quod idem est ac si dicas, ex priore aliqua perceptione sequi interdum novam. Hoc quod agnosci solet alicubi a philosophis veterbus et recentioribus, nempe in voluntariis animae operationibus, id ego semper et ubique locum habere censeo, et omnibus phaenomenis sufficere, magna et uniformitate rerum et simplicitate[……尽管如此，对我来说也足以断言——那是人们通常所承认的——：在知觉者中有某种力量，能根据先行的知觉去构成新的知觉，人们也说，从任何一种先前的知觉中偶尔产生出一种新的知觉，说的是同一回事。这一点在某个地方为古代的和新近的哲学家们所同意。以我的意见，它直接地，也即对心灵的意志行动来说，始终而且处处都是切合实际的，并且根据事物的伟大的相同性及其伟大的单

一性而符合于一切现象](格哈德版,第二卷,第282页注;施马伦巴赫版,第二卷,第54—55页注)。

在何种意义上欲望之为欲望是起统一作用的呢?为回答这个问题,就需要对欲望之本质结构作一种考察。

一、欲望是源始地起统一作用的,而且并非由于得到了它所统一的东西及其拼凑过程的恩赐,而是作为perceptio[知觉]先行着—包含着起统一作用的。

二、这种percipere[知觉]是包含着的,是朝向一个多样之物的,后者本就已经处于欲望中,并且源起于欲望。欲望是自我超越着的,是涌动(Andrang)。这属于本身始终表象着的单子结构。

三、欲望作为progressus perceptionum[知觉之进步]是欲求着的,力求超越自己,是*appetitus*[欲望]。过渡倾向是tendentia interna ad mutationem[内在于变化的倾向]。

单子源始单一地先行起着统一作用,而且,这种统一作用恰恰
是个别化的。个体化(Individuation)的内在可能性,它的本质,就 96
蕴涵在单子本身中。其本质乃是欲望。

让我们记住上面关于实体之实体性所说的话:实体乃是构成一个存在者之统一性的东西。这个统一者乃是欲望,而且,在那些已被揭示出来的规定中来讲,就是:进入作为过渡倾向的自行形成着的表象之中的多样之物。

作为这种统一者,欲望乃是一个存在者的本性。一切单子向来都具有它们的"propre constitution originale"["原初的固有构造"]。后者乃是在创世过程中一道出现的。

根本上是什么东西规定每一个单子成为具体的这个单子呢?个体化本身是如何构成自己的?对创世过程的回溯只不过是对个

体之来源的教条的说明，而不是对个体化本身的说明。个体化本身的原因何在呢？要回答这个问题，我们还必须对单子的本质作更多的解说。

显然，个体化必定是在从根本上构成单子之本质的那个东西中发生的，是在欲望中发生的。欲望结构的何种合乎本质的特性使得各种个别化过程成为可能，并且因此而构成单子的各个特性的基础？在何种意义上这个源始地起统一作用的东西恰恰在统一作用中是一种自身个别化呢？

如果说我们在前面已经把那种与创世过程的联系撇在一边了，那只是因为其中所涉及的是一种教条的说明。不过，在那种把单子描述为受造的单子的做法中表达出来的形而上学意义，乃是**有限性**（*Endlichkeit*）。从形式上讲，有限性表示：被限制性。那么，欲望在何种意义上是可限制的呢？

如果说作为被限制性的有限性乃是欲望之本质，那么，它就必须根据欲望的形而上学基本特征来规定。而这个基本特征就是统一作用，而且是表象着的、先行超越着的统一作用。在这个表象着的统一作用中，蕴涵着一种关于统一性的先行具有（ein Vor-
97 weghaben von Einheit），而这种统一性乃是作为表象着的和倾向于过渡的欲望的着眼点。在作为表象着的 appetitus［欲望］的欲望中，仿佛有一个自始就特别受到注意的点，就是欲望由之而来得以起统一作用的那个统一体本身。这个视一点，point de vue，即观一点，①对欲望来说是构成性的。

① 在日常德语用法中，Augenpunkt 一词意为“透视中心点”；Gesichtspunkt 意为“观点、观察角度”。我们根据此处的上下文，把 Augen-punkt 译为“视一点”，把 Gesichts-punkt 译为“观一点”。——译者注

然而,这个视一点,在其中先行被表象的东西,也就是先行规整着一切欲求本身的东西。这种欲求本身并不是从外部受到推动的,不如说,作为表象着的受动状态(Bewegtheit),自由地运动者始终是先行被表象的东西。perceptio[知觉]和 appetitus[欲望]在它们的欲求方面原初地是从视点角度被规定的。

但这里蕴涵着迄今为止尚未清晰地得到把握的东西,即:某个诸如欲望之类在自身中伸展着的东西——而且它恰恰在这种伸展中才保持自己并且存在——自身就具有把捉自己的可能性。在一种"对……的欲求"中,欲求者始终贯通一个维度,也就是说,它贯通自身并且如此这般地向自己开放,而且是按照本质之可能性贯通自身并向自己开放的。

根据这种维面上的自行敞开性,一个欲求者也就能特别地把捉自己,因此同时也就能超出感知(Perzipieren)之外而呈现自身,为此(ad)而共同感知,即知觉(*apperzipieren*)。在《自然的原理和神恩的原理》第 4 节中(格哈德版,第六卷,第 600 页),莱布尼茨写道:Ainsi il est bon de faire distinction entre la *Perception* qui est l'état interieur de la Monade representant les choses externes, et *l'Apperception* qui est la *Conscience*, ou la connaissance reflexive de cet état interieur, laquelle n'est point donnée à toutes les Ames, ny tousjours à la même Ame[因此,最好是在感知与知觉之间作一种区分:感知是单子表象外部事物的内在状态;知觉则是对这种内在状态的意识或反省的认识,它并不是赋予所有灵魂的,也不是永远赋予同一灵魂的](参看《单子论》,第 21 节以下)。

在这种视点中——总是在某个特定的存在者和可能之物的视角中——仿佛整个宇宙被收入眼帘中了，而这样一来，它就在其中以特定方式折射自身，也即一向按照单子的欲求等级，就是说，一向按照单子在其多样性中统一自己的可能性而发生折射。由此可
98 见，在作为表象着的欲求的单子中，包含着某种对它自身的共同表象（Mitvorstellen）。

这种自身被揭示之存在（Sichselbstenthülltsein）可以有不同的等级，从完全的透视状态直到昏眩状态和昏沉状态。没有一个单子缺乏 perceptio［知觉］和 appetitus［欲望］，从而缺失某种自行敞开状态（它无疑不是对自身的共同表象），哪怕它仅仅具有最低级的程度。与此相应的是各个视点以及统一作用之可能性，而统一性向来乃是每一个单子的个别化的东西。

恰恰就单子起着统一作用而言——这乃是单子的本质——，单子才把自己个别化。但在个别化过程中，在出于其特有视角的欲望中，单子只是依其可能性而把在其中先行被表象的宇宙统一起来。因此，每个单子自身就是一个 *mundus concentratus*［**集中的世界**］。一切欲望在欲求中向来都——在自身中——按其方式把世界集结起来。

由于每一个单子都以其向来特定的方式是世界——只要它呈现着这个世界——，故每一种欲望都与宇宙一道处于 *consensus*［**一致**］中。根据每一种表象着的欲望与宇宙的这种一致性，诸单子本身在自身中间也处于一种联系中。在关于作为表象着的、倾向于过渡的欲望的单子的观念中，包含着这样一回事情，即：世界向来在一种透视的折射中归属于单子，因此，作为欲望统一体，一

切单子自始就以存在者之大全(All)的先定和谐为定向,这就是:harmonia praestabilita[先定和谐]。

然而,作为现实世界即 actualia[现实]的基本状态,harmonia praestabilita[先定和谐]乃是那种与作为被欲求者的中心单子(即上帝)相对立的东西。上帝之欲望乃是它的意志,而上帝之意志的相关物则是 optimum[最好的东西],distinguendum enim inter ea,quae Deus potest et quae vult:potest omnia,vult optima. Actualia nihil aliud sunt quam possibilium(omnibus comparatis) optima;Possibilia sunt,quae non implicant contradictionem[也就是说,要区分上帝所能的东西与上帝所愿的东西:他能一切,但他愿最好。现实地存在的东西,无非就是在可能之物中(与一切相比)最好的东西。而可能之物则是不包含任何矛盾的东西](1699 年 2 月 21 日致贝努利的信;施马伦巴赫版,第二卷,第 11 页)。

按可能性而言,在每一个单子中都包含着整个宇宙。因此,在 99
作为统一作用的欲望中实现的个别化过程,本质上始终是对一个以单子方式归属于世界的存在者的个别化。诸单子并不是首先在总和(Summe)中才给出宇宙的孤立的东西。每一个单子作为特有的欲望,一向以其方式就是宇宙本身。欲望乃是表象着的欲望,它一向根据某个视点来表象世界。每一个单子都是一个小世界,一个小宇宙。如若每一个单子之为宇宙,是由于它在欲求之际一向把在其统一性中的**世界整体**(*Weltganze*)表象出来——虽然绝没有全部囊括——,那么,后面这种"小宇宙"的说法就没有切中本质性的东西。每一个单子都一向按照其清醒程度而是一个呈现着世界的世界一历史(Welt-Geschichte)。所以,宇宙与在单子中出

现的情况一样，同样常常以某种方式被多样化了，类似于同一个国家依照各个观察者的各个不同的处境而得到不同的体现（《关于形而上学的谈话》，第 9 节）。

现在，根据上面的探讨，我们便可解说莱布尼茨往往喜欢用来描绘单子之总体本质的那个形象。单子是**宇宙的一面活生生的镜子**（*Spiegel*）。

在莱布尼茨 1703 年 6 月 20 日致沃尔德的信中有一段文字，是最重要的段落之一（格哈德版，第二卷，第 251－252 页）：Entelechias differre necesse est，seu non esse penitus similes inter se，imo principia esse diversitatis，nam aliae aliter exprimunt universum ad suum quaeque spectandi mondum，idque ipsarum officium est ut sint totidem specula vitalia rerum seu totidem Mundi concentrati.“必然的事情是，隐德莱希（即单子）相互区别开来，也就是说，相互间并非完全相似。它们甚至必须（作为本身）就是区分的原则；因为每一个单子都依照其观看（即表象）方式各个不同地表达出宇宙。这正是它们最本己的使命，即同样地成为存在者的许多活生生的镜子，或者同样地成为许多集中的世界”。

100 上面这句话道出了多重内容：

一、单子的差异化是一种必然的差异化，它属于单子的本质。单子起着统一作用，向来从其视点而来起着统一作用，同时就使自己个别化。

二、因此，单子本身是它们基于其观看方式（即 perceptio—appetitus［知觉——欲望］）的各个区分的本源。

三、这种对向来在某种个别化过程中的宇宙的统一着的表现

(Dar-stellen),恰恰就是单子向来作为本身在其存在(欲望)中所关涉的那个东西。

四、单子乃是向来在一种集结中的宇宙。集结之中心是各个由某个视点来规定的欲望,即:concentrationes universi[普遍集中](格哈德版,第二卷,第 278 页)。

五、单子乃是 speculum vitale[活的镜子](参阅《自然的原理和神恩的原理》,第 3 节;《单子论》,第 63 节和第 77 节;以及莱布尼茨致雷蒙[①]的信,格哈德版,第三卷,第 623 页)。镜子,即 specu-lum,就是一种"让观看"(Sehen-lassen):Miroir actif indivisible[不可分割的活镜子](格哈德版,第四卷,第 557 页;施马伦巴赫版,第一卷,第 146 页),即是一种欲求着的不可分的、单一的映射(Spiegeln)。在单子存在的方式中才有这种"让观看",才实现了各种对世界的揭示。映射并非一种僵硬呆板的描摹,不如说,作为这样一种映射,它本身就欲求着它自己的各种已预先规定的新的可能性。由于先行具有一个在某个视点——由之而来多样之物才变得显示——中的宇宙,这种映射就是单一的(*einfach*)。

由此出发,我们得以在一个迄今未受到注意的方面更鲜明地把握有限实体的本质。莱布尼茨在他 1703 年 6 月 20 日致沃尔德的信中说(格哈德版,第二卷,第 249 页):omnis substantia est ac-

① 雷蒙(Remond,? —1716),法国人,时任奥尔良公爵腓力(Due d' Orleans, Philippe Ⅱ,1674—1723)的顾问,1713 年始与莱布尼茨通信(参看格哈特版《莱布尼茨哲学文集》,第三卷)。值得特别重视的是莱布尼茨去世前写给雷蒙的一封未发出的长信:《致雷蒙先生的信——论中国哲学》(Lettre de M. Leibniz sur la philosophie Chinoise a M. de Remond),可参看中译文,载《德国哲学家论中国》,秦家懿编译,三联书店(北京),1993 年,第 67 页以下。——译者注

tiva, et omnis substantia finita est passiva, passioni autem connexa resistentia est[每一个实体都是活动的，而且每一个有限实体都是被动的，而与被动性相联系的则是阻力性]。这里说出了什么呢？

只要单子向来在**一个**视点中是整体，那么，恰恰根据这种对宇宙的归属关系，单子就是有限的：它面对一种阻力，面对这样一种非它所是、但依然可能是的东西。虽然欲望是活动的，但在所有向
101 来在某个视角中实行的有限欲望中，始终而且必然蕴涵着那种与欲望本身相对立的阻力。因为，只要欲望向来都从一个视点而来欲求着整个宇宙，那它就还不是如此一多的东西。它受到视点限制。依然要注意的是，欲望作为欲求之所以受到阻力，恰恰是因为它按可能性而言能够(kann)是整个宇宙，但其实不是(ist)整个宇宙。欲望之有限性包含着这种在欲望并不欲求的东西意义上的惰性。

这种纯粹作为有限欲望之结构要素的否定方面，标志着莱布尼茨所理解的 materia prima[第一质料]的特征。在致德·博斯的信中，莱布尼茨写道(格哈德版，第二卷，第 324 页)：Materia prima cuilibet Entelechiae est essentialis, neque unquam ab ea separatur, cum eam compleat et sit ipsa potentia passiva totius substantiae completae. Neque enim materia prima in mole seu impenetrabilitate et extensione consistit...[第一质料是隐德莱希的本质方面，它永远不会与隐德莱希分离开；它补充着隐德莱希，它是一切完满的实体的被动潜能。其实第一质料既不包含在不可入性之中，也不包含在广延之中……。]

根据这一根本性的源始惰性，单子就具有与 materia secunda［第二质料］、与 massa［质量］、与物质性的质量和重力意义上的特定阻力的 nexus［联系］的内在可能性（参看莱布尼茨与数学家约翰·贝努利和耶稣会会士德·博斯的通信，后者当时是希尔德斯海姆耶稣会士学院的哲学和神学教师）。

这种惰性结构要素给予莱布尼茨一个基础，使他得以在形而上学上理解单子与物质性物体（即 materia secunda［第二质料］、massa［质量］）的 nexus［联系］，并且使他得以从正面表明，何以 extensio［广延］并不能像笛卡尔所教导的那样，构成物质实体的本质。不过，对于此点，我们现在不能深究了；我们在此同样也不能深究单子论的进一步发展，以及与此相联系的那些形而上学原则了。

103 # 形而上学是什么？

“形而上学是什么？”——这个问题令人生出一种期望，以为我们在此是要谈论形而上学了。我们不做这种谈论，而是要探讨一个确定的形而上学问题。看起来，我们由此就让自己直接投身到形而上学之中。唯有这样，我们才为形而上学提供了真正的可能性，让它自我介绍一番。

我们的意图是：先展开一种形而上学的追问，然后来尝试制订这个问题，最后对此问题做出解答。

展开一种形而上学追问

从人类常识的观点看，哲学就是黑格尔所说的“颠倒了的世界”。因此，我们的独特的开头就需要有一种准备性的描绘。这种描绘起于形而上学的追问的一个双重特征。

一方面，每一个形而上学问题总是包括形而上学之难题的整体。它向来是这个整体本身。另一方面，每一个形而上学的问题都只能如此这般地被追问，即：追问者——作为这样一个追问者——在问题中共在，亦即已经被置入问题中了。由此我们获得启示：必须在整体上，并且根据进行追问活动的此在的根本性境况，来作出形而上学的追问。此时此际，我们是为自己进行追问。我们的此在，在研究者、教师与学生共同体中的此在，是由科学来规定的。科学已然成了我们的激情，就此来讲，我们的此在的基础中发生了什么本质性的事情呢？

诸科学的领域各有千秋。诸科学处理对象的方式亦是大相径 104
庭的。在今天，各种学科的分崩离析的多样性只还通过大学和系科的技术组织结合在一起，并且通过各个专业领域的实用目的而保持着某种意义。相反，诸科学的根基在其本质基础上已经衰亡了。

而且实际上，在一切科学中，当我们追踪它们的最本己的意图时，我们是与存在者本身相对待。恰恰从诸科学出发来看，没有一个领域对另一个领域具有优先地位，自然并不比历史优先，反过来，历史也不比自然优先。没有一种对对象的处理方式高于另一种方式。数学认识并不比语文学的—历史学的认识更为严格。数学认识只具有"精确性"之特征，而这种"精确性"并不就是严格性。向历史学提出精确性的要求，就会与精神科学的特殊严格性之观念相抵牾。有一种与世界的关联（Bezug zur Welt）贯穿并且支配着一切科学本身。这种与世界的关联让一切科学去寻找存在者本身，以便按照存在者的内容及其存在方式，使存在者变为一种深入研究和论证规定的对象。按此观念看来，在诸科学中实行着的，乃是一种向万物之本质要素的逼近。

这种别具一格的与存在者本身的世界关联（Weltbezug），是由人类实存的一种自由地选择的态度来承当和推行的。诚然，人的前科学的和科学之外的所作所为，也是与存在者发生关系。但科学自有其特点，它以其特有的方式明确而唯一地对实事本身作出最初的和最终的断言。在追问、规定和论证的这种实事性（Sachlichkeit）中，实行着一种受到特别限定的对存在者本身的屈服，目的是使一切都在这个存在者那里敞开自身。科学研究与学说的这种职责，展开为一种在人类实存整体中的虽然受到限定、但却特
105 有的领导地位的可能性之基础。当然，只有当我们看到并且把握到在如此被保持的世界关联中发生的事情时，科学的特殊的世界关联，以及引导这种世界关联的人的态度，才得到了完全理解。人是芸芸存在者中间的一员，他“从事科学研究”。在此“从事”中发生的事情，无非是一个被叫做人的存在者向存在者整体的突破，而且，在这种突破中并且通过这种突破，存在者便按其所是以及如何是而显露出来。这种显露着的突破（der aufbrechende Einbruch）才首先以其方式促成存在者达到它本身。

世界关联、态度、突破——这三重东西以其根本的统一性，把此—在（Da-sein）[1]的一种动人的质朴性和鲜明性带入科学的实存之中。如果我们明确地为自己拥有了如此这般被洞明的科学的此—在，那么，我们就必须说：

世界关联的目标就是存在者本身——而且此外无什么。[2]

一切态度从中取得其运用的那个东西，就是存在者本身——

---

[1] 海德格尔以“此在”（Dasein）特指人之“实存”，又以“此—在”（Da-sein）来标示“此在”处于本质性的展开状态中——在本文就是所谓的“嵌入到无中的状态”。可参看海德格尔：《存在与时间》，第二十九节和第三十一节。——译者注

[2] 1929年第1版：有人把破折号后面的这个补充说成是任意的和做作的，而不知道泰纳——他可以看作整个现行时代的代表和标志——就有意识地用这种表达式来表明他的基本立场和意图。——作者边注

而且再无什么。

在突破中研究性的辨析借以发生的那个东西，就是存在者本身——而且此外无什么。

然而，值得注意的是，恰恰在具有科学态度的人确保其最本己的东西的方式中，他谈论的是某个别的东西。被研究的应该仅仅是存在者——此外无什么；只是存在者——再无什么；唯有存在者——此外无什么。

那么，这个无的情形如何呢？[①] 我们完全不言而喻地如此这般说到这个无，难道是偶然的吗？莫非这只是一种谈论方式——此外无什么？

不过，对这个无，我们关心的是什么呢？这个无确实恰恰是被 106
科学所拒斥并且当作虚无的东西（das Nichtige）而抛弃掉的。但当我们如此这般抛弃掉无时，我们不是恰恰承认了它么？另一方面，如果我们什么都不承认，我们能谈论一种承认吗？而实际上，也许这种反复的谈法已然陷入一种空洞的字面争吵。与此相反，科学现在就必定会再度维护它的严肃和清醒，宣称它唯一地只关心存在者。无——对科学来说，它除了是一种令人憎恶的东西，一种虚幻之外，还能是什么呢？如果科学是正确的，那就只有一点是肯定的：科学根本不愿知道无。说到底，这就是对无的科学上严格的把握了。我们以根本不愿知道无来知道无。

科学不愿知道无。但依然同样确凿无疑的事情是：在科学试

① 前文所讲的“此外无什么”（sonst nichts）和“再无什么”（weiter nichts）等句中的“无”是副词，由此引出的问句中的“无”则为名词 das Nichts。——译者注

图道出它自己的本质之际,[①]科学便求助于无。科学所摒弃的东西又为科学所用。这里暴露出何种分裂的[②]东西了呢?

我们当前的实存乃是一种由科学来规定的实存。在沉思我们当前的实存之际,我们便陷身于一种冲突中间。通过这种冲突,一种追问已然得到了展开。这个问题只要求特别的说法:无之情形如何?[③]

问题之制订

对无之问题的制订必定把我们带入一种境况中,由此境况而来,对这个问题的解答才是可能的,或者,答案之不可能性才得以彰明。无被承认了。科学则以一种高傲的对无漠不关心的态度,
107 把无当作"没有"(es nicht gibt)的东西而摒弃掉了。

然而,我们却要尝试来追问无。什么是无呢?迈向这个问题的第一步就已经显示出某种非同寻常的东西。在这种追问中,我们自始就把无设定为某种如此这般"存在"(ist)的东西,即某个存在者。但无恰恰是与存在者绝对不同的。[④] 追问无,问无是什么以及如何是,就把问之所问颠倒为它的反面了。这个问题本身就

① 1949年第5版:积极的和唯一的对存在者的姿态。——作者边注

② 1931年第3版:存在学差异。1949年第5版:作为"存在"的无。——作者边注

③ 海德格尔认为,"无"之问题与"存在"问题一样,不能以传统西方哲学的提问方式即"……是什么?"(Was ist...?)的提问方式来进行。故在这里,海德格尔对"无"的特别的问法是:"无之情形如何?"(Wie steht es um das Nichts?)——译者注

④ 1949年第5版:区分、差异。——作者边注

剥夺了它自己的对象。

与此相应，任何对此问题的回答根本也就都是不可能的。因为这种回答必然采取这样的形式：无“是”(ist)这个、那个。着眼于无，问题和回答同样地都是自身悖谬的。

因此，无根本就不需要科学来拒斥它。一般通用的基本思维规则，即要求须避免矛盾的定律，亦即普通的“逻辑”，就废除了这个问题。因为思维本质上总是关于某物的思维；若作为无之思维，它就必定要违背它自己的本质了。

由于我们始终不能把无搞成对象，我们就对我们关于无的追问无计可施了——假如在此问题中“逻辑”[1]是最高的法庭，而且要以理智为手段，以思维为途径，源始地把捉到无并且对它的可能揭示作出裁定，则事情就是这样的。

然而，“逻辑”的统治地位可以触犯吗？在这个关于无的问题中，难道理智不是确实在起着支配作用吗？其实说到底，我们只有借助于理智才能够规定无，并且把无设定为一个问题，尽管是一个仅仅自己折磨自己的问题。因为无乃是对存在者之全体的否定，是绝对不存在者(das schlechthin Nicht-Seiende)。而在这里，我 108
们其实是把无置于不性的东西(das Nichthafte)——从而就是被否定的东西——的更高规定之下。可是，按照居统治地位而且从未被触犯过的“逻辑”学说，否定乃是一种特殊的理智行动。那么，在关于无的问题中，甚至在无之可追问性的问题中，我们如何能够想要罢免理智呢？我们在此所假定的东西竟是如此可靠吗？这个

① 1929年第1版：亦即人们通常所采纳的意义上的逻辑。——作者边注

不(das Nicht)、这个否定性、从而这个否定，就是对作为一种特殊的被否定者的无的更高规定吗？仅仅是因为有这个不，亦即否定，才有无吗？或者是恰恰相反的情形？仅仅是因为有无，才有否定和不吗？这是没有确定的，甚至还没有被提升为明确的问题。我们主张：无比不和否定更为源始。[①]

如若上面这个论断是正确的，作为理智行动的否定的可能性以及理智本身，就以某种方式依赖于无。那么，理智如何能够企图决定无呢？说到底，莫非有关无的问题和回答的表面上的悖谬性，只不过是以游荡不定的理智的一种盲目的固执[②]为依据的么？

可是，如果我们不为关于无的问题的形式上的不可能性所迷惑，并且面对这种不可能性仍提出这个问题，那么，我们至少就必须满足于那个始终作为任何一个问题之可能实行的基本要求而持存的东西。如果无本身无论如何要得到究问，那么，它就必须事先已经被给予。我们必须能够与无相照面。

我们在何处寻求无呢？我们如何找到无？为了找到某种东西，难道我们不是必须已经知道它在此存在这样一回事情么？确
109 实如此！首先而且多半地，只有当人预先确认了所寻求的东西的现成存在(Vorhandensein)时，他才能够寻求。但眼下，无是所寻求的东西。说到底，有一种不带上述预先确认的寻求，一种只包含纯粹寻找的寻求么？

无论何种情况，我们都是在认识无，即便仅仅把它当作我们日

① 1949年第5版：本源秩序。——作者边注

② 1949年第5版：盲目的固执：我思(ego cogito)之确定性(certitudo)，主体性。——作者边注

常喋喋不休地谈论的东西。这个无,这个通常的、在不言自明的东西的整个苍白色调中黯然失色的无、这个如此不惹人注意地在我们的闲谈中游荡的无,我们甚至可以干脆把它安顿在一个“定义”中:

无乃是对存在者之全体的完全否定。说到底,难道对无的这个特性刻画没有指示出我们唯独由之而来才能与无照面的那个方向吗?

存在者之全体必须事先已经被给予,以便能够作为这样一个全体而得到彻底否定,而无本身这时候就会在这种否定中呈示出来。

不过,即使我们撇开否定与无的关系的可疑性不谈,我们作为有限的生物应该如何把在其全体中的存在者整体搞成自在的(an sich),同时使之能为我们所了解呢?无论如何,我们总能够在“理念”(Idee)中设想存在者整体,并且在思想中对如此这般想象出来的东西加以否定,对之作否定的“思考”。以此途径,我们固然赢获了关于想象出来的无的形式概念,但绝没有赢获无本身。然则无乃是一无所有,而且,只要无是完全的无区别状态的话,那么在想象的无与“真正的”无之间就不能有一种区别。可是,所谓“真正的”无本身——这难道不又是那个关于某种存在着的无(ein seiendes Nichts)的隐蔽着的,但却荒谬的概念么?现在,理智的诘难最后一次阻止了我们的寻求,我们的寻求只有通过一种关于无的基本经验才能证明其合法性。

我们肯定从未绝对地把握到自在的存在者整体,但我们确凿 110
无疑地发现自己置身于以某种方式被揭示出来的存在者中间。说到底，对自在的存在者整体的把握，与发现自己处身于存在者整体中间，这两者之间是有某种本质区别的。前者原则上是不可能的。后者则不断地在我们的此在中发生。当然，看起来，仿佛我们恰恰在日常活动中向来只是依附于这个或那个存在者，仿佛我们已经失落于这个或那个存在者区域中了。不论日常生活显得多么琐碎，它始终还把存在者——尽管朦胧地——保持在"整体"之统一性中。甚至当我们并没有专门地忙碌于事物和我们自身时，而且恰恰是在这个时候，存在者"在整体中"向我们袭来，例如，在真正的无聊中。当我们仅仅对这本书或者那出戏，这项活动或者那种消遣感到无聊时，离真正的无聊还很远。而当"某人莫名地无聊"时，真正的无聊便开始了。[①] 这种深刻的无聊犹如寂然无声的雾弥漫在此在的深渊中，把万物、人以及与之共在的某人本身共同移入一种奇特的冷漠状态中。这种无聊启示出存在者整体。

这种启示（Offenbarung）的另一种可能性包含在那种欢乐中，即在对某个被爱之人的此在——而非单纯的人格——的当前现身的欢乐中。

某人于其中如此这般"存在"（ist）的这样一种情绪状态（Gestimmtsein），使我们——为这种情绪状态所贯通——处身于存在者整体中。情绪的处身性（Befindlichkeit der Stimmung）不仅每每按其方式揭示出存在者整体，而且此种揭示同时就是我们的此一在（Da-sein）的基本发生（Grundgeschehen），而绝非一个单纯

① 在"某人莫名地无聊"（es ist einem langweilig）中，海德格尔用了无人称代词"它"（es）和不定代词"某人"（einem），以表示：某人并非为这个或那个具体的对象而无聊，而是无所指向的无聊——那才是真正的无聊。——译者注

的事件。

我们如此这般称之为“感受”的那个东西，既不是我们的思想和意志行为的一个稍纵即逝的附带现象，也不是这些行为的一个单纯动因，也不是我们这样或那样地与之顺应的一个仅仅现存的状态。

然而，恰恰当诸种情绪如此这般地把我们引到存在者整体面 111
前时，它们向我们遮蔽了我们所寻求的无。我们现在更不会以为，是那种对能够以情绪方式敞开出来的存在者整体的否定把我们摆到无面前。相应地，这样的情况或许只能源始地在一种情绪中发生，而按其最本己的揭示意义来看，这种情绪启示出无。

人在一种情绪中被带到无本身面前。这样一种情绪状态在人之此在中发生吗？

唯有对在畏（Angst）之基本情绪中的若干瞬间来说，这种发生才是可能的，也是现实的——尽管十分罕见。以这种畏，我们并不是指屡见不鲜的恐惧（Ängstlichkeit），后者根本上属于只是太过容易出现的惧怕（Furchtsamkeit）。畏根本不同于怕。① 我们总是怕这个或那个确定的存在者，这个或那个确定的存在者在这个或那个确定的方面威胁着我们。对……的怕（Furcht vor...）总是也为某种确定的东西而怕。因为怕有其怕什么以及为何而怕这种限制，所以怕者和懦怯者被他所处身于其中的那个东西抓住了。他在努力躲避这种确定的东西时，对其他东西也惶惶不安，亦即

① 关于“畏”（Angst）和“怕”（Furcht）以及两者的区分，参看海德格尔《存在与时间》第三十节和第四十节。——译者注

说，整个地变得“不知所措”了。

畏不再让这样一种迷乱出现。远不如说，畏弥漫着一种独特的宁静。虽然畏总是对……的畏（Angst，vor...），但它并不畏这个或那个。对……的畏始终就是为……而畏（Angst um...），但不是为这个或那个而畏。我们所畏和为之而畏的东西的不确定性却并不是缺乏确定性，而是根本不可能有确定性。这种不可能性在一种众所周知的解释中显露出来了。

我们说，在畏中，“某人惶惶不安”。这里的“它”和“某人”是什么意思呢？[①] 我们不能说某人对什么惶惶不安。某人整个地就感到惶惶不安。万物和我们本身都沦于一种冷漠状态之中。[②] 但这
112 不是在一种单纯的消失意义上讲的，不如说，它们在移开的同时就朝向我们。存在者整体的这种移开在畏中簇拥着我们，趋迫着我们。没有留下任何支持。只留下这个“没有”（kein），而且当存在者脱落之际，唯此一“没有”向我们压来。

畏启示无。[③]

我们“飘浮”在畏中。更明确地讲，畏使我们飘浮，因为畏使存在者整体脱落了。这也意味着，我们本身——这些存在着的人[④]——在存在者中间一道脱落了。因此，根本上不是“你”和

① “某人惶惶不安”（es ist einem unheimlich）一句的结构与前面讲的“某人莫名地无聊”一样，也用了无人称代词“它”（es）和不定代词“某人”（einem），以表示“某人”毫无来由地、彻底地惶惶然。——译者注

② 1949 年第 5 版：存在者不再发出呼声。——作者边注

③ 此句原文为：Die Angst offenbart das Nichts。或可译为“畏把无敞开出来”。——译者注

④ 1949 年第 5 版：但不是作为此一在“之”人的那个人。——作者边注

“我”惶惶不安，而是“某人”惶惶不安。在这种飘浮的震荡中，唯在其中不能持有什么的纯粹的此一在[①]还在此。

畏使我们无言。因为存在者整体脱落，从而恰恰无涌逼而来，故面对无，任何“存在”之道说（“Ist”-Sagen）都沉默了。在畏之惶惶不安状态中，我们往往寻求通过一种不加选择的言谈来打破空洞的寂静，这种情形只不过是无之当前的证据。当畏已退却，人本身直接就证实这样一回事情：畏揭示无。在新鲜的回忆所包含的明亮目光中，我们不得不说：我们所曾畏与为之而畏的那个东西，“本来”就一无所有。事实是：无本身作为这种无曾经在此。[②]

凭着畏之基本情绪，我们就达到了此在之发生。在此在之发生中，无可得敞开，而且必须从此在之发生而来被追问。

无之情形如何呢？

113

对问题的解答

如果我们注意到关于无的问题实际上始终已经被提出来了，那么，对我们的意图来说首要而唯一重要的答案就已经赢获了。为此就要求我们领会每一种畏都使之随我们一道发生的那种转变，即从人[③]到人的此一在的转变，以便把在其中公开的[④]无如其

① 1949年第5版：“在”(im)人之中的此一在。——作者边注

② 1949年第5版：这就是说：曾揭示自身；解蔽与情绪。——作者边注

③ 1949年第5版：作为主体！但在这里，此一在已经在思想上先行得到经验，唯因此，“形而上学是什么？”这个问题在此才变成可疑可问的了。——作者边注

④ 1949年第5版：解蔽。——作者边注

自行显示的那样确定下来。因此,同时也就要求我们明确地避开关于无的各种标记——各种并不是在无的呼声(Ansprechen)中产生的标记。

无在畏中揭示自身,但并非作为存在者而揭示自身。它同样也不是作为对象而被给予的。畏并非对无的把握。但是,无却通过畏并且在畏中才变得可敞开,尽管又不是这样的情形:仿佛无从处于惶惶不安状态[1]中的存在者整体"之旁"脱离开来而显示出自身。相反,我们倒是说过:无在畏中与存在者整体一体地来照面。这个"与……一体地"[2]是什么意思呢?

在畏中,存在者整体变得无根无据。这是在何种意义上发生的情况呢?其实存在者并非被畏消灭了,以便只让无遗留下来。当畏恰恰处于对存在者整体完全无能为力的境况中之际,如何也有此种情况呢?毋宁说,无特别地随着存在者并且在存在者那里——作为一个脱落着的存在者整体——自行显示出来。

在畏中,并不发生任何对整个自在存在者的消灭,但同样地,我们也并不实行一种对存在者整体的否定,以期首先赢获无。撇开畏之为畏与一个否定性陈述的明确实行格格不入这回事情不
114 谈,我们随着这样一种要给出无的否定,在任何时候也都已经太晚了。无先于此就已经照面。我们曾说过,无是与脱落着的存在者整体"一体地"照面的。

在畏中包含着一种对……的退避,但这种退避不再是逃遁,而

① 1949年第5版:惶惶不安状态与无蔽状态。——作者边注

② 1949年第5版:区分(Unterschied)。——作者边注

是一种迷人的宁静。这种对……的退避以无为它的结局。无并不引向自身,而是本质上拒绝着的。不过,这种从自身而来的拒绝,本身却是对沉降着的存在者整体的让脱落的指引(das entgleitenlassende Verweisen)。这种整体上有所拒绝的指引,[①]亦即对脱落着的存在者整体的指引——无就是作为这种指引而在畏中簇拥着此在——乃是无的本质,即:无化。[②] 无化既不是对存在者的消灭,它也不是从一种否定中产生的。无化也不能归结为消灭和否定。无本身就不着(Das Nichts selbst nichtet)。[③]

这种不化(das Nichten)绝不是任意哪一个事件,不如说,作为对脱落着的存在者整体的有所拒绝的指引,它把这个存在者整体从其完全的、迄今一直遮蔽着的奇异状态(Befremdlichkeit)中启示出来,使之成为与无相对的绝对它者。

在畏之无的明亮黑夜里,才产生了存在者之为这样一个存在者的源始的敞开状态(Offenheit),原来是:存在者存在——而不是无。[④] 但是,我们在此谈论中补说的这个"而不是无",并不是事后添上去的说明,而不如说,它先行使一般存在者的可敞开状态(Offenbarheit)成为可能。[⑤] 源始地不化着的无的本质就在于:它

① 1949年第5版:拒绝:自为存在者;指引:进入存在者之存在中。——作者边注

② 这里的"无化"(Nichtng)或可译"不化",连同下文的动词"不"或"不化"(nichten,das Nichten),均属于海德格尔独创的用法。——译者注

③ 1949年第5版:无作为不化(das Nichten)成其本质、持存、允诺。——作者边注

④ 此句原文为:daß es Seiendes ist und nicht Nichts。——译者注

⑤ 1949年第5版:亦即存在。——作者边注

首先把此一在带到存在者之为这样一个存在者面前。[1]

只有基于无之源始的可敞开状态，人之此在才能走向存在者
115 并且深入到存在者那里。但只要此在按其本质而言要与非此在的存在者和此在本身这个存在者发生关系，那么，它作为这样的此在，就向来已经是从可敞开的无而来的。

此一在意谓：[2]嵌入到无中的状态。[3]

把自身嵌入[4]无中时，此在向来已经超出存在者整体之外而存在了。这种超出存在者之外的存在状态，我们称之为超越(Transzendenz)。倘若此在在其本质基础上并不超越，现在亦即说，倘若此在并没有自始把自身嵌入无中，那么，此在就绝不能与存在者发生关系，[5]也就不能与它自身发生关系。

如若没有无之源始的可敞开状态，就没有自身存在(Selbstsein)，就没有自由(Freiheit)。[6]

由此我们就赢获了关于无的问题的答案。无既不是一个对象，也根本不是一个存在者。无既不自为地出现，也不出现在它仿佛与之亦步亦趋的那个存在者之旁。无乃是一种可能性，它使存在者作为这样一个存在者得以为[7]人的此在敞开出来。无并不首

---

[1] 1949 年第 5 版：特地带到存在者之存在面前，带到区分面前。——作者边注

[2] 1929 年第 1 版：1)此外不仅，2)由此不可推出：一切就都是无，而是相反：对存在者的接受和听闻(Vernehmung)，存在与有限性。——作者边注

[3] 此句原文为：Da-sein heißt：Hineingehaltenheit in das Nichts。——译者注

[4] 1949 年第 5 版：谁源始地持守？——作者边注

[5] 1949 年第 5 版：亦即无与存在同一。——作者边注

[6] 1949 年第 5 版：演讲《论真理的本质》中的自由与真理。——作者边注

[7] 1949 年第 5 版：不是“通过”(durch)。——作者边注

先提供出与存在者相对的概念，而是源始地属于本质[1]本身。在存在者之存在中，发生着无之不化(das Nichten des Nichts)。

不过，现在我们终于不得不来谈谈一种已经太久地被我们压下的疑虑了。如果此在只在自行嵌入无中时才能与存在者发生关系，也即才能实存，如果无源始地只在畏中才可敞开，那么，为了能够实存，我们岂不是必须持续不断地漂浮在这种畏中吗？但我们自己不是已经承认这种源始的畏是罕见的么？而首要地，其实我们大家都实存着，并且都与非我们本身所是的存在者以及我们本 116
身所是的存在者发生关系——而并没有这种畏。莫非这种畏是一种任意的虚构，而被判归于畏的无是一种夸张么？

而说这种源始的畏只在一些罕有的瞬间发生，这又是什么意思呢？这无非是说：无首先而且多半在其源始状态中是对我们伪装起来了。究竟是什么缘故呢？是由于我们以一定的方式完全在存在者那里丧失了自己。我们在活动时愈是把自身转向存在者，我们就愈加不让存在者本身脱落，我们就愈加离弃了无。但愈加确凿地，我们把我们自身趋迫入此在的共公表面中去了。

而且实际上，这种持续的——尽管是有歧义的——对无的离弃，在一定的界限内却是按照无的最本己的意义的离弃。它——即在其不化中的无(das Nichts in seinem Nichten)——恰恰把我们引向存在者。[2] 无不停地不着，而我们以我们日常活动于其中的知识对此事件竟一无所知。

---

① 1949年第5版：本质(Wesen)：动词性的；存在之本质。——作者边注

② 1949年第5版：因为进入存在者之存在中。——作者边注

对于在我们的此在中持续而广泛的、尽管被伪装了的无之可敞开状态来说，还有什么东西比否定更深刻地为此作证呢？但否定绝不从自身而来把不（das Nicht）当作区分和对比的手段加到被给予的东西上，以便仿佛是把这个不插入其中。否定实际上只有当可否定的东西已经被先行给定时才能进行否定，这当儿，否定如何能从它自身中具有这个不呢？除非一切思想本身都已先行洞见到这个不了，不然的话，可否定的东西和有待否定的东西又如何能够作为一个不性的东西（ein Nichthaftes）而被见到呢？可是，只有当这个不的本源，即一般的无之不化，从而亦即无本身，已经从遮蔽状态中被提取出来时，这个不才能够成为可敞开的。这个不并非由否定而产生；相反，否定倒是植根于从无之不化作用中产生的这个不。[1] 但否定也只不过是不着的行为的一种方式，亦即
117 说，只不过是先行植根于无之不化的行为的一种方式。

由此，我们便大体证明了上面的论题：无是否定的本源，而不是相反。如果在有关无和存在的问题的领域里，理智的权威如此这般地被打破了，那么，这样一来，在哲学范围内“逻辑”[2]之统治地位的命运也就裁定了。“逻辑”之观念本身就消解于一种更为源始的追问的旋涡中了。

无论否定——已道出的或者没有道出的否定——多么经常而多样地贯彻在一切思想中，它都不是根本上属于此在的无之可敞开状态的唯一充分有效的见证。因为，此在在某种不着的行为中

---

① 1929 年第 1 版：但在这里——正如通常在陈述中——否定是补充性地和过于肤浅地得到把握的。——作者边注

② 1929 年第 1 版：“逻辑”，亦即对思想的传统解释。——作者边注

总是为无之不化所震撼，而否定既不能被称为唯一的不着的行为，更不能被称为起主导作用的不着的行为。比思维中的否定的单纯适恰性更为深沉的，乃是违反之严酷和厌恶之尖锐。相形之下，弃绝之痛苦与禁止之无情也要更负责一些。缺失之辛酸也要更沉重一些。

不着的行为的上述种种可能性乃是一些力量，此在就是以这些力量去承荷它的被抛状态的，虽则此在并不能借此主宰其被抛状态。不着的行为的种种可能性都不是单纯的否定方式。但这一点并不妨碍这些可能性在否（Nein）和否定（Verneinung）中表达自身。由此才真正透露出否定之空洞和辽远。此在之为不着的行为所渗透的状态，就确证了那种持续不断的，但又晦暗不明的无之可敞开状态，即源始地唯由畏才揭示出来的无之可敞开状态。但这其中却包含着这样一回事情：这种源始的畏在此在中多半被压制起来。畏在此。畏只是沉睡着。畏的气息不断地通过此在而震颤：最少通过“懦怯的”此在而震颤，并且难以为“唯唯诺诺”的此在 118
所听闻；最早通过身体力行的此在而震颤；最可靠地通过大勇到底的此在而震颤。但是，后面这种情况只有从此在为之耗尽心血的那个东西而来才发生；此在为那个东西耗尽心血以求因此保持此在的最终伟大。

大勇者之畏（die Angst des Verwegenen）绝不容忍任何对于快乐的对立态度，甚或对于安然作业之闲适娱乐的对立态度。畏超脱这样一些对立，而是处于与创造渴望的喜悦和温柔的隐秘契合中。

源始的畏在任何时刻都能够在此在中苏醒。为此它无需通过

非同寻常的事件来唤醒。与它的运作之深度相应的，乃是它的可能的引发之微不足道。它经常跃跃欲试，但其实又难得迸发出来而使我们飘荡。

此在基于隐而不显的畏而被嵌入无之中。此在的这种被嵌入状态就使人成为无的场地守护者（Platzhalter）。我们是如此有限，以至于我们恰恰不能通过本己的决心和意志把我们自身源始地带到无面前。在我们的此在中埋藏着一种有限化，而这种有限化埋得如此深邃，以至于那种最本己的和最深刻的有限性拒不委身于我们的自由。

此在基于隐而不显的畏而被嵌入无之中的状态，就是对存在者整体的超逾，即：超越。

我们对无的追问是要把形而上学本身展示在我们面前。“形而上学”这个名称源自希腊文的 μετὰ τὰ φυσικά。这个奇特的名称后来被解说为一种追问的标志，即一种 μετά—trans—“超出”存在者之为存在者的追问的标志。

形而上学就是一种超出存在者之外的追问，以求回过头来获得对存在者之为存在者以及存在者整体的理解。

119 在无之问题中，发生着这样一种对存在者之为存在者整体的超出。因此，无之问题就表明为一个“形而上学的”问题。我们在本文一开始就曾经指出这样一种问题的双重特性：首先，每一个形而上学问题总是包括形而上学之整体。其次，在每一个形而上学问题中，进行追问的此在总是被置入这个问题中了。

在何种意义上无之问题贯穿并且涵括着形而上学之整体呢？

自古以来，形而上学关于无道出了这样一个无疑是多义的命题:ex nihilo nihil fit[从无生无]。尽管在探讨这个命题时,无本身从未真正成为问题,但这个命题却根据各种对无的观察把从中起指导作用的对存在者的基本观点表达出来了。古代形而上学所把捉的无的含义是不存在者,亦即无形的质料,这种质料不能把自身构成为一个有形的、因而呈现出某种外观(εἶδος[爱多斯、形式])的存在者。存在着的是自行形成的形体,这种形体本身在形象(即外貌)中表现出来。这种存在观的来源、合理性和界限都是未经探讨的,就如同无本身一样未经探讨。与之相反,基督教的教义却否认 ex nihilo nilil fit[从无生无]这个命题的真理性,同时赋予无以一种改变了的含义,即非神性存在者的完全不在场这样一种意义:ex nihilo fit—ens creatum[从无生——受造的存在者]。于是,无就变成了与真正的存在者,与 summum ens[至高存在者],与作为 ens increatum[非受造的存在者]的上帝相对立的概念。即使在这里,对无的解释亦表明了一种对存在者的基本观点。但对存在者的形而上学探讨却与无之问题一样,保持在同一层面上。存在之问题与无之问题本身都没有发生。所以也就根本不操心这样一种困难:既然上帝从无中创造,那么,恰恰上帝本身就必然能够对无有所作为。但既然"绝对者"(das Absolute)自发地排除一切虚无状态(Nichtigkeit),那么,如果上帝是上帝,上帝就不能认识无。

上述简略的历史回顾表明:无是真正存在者的对立概念,亦即 120
说,是对真正存在者的否定。但是,如果无以任何一种方式成为问题,那么,这种对立关系就绝不仅仅获得了一种更为明晰的规定,不如说,唯这种对立关系才唤起了关于存在者之存在的真正形而

上学的问题。无始终不是存在者的不确定的对立面，而倒是揭示自身为归属于存在者之存在的。

“纯粹的存在与纯粹的无是一回事”。黑格尔的这个命题是有道理的（参看《逻辑学》，第一卷；《黑格尔全集》，第三卷，第74页）。存在与无是共属一体的，但并非因为这两者——从黑格尔思想概念出发来看——在其无规定性和直接性中是一致的，而是因为存在本身在本质上是有限的，并且只有在那个嵌入无之中的此在的超越中才自行启示出来。

如若存在之为存在的问题乃是形而上学的涵盖一切的问题，那么，无之问题就表明为这样一种问题，即：它涵括形而上学之整体。但是，只要无之问题迫使我们面对否定之本源的问题，亦即说，迫使我们从根本上面临对于“逻辑学”[①]在形而上学中的合法统治地位的裁决，那么，无之问题同时就贯穿着形而上学之整体。

于是，ex nihilo nihil fit［从无生无］这个古老命题就获得另一种触及存在问题本身的意义，并且意思就是：ex nihilo omne ens qua ens fit［从无中生一切作为存在者的存在者］。在此在之无中，存在者整体才按其最本己的可能性达到自身，亦即才以有限的方式达到自身。如若无之问题就是一个形而上学的问题，那么，在何种意义上讲是它把我们的追问着的此在纳入到它自身中去的呢？我们把我们的此时此地被经验的此在描绘成本质上由科学规定了的。如果我们的如此这般被规定的此在已经被置入无之问题

① 1929年第1版：也就是说，始终是传统逻辑学及其作为范畴之本源的逻各斯（Logos）。——作者边注

中了,那么,我们的此在就必然通过这个问题而成为大可追问的 121
了。

科学的此在自有其简单性和鲜明性,这是由于科学以一种别具一格的方式与存在者本身发生关系,而且只与存在者发生关系。科学意图以优越的姿态把无抛弃掉。但现在,在对无的追问中显示出一点:这种科学的此在唯当它自始就嵌入无中时才可能存在。唯当科学的此在并不抛弃无时,科学的此在才能在其存在中理解自身。如果科学并不认真对待无,那么,科学的所谓实事求是和优越性都将变成笑话。只是因为无是可敞开的,科学才能把存在者本身搞成研究对象。唯当科学从形而上学而来实存,科学才能不断地重新赢获它的根本任务;科学的根本任务不在于积累和整理知识,而在于对自然和历史之真理的整个空间作常新的开拓。

唯因为无在此在之根基中是可敞开的,存在者的完全的奇异状态才能向我们袭来。唯当存在者之奇异状态向我们趋迫而来时,存在者才唤起一种惊奇并且引人惊奇。只有以惊奇为根基,亦即以无之敞开状态为根基,才会产生出"为何之故?"(Warum?)的问题。唯因为这种"为何之故"的问题成为可能的了,我们才能够以确定的方式追问根据并且作出论证。唯因为我们能够追问和论证,研究者的命运才落到了我们的实存上了。

无之问题把作为追问者的我们本身置入问题中。这个问题就是一个形而上学的问题。

只有当人之此在把自身嵌入无中时,人之此在才能对存在者有所作为。对存在者的超出活动发生在此在之本质中。但这种超出活动就是形而上学本身。这也就意味着:形而上学属于"人的本

122 性”。形而上学既不是学院哲学的一门专业，也不是任意的异想天开的一个领域。形而上学是此在中的一种基本发生。形而上学就是此在本身。因为形而上学之真理居于这个深不可测的根基中，所以，形而上学就具有一种经常潜伏着的可能性，即：它有可能以最深刻的错误为它最切近的邻居。所以，科学的任何一种严格性(Strenge)都赶不上形而上学的严肃性(Ernst)。哲学是绝不能以科学理念的尺度来衡量的。

如果这个已经有所展开的无之问题确实是由我们一道来追问的，那么，我们就不是从外部把形而上学带到我们面前来。我们也不只是刚刚把我们自身“移入”形而上学中了。我们根本就不能把自身移入形而上学中去，因为，只要我们实存着，我们就总是已经置身于形而上学之中了。Φύσις γάρ, ὦ φίλε, ἔνεστί τις φιλοσοφία τῇ τοῦ ἀνδρὸς διανοίᾳ[人在其天性中就包含有哲学的成分](柏拉图：《斐德罗篇》,279a)。只要人实存，人就以某种方式进行哲思(Philosophieren)。我们所谓的哲学就是使形而上学运转起来，而在形而上学中，哲学才获得自身，并且才获得其明确的任务。[①] 唯有通过本己的实存的一种独特跳跃，即本己的实存跃入此在整体的基本可能性之中的独特跳跃，哲学才运转起来。为这种跳跃，决定性的事情乃是：首先，赋予存在者整体以空间；其次，自行解脱而进入无中，也就是说，摆脱那些人人皆有并且往往暗中皈依的偶像；最后，让这种飘摇渐渐消失，使得它持续不断地回荡入那个为无本

---

① 《路标》,1967 年第 1 版：两种说法：形而上学的“本质”与形而上学自身的存在命运性的历史；两者后来在“经受”(Verwindung)一词中道出。——作者边注

身所趋迫的形而上学的基本问题之中:为什么竟是存在者存在而无倒不存在?[1]

---

① 此句原文为:Warum istüberhaupt Seiendes und nicht vielmehr Nichts? 或可译为:为什么是存在者而不是无?——译者注

123 # 论根据的本质[①]

第三版前言(1949 年)

《论根据的本质》一文作于 1928 年，是与讲座《形而上学是什么?》同时作的。后者是对无的思索，而前者说的是存在学差异。

无是对存在者的不，因而是从存在者方面被经验的存在。存在学差异则是存在者与存在之间的不。[②] 可是，作为对存在者的不，存在并非在 nihil negativum[否定之无]意义上的一种无，同样地，作为存在者与存在之间的不，存在学差异亦非仅仅是一种高贵理智的构成物(ens rationis[理智存在者])。

前一种无的不化着的不(nichtendes Nicht)，与后一种差异的不化着的不，诚然并非一个东西，但却是同一者(das Selbe)——在

---

① 《路标》，1967 年第 1 版：对本文的自我批判可参看《根据律》，1957 年，第 82 页以下。——作者边注

② 此处的"不"是德文 das Nicht 的翻译，海德格尔在《形而上学是什么?》(本书第四篇文章)中特别思考了"无"(das Nichts)之"无化"或"不化"(das Nichten)。而本文讨论的"存在学差异"(die ontologische Differenz)在海德格尔思想中具有特殊地位，他在不同时期对之有不同的表达。海德格尔在此把它规定为"存在者与存在之间的不"；在其后期思想中，海德格尔又形成了"区分"(Unter-Schied)、"二重性"(Zwiefalt)等表述。——译者注

那个在存在者之[①]存在的现身本质中共属一体的东西意义上的同一者。这个同一者乃是值得思的东西；我的这两篇蓄意地分开做的文章，就试图把这个值得思的东西带到一种沉思近处，而又不能胜任这种沉思。[②]

倘若沉思者终于在运思之际着手探讨这个二十年以来一直等待着的同一实事，情形又会怎样呢？

亚里士多德把他对 ἀρχη[本原、始基、原因][③]一词的多重含义 124
的分析概括如下：πασῶν μὲν οὖν κοινὸν τῶν ἀρχῶν τὸ πρῶτον εἶναι ὅθεν ἢ ἔστιν ἢ γίγνεται ἢ γιγνώσκεται[“全部本原的共同之点就是存在或生成或认识由之开始之点”]。[④] 借此，亚里士多德得以显突出我们一般所谓的“根据”[⑤]的各个变式，即：什么存在（Was-sein）

① 1949 年第 3 版：在这个第二格中。——作者边注

② 此处的“沉思”（Besinnung）一词在《路标》1978 年第 2 版中为“规定”（Bestimmung），后者明显为印刷错误。——译者注

③ 1929 年第 1 版：ἀρχή，1. 一般地在“第一起源”这个主导意义上，它已经是根据作为持存物之在场的存在而被理解的；2. 而在多重划分中（对 αἴτια[原因]的三分和四分的内在联系，这些不同划分没有得到论证的原因），它更是由于实行了按照什么存在、如此存在和真实存在对存在状态（Sciendheit）的解释而得到展开的。

ἀρχή 并不是表示存在的主导概念，而本身就起于希腊原初的存在规定。

根据之本质的问题因而就是关于**存有之真理**（*Wahrheit des Seyns*）本身的问题。——作者边注

④ 参看亚里士多德：《形而上学》，第五卷，第一章，1013a17 以下。——原注。此处译文引自中文版的《亚里士多德全集》，第七卷（苗力田译），中国人民大学出版社（北京）1993 年，第 110 页。另一中译本译为：“所谓‘原’就是事物的所由成，或所从来，或所由以说明的第一点”。见吴寿彭译本，商务印书馆（北京）1991 年，第 84 页。——译者注

⑤ “根据”（Grund）也可有“原因”、“理由”等意义，我们本文中统一译为“根据”，通常所谓“充足理由律”，也译作“充足根据律”。——译者注

的根据、如此存在(Daß-sein)的根据,以及真实存在(Wahr-sein)的根据。但除此一外,亚里士多德还试图把捉这些“根据”之为“根据”的一致之处。这些“根据”的 κοινόν[共性]乃是 τὸ πρῶτον ὅθεν,即“第一起源”。除了对最高“起源”(Anfänge)的这三重划分之外,亚里士多德还把 αἴτιον(即“原因”)四分为:ὑποκείμενον[基体]、τὸ τί ἦν εἶναι[是其所是]、ἀρχὴ τῆς μεταβολῆς[变化之始点]和 οὗ ἕνεκα[何所为];[①]这种四分在后世的“形而上学”和“逻辑学”历史中始终是指导性的。亚里士多德虽然认识到了 ἀρχαί[本原]的 πάντα τὰ αἴτια[所有原因],但上述划分与其原则之间的内在联系仍然晦暗不明。而且,甚至人们是否能够借助于一种对根据的各个“种类”的“共性”的描绘来发现根据之本质,也还必须受到怀疑,尽管我们可以承认这是引向了一种对一般根据的源始揭示。仅仅捡起“四因”,亚里士多德也是不放心的;相反地,亚里士多德努力想理解“四因”的联系,论证这四个“因”。不仅是《物理学》第二卷
125 对“四因”的详细分析表明了这一点,而且特别是《形而上学》第一卷第三章至第七章对于“四因”问题的“问题史的”探讨也显示了这一点。亚里士多德在《形而上学》中做的这种探讨最后提出了以下断言:ὅτι μὲν οὖν ὀρθῶς διώρισται περὶ τῶν αἰτίων καὶ πόσα καὶ ποῖα, μαρτυρεῖν ἐοίκασιν ἡμῖν καὶ οὗτοι πάντες, οὐ δυνάμενοι θιγεῖν ἄλλης αἰτίας, πρὸς δὲ τούτοις ὅτι ζητητέαι αἱ ἀρχαὶ ἢ οὕτως ἅπασαι ἢ τινὰ τρόπον τοιοῦτον δῆλον[“这样看来,我们在数目上和性质上对原因

① 参看亚里士多德:《形而上学》,第五卷,第二章,1013b16 以下。——原注。参看中译本(吴寿彭译),商务印书馆(北京)1991 年,第 85 页。此处所谓的“四因”通常译为:“质料因”、“形式因”、“动力因”和“目的因”。——译者注

的分类是正确的，似乎所有这些人都给我们提供了证据，因为除了这些之外他们找不出其他原因来。同时也清楚地表明，对本原的探索或是全部这样或是某种诸如此类的方式"]。[1] 前亚里士多德的和后亚里士多德的"根据"问题史，我们在此不得不撇开不谈。不过，鉴于计划中所设定的问题，我们还要作下面的回顾。众所周知，在莱布尼茨那里，根据问题表现为 principium rationis sufficientis[充足根据(理由)律]的问题。克鲁休斯在其《关于普遍确定的充足根据律的运用和限度的哲学论文》一文中(1743 年)[2]，首次专题论述了"根据律"；最后，叔本华在他的《论充足根据律的四重根》(1813 年)一文中，[3]亦专题论述了"根据律"。但是，如果说根据问题已经与一般形而上学的核心问题扭在一起了，那么，即便在根据问题并没有在人们熟悉的形态中被论述之际，这个问题也必定是活生生的。因此，表面上看来，康德对"根据律"兴趣并不大，但无论在其哲思的开端[4]还是在其哲思的终点[5]，他都明确地探讨

① 参看亚里士多德：《形而上学》，第一卷，第七章，988b16 以下。——原注。此处译文引用中文版的《亚里士多德全集》，第七卷(苗力田译)，中国人民大学出版社(北京)1993 年，第 46 页。另一中译本译为："那么，所有这些思想家既不能另出新因，这应该证知我们所陈四因为确当而且无可复加了。凡有所询求于事物之原因，宜必并求此四因，或于四因中偏取其某因"。见吴寿彭译本，商务印书馆(北京)1991 年，第 19 页。——译者注

② 参看克鲁休斯：《哲学和神学小册子》，莱比锡 1750 年，第 152 页以下。——原注

③ 参看叔本华：《论充足根据律的四重根》，第二版，1847 年；第三版，弗劳恩斯达特编，1864 年。——原注

④ 参看康德：《对形而上学认识的基本原理的新解释》，1755 年。——原注

⑤ 参看康德：《论一种发现，据此发现，一切新的纯粹理性批判将通过一种更老的批判而变得多余》，1790 年。——原注

了“根据律”。而且实际上，“根据律”就处于他的纯粹理性批判的中心地位上。[①] 而谢林的《关于人的自由的本质以及与此相关的对象的哲学探究》(1809 年)[②]，对于根据问题也并非无关紧要。这里，我们指出康德和谢林，就已经提出了如下疑问：根据问题
126 是否就是“根据律”的问题，根据问题是否根本上也仅仅是随着“根据律”问题而被提出来的。若答案是肯定的，那么，根据问题首先就需要一种唤醒，而这并不排除：一种对“根据律”的探讨能够引起这种唤醒而且给予最初的指示。另一方面，对这个问题的分析就等于赢获并且标示出一个**区域**，在这个区域范围内根据之本质获得了讨论，而又不要求一蹴而就地把这种本质置于眼前。**超越**(*Transzendenz*)被显突为这个区域。这也即说：正是通过根据问题，超越才本身更为源始和更为广泛地得到规定。一切本质之揭示作为**哲思**的揭示，亦即作为一种趋向内在的**有限**努力，始终也势必要证实那种**非本质**(*Unwesen*)，后者与一切本质(Wesen)一道推动着**人类的**认识。因此，我们下面的讨论就有三个环节：一、根据问题；二、超越之为根据之本质问题的区域；三、论根据的本质。

① 参看下文第 14 页。——原注

② 《谢林全集》，第一部分，第七卷，第 333－416 页。——原注

一、根据问题[①]

“根据律”作为一个“最高原理”，似乎自始就阻止了诸如根据
问题之类的东西。但“根据律”就是一个关于根据之为根据的陈述
吗？它作为最高定律根本上揭示了根据之本质吗？这个定律的通 127
俗的、简化了的表述是：nihil est sine ratione，没有根据便一无所
有[②]。换一种肯定的说法就是：omme ens habet rationem，任何存
在者都有一个根据。这个定律是关于存在者的陈述，而且是着眼
于诸如“根据”之类的东西所作的陈述。[③] 不过，什么是根据之本
质，在这个定律中并没有得到规定。对此定律来说，根据之本质被
预先假定为一个不言自明的“观念”。但这个“最高的”根据律还以
另一种方式利用了根据的未经廓清的本质；因为这一作为“根据”
律的定律的特殊的定律特性，即这个 principium grande［伟大原

① 1929 年第 1 版：在这里，存有之真理的开端还完全是在传统形而上学的框架内得到实行的，并且是在与存在者之真理、存在者之无蔽状态和存在状态之被揭示状态（Enthülltheit der Seiendheit）的简单而反复的对应中。存在状态作为 ἰδέα［相］本身就是被揭示状态。这里已经踏上了一条克服“存在学”本身的道路（参看本文第三节），但这种克服没有原本地从已经达到的地方出发来实行和建设。——作者边注

② 1929 年第 1 版：何时何地有存有者，就有根据，也就是说：有存有（Seyn）处就有建基（*Gründung*）。存有具有何种本质，使之包含着建基呢？在此什么是建基，应如何理解这种“包含”，它如何按照存在方式而变化？（参看本文第三节）建基的必然性在哪里？在深渊和无根（Ab-und Un-grund）中。深渊和无根又何在？在此－在（Da-sein）中。——作者边注

③ 1929 年第 1 版：其中含有确定的存有（Seyn）解释：1. 被陈述存在（真实存在），2. 来自（持存之来源，φύσις［自然、涌现］）的被产出存在，3.（1. 和 2.）在场状态——持存的。——作者边注

理](莱布尼茨语)的原理特性,实际上源始地只能着眼于根据之本质来加以界定。

因此,要是根据之本质能够并且应该超出一种不确定的普遍"观念"之外而成为问题,①那么,无论在其设定方式上,还是在由它所设定的"内涵"上,"根据律"都是大可置疑的。

如果根据律同样没有澄清根据之为根据,那么,它实际上就可以充当一种对根据问题的描述的出发点。当然,即便完全撇开前述的可疑之处不谈,根据律也受到了多重的解说和评价。但对眼
128 下的意图来说,我们显然可以采纳莱布尼茨最早明确地对这个定律所作出的表述和赋予这个定律的作用。然而,恰恰在这里,莱布尼茨究竟是把 principium rationis[根据原理]看作一个"逻辑学的"原理,还是把它看作一个"形而上学的"原理,抑或是两者,这一点就还是有争议的。诚然,只要我们承认,无论是对于"逻辑学"的概念,还是对于"形而上学"的概念,甚至对于两者的"关系",我们都不具有某种正当的知识,那么,历史上有关莱布尼茨解释的无休无止的争吵就还没有可靠的引线,因而在哲学上是不会有结果的。这些争吵绝不能妨碍我们下文讨论 principium rationis[根据原理]时对莱布尼茨的引证。我们只需从他的《第一真理》一文中引

① 1929 年第 1 版:这个关于根据的"观念"不仅普遍地和不确定地被接受,而且在这种不确定性背后同时隐藏着一个完全限定的来源的确定性。Λόγος[逻各斯]——(ratio[理性])——作为 ὀυσία[在场、存在]的 ὑποκείμενον[基体、主体]——τί ἐστιν[什么存在],最持久者(das Ständigste)——在场者。参看四因的"起源"。——作者边注

用一个主要段落：[①]

Semper igitur praedicatum seu consequens inest subjecto seu antecedeneti;et in hoc ipso consistit natura veritatis in universum seu connexio inter terminos enuntiationis,ut etiam Aristoteles observavit.Et in identicis quidem connexio illa atque comprehensio praedicati in subjecto est expressa,in reliquis omnibus implicita,ac per analysin notionum ostendenda,in qua demonstratio a priori sita est.

Hoc autem verum est in omni veritate affirmativa universali aut singulari,necessaria aut contingente,et in denominatione tam intrinseca quam extrinseca.Et latet hic arcanum mirabile a quo natura contingentiae seu essentiale discrimen veritatum necessariarum et contingentium continetur,et difficultas de fatali rerum etiam liberarum necessitate tollitur.

Ex his propter nimiam facilitatem suam non satis consider- 129
atis multa consequuntur magni momenti. Statim enim hinc na-

① 参看库图拉特(编):《莱布尼茨未刊行的残篇集》,1903 年,第 518 页以下。亦参看《形而上学和道德评论》,第十卷(1902 年),第 2 页以下。——库图拉特认定莱布尼茨此文具有特殊重要性,因为据说此文为他提供了一个关键的证据,证明了他的以下论点:que la metaphysique de leibniz repose toute entiere sur la logique[莱布尼茨的形而上学完全依据于逻辑学]。如果说我们下面的探讨把莱布尼茨这篇论文当做基础,那么,这既不是赞同库图拉特对此文的阐释,也不是赞同他对莱布尼茨的一般理解,也不是赞同他的逻辑概念。而毋宁说,莱布尼茨此文最鲜明地**反对** principium rationis[根据原理]起源于逻辑的看法,一般而言就是反对那种问题提法:在莱布尼茨那里具有优先地位的是逻辑学还是形而上学。这样一种问题可能性恰恰通过莱布尼茨而受到了动摇,通过康德而经受了第一次震撼——尽管影响并不深远。——原注

scitur axioma receptum, *nihil esse sine ratione*, seu *nullum effectum esse absque causa*. Alioqui veritas daretur, quae non potest probari a priori, seu quae non resolveretur in identicas, quod est contra naturam veritatis, quae semper vel expresse vel implicite identica est.

[“因此,谓词或结论常常内在于主词中,或者在前提中;而且一般真理的本性或者陈述的诸概念之间的联结恰恰就在于此,正如亚里士多德已经看到的那样。在同一性中,谓词在主词中的那种联结和那种蕴涵乃是明显的,在其他情况下则是隐含的,而且必须通过一种对概念的分析而得到显示,表明其中含有先天性的证明。

这在每一个肯定真理(真理陈述)中的确是真实的,无论它是普遍的还是个别的真理,无论它是必然的还是偶然的真理,并且在内在的或外在的名称中也是真实的。这里隐藏着一个惊人的奥秘,它包含着偶然性之本性或者必然真理与偶然真理的本质区别,而且也消除了那种关于命运般的必然性甚至在自由的现实事物也存在的困难。

上述事实由于过于简单而很少得到思索。从这些事实中可以得出许多十分重要的结论。在这里立即就可以得出这样一个已经普遍接受的公理:没有根据便一无所有,或者,没有原因就没有结果。否则的话,就会有那种不能先天地证明的真理,或者那种拒不化解为同一性的真理——这是与真理的本性相矛盾的,因为真理始终或明或暗地是同一的”。]

在这里,与他对“第一真理”的描述相一致,莱布尼茨按其特有的方式规定了真理首先和一般地是什么，而且意在显示 principium rationis［根据原理］从 natura veritatis［真理之本性］中的“诞生”。恰恰怀着这种企图，莱布尼茨并且认为必须表明：诸如“真理”、“同一性”之类的概念所具有的表面上的不言自明性，阻止了一种对这类概念的廓清，这种廓清原足以阐明 principium rationis［根据原理］和其他公理的起源。但对我们眼下的考察来说，问题不在于对 principium rationis［根据原理］的推导，而是对根据问题的分析。上引这段文字在何种意义上能够为此提供一条引线呢？

这个 principium rationis［根据原理］持存着，因为倘若没有它的持存，存在者就会是必定无根据地存在的东西了。对莱布尼茨来说，这就意味着：倘若存在着并不消解于同一性之中的真实的东西，那就会有各种真理，它们必定与一般真理之“本性”相违背。但由于这是不可能的，而且真理持存着，所以，principium rationis［根据原理］也就有其持存，因为它源出于真理之本质。而真理的本质就在于主词与谓词的 connexio（συμπλοκή）［联结］。可见莱布尼茨自始就明确地（尽管并非合理地）援引了亚里士多德，把真理把捉为陈述（命题）之真理。莱布尼茨把 nexus［联系］规定为谓词（P）inesse［“内在”］于主词（S）中，但又把这种 inesse［“内在”］规定为 idem esse［“同一存在”］。在这里，作为命题真理之本质的同一性显然并不表示某物与其自身的空洞的同一性，而是在共属一体的源始统一意义上的统一性。照此看来，真理也就意味着一致性（Einstimmigkeit），后者本身仅仅是与那种在作为统一者的同一 130
性中自行呈示出来的东西的符合一致（Über-einstimmung）。“真理”，即真实的陈述，按它的本性来看，就涉及它能够据以成为一致

性的那个东西。在任何一种真理中的有所分解的联结，向来总是“以……为根据的”(auf Grund von...)，亦即作为自行“建基的”联结。因此，在**真理**中包含着一种与诸如“**根据**”之类的东西的合乎本质的关联。但这样一来，真理问题势必就进入了根据问题的“近处”。可见，我们愈是源始地抓住了真理之本质，根据问题就必定会变得愈加纠缠不清。

然则除了把真理之本质界定为陈述的特性外，我们还能提出更为源始的东西吗？至少有这样一种洞识：这种真理之本质的规定——不论它如何具体地得到了把捉——依然是一种派生的规定，虽然它是无可避免的。[①] nexus［联系］**与**存在者的符合一致及其相应的一致性**本身**，并不首先使存在者变得可通达。而毋宁说，这个存在者作为一个谓词性规定的可能对象，必定**在**这种述谓(Prädikation)**之前**并且**对**此述谓**来说**已经是可敞开的了。述谓要成为可能的，就必须能够定居于一种**并不**具有**谓词**性特征的敞开(Offenbarmachen)中。命题真理植根于一种**更为源始的**真理(即无蔽状态)中，植根于**存在者**之前谓词性的可敞开状态中，后者可被称为**存在者状态上的真理**(*ontische Wahrheit*)。按照存在者的不同种类和区域，它的可能的可敞开状态以及解释性规定的相应方式的特征也随之变化。因此，举例说来，关于现成事物(例如
131 物质性事物)的真理作为**被揭示状态**(*Entdecktheit*)，特别地区别于关于我们本身所是的存在者的真理，即实存着的此在的**展开状**

① 参看马丁·海德格尔：《存在与时间》，第一部，1927年(《哲学与现象学研究年鉴》，第八卷)，第44节，第212—230页；关于陈述(Aussage)的讨论，参看第33节，第154页以下。——页码与单行本页码一致。——原注

态(*Erschlossenheit*)。[①] 但不管这两种存在者状态上的真理的区分如何多样化,对一切前谓词性的可敞开状态来说,上面讲的那种敞开原初地绝不具有某种纯粹表象(直观)的特性,本身并不在"感性的"考察中。人们之所以喜欢把前谓词性真理标识为直观,[②]是因为存在者状态上的真理和所谓本真的真理首先被规定为命题真理,即"表象之联结"(*Vorstellung-verbindung*)。进而,与后者相比更为简单的东西,乃是一种没有联结的、质朴的表象。诚然,这种表象对存在者——当然它势必总是已经可敞开的——之对象化来说具有自己的作用。但存在者状态上的可敞开者本身,却出现于那种合乎情态的和冲动性的在存在者中间的处身(Sichbefinden)中,[③]出现于那些共同被建基于此的合乎欲求和有意愿的对存在者的行为中。[④] 不过,即便是这些行为——它们既不作为前谓词性的行为也不作为谓词性的行为自行展开出来——,如果它们的可敞开者并没有始终已经先行被一种关于存在者之存在(存在状态:什么存在和如何存在)的领悟(Verständnis)所照亮和引导,那么它们也不能使存在者凭其自身而变得可通达的。唯存在

① 参看海德格尔:《存在与时间》,第 60 节,第 295 页以下。——原注

② 1929 年第 1 版:在此请注意:来自 φύσις[自然、涌现]的历史性本源:νοεῖν[思想、觉悟]——εἶναι[存在]是根本性的。——作者边注

③ 关于"处身状态"(Befindlichkeit)的讨论,参看海德格尔:《存在与时间》,第 29 节,第 134 页以下。——原注

④ 1929 年第 1 版:这里根据锁闭者的敞开状态,作为此—在(Da-sein)的圆球(Rundung)(εὐκυκλέος,巴门尼德);此之澄明(Lichtung des Da),并不是从心理学角度,而毋宁说,这种能力首先基于此—在。——作者边注

之被揭示状态才使存在者之可敞开状态成为可能。这种被揭示状态作为关于存在的真理，被称为**存在学上的真理**（*ontologische Wahrheit*）。[①] 当然，“存在学”（Ontologie）和“存在学的”（ontolo-
132 gisch）这两个术语是多义的，而且，这恰恰使得存在学的独特问题自行遮蔽起来。ὂν[存在]的 λόγος[逻各斯]意味着：把存在者称呼（λέγειν）为存在者；但这同时也意味着：存在者之被称呼为**何种东西**（λεγόμενον）。不过，把某物称呼为什么，这还未必就意味着：**就其本质来把握**如此这般被称呼的东西。存在之**领悟**（十分广义的 λόγος[逻各斯]）[②]先行揭示着并且引导着一切对存在者的行为；存在之领悟既不是一种对存在[③]之为存在的把握（最狭隘意义上的 λόγος[逻各斯]＝“存在学上的”概念）。因此，我们把这种尚未获得把握的存在之领悟称为前存在学的，或者亦可在较广泛的意义上称之为存在学的。存在之把握的前提是：存在之领悟已经自行形成，并且特别地把在其中被领会的、一般地被筹划的，并且以某种方式被揭示的存在当作课题和问题。在前存在学的存在之领悟与存在之把握的明确疑难之间，有着多重层次。举例说来，一个典

---

① 1929 年第 1 版：不清楚！存在学上的真理是对存在状态的揭示——通过范畴——但存在状态（Seiendheit）本身就已经是**一种**确定的存有之真理（*Wahrheit des Seyns*），存有之本现（Wesung）的澄明。“存在者状态上的与存在学上的真理”这一区分仅仅是把无蔽状态增加了一倍，而且首先隐含在柏拉图的开端中。借此只是从以往的东西出发指示出克服的方向，但不是根据其本己基础对一种克服的实行和建基。——作者边注

② 1929 年第 1 版：这里，简单地把存在学的和形而上学的思想扩展到存有之真理的问题上，是错误的做法。——作者边注

③ 1929 年第 1 版：对存在的把握：a）范畴的—形而上学的，或者 b）完全不同于对存有之真理的本现（Wesung）的筹划。——作者边注

型的层次就是对存在者之存在机制的筹划(Entwurf),通过这种筹划同时也把一个特定的领域(自然、历史)标划为科学认识之可能的对象化的领域。对一般自然之存在(什么存在和如何存在)的先行规定凝固为有关科学的“基本概念”。在这些概念中,诸如空间、位置、时间、运动、质量、力、速度之类便得到了界定,但时间、运动之本质依然没有成为独特的问题。在这里,对现成存在者的存 133
在领悟被带向某个概念,只不过对时间、位置等等的概念性规定,即定义,按开端和作用范围来看,是唯一地通过在有关**科学**中针对存在者的基本问题提法来调节的。今日科学的基本概念并不就包含着有关存在者之存在的“本真的”存在学概念,后者也是不可能仅仅通过一种对前者的“适当的”扩展而赢获的。毋宁说,源始的存在学概念必须先于一切科学基本概念的定义而被赢获,以至于首先从它们出发,人们才能估计:在何种有所限制的、一向从某个特定的角度来界定的方式中,科学的基本概念切中了那种在纯粹存在学概念中可把捉的存在。诸科学的“事实”(Faktum),亦即必然被包含在诸科学以及任何对存在者的行为中的存在之领域方面的实际持存物(Bestand),既不是先天性(das Apriori)的论证机关,也不是对这种先天性的认识的源泉,不如说,它只是对诸如历史或者自然的源始存在状态的一种可能的有所引发的指示(Anweisung),这种指示本身还必须受到不断的批判,而这种批判已经在一切对存在者之存在的追问的原则性疑难问题中取得了它的基准点。

同时,更为广义的存在学上的真理的可能层次和变式,也显露

出那种作为一切存在者状态上的真理之基础的源始真理的丰富
134 性。[1] 但存在之无蔽状态始终是存在者之存在的真理，不论存在者是现实的还是不现实的。反过来讲，在存在者之无蔽状态中，也一向已经包含着一种存在者之存在的无蔽状态。存在者状态上的真理与存在学上的真理各个不同地涉及在其存在中的存在者与存在者之存在。根据它们与存在和存在者之区分[2]（即存在学差异）[3]的关联，它们本质上是共属一体的。如此必然地在存在者状

① 如若人们今天把“存在学”和“存在学的”两词用作表示思潮的标语和名称，那么，这两个术语就是十分肤浅地并且在错认了任何问题的情况下被使用的。人们专心于一种错误的意见，即认为：作为存在者之存在的问题，存在学意味着那种相对于“唯心论的”“态度”的“实在论的”（质朴的或批判的）“态度”。其实，存在学的问题与“实在论”毫不相干，以至于恰恰是康德能够在其先验的问题提法中并且凭着这种问题提法，完成了自柏拉图和亚里士多德以来走向对存在学之明确奠基的第一个决定性的步骤。通过对“外部世界之实在性”的赞成，人们就还没有找到存在学的方向。而从流行的—哲学的含义来看，“存在学的”（ontologisch）却并不意指——而且其中显示出极度的混乱——那种倒是必须在存在者状态上被命名的东西，也即一种让存在者凭其自身成其所是和如何是的态度。但由此尚未提出任何存在问题，更遑论获得一种存在学之可能性的基础了＊。——原注

＊1929 年第 1 版：此外预先要做的，不是制作也不是论证一门“存在学”，而是达到存有（Seyn）之真理，这就是说，为存有之真理所达到——存有本身的历史，不是哲学上学富五车的要求，所以才有存在与时间。——作者边注

② 1929 年第 1 版：这种区分的模棱两可：从过去出发来看，是克服过去的一个步骤，但却是一种危险的反向联系，它隔断了每一条通向源始“统一性”以及通向区分之真理的道路。——作者边注

③ 1929 年第 1 版：关于此点，参看我在 1922 年夏季学期讲座《现象学的基本问题》第 22 节（该讲座的末节）中的首次公开表述。这个结尾呼应着讲座的开头，开头探讨的是康德关于“存在”（是）的论题，即存在不是一个实在的谓词，而且意在把存在学差异本身首次收入眼帘，并且从其存在学来源方面中来经验存在，但却又在基本存在学上来经验存在学本身。整个讲座属于《存在与时间》第一部第三篇“时间与存在”。——作者边注

态上与存在学上分开的[1]真理之本质，只有与这种区分的出现相一致才是可能的。如若此在的别具一格之处在于它领悟着存在而与存在者相对待，那么，**这种**能够区分（Unterscheidenkönnen）——在其中存在学差异才变成实际的——就必定已经把它本己的可能性植根于此在之本质的根基中了。存在学差异的这一根据，我们 135
先行称之为此在的**超越**。

如果我们把一切对于存在者的**行为**都标识为意向行为，那么，**意向性**（*Intentionalität*）就只有**根据超越**才是可能的，但它既不与这种超越相同一，也根本不是反过来本身成为使超越可能的东西。[2]

直到现在，我们所做的只是要在少数几个本质性的步骤中显示一点：我们必须比传统对陈述之特性意义上的真理的标画所允许做的更为源始地去寻求真理之本质。但如果根据之本质与真理之本质有着一种更为内在的关联，那么，根据**问题**也就只能定居于真理之本质获得其内在可能性之处，亦即在超越之本质中。于是，根据之本质问题就变成了**超越问题**。

如果说真理、根据、超越的这种相互扭合是一种源始统一的扭合，那么，那些相应的问题的相互联结也势必往往是在“根据”问题——而且即便只是在一种对根据律的明确探讨的形式中——更

---

① 1929 年第 1 版：在这里，真理之本质是从作为固定标志的“区分”出发被把握为“分开的”，而不是相反地根据存有（Seyn）之真理的本质来**克服**这种“区分”，或者首先把这种“区分”思为存有本身并且在这种“区分”中来思**存有者之存有**（*Seyende des Seyns*）——不再作为**存在者**的存在（Sein *von Seiendem*）。——作者边注

② 参看海德格尔：《存在与时间》，第 69 节，第 364 页以下，此外可参看第 363 页注。——原注

断然地被把捉之处才显露出来的。

上面从莱布尼茨那里引来的那段话就已经透露出“根据”问题与存在问题之间的亲缘关系。Verum esse[真实存在]表示 inesse qua idem esse[作为同一存在的内在]。但 Verum esse(即真实存在)对莱布尼茨来说同时也意味着:“在真理中”存在,[①]即绝对 esse[存在]。于是,一般存在之理念就是通过 inesse qua idem esse[作为同一存在的内在]而被解释的。使一个 ens[存在者]成为一个 ens[存在者]的,乃是“同一性”,即得到正确理解的统一性,后者作为单一的统一性源始地起统一作用并且同时在这种统一作用中个别化。源始地(先行的)单一地个别化着的统一过程构成存在者之为存在者的本质;但是,这个统一过程却是在单子论上被理解的 subjectum[一般主体]之“主体性”(即实体之实体性)的本质。因此,莱布尼茨从命题之真理的本质中推导出 principium rationis

136 [根据原理]的做法表明,这种推导是以一个完全确定的关于一般存在的理念为根据的,唯有在这个理念的光照下,那种“演绎”才是可能的。“根据”与“存在”之间的联系更显示在康德的形而上学中。诚然,在康德的“批判”著作中,人们通常看不到一种对“根据律”的明确的论述;除非人们可以把对第二个类比的证明看作对这一几乎不可思议的缺陷的补偿。不过,康德实际上非常清楚地探讨过根据律,而且是在他的《纯粹理性批判》的一个醒目段落(此段落的标题为“一切综合判断的最高原理”)中探讨了根据律。这一“原理”分析了:究竟什么东西——在康德的存在学问题提法的范

① 这里的“in Wahrheit”sein,或可译为:“事实上”存在。——译者注

围内和层面上——属于存在者之**存在**，即在经验中可通达的存在者之存在。康德对先验的真理做了一个实在的定义，也就是说，他通过时间、想象力与“我思”的统一性规定了先验真理的内在可能性。[1] 对于莱布尼茨的充足根据律，康德说，它是“对那些还要在形而上学中进行的探究的一个值得注意的指示”；[2]这话反过来也适合于他自己的一切综合认识的最高原理，因为其中也**蕴涵着**存在、真理与根据之本质联系的**问题**。于是，一个由此才能派生出来的问题就是关于先验逻辑与形式逻辑之起源关系的问题，亦即这样一种一般区分的合法性问题。

上面对莱布尼茨从真理之本质中得出根据律的推导过程的简短描述，应能说明根据问题与存在学真理之内在可能性问题的联系，说到底也就是根据问题与**更**为源始的、因而内涵广泛的关于超 137
越之本质的问题的联系。因此，**超越**乃是根据问题必得在其中出现的那个**区域**。我们现在就要来揭示这一区域的主要特征。

二、超越之为根据之本质问题的区域

我们先要来说明一下术语，以调整“超越”（Transzendenz）一词的用法，并且为我们对此词所意指的现象的规定作一准备。超越意味着超逾（Überstieg）。实行这种超逾、在这种超逾中逗留着

---

① 参看海德格尔：《康德与形而上学问题》，1929 年。——原注

② 参看康德：《论一种发现，据此发现，一切新的纯粹理性批判将通过一种更老的批判而变得多余》，1790 年，对莱布尼茨先生的形而上学的三个主要特性的最后考察。亦可参看《关于形而上学之进步的获奖作品》之第一部分。——原注

的东西，是超越的（超越着的）。这种超逾作为发生事件（Geschehen）为某个存在者所有。在形式上，我们可以把这种超逾把握为一种“关系”，一种“从”某物“到”某物延续的“关系”（Beziehung）。于是，超逾就包含着它所要实现的**东西**，这种东西往往不确切地被称为“超越者”（das Transzendente）了。而且最后，在超逾中一向有**某种东西**被超逾了。这些环节是从这个术语首先意指的一个“空间性的”发生事件中得知的。

在有待廓清和证实的术语含义上，我们以“超越”意指**人之此在**所特有的东西，而且并非作为一种在其他情形下也可能的、偶尔在实行中被设定的行为方式，而是作为**先于一切行为而发生的这个存在者的基本机制**。诚然，人之此在作为“空间上”实存着的此在，除其他可能性外也具有达到对某种空间性的限制或鸿沟的空间性“超逾”的可能性。但是，超越乃是这样一种超逾，这种超逾使得诸如一般实存（Existenz）之类的东西成为可能，因此也使一种在空间中的“自行”运动成为可能。

如若人们选用“主体”（Subjekt）这个名称来表示我们自身向来所是并且作为“此在”（Dasein）来理解的那个存在者，那么，这就
138 是说：超越标志着主体的本质，乃是主体性的基本结构。主体绝不事先作为“主体”而实存，尔后**也**才——**如果**根本上有客体现成存在的话——进行超越；相反，主体之**存在**（Subjekt*sein*）意味着：这个存在者在超越中并且作为超越而存在。超越问题绝不能这样来探讨，即：去寻求一种决断，决定主体是否能够具有超越；毋宁说，对超越之领悟就已经是对下面这回事情的决断：我们究竟是否掌握了诸如“主体性”之类的东西，或者只是仿佛估计到了一个准主

体(Rumpfsubjekt)。

无疑,首先通过把超越的特性刻画为“主体性”的基本结构,并不能为对此在的这一机制的探究赢获多少东西。相反地,由于现在说到底主体概念的明确的或者多半不明确的开端特别地被拒绝了,超越也不再能被规定为“主体—客体之关系”。但这样一来,超越性的此在(一个已然同义反复的表达)既没有超逾一种位于主体之前的、并且首先把主体趋迫到内部持留(Inbleiben)(即内在)中的“限制”,也没有超逾一条把主体与客体分开的“鸿沟”。不过,客体——被对象化的存在者——也不是超逾所要达到的东西。被超逾的东西,恰恰唯一地就是存在者本身,而且就是能够对此在无蔽地存在和变易的任何存在者,因而也恰恰就是那个存在者——“它自身”(es selbst)即作为那个存在者而实存(existiert)。

在超逾中,此在首先面临着它所是的那个存在者,面临着作为它“自身”的它。超越建构着自身性(Selbstheit)。但另一方面,又绝非首先仅仅是这种自身性,而是超逾,才向来一体地也涉及此在“自身”所不是的存在者;更确切地讲,在超逾中并且通过超逾,才能在存在者范围内区分并且决断:谁是和如何是一个“自身”(Selbst),以及什么不是一个“自身”。不过,只要此在作为自身而实存——而且仅仅就此而言——,那么,它“自身”就能够对存在者有所作为,而这个存在者必须先已经被超逾了。虽然此在在存在 139
者中间存在并且为存在者所包围,但它作为实存着的此在始终已经超逾了自然。

然而,在这里,总是在某个寓于存在者的此在中被超逾的东西,并非简单地聚集在一起了,不如说,尽管存在者可能具体地得到了规定和分划，但存在者自始就已经在一个整体中被超逾了。同时，这个整体本身也许始终未被认识到，即使它总是——由于眼下所不能探讨的种种原因——从存在者而来并且多半根据一个咄咄逼人的存在者区域而得到了解说，因而至少是已经被认识了。

超逾发生于整体性之中，而且绝不只是时而发生时而又不发生，根本不只是而且不首先是作为对客体的理论把握而发生的。毋宁说，随着此一在（Da-sein）的事实，超逾才在此存在。

但是，如若存在者**并不**是这种逾越（Überschritt）所要实现的**何所往**，那么，这种“何所往”（Woraufhin）必须如何被规定，一般而言就是如何被寻求呢？我们把此在本身进行超越的**何所往**称为**世界**，现在并且把超越规定为“**在世界之中存在**”（*In-der-Welt-sein*）。世界乃是超越的统一结构；作为超越所包含的东西，世界概念被叫做一个**先验的**概念。以这一术语，我们命名的是一切本质上属于超越并从超越中获得其内在可能性的东西。而且只是因此一故，对超越的揭示和解释才堪称一种“先验的”探讨。然而，“先验的”（transzendental）意味着什么，这是不能从一种哲学中得知的——人们把“先验的东西”（das Transzendentale）指定为这种哲学的“立足点”，甚至是“认识理论上的”“立足点”。而这并不排除下面这个断言，即：恰恰就是康德把“先验的东西”看作一般存在学的内在可能性的问题，尽管对于康德来说，“先验的东西”依然保持着一种本质上“批判性的”意义。在康德那里，先验的东西涉及
140 那种认识的“可能性”（可能性前提），这种认识并没有错误地“飞越”经验，亦即并不是“超越的”；相反地，它就是经验本身。先验的东西因此给出对非超越的、亦即对人本身来说可能的存在者状态

上的认识的本质界定（定义），这种本质界定（定义）虽然是有限制的，但由此同时也是积极的。可是，随着一种对超越之本质的彻底的和普遍的把握，势必同时亦有一种对存在学以及形而上学之理念的更为源始的制订。

“在世界之中存在”这个表达标志着超越。这个表达所命名的乃是一个“实情”（Sachverhalt），而且是一个被认为容易看清的“实情”。但这一表达的意思却取决于，世界概念是在一种前哲学的通俗意义上还是在先验意义上被看待的。对“在世界之中存在”这一说法的双重意义的探讨可以说明这一点。

被把握为“在世界之中存在”的超越，是人之此在所具有的。但说到底，这乃是人们可以道出的最陈腐的和最空洞的话了：此在也出现在其他存在者中间，因而作为这种此在是可遇见的。此外，超越还意味着：归属到其余已经现成的东西中，或者说，归属到那个能够不断地进入不可忽视的东西之中而变得丰富起来的存在者中。于是，世界就是表示一切存在者的名称，也即表示全体——作为超出某种集中之外不再进一步对“一切”起规定作用的统一体——的名称。如若人们在“在世界之中存在”这个说法中根据的是这种世界概念，那么无疑就必须把“超越”宣判给任何一个作为现成者的存在者。现成者，亦即在其他事物中间出现的东西，“在世界之中存在”（*ist in der Welt*）。如若“先验的”无非表示“归属于其余的存在者”，我们就显然不可能把作为别具一格的本质机制的超越宣判给人之此在。那么，“人之此在的本质包含着在世界之中存在”这个命题甚至显然就是错误的了。因为，像人之此在这样的存在者实际地实存着，这并非本质上必然的事情。它其实也可

能不存在。

141 但另一方面,如若我们有理由并且唯一地把"在世界之中存在"宣判给此在,而且判之为此在的本质机制,那么,这个表达就不能具有前面所指出的意义了。而这样一来,世界也就意味着某种不同于直接现成存在者之全体的东西了。

把"在世界之中存在"宣判为此在的基本机制,这就是对此在的本质(它作为此在的最本己的内在可能性)有所陈述了。在这里,此在是否以及何种此在恰恰实际地实存,这一点恰恰是不能被视为证明机关的。"在世界之中存在"的说法并不是一个对此在之实际出现的断言,它根本就不是一个存在者状态上的陈述。它涉及一个一般地规定着此在的本质事态,因而具有一个存在学论题的特性。由此可见,此在之所以是一种"在世界之中存在",并非因为并且仅仅因为它实际地实存着,而是相反,它之所以只能作为实存着的此在而存在,亦即作为此在而存在,乃是因为它的本质机制包含于"在世界之中存在"中。

实际的此在存在于一个世界之中(出现于其他存在者中间)——这个命题显露为一个无所道说的同语反复。说此在之本质包含着它在世界之中存在(必然也出现在其他存在者"旁边")这样一回事情——这个说法表明自身是错误的。此在之为此在的本质包含着"在世界之中存在",这一论题蕴涵着超越之问题。

这个论题是源始的和单一的。从中得出的并不是对它的揭示过程的单一性,尽管"在世界之中存在"向来只能在一种按不同程度透明的筹划中才被带入一种领悟之中,即被带入一种先行期备着的、并且一再(当然总是相对地)要抽象地结束的领悟之中。

凭着前面对“在世界之中存在”的特性描绘，此在之超越首先仅仅是从拒绝方面得到规定的。超越包含着作为超逾之发生的何所往的世界。世界被理解为什么，如何规定此在与世界的“关联”， 142 亦即“在世界之中存在”应如何被把握为源始统一的此在机制，对于这些积极的问题，我们在这里只在指导性的根据问题所要求的方向和界限中来加以探讨。出于这个意图，我们就要尝试一种对**世界现象**（*Weltphänomen*）的阐释，这种阐释应能有助于我们揭示超越之为超越。

为了了解这个先验的世界现象，我们先要对在世界概念之历史中显突出来的那些主要含义作一种特性刻画，这种刻画当然势必是挂一漏万的。在这样一些基本的概念中，通俗的含义多半不是源始的和本质性的含义。源始的和本质性的含义总是被掩盖起来，并且难得达到概念上的把握。

早在古代哲学的那些决定性的开端中，就已经显示出某种本质性的东西。[①] Κόσμος［世界、宇宙］并不是指这样那样的蜂拥着和逼进着的存在者本身，也不是指这一切存在者的总和，而倒是意味着“状态”（Zustand），亦即存在者**整体**于其中存在的**如何**（*Wie*）。因此，Κόσμος οὗτος［这个世界］并不标志着这一个与另一个存在者区域分划开来的存在者区域，而是标志着存在者的这一个世界，区别于这**同一个**存在者的另一个世界，也即是 κατὰ κόσμον［世界］的 ἐόν［存在］本身。[②] 作为这种“如何整体”（Wie im

① 参看莱因哈特：《巴门尼德和希腊哲学史》，1916 年，第 174—175 页，以及第 216 页注。——原注

② 参看第尔斯：《前苏格拉底残篇》：麦里梭残篇第七；巴门尼德残篇第二。——原注

Ganzen)，世界已然是任何可能的对存在者之分解的基础；这种分解并不消灭世界，相反地，它始终**需要**世界。ἐν τῶι ἑνὶ κόσμωι[在这个世界中][①]存在的东西，并不只是在堆积过程中才构成了这个世界，而是普遍地和先行地由世界所支配的。赫拉克利特认识到了 Κόσμος[世界]的一个更为广大的本质特征，他说：ὁ Ἡράκλειτός φησι τοῖς ἐγρηγορόσιν ἕνα καὶ κοινὸν κόσμον εἶναι, τῶν δὲ κοιμωμένων
143 ἕκαστον εἰς ἴδιον ἀποστρέφεσθαι。清醒者有一个世界，而且因而有一个共同的世界，相反地，每一个沉睡者都专心于他自己的世界。[②] 在这里，世界被带入与人之此在的实际实存的基本方式的关系之中了。在苏醒者那里，存在者在一种普遍一致的、通常可以为每个人所通达的如何(Wie)中显示出来。而在沉睡中，存在者之世界乃是一个唯一地向当下此在具体化的世界。

我们从上面的简短说明中已可见出多重东西：一、世界所指的与其说是存在者本身，还不如说是存在者之**存在**的一种**如何**。二、这种如何规定着存在者**整体**。它根本上乃是作为界限和尺度的任何一种一般如何(Wie überhaupt)的可能性。三、这个如何整体在一定程度上是**先行的**。四、这个先行的如何整体本身**相关于**人之**此在**。因此，世界恰恰归属于人之此在，虽然世界涵括一切存在者，也一并整个地涵括着此在。

① 参看第尔斯：《前苏格拉底残篇》，阿那克萨哥拉残篇第八。——原注

② 参看第尔斯：《前苏格拉底残篇》，赫拉克利特残篇第八十九。——原注。此残篇一般译作："清醒的人们有一个共同的世界，可是在睡梦中人们却离开这个共同的世界，各自走进自己的世界"。参看《西方哲学原著选读》(上卷)商务印书馆(北京)，1986年，第25页。——译者注

这一诚然尚不明确，并且更多地是逐渐明朗起来的对 κόσμος［世界］的领悟，可以十分确定地集中到上述含义中，而同样无可争辩地，这个词语其实往往只是对在这样一种如何中被经验的存在者本身的命名。

但绝非偶然地，在与全新的存在者状态上的实存领悟（它在基督教中爆发出来）的联系中，κόσμος［世界］与人之此在以及一般世界概念的关系尖锐化、明确化了。这种关系是十分源始地被经验的，以至于 κόσμος［世界］现在直接被用作一个表示人之此在的某个特定的基本方式的名称。在保罗那里（参看《新约》，哥林多前书和加拉太书），κόσμος οὗτος［这个世界］并不仅仅而且并不首先意味着“宇宙”的状态，而倒是意指人的状态和状况，人对宇宙的态度方式，人对财富的评价方式。Κόσμος［世界］乃是在一种背弃了上帝的信念（即 ἡ σοφία τοῦ κόσμου［世界智慧］）方式中的人之存在。Κόσμος οὗτος［这个世界］意指在某种特定的“历史性的”实存中的
人之此在，而这种“历史性的”实存区别于另一种已经中断了的实 144
存（αἰὼν ὁ μέλλων［来世］）。

特别经常地——首要地是在与对观福音书的作者[①]的关系中——，而且同时也在十分关键的意义上，**约翰福音**[②]使用了 κόσμος［世界］这一概念。在那里，世界标志的是疏远上帝的人之

① “对观福音书”（Synopsis），即马太、马可以及路加三福音书。——译者注

② 关于这段引自约翰福音的文字，可以参看鲍尔关于 κόσμος［世界］的附录说明，见《约翰福音》（利茨曼新约手册之六），第二版（完全改写本），1925 年，第 18 页。——有关神学上的阐释，可参看施拉特尔所作的别具一格的解释：《新约神学》，第二部分，1910 年，第 114 页以下。——原注

此在的基本形态，完全是人之存在的特性。因此，世界也就是一个区域性的名称，表示所有的人，没有智人与愚人、义人与罪人、犹太人与异教徒的区别。这个完全人类学上的世界概念的中心含义表达在：它充当了与上帝之子耶稣相对立的概念，而上帝之子被理解为生命（ζωή）、真理（ἀλήθεια）、光（φῶς）。

进而，上面这种始于新约全书的对 κόσμος［世界］的意义烙印，还显而易见地表现在诸如奥古斯丁和托马斯·阿奎那那里。照奥古斯丁看来，mundus［世界］一方面意味着受造物之整体。但 mundus［世界］往往同样也表示 mundi habitatores［世界居民］。这个术语又具有 dilectores mundi［世界之爱］、impii［非虔敬］、carnales［肉身］的特殊的实存状态上的意义。Mundus non dicuntur iusti, quia licet carne in eo habitent, corde cum deo sunt［“世界并不意味着公正的法官，因为如果后者也居于肉身中，那么他们的心灵实际上就与上帝同在”］。[①] 奥古斯丁既从保罗那里又从约翰福音中获得了这个世界概念，此概念后来共同规定了西方的精神史。下面这段从讨论约翰福音的论文中引来的文字也许可以为此提供一个证据。对于约翰福音（序言）第一章第十句所讲的 ἐν τῷ κόσμῳ ἦν, καὶ ὁ κόσμος δι' αὐτοῦ ἐγένετο. καὶ ὁ κόσμος αὐτὸν οὐκ ἔγνω［“它（逻各斯）在世界中，而且世界由它造成，世界却并不认识它”］，[②] 奥古斯丁给出了一种关于 mundus［世界］的解释，他在此

① 参看奥古斯丁：《文集》，米涅编，第四卷，1842 年。——原注

② 《约翰福音》中的这个句子，通常译作：“道在世上，上帝藉着他创造世界，而世人竟不认识他。”——译者注

解释中证实，mundus[世界]在“mundus per ipsum factus est”[“世界由它造成”]和“mundus eum non cognovit”[“世界并不认识 145
它”]中的两次使用乃是一种**双重的**用法。在前一种含义中，mundus[世界]所表示的，无非就是 ens creatum[受造物]。而在后一种含义中，mundus[世界]指的是作为 amare mundum[爱世界]的 habitare corde in mundo[心灵在世界中居住]，这就与 non cognoscere Deum[不认识上帝]相吻合了。有关的这段文字如下：

Quid est, *mundus factus est per ipsum* ? Coelum, terra, mare et omnia quae in eis sunt, mundus dicitur. Iterum alia significatione, dilectores mundi mundus dicitur. *Mundus per ipsum factus est, et mundus eum non cognovit*. Num enim coeli non cognoverunt Creatorem suum, aut angeli non cognoverunt Creatorem suum, ant non cognoverunt Creatorem suum sidera, quem confitentur daemonia? Omnia undique testimonia perhibuerunt. Sed qui non cognoverunt? Qui amando mundum dicti sunt mundus. Amando enim habitamus corde: amando autem, hoc appellari meruerunt quod ille, ubi habitabant. Quomodo dicimus, mala est illa domus, aut, bona est illa domus, non in illa quam dicimus malam, parietes accusamus, aut in illa, quam dicimus bonam, parietes laudamus, sed malam domum: inhabitantes malos, et bonam domum: inhabitantes bonos. Sic et mundum, qui inhabitant amando mundum. Qui sunt? Qui diligunt mundum, ipsi enim corde habitant in mundo. Nam qui non diligunt mundum, carne versantur in mundo, sed corde inhabitant coelum.

［“世界是由它造成的，这是什么意思呢？天、地、海以及其中的一切，被称为世界。而在另一种意义上，那些爱世界者也被称为世界。世界是由它造成，但世界却并不认识它。难道真的诸天、诸天使、诸星辰都不认识连那魔鬼都承认的自己的造物主么？万物到处都呈现出证据（表明它的存在）。但究竟谁不认识它呢？是那些因为爱世界而被称为世界的。因为通过爱，我们以心灵居住在我们所爱的东西那里。所以，那些爱世界者居住之处，他们理当受到这样的称呼。其实，我们也说，那房屋是坏的或者好的，借此我们并不是指房屋的墙是好的或者坏的，而是指房屋的居住者是好的或者坏的。而且，我们也用世界来称呼那些由于爱世界而居住在世界中的。他们是谁呢？恰恰就是那些爱世界者，因为他们以心灵居住在世界中。而那些不爱世界者，虽然以肉体逗留在世界中，但却以心灵居住在天上”。］①

因此，世界就意味着：存在者整体，而且是作为决定性的如何（Wie）的存在者整体，人之此在是按照这种如何与存在者相对待的。托马斯·阿奎那也是这样，一方面，他把 mundus［世界］用作与 universum［宇宙］、universitas creaturarum［受造的宇宙］有相同含义的词语，而另一方面，他也在 saeculum（世俗的信念）意义上使用之，quod mundi nomine amatores mundi significantur［“因为世界这个词指的是爱世界者”］。Mundanus［世界的］（即 saecu-

① 参看奥古斯丁：《约翰福音释义》，Ⅱ，第一章，n. 11，第三卷，1393 年。——原注

laris[世俗的])乃是 spiritualis[精神的、神灵的]的对立概念。[1]

在这里，我们不拟探讨莱布尼茨的世界概念，而只想提一下学院形而上学对世界的规定。鲍姆嘉通[2]做了下面这样一个定义：mundus(universun，πᾶν) est series(multitudo，totum) actualium 146 finitorum，quae non est pars alterius[“世界(宇宙)乃是实际的有限事物的系列(多样性)，不是一个它者的部分”]。这里，世界被等同于现成者之全体，而且是在 *ens creatum*[受造物]意义上的现成者之全体。而这就是说：对世界概念的理解依赖于对上帝之证明的本质和可能性的领悟。这在克鲁休斯那里变得尤为明显，后者对世界概念作了如下定义：“所谓世界就是有限事物的这样一种实在的联结，它本身又不是另一种联结的一部分，虽然它借助于一种实在的联结曾经归属于另一种联结”。[3] 因此就把世界与上帝本身对立起来了。但是，世界也区别于一个“个别受造物”，同样也区别于“几个同时存在的受造物”，它们“根本就不处于任何联结中”，而且说到底，世界也区别于这样一个由受造物组成的总体，“后者只是另一个总体的一部分，并且与另一个总体处于实在的联结中”。[4]

---

① 例如可参看托马斯·阿奎那：《神学大全》，第二部，第二版，qu. CLXXXⅧ，a2，ad3；dupliciter aliquis potest esse in saeculo：uno modo per praesentiam corporalem，alio modo per mentis affectum[人能够双重地存在于时代中：一种方式是以身体在场，另一种方式是以心灵投入]。——原注

② 参看鲍姆嘉通：《形而上学》，第二版，1743 年，第 354 节，第 87 页。——原注

③ 参看克鲁休斯：《略论必然的理性真理何以对立于偶然的真理》，莱比锡 1745 年，第 350 节，第 657 页。——原注

④ 参看克鲁休斯：《略论必然的理性真理何以对立于偶然的真理》，第 349 节，第 654 页以下。——原注

在本质性的规定方面归属于这样一个世界的东西，必定可以从一个双重的源泉中推导出来。在任何一个世界中，一方面必定现成存在着“从事物的普遍本质中产生出来的东西”。另一方面，必定有那一切“在对某些受造物的设定中可以根据上帝之本质特性而被认作必然的”东西。[1] 因此一故，甚至形而上学整体中的“世界学说”也被排列在存在学（关于一般事物之本质以及普遍差异的学说）和“理论的自然神学”之后。据此看来，世界就是一个区域性的名称，表示被创造的存在者之全体的最高的联结统一体。

因此，如果说世界概念充当着形而上学的一个基本概念（作为
147 一门特殊形而上学学科的理性宇宙论的一个基本概念），而康德的纯粹理性批判则是对形而上学整体的一种奠基，[2]那么，在这里，世界概念问题必定相应于形而上学理念的转变而获得一种变化了的形态。但对此也就需要作一种说明（诚然只能是扼要的说明），更何况在康德的人类学中，除了“世界”的“宇宙论的”含义之外，又有实存状态上的含义显露出来——当然它并不带有特殊的基督教色彩。

早在1770年的《教授就职论文》中，康德就对mundus［世界］概念做了引导性的描绘，局部看来，这种描绘还完全是在传统的存在者状态上的形而上学轨道中进行的。[3] 而早在这篇论文中，康

---

① 参看克鲁休斯：《略论必然的理性真理何以对立于偶然的真理》，第348节，第653页以下。——原注

② 关于此点，可参看海德格尔：《康德和形而上学问题》，1929年。——原注

③ 参看康德：《论感觉界和理智界的形式和原则》，第一章，“论一般世界概念”（De notione mun digeneratim），第1—2节。——原注

德就已经触及到了世界概念中的一个困难，这个困难后来在《纯粹理性批判》中得到了激化，并且扩展为一个主要问题。康德在《论文》中对世界概念的探讨始于一个形式的规定，即对他所理解的“世界”的规定：作为“terminus”[“术语”、“界定”]，世界本质上是与“综合”(Synthesis)相联系的：In composito substantiali, quemadmodum Analysis non terminatur nisi parte quae non est totum, h. e. *Simplici*, ita synthesis non nisi toto quod non est pars, i. e. *Mundo*[“在某个实体性的复合物那里，分析只是通过某个并非整体的部分(亦即通过一个简单的本质)来完成的，类似地——这对我们来说是至关重要的——综合只是通过某个并非部分的整体(亦即世界)来完成的”]。在第二节中，康德描述了几个对世界概念之定义来说根本性的“要素”：一、*Materia* (in sensu transcendentali) h. e. *partes*, quae hic sumuntur esse *substantiae*[“它的质料(在先验的或者存在学的意义中)，也就是它的组成部分，在此被视为实体”]。二、*Forma*, quae consistit in substantiarum *coordinatione*, non subordinatione[“它的形式，在于实体的并列关系，而不在于实体的隶属关系”]。三、*Universitas*, quae est omnitudo compartium *absoluta*[“它的整体性，就是共属一体的各个部分的绝对总体”]。关于这第三个要素，康德作了以下说明：*Totalitas* haes absoluta, quanquam conceptus quotidiani et facile obvii speciem prae se ferat, praesertim cum negative enuntiatur, sicuti fit in definitione, tamen penitius perpensa crucem figere philosopho videtur[“尽管这个绝对总体性具有一个日常的和显而易见的可理解的自为概念的外表，尤其是当它否定地被表达出来的时

候，犹如在定义中所发生的那样，但是，若更进一步加以考虑，这个绝对总体性毋宁就表明自身是哲学家的一个十字架”]。

在后来的十年里，这个沉重的“十字架”一直压迫着康德；因为在《纯粹理性批判》中，恰恰是这一“universitas mundi”[“世界整体”]成了问题，而且是在多重角度上成了问题。需要澄清的是：
148 一、在“世界”这个名称下被表象的总体性与**什么**相联系？或者说，它只能与什么相联系？二、据此看来，在世界概念中被表象的是**什么**？三、这一关于这样一种总体性的**表象**具有何种**特性**？亦即说，世界**概念**本身的概念结构是何种结构？康德对这些他自己没有如此明确地提出的问题的回答导致了对世界问题的一种完全的改变。诚然，对康德的世界概念来说也还保持着这样一点：在其中被表象的总体性是与**有限**的现成事物相联系的。不过，这一对世界概念之内涵来说本质性的与有限性的关联却含有一种全新的意义。现成事物的有限性之得到规定，并非借助于一种存在者状态上的对事物的由上帝创造的存在的证明；不如说，这种有限性之得到解释，其着眼点乃是，事物是以及在何种程度上是一种有限认识的可能对象，亦即一种必定让事物作为已经现成的事物首先**给出**自己的有限认识的可能对象。这种在其可通达性方面依赖于一种有所接受的承认（有限的直观）的存在者本身，康德称之为“现象”，亦即“现象中的事物”。但被理解为一种绝对的、也即创造性的直观的可能对象的**这同一个存在者**，康德却称之为“自在之物”（Dinge an sich）。对现象之联系的统一体，亦即在有限认识中可通达的存在者之存在机制，康德是用存在学的原理即先天综合认识的体系来加以规定的。在这些先天“综合”原理中被表象的实事

内容，它们的在古代的以及恰恰由康德所确定的实事性（Sachhe-
it）意义上的“实在性”（Realität），可以独立于经验、直观地从客体
中，亦即从必然与客体一道先天地被直观的东西中，向“时间”这种
纯粹直观呈现出来。它们的实在性是一种客观的、从客体方面可
呈现的实在性。但**现象之统一性**，由于它必然依赖于一种实际上
偶然的被给予（Gegebenwerden），故在任何时候都是**有条件的**，而
且原则上是不完整的。若现象之多样性的这种统一性被表象为完 149
整的统一性，那么就产生了对一个总体的表象，而这个总体的内涵
（实在性）原则上并不能在某个形象亦即某种可直观的东西中得到
筹划。这种表象乃是“超越的”（transzendent）。而另一方面，只
要这种对某个完整性的表象依然是先天必然的，那么，它尽管是超
越的，但还是具有**先验的实在性**。关于这种特性的表象，康德称之
为“**理念**”（*Ideen*）。它们“包含着某种完整性，任何一种可能的经
验认识都达不到这种完整性，而理性在此寻求接近经验上可能的
统一性，而不是在任何时候都完全达到这种统一性，就此而言，理
性仅仅具有一种系统的统一性”。[①] “不过，我所理解的一个系统
乃是在某个理念支配下的多样认识的统一性。这个理念乃是关于
某个整体之形式的理性概念”。[②] 在理念中被表象的统一性和整
体性，因为“绝不能在形象中得到筹划”，[③]故也绝不能直接与可直
观者相联系。因此，它作为更高的统一性始终仅仅涉及知性之综
合的统一性。但这些理念“并不是任意地被虚构出来的，而是由理

① 参看康德：《纯粹理性批判》，A568，B596。——原注

② 参看康德：《纯粹理性批判》，A832，B860。——原注

③ 参看康德：《纯粹理性批判》，A328，B384。——原注

性本身的本性发出的，因而势必联系于整个知性之应用”。[1] 作为纯粹的理性概念，这些理念并非源出于那种始终还与被给予物相联系的知性之反思，而是源出于推论性的理性的纯粹方法。康德因而把理念称为“被推论的”概念，不同于知性的“被反思的”概念。[2] 但在推论中，理性的目标却是获得那种对于各种条件无条件的东西。因此，作为关于总体性的纯粹理性概念的理念乃是关于无条件者的表象。“也即说，先验的理性概念无非是关于对某个
150 给定的有条件者的**条件之总体性**的概念。因为只有**无条件者**才使条件之总体性成为可能，而且反过来讲，条件之总体性在任何时候本身都是无条件的，故一个纯粹的一般理性概念能够通过无条件者之概念而得到说明，只要后者包含着有条件者之综合的一个根据”。[3]

作为对某个存在者领域的无条件的整体性的表象，理念乃是必然的表象。只要表象与某物的三重关系是可能的，即与主体的关系，与客体的关系——与客体的关系又是双重的，既在有限的方式中（现象）又在绝对的方式中（自在之物）——，那么，就会形成三个理念等级，它们可与传统的 Metaphysica specialis［特殊形而上学］的三学科相对应。据此看来，世界概念就是那种理念，在其中，在有限认识中可通达的客体的绝对总体性先天地被表象出来。因

① 参看康德：《纯粹理性批判》，A327，B384。——原注

② 参看康德：《纯粹理性批判》，A310，B367；此外亦参看 A333，B390。——原注

③ 参看康德：《纯粹理性批判》，A322，B379。把“理念”当作一个特定的“表象方式”列入表象之“等级阶梯”中，此点亦可参看《纯粹理性批判》，A320，B376—377。——原注

此，世界无非是指“一切现象之总体”，[①]或“一切可能经验的对象之总体”。[②]“我把一切先验的理念，只要它们关涉到现象之综合中的绝对总体性，称为世界概念”。[③] 可是，由于有限认识所能达到的存在者可以在存在学上得到考察，既可以在其什么存在（即essentia[本质]）方面得到考察，也可以在其“此在”（Dasein）（即existentia[实存]）方面得到考察，或者在康德对这一区分的表述中得到考察——康德依此区分也划分了先验分析的范畴和原理，分为“数学的”和“动力学的”[④]——，因此，康德就得出了一种对世界概念的划分，即把世界概念划分为数学的和动力学的。数学的 151
世界概念乃是“比较狭隘意义上的”世界概念，不同于动力学的世界概念，后者也被康德称为“超越的自然概念”。[⑤] 不过，康德又认为，把这些理念“总体上”称为世界概念，是“完全合适的”，“因为我们所理解的世界乃是一切现象之总体，而我们的理念也仅仅是以

① 参看康德：《纯粹理性批判》，A334，B391。——原注

② 参看康德：《何谓在思想中定向？》，1786年，见《康德全集》（卡西尔编），第四卷，第355页。——原注

③ 参看康德：《纯粹理性批判》，A407－408，B434。——原注

④ “在把纯粹知性概念运用到可能经验上时，它们之综合的使用或者是数学的，或者是动力学的：因为它们仅仅有时面向直观，有时面向一般现象之此在”（康德：《纯粹理性批判》，A160，B199）。——关于相应的对“原理”的区分，康德说：“但是，人们也许会注意到，我在此所记住的，并不是一种情形下的数学的原理，同样也不是另一种情形下的一般动力学（物理学）的原理，而只是与内感官相关的纯粹知性的原理（并无其中给定的表象的差异），由于后者，前者才全部获得了它们的可能性。因此，我对它们的命名，更多地是鉴于运用，而不是由于它们的内容的缘故……”（康德：《纯粹理性批判》，A162，B302）。——恰恰是关涉一个更彻底的世界概念和存在者整体的问题，康德区分了数学的崇高与动力学的崇高。参看康德：《判断力批判》，特别是第28节。——原注

⑤ 参看康德：《纯粹理性批判》，A419以下，B446以下。——原注

现象中间的无条件者为目标的，部分地也因为世界这个词语在先验知性中意味着实存事物之总体的绝对总体性，而且我们只把我们的注意力针对综合之完整性（虽然真正说来只是在向诸条件的回归中）”。[①]

在上述评论中，不仅康德的世界概念与传统形而上学的世界概念的联系昭然若揭了，而且在纯粹理性批判中完成的转变，亦即对世界概念的更为源始的存在学阐释亦已昭然。现在，在对上面三个问题的简短解答中，我们可以把这种对世界概念的更为源始的存在学阐释描述如下：一、世界概念并不是自在之物的一种存在者状态上的联结，而是作为现象的物的一个先验的（存在学上的）总体。二、在世界概念中得到表达的不是实体的一种“并列关系”（Koordination），而恰恰是一种隶属关系（Subordination），而且是综合的各个条件的“向无条件者上升的序列”。三、世界概念不是一个
152 在其概念方式上无规定的“合理性的”表象，相反地，它被规定为理念，亦即被规定为纯粹综合的理性概念，并且与知性概念区别开来。

而这样一来，mundus［世界］概念也就失去了它先前所分得的universitas［整体性］（即全体性）之特性，后者留给了一个更高的先验理念之等级。世界概念本身包含着一种对这个先验理念等级的指示，康德称之为“先验的理想”。[②]

在这里，我们不得不放弃对康德的思辨形而上学的这个极点的阐释。为了使世界概念的本质特性，即有限性，更为清晰地显露出来，我们只需提及一点。

---

① 参看康德：《纯粹理性批判》，A419以下，B446以下。——原注

② 参看康德：《纯粹理性批判》，A572，B600注。——原注

作为理念，世界概念乃是关于一个无条件的总体性的表象。但它并不表象绝对地和“真正地”无条件者，因为在世界概念中得到思考的总体性依然与现象相联系，即与有限认识的可能对象相联系。作为理念的世界诚然是超越的，它超逾现象，而且，它作为现象之总体性恰恰又反过来与现象相联系。但在康德的经验之超逾意义上的超越，却是有双重含义的。它一方面是说：在经验范围内逾越在经验中被给予者本身，即现象的杂多性。这适合于“世界”这个表象。而另一方面，超越也意味着：走出作为一般有限认识的现象，并且把一切物的可能整体表象为 intuitus originarius［原初直观］的“对象”。在这种超越中形成了先验的理想，与此相对，世界呈现为一种限制（*Einschränkung*），而且成了在其总体性中的有限的人类认识的称号。世界概念仿佛就处于“经验之可能性”与“先验理想”之间，并且因而在实质上意味着人类本质的有限性之总体性。

由此便开启出一道眼光，让我们得以洞察到可能的第二位的、 153
特定实存状态上的含义，即康德的世界概念所具有的实存状态上的含义（除了它的“宇宙论的含义”之外）。

“在世界中，人能够把文化上的一切进步使用到其上的最重要的对象，就是人，因为人就是他自己的最终目的。所以，根据人的物种把人作为具有天赋理性的地球生物来认识，这是特别值得称之为世界知识（*Weltkenntnis*）的，尽管他只不过是地球上的创造物的一个部分而已”。[1] 关于人的知识，而且恰恰着眼于“人作为

① 参看康德：《实用人类学》，1800 年，第 2 版，前言。见《康德全集》（卡西尔编），第八卷，第 3 页。——原注

自由行动的生物由自身作出的东西，或者能够和应该作出的东西”，也就是说，恰恰不是在“生理学”角度中的关于人的知识，在此被称为世界之知识。世界知识等于实用的人类学（即人类学说）。“这样一种被视为……世界知识的人类学，如果它包含的是关于世界上各种不同国度和气候条件下的动物、植物、矿物之类的事物的广泛知识，那么，它就还不能真正地被称为实用的人类学；相反地，只有当它包含着对作为世界公民的人的认识时，它才能真正地被称为实用的人类学”。①

“世界”恰恰意味着在历史性共在（Miteinander）中的人的实存，而并不意味着人作为物种在宇宙中的出现——这一点特别可以从康德为澄清这一实存状态上的世界概念所用的措辞中清晰地看出来，康德说：“认识世界”和“拥有世界”。虽然这两个表达都以人之实存为目标，但它们还是意指着不同的东西的，“因为前者（即认识世界）仅仅是理解他所旁观到的游戏，后者却是参与了这一游戏”。② 在这里，世界这个名称表示的是日常此在的“游戏”（Spiel），表示日常此在本身。

154 与此相应，康德也把“世界智慧”与“私人智慧”区分开来了。“前者乃是一个人对他人施加影响以便为自己的意图而使用他人

① 参看康德：《实用人类学》，第 4 页。——原注

② 参看康德：《实用人类学》。“一个世界中的人乃是生命之伟大游戏的参与者”。——“所谓世界人（*Weltmann*），就是说他知道与其他人的关系，以及这种关系如何在人类生活中发生”。“拥有世界，意味着具有准则，仿效伟大的典范。这是法兰西的产物。人通过品行、伦理、交际等等达到目的”。见康德的人类学讲座。参看《康德的主要哲学讲座。据新发现的格拉夫·海因里希在多纳—洪持拉克恩那里所作的听课笔记》，科瓦列夫斯基编，1924 年，第 71 页。——原注

的熟巧”。[①] 此外，“如果一种历史使人智慧，也就是教导世人如何能够比前世更好地或者至少是同样好地关心自己的利益，那么，这种历史就是实用地撰写而成的”。[②]

康德把这种在“生命经验”和实存领悟意义上的“世界知识”与“学院知识”(Schulwissen)区别开来。[③] 以这种区分为指导线索，康德进而阐发了按照“学院概念”的哲学概念与按照“世界概念”的哲学概念。[④] 在经院哲学意义上的哲学保持为纯粹的“理性艺人”(Vernunftkünstler)的事业。而按照世界概念的哲学则是“理想导师”(Lehrer im Ideal)的关切所在，也就是那种以“我们当中神性之人”为目标的人的关切所在。[⑤] “在这里，世界概念就是一个关涉到人人都必然感兴趣的东西的概念”。[⑥]

综上所述，世界乃是表示在其本质核心中的人之此在的名称。这个世界概念完全吻合于奥古斯丁的实存状态上的世界概念，只不过在康德这里，对“世俗”此在——即 amatores mundi[世界爱好者]——所作的特定基督教的评价被取消掉了，世界积极地意味着在生活游戏中的“参与者”。

上文最后从康德那里引用的世界概念的实存状态上的含义，

① 参看康德：《道德形而上学的基础》，《康德全集》(卡西尔编)，第四卷，第 273 页注。——原注

② 参看康德：《道德形而上学的基础》，《康德全集》(卡西尔编)，第四卷，第 274 页注。——原注

③ 参看上引的康德人类学讲座，第 72 页。——原注

④ 参看康德：《纯粹理性批判》，A839，B867－868。亦参看《逻辑学》，雅旭编，导论、第二部分。——原注

⑤ 参看康德：《纯粹理性批判》，A569，B597。——原注

⑥ 参看康德：《纯粹理性批判》，A840，B868 注。——原注

155 此后就显示在后继时代里出现的“世界观”这个术语中了。[①] 而诸如“世界中人”(Mann von Welt)、“高尚世界”(vornehme Welt)之类的新创词语,也显示出世界概念的某种类似的含义。即便在这里,“世界”也不是一个纯粹区域性的名称,即标示与自然物之全体不同的人类共同体的名称;相反地,世界恰恰是指与存在者整体相关联的人,亦即说,“高尚的世界”也包含着诸如旅店和赛马饲养场之类的东西。

所以,无论是把“世界”这个表达用作表示自然物之全体的名称(自然的世界概念),还是把它用作表示人类共同体的称号(人格性的世界概念),都是同样荒谬的。[②] 不如说,κόσμος、mundus,即

---

① 我们在此不能拟定、更不能解答以下问题:一、在何种程度上诸如“世界观”之类必然属于作为在世的此在的本质?二、鉴于此在之超越,我们必须以何种方式来界定一般世界观之本质,并就其内在的可能性而予以论证?三、按其先验的特征,世界观与哲学的关系如何?——原注

② 如若人们甚至把用物、器具的存在者状态上的联系与世界等同起来,把“在世界之中存在”解释为与用物的交道,那么,无疑地,一种对作为“此在的基本机制”意义上的“在世界之中存在”的超越的领悟,就是毫无希望的。

恰恰相反,“周围世界的”存在者的存在学结构——只要这种存在者作为器具被揭示出来——对一种有关世界现象的最初描绘来说具有优先性,可以过渡到* 对这个现象的分析并且为先验的世界问题作好准备。这说到底也是周围世界分析的唯一的意图,这种意图在《存在与时间》第 14－24 节的布局和结构中得到了十分清晰的显示;而从整体上并且就主导性的目标来看,周围世界的分析只还有次要的意义。

但是,如若在如此定向的此在分析中,自然在表面上付诸阙如——不仅作为自然科学之对象的自然,而且在某种源始意义上的自然(参看《存在与时间》,第 65 页以下)——,那么,这是有原因的。决定性的原因是,自然既不能在周围世界范围内找到,根本上也并非原初地作为我们对之有所作为的某个东西而出现。自然源始地是在此在中可敞开的,因为此在作为现身的、有情态的此在在存在者中间实存。但只消现身情态(被抛状态)属于此在之本质并且在烦(*Sorge*)的完整概念的统一性中表达出来,那么就只有在这里才能为自然问题赢获基础。——原注

* 1929 年第 1 版:而且这样一来,对世界概念的把握自始就避免了传统的存在者状态上的自然形而上学的道路,ens creatum[受造物]。——作者边注

世界，它的大体上已经清晰地显突出来的含义的形而上学本质乃 156
在于：它指的是关于与存在者整体相关联的人之此在的解释。但由于我们在此不能探讨的种种原因，世界概念之形成首先碰到的是它据以标识存在者整体之如何（Wie）的那种含义，而且，存在者整体与此在的关联首先只是不确定地被理解的。世界属于一个关联性的、标志着此在之为此在的结构，这个结构被称为“在世界之中存在”。这种对世界概念的使用——历史学上的说明应能显示这一点——很少是任意的，以至于我们可以说，恰恰是这种使用试图把一种往往已经熟悉的，但在存在学上没有一致地得到把捉的此在现象提升到某个问题的明确性和尖锐性中去。

人之此在——这个处身于存在者中间、对存在者有所作为的存在者——在此实存着，使得存在者始终在整体上是可敞开的。而同时，这种整体性必定不是特地被把握的，它与此在的归属性可能被掩盖起来，这一整体的幅度是可变的。或许连具有特殊联系、区域和层面的可敞开的存在者整体也没有特地被把捉，甚或“完整地”被探究，而这种整体性就已经被理解了。不过，对这种整体性的向来先行掌握着和涵括着的理解却是向世界的超逾（Überstieg zur Welt）。于是，我们就得尝试一种对世界现象的更为具体的解释。而要做这种解释，我们就需要解答以下两个问题：一、我们所描绘的整体性的基本特征是何种特征？二、在何种意义上，这种对世界的特性刻画使一种对此在与世界的关联之本质的揭示成为可能，亦即使一种对“在世界之中存在”（超越）的内在可能性的揭示成为可能？

作为整体性的世界不“是”任何一个存在者，而是那种东西，此 157

在由之而来为自身给出意谓(*sich zu bedeuten gibt*),意谓它能够与何种存在者相对待并且如何与之相对待。此外,此在由"它的"世界而来为"自身"给出意谓,这意思也是说:在这种从世界走向自己(Auf-es-zukommen aus der Welt)中,此在显示为一个自身(*Selbst*),即一个已然受命去存在的存在者。在这个存在者的存在中,事关宏旨的是它的能在(*Seinkönnen*)。此在如此这般地存在,即:它为它自身之缘故而实存。但是,如果世界是在向世界的超逾中才首先使自身性(Selbstheit)产生出来,那么,世界便表明自身为此在实存的为何之缘故。世界具有"为……之缘故"(das Umwillen von...)的基本特征,而且这是在一种源始意义上讲的,即是说,世界先行确定着任何一种实际地自行规定的为你之故、为他之故、为此一故等等的内在可能性。但此在实存的为何之缘故(Worumwillen)乃是此在自身。① 世界属于自身性;世界本质上是与此在相关联的。

在我们着手追问这种关联的本质,并且从作为原初的世界特性的缘故(Umwillen)出发来解释"在世界之中存在"之前,需要防止几个对上文所述内容的明显误解。

我们说:此在为它自身之缘故而实存。这话并不包含任何对当下实际的人的某种盲目自负所作的自私的和存在者状态上的目的设定。因而,指出许多人为他人牺牲并且根本上人不仅仅自为

---

① 在此上下文中出现的 Worumwillen、Umwillen 等是海德格尔生造的词语,日常德语中只有 um... willen(为了……的缘故)这个短语用法。我们把名词 Worumwillen 译为"为何之缘故",把名词 Umwillen 译为"缘故",把 das Umwillen von... 译为"为……之缘故"。——译者注

地孤单地实存，而是在共同体中实存，这种说法绝不能“反驳”我们上面的这句话。上面这句话既不是一种唯我论的对此在的孤立，也不是一种自私自利的对此在的提升。恰恰相反，它给出了人能够或“自私地”或“无私地”对待“自身”这样一回事情的可能性条件。唯因为此在之为此在是通过自身性而被规定的，一个我自身（Ich-selbst）才能与一个你自身（Du-selbst）相对待。自身性（selbstheit）乃是自我性（Ichheit）之可能性的前提，而自我性始终只在你（Du）中展开自己。但自身性却绝不与你相关联，相反，它——
因为它首先使所有这一切成为可能——对我之存在和你之存在是 158
中立的，尤其对“性别”是中立的。一种对人之此在的存在学分析工作的全部本质命题自始就是以这种中立性对待这个存在者的。

那么，如何来规定此在与世界的关联呢？世界不是一个存在者，世界应当归属于此在，因此一故，这种关联显然不能被看作作为这一个存在者的此在与作为另一个存在者的世界的关系。要不然，世界不就被纳入此在（主体）之中并且被说明为某种纯粹“主观的东西”了么？而实际上，首先只有揭示了超越，我们才有可能去规定何谓“主体”、何谓“主观的”。说到底，世界概念必须这样来得到把捉，即：世界虽然是主观的，但恰恰因此而不是作为存在者而落入某个“主观的”主体的内在领域之内。而另一方面，由于同样的原因，世界也不是纯粹客观的，如果“客观的”意味着：归属于存在着的客体。

世界作为某个此在之缘故的当下整体性，是通过这个此在自身而被带到这个此在自身面前来的。只要此在应当能够置身于存在者中间而与存在者相对待，则这种把世界带到自身面前（Vor-sich-selbst-bringen)就是对此在之可能性的源始筹划。但世界之筹划，即便它并未特地抓住被筹划者，它也始终是被筹划的世界对存在者的**笼罩**(*Überwurf*)。这种先行的笼罩才使得存在者之为存在者自行敞开出来。此在之存在从中自行产生的这种筹划着的笼罩事件，就是“在世界之中存在”。所谓“此在超越着”就是说：此在在其存在之本质中**形成着世界**(*weltbildend*)，而且是在多重意义上“形成着”，即它让世界发生，与世界一道表现出某种源始的景象(形象)，这种景象并没有特地被掌握，但恰恰充当着一切可敞开的存在者的模型(Vor-bild)，而当下此在本身就归属于一切可敞开的存在者中。

159 存在者，诸如最广义的自然，倘若没有**机会**进入一个世界，就绝不能成为可敞开的。我们因此来谈论可能的和偶然的存在者之**世界进入**(*Welteingang*)。“世界进入”并不是在那个正在进入的存在者那里的过程，而是“随”这个存在者一道“发生”的某种东西。而且，这种发生就是作为实存者而超越着的此在的实存。① 唯当在存在者之整体性中存在者以此在之到时(Zeitigung)的方式变得“更具存在特性”(seiender)，那才是存在者之世界进入的时刻。而且唯当这种原始历史(Urgeschichte)即超越发生时，亦即具有“在世界之中存在”之特性的存在者侵入存在者之中时，才有存在

① 1929年第1版：但此在与存有本身呢？尚未得到思考，要到《存在与时间》第二部才有此思考。此一在(Da-sein)属于作为存在与存在者中的质朴者(das Einfache)的存有(Seyn)本身；“发生”(Geschenhen)之本质——作为存有之真理的先行名称的时间状态之到时。——作者边注

者自行敞开的可能性。[①][②]

前面对超越的揭示已能让我们理解，如若只有在超越中，存在者之为存在者才能获得光照，那么，超越就是一个别具一格的区域，即一个适合于涉及存在者之为存在者(亦即在其存在中的存在者)的一切问题之形成的区域。在我们在超越之区域中分析指导性的根据问题，并因而在某个特定方面把超越问题尖锐化之前，我们应当通过一种历史学上的重新回忆进一步熟悉一下此在之超越。

在柏拉图所谓的 ἐπέκεινα τῆs οὐσίαs[超出实体之外]中专门道 160
出了超越。[③][④] 但是，可以把 ἀγαθόν[善]解释为此在之超越吗？只要匆匆浏览一下柏拉图探讨 ἀγαθόν[善]的问题的那个语境，我们就必定能够打消这种疑虑了。在《理想国》中，ἀγαθόν[善]的问题只不过是那个关于此在之实存的举足轻重的基本可能性的中心的

① 通过对作为在世界中存在的此在的存在学阐释，关于一种向着上帝的可能存在既没有作肯定的决定，也没有作否定的决定。但通过对超越的揭示，恰恰赢获了一个关于此在的充分概念；而顾及这个概念，我们现在就可能追问：此在对上帝的关系在存在学上处于何种情况中。——原注

② 1929 年第 1 版：但这是对“区别”(Unterscheidung)与超越的关系的错误规定。超越在区别中成其本质——区别乃是区分(Unterschied)的实现。——这里有对完全不同的开端的准备；一切还被掺和、混淆了；被逼入那种现象学—实存论的和先验的“研究”之中了；发生不是作为“跳跃”(Sprung)，以及这种“跳跃”？在本有中被居有(Ereignet im Ereignis)。——作者边注

③ 参看柏拉图：《理想国》，第六卷，509B。——原注

④ 1931 年第 2 版：不！此　在根本没有得到把握和经验。ἐπέκεινα[超出]也不是超越(Transzendenz)，而是作为 αἰτία[原因]的 ἀγαθόν[善]。——作者边注

和具体的问题的极端化。尽管一种根据此在的形而上学的基本机制对此在的存在学筹划的任务并没有明确地被提出来，甚至没有明确地形成，但实际上，在对“太阳”的不断适应过程中所实行的三重对 ἀγαθόν［善］的特性刻画，就要求着真理、理解和存在之可能性的问题——亦即在对现象的概括中，要求着关于存在之理解的真理之可能性的源始统一的根据的问题。但这种理解——作为对存在的揭示着的筹划——却是人类实存的源始行动，一切置身于存在者中间的实存活动都必定已经植根于其中了。于是，ἀγαθόν［善］就是那种 ἕξις［拥有］（即 Mächtigkeit，强大、有力），它掌握着真理、理解之可能性，甚至掌握着存在，而且同时把所有这三者都掌握在统一性中。

并非偶然地，ἀγαθόν［善］在内容上是不确定的，以至于一切在这个角度上所作的定义和解说都是必定要失败的。理性主义的说明与“非理性主义的”向“神秘”的逃遁一样，都是不起作用的。对 ἀγαθόν［善］的揭示必须符合柏拉图自己给出的提示，遵循对真理、理解与存在之联系的本质阐释的任务。对这种联系的内在可能性的逆溯追问“不得不”**明确地**实行超逾，即那种在任何此在本身中
161 必然地、但多半隐蔽地发生着的超逾。ἀγαθόν［善］之本质就在于对作为 οὗ ἕνεκα［目的因］的它本身的掌握——作为“**为**……**之缘故**”，它乃是可能性之为可能性的源泉。而且，因为可能性高于现实性，故根本上，ἡ τοῦ ἀγαθοῦ ἕξις［善之拥有］，即可能性之本质源

泉，乃是 μειζόνως τιμητέον[更为可敬得多的]。[1]

可是，恰恰在这里，缘故与此在的关联成了问题。只不过，这一问题并未大白于天下。确切地说，按照传统的学说，理念始终寓于一个 ὑπερουράνιος τόπος[超凡的地方]；要紧的只是确保理念成为客体中最客观的东西，成为存在者中的存在者，而与此同时，作为原初的世界特性的缘故并没有显示出来，因而作为此在之超越的 ἐπέκεινα[彼岸]的源始内容并没有产生作用。相反地，后来也产生了一种在柏拉图的“进行重新回忆的”“心灵的自我对话”中已经先行构成的倾向，即把理念把握为“主体”所独有的东西。这两种努力表明，世界既被端到了此在面前(彼岸)，同时又在此在中构成自身。理念问题的历史显示出，超越如何始终已经显露出来，但同时又如何在可能解释的本身不充分地被建基和被规定的两极之间来回摆动。理念被看作是比客体更客观的，同时又被看作是比主体更主观的。正如一个别具一格的始终存在者的区域取代了未被重新认识的世界现象，同样地，与世界的关联也在某种对于这个存在者的特定态度意义上被解说为 νοεῖν，即 intuitus[直观]，被解说为不再被中介化的知觉，即“理性”。“先验的理想”与 intuitus originarius[原初直观]同行。

在上面这种对源始的超越问题的依然被遮蔽着的历史的匆匆回忆中，我们必定会形成这样一种洞见：超越是不能通过一种向客

① 参看柏拉图:《理想国》，第六卷，509A。——原注

162 观之物的逃遁而获得揭示和把捉的，而唯一地只能通过一种必须不断地更新的对主体之主体性的存在学阐释而得揭示和把捉；这种阐释与“主观主义”相违抗，同样也必定不能与“客观主义”亦步亦趋。①

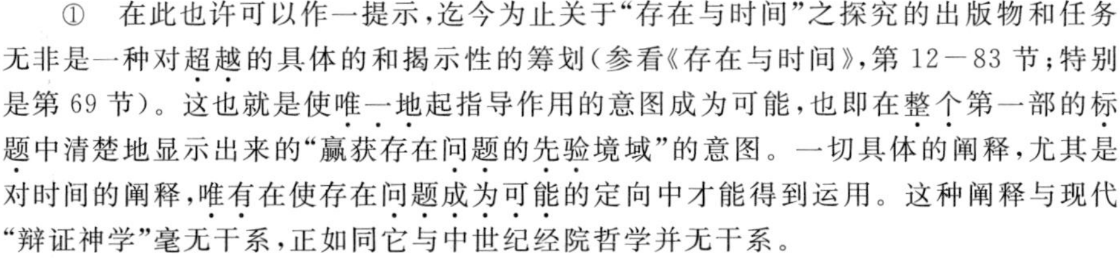

① 在此也许可以作一提示，迄今为止关于“存在与时间”之探究的出版物和任务无非是一种对超越的具体的和揭示性的筹划（参看《存在与时间》，第 12－83 节；特别是第 69 节）。这也就是使唯一地起指导作用的意图成为可能，也即在整个第一部的标题中清楚地显示出来的“赢获存在问题的先验境域”的意图。一切具体的阐释，尤其是对时间的阐释，唯有在使存在问题成为可能的定向中才能得到运用。这种阐释与现代“辩证神学”毫无干系，正如同它与中世纪经院哲学并无干系。

如若在这里此在被阐释为存在者，即能够把诸如存在问题之类的东西作为归属于其实存的问题提出来的存在者，那么，这并不意味着，这个能够作为此在本真地和非本真地实存的存在者是在一切其余存在者中间的这个“本真的”一般存在者，以至于一切其余存在者只不过是它的一种阴影而已。其实恰恰相反，在超越之揭示中应能赢获那个境域，在此境域中，存在概念——甚至多被援引的“自然的”存在概念——才能作为概念在哲学上得到论证。但在此在之超越中并且根据此在之超越而对存在的存在学阐释实际上并不意味着从作为此在的存在者中把非此在式的存在者之全体推导出来。

而且进一步，与这种误解相联系，有人指责我的《存在与时间》有一个“人类中心论的（anthropozentrische）立场”。只消人们放弃在对《存在与时间》的问题阐发的开端、整个过程和目标的深思中去把握，恰恰是通过对此在之超越的强调，“人”如何进入“中心”，以至于他在存在者之整体中的不之状态（Nichtigkeit）才首先能够而且必定成为问题，那么，这一眼下过于匆忙地流布开来的异议就是无所道说的。一个“人类中心论的立场”恰恰唯一地竭尽全力去指明：处于“中心”的此在之本质是绽出的，亦即“离心的”（*exzentrisch*），而因此之故，甚至那种违反哲学活动（作为一种本质上有限的实存可能性）的全部意义的所谓无立场状态，也还是一种幻想而已。——这种“人类中心论的立场”究竟隐含着何种危险呢？关于这一点，可参看我在《存在与时间》第一部（第 316—438 页）中对作为时间性的绽出的和境域性的时间的阐释。——原注

三、论根据的本质[①] 163

我们前面对“根据律”的探讨已经把根据问题引入超越之区域中（第一部分）。而通过一种对世界概念的分析，超越已被规定为此在的“在世界之中存在”了（第二部分）。我们眼下要做的事情乃是根据此在之超越来揭示根据之本质。

在何种意义上，诸如一般根据这种东西的内在可能性包含在超越之中呢？世界对此在表现为为它之缘故的当下整体性——而这也就是为某个同样源始地存在的存在者之缘故的当下整体性：寓于……现成者而存在、与……他者之此在共在，以及向……它自身而存在。唯当此在在缘故中超逾“自身”，此在才能够以此方式向着作为它本身的它而存在。而这种有缘故的超逾只发生在某种“意志”之中，这种“意志”本身向它自身的可能性筹划自身。[②] 因而这种意志——它本质上向此在高抛它的缘故，因而向此在先抛它的缘故——不可能是某种特定的意愿，一种区别于另一种行为（例如表象、判断、喜悦）的“意志行为”。一切行为皆植根于超越。但那种“意志”应能作为超逾并且在超逾中“构成”缘故（das Um-

① 1929年第1版：按照根据的本质强调源始的探究（*Ergründen*）。探究先于一切论证（Begründung）。探究在哲学和艺术中，而不在宗教中。——在第三节开始对第一节即存在学差异的解构（Destruktion）；存在者状态上的和存在学上的真理。在第三节，进入某个领域的步骤，这个领域迫使那种对以往之物的摧毁，并且使一种完全的翻倒成为必然。在第三节，作为此—在的意志的本质，对一切能力（Vermögen）的扬弃和克服。——作者边注

② 这段话中的形容词“有缘故的”（umwillentlich）与名词“意志”（wille）有共同的词根 will，中译文未能显示这种字面上的联系。——译者注

willen)本身。而按其本质而言在筹划之际先抛出诸如一般的缘故之类，并且绝不使之作为偶然的功效同时产生出来的那个东西，就是我们所谓的自由(*Freiheit*)。向世界的超逾乃是自由本身。
164 因此，超越并非冲向作为诸如一个自在地现成的价值和目标之类的东西的缘故，倒不如说，自由——而且作为自由——把自身呈递给这种缘故。在这种超越着的向缘故的自身呈递中，发生着人之中的此在，[①]以至于人在其实存之本质中承当自身，亦即能够成为一个自由的自身。但在这里，自由同时也揭示自身为使一般责任和约束性成为可能的东西。唯自由才能够让一个世界对此在起支配作用并且让一个世界世界化。世界绝不存在，而是世界化。[②]

最后，在上述根据超越而赢获的对自由的解释中，包含着一种对自由之本质的更为源始的描绘，它比那种把自由规定为自发性(Spontaneität)亦即一种因果性的做法更为源始。这种从自身发端[③]仅仅给出一种对自由的否定性的刻画，即：背后没有其他任何决定性的原因。但是，这种描绘首先忽略了这样一个事实：它在存在学上无差异地谈论“开端”(Anfangen)和“发生”(Geschehen)，而没有明确地根据如此这般存在者即此在的特殊存在方式，把原因存在(Ursachesein)的特性刻画出来。因此，如若自发性(“从自身发端”)可以被用来刻画“主体”的本质特性，那么，首先就要求两

---

① 1929年第1版：相反：此在经受住这种运作，更确切地说，经受住真理之本质，并因而为人之存在的可能性(作为在此在中的人之存在)建基。——作者边注

② 此句原文为：Welt ist nie, sondern weltet.“世界世界化”(welt weltet)是海德格尔的一个特殊表达，类似于他所谓的“存在存在(是)”(Sein ist)、“无不”(Nichts nichtet)、“物物化”(Das Ding dingt)等等。——译者注

③ 这里的“从自身发端”(Von-selbst-anfangen)也可译为“自发”。——译者注

点：一、就一种可能的适当的对“自发”(von selbst)的理解而言，自身性必须已经在存在学上得到了澄清；二、这同一种对自身性的澄清必须提供出对某个自身的**发生**特征的先行描画，以便能够规定“开端”的运动方式。**而这种已然成为一切自发性之基础的自身的自身性却包含在超越之中**。自由就是筹划着和高抛着让世界起支配作用。[①] 唯由于这种自由构成超越，它在实存着的此在中才能显示为因果性的一种别具一格的方式。而对作为“因果性”的自由 165 的解释却首先已经活动于某种特定的关于根据的领悟之中了。不过，作为超越的自由不只是根据的某种特有“方式”，而是**一般根据的本源**。**自由乃是向着根据的自由**(*Freiheit zum Grunde*)。

这种自由与根据的源始关系，我们称之为**建基**(*Gründen*)。这种关系在建基之际**给出**自由并且**取得**根据。[②] 而这种植根于超越的建基却**散发**在多样的方式中。其中有三种方式：一、作为创建(Stiften)的建基；二、作为基础之取得(Boden-nehmen)的建基；三、作为论证(Begründen)的建基。如果说这三种建基方式归属于超越，那么，“创建”、“基础之取得”之类的名称显然不可能具有某种通俗的存在者状态上的含义，而必定具有某种**先验的**含义。但在何种意义上，此在之超越(Transzendieren)乃是上述方式的建基呢？

---

① 此句原文为：Das entwerfend-überwerfende Waltenlassen von Welt ist die Freiheit. 其中“让……起支配作用”(Waltenlassen)也可译为“让……运作”。——译者注

② 1929年第1版：置入无根据(Grund-lose)(深渊)、无根(Un-grund)中。——作者边注

我们有意把“创建”引为上述诸方式中的“第一种”方式。仿佛是它让其余两种方式从它自身中产生出来似的。其实不然。它甚至既不是首先已熟悉的建基，也不是首先已被认识了的建基。但是，恰恰这种创建具有一种优先地位，这种优先地位显示在：即便前面对超越的揭示也不能避开这种创建。这种“第一性的”建基无非是对缘故的筹划（*Entwurf des Umwillen*）。如果说这种自由地让世界起支配作用已经被规定为超越，而作为建基的世界筹划也必然地包含着其他建基方式，那么，我们从中就可以得出一点：无论是超越还是自由迄今都还没有获得完全的规定。诚然，在此在的世界筹划中始终包含着它在超逾中并且通过超逾而回到存在者这样一回事情。在先抛中被筹划的缘故返回到在这种世界境域中可揭示的存在者之整体那里。不论在何种显突的等级和何种明确性程度中，这个存在者整体总是包含着：作为此在的存在者和非此
166 在式的存在者。但是，在世界筹划中，非此在式的存在者凭其本身却还不是可敞开的。要不是筹划着的此在作为筹划者也已然置身于非此在式的存在者中间而存在，则后者就必定还被遮蔽着。不过，这种“在……中间”（Inmitten von）并不表示在其他存在者中出现，也并不表示在与其他存在者相对待之际特别地指向这种存在者。毋宁说，这种“在……中间”归属于超越。这个超逾着的、因而自行提高着的东西，本身必须处身于存在者之中。此在作为处身性的此在为存在者所占取，以至于它归属于存在者而为存在者所贯穿并协调。超越就是世界筹划，而且筹划者也已经为它所超逾的存在者协调地贯穿并且支配了。随着这种归属于超越的为存在者所占取的状态（*Eingenommenheit vom* Seienden），此在就在

存在者那里取得了基础，赢获了“根据”。这“第二种”建基并不是在“第一种”建基之后产生的，而是与后者“同时的”。这并不是说，它们是在同一个现在时刻里现成的，而是说，世界的筹划和为存在者所占取的状态，作为建基方式向来就归属于一种时间性（Zeitlichkeit），因为它们共同构成了时间性之到时（Zeitigung）。然而，正如将来“在”时间“之中”领先，但只要时间亦即曾在和当前也在特殊的时间统一体之中自行到时，则将来就自行到时（sich zeitigen），同样地，源自超越的各种建基方式也显示出这种联系。而之所以有这样一种对应，是因为超越植根于时间之本质中，亦即植根于时间的绽出性的和境域性的机制（ekstatisch-horizontale Verfassung）中。①

此在不可能作为存在者而已然为存在者所贯通，因而（举例说来）为存在者所包围、被存在者夺去并完全为存在者所动摇；要不是随着这种为存在者所占取的状态，同时出现了一种世界之开启（Aufbruch von Welt），而且哪怕只是出现了一种世界黎明（Welt- 167
dammer），存在者在此根本上就还缺乏运作空间。抽象地讲，被揭示出来的世界在此也许很少是透明的，甚至根本就不是透明的，世界甚至可能被解说为一个在其他存在者中间的存在者，一种关于此在之超越的明确的知识可能付诸阙如，引起世界之筹划的此在之自由也许几乎还不是清醒的——但此在仅仅作为“在世界之中存在”却已然为存在者所占取了。仅仅作为自行建基着在存在

① 在眼下的考察中，我们一概而且有意地把对超越的时间性阐释撇在一边。——原注

者中间的存在，此在为世界建基(即创建世界)。

不过，在作为对它自身之可能性的筹划的有所创建的建基中，却包含着这样一回事情，即：此在一向在其中超溢自身。按其本质而言，对可能性之筹划总是比已然落在筹划者身上的所有物更为丰富一些。但此在之所以拥有这样一种所有物，乃是因为此在作为筹划着的此在处身于存在者中间。这样一来，此在的某些其他的可能性就已经——而且仅仅是通过它自身的实际性(Faktizität)——被抽离了。不过，恰恰是这种包含于为存在者所占取的状态中的此在的“能够在世界之中存在”的某些可能性的抽离(*Entzug*)，才把世界筹划的“现实地”可把捉的可能性作为它的世界端呈给此在。这种抽离恰恰使那种剩下的被筹划的先抛(Vorwurf)的约束性获得了在此在之实存领域中运作的力量。相应于建基的两种方式，超越同时既超溢着又抽离着(*überschwingend-entziehend*)。当下超溢着的世界筹划只有在抽离中才变得有力量，才成为所有物，这一点同时也是此在之自由的有限性的一个先验的证据。而从中竟昭示出一般自由的有限本质了么？

为了解释自由的多样建基，首先重要的是要认识到我们前面所讨论的各种建基方式的统一性，也即在超溢和抽离的这种先验的相互协奏中显露出来的统一性。

但是，此在乃是一个存在者，它不仅处身于存在者中间，而且
168 也对存在者有所作为，从而也对它自身有所作为。我们首先甚至多半就把这种对存在者的行为与超越等量齐观了。如若这也是一种对超越之本质的错认的话，那么，实际上，意向性行为的先验可

能性就必定成了问题。而且，如果根本上意向性是此在之实存的一种别具一格的机制，那么，在一种对超越的揭示中，我们就不能忽略这种意向性。

我们在此未能显示的事情是，世界筹划（*Weltentwurf*）虽然使对存在者之存在的先行领悟成为可能，但它本身并非此在与存在者的关联。再者，被占取状态，即让此在处身于存在者中间（而且绝不是在没有世界之揭示的情况下）、为存在者所贯通和协调的被占取状态，并不是一种对于存在者的行为。但是，也许这两者——在它们已经得到描绘的统一性中——乃是意向性的先验的可能性条件，而且，它们同时作为建基之方式使第三种建基方式共同产生出来，亦就是使作为论证的建基共同产生出来。在论证中，此在之超越获得了就存在者本身使存在者敞开出来的可能性，亦即存在者状态上的真理的可能性。

在这里，"论证"不应在对存在者状态上的和理论上的命题的证明（Beweisen）这种狭隘的和派生的意义上被看待，而是应当在一种根本性的源始含义中被看待。据此看来，论证的意思就无非是：使一般的"为什么问题"（*Warumfrage*）成为可能。所以，对论证的本己的源始地建基着的特征加以透视，意思就是把"为什么"本身的先验本源揭示出来。[①] 也就是说，所寻求的绝不是在此在中"为什么问题"实际地开启出来这样一回事情的动因，相反地，所要追问的乃是一般"为什么"的先验可能性。因而，只要超越已经

① 这里的"为什么"原文为 das Warum，是副词"为什么"（warum）的名词化。作为名词，das Warum 似也可译为"为何原因"、"原因所在"，甚至干脆就译作"原因"。——译者注

由前面讨论的两种建基方式所规定了，那么，超越本身就还必须得到追问。创建着的建基作为世界筹划而端出实存之可能性。实存始终意味着：处身于存在者中间而对存在者——对非此在式的存
169 在者、对此在自身及其相类的存在者——有所作为，而且，在这种处身性的行为中，重要的是此在本身的能在。在世界筹划中，一种可能的东西的超溢已经被给予了，着眼于此而且在那种为在处身状态（Befindlichkeit）中簇拥着的存在者（现实事物）所贯通的状态（Durchwaltetsein）中，“为什么”得以产生出来。

但由于我们首先引述的两个建基方式在超越中是**共属一体**的，所以，“为什么”的产生乃是一种先验必然的产生。与它的本源一道，“为什么”也已经多样化了。其基本形式有：为什么如此而非别样？为什么是此而非彼？**为什么根本上有某物而非一无所有？**可是，在这种无论以何种方式表达出来的“为什么”中，却已经包含着一种对什么存在（Was-sein）、如何存在（Wie-sein）和一般存在（无）的先行领悟（尽管是一种先于概念的领悟）。这种存在之领悟才使“为什么”成为可能。而这就是说，它已经包含着对于一切追问的最初和最终的源始答案（Urantwort）。[①] 存在之领悟作为最先行的绝对**答案**而给出最初的和最终的**论证**。在其中，超越之为超越是论证着的（begründend）。由于存在和存在机制在其中得到揭示，故先验的论证就是**存在学上的真理**。

这种论证乃是一切对存在者的行为的“基础”，而且，唯有在存

① 1929年第1版：这个答案的本质：作为存有（Seyn）的存有与人之本质的关联。在何种程度上本真的存有之思不是一种追问。——作者边注

在之领悟的光亮中，存在者才能凭其本身（亦即作为它所是以及如何是的存在者）变成可敞开的。但是，由于存在者的一切敞开（存在者状态上的真理）自始就先验地为前面所描绘的论证所贯通和支配，所以，一切存在者状态上的揭示和展开在其方式中必定是“论证着的”，亦即它必须证明自己。在证明中，实现着一种对存在者的引证（*Anführung des Seienden*），即那种总是为有关存在者的什么存在和如何存在以及相应的揭示方式（真理）所要求的对存在者的引证，这个存在者进而显示为（举例说来）一种已经敞开的存在者之联系的“原因”或者“运动根据”（动因）。因为此在之超越作为筹划着的和处身性的超越在构成存在之领悟之际进行论证，而且因为这种建基在超越之统一性中是与前述两种建基同样源始的，亦即源出于此在之有限自由，故此在才能够在其实际的证明和辩护中摆脱“根据”，抑制对“根据”的要求，颠倒和掩盖“根据”。按照论证的、因而也是证明的这一起源，在此在中就还要听凭自由来决定：证明被推进到多远，以及它根本上是否被理解为真正的论证，亦即对其先验可能性的揭示。尽管在超越中存在总是被揭示了，但存在为此却并不需要存在学上的和概念性的把握。因此，说到底，超越之为超越可能始终被遮蔽着，并且只在一种“间接的”解释中才能够被了解。但即使如此，超越也已经被揭示了，因为它恰恰让存在者在“在世界之中存在”的基本机制中开启出来了，在其中才昭示出超越的自身揭示。但特别地，当建基在其三重性中被带向源起（*Entspringen*）时，超越就揭示自身为建基之本源。因此，根据就意味着：可能性、基础、证明。超越的被三分化的建基源始地统一着，才获得那个整体，即向来有一个此在能够实存于其中

170

的整体。以这三重方式，自由就是向着根据的自由。作为建基的超越之发生乃是一个突破空间（Einbruchspielraum）的自行构成，这个突破空间是适合于实际此在当下实际地在存在者整体中间的**自行保持**（*Sichhalten*）的。

据此看来，我们是把传统的四根据（四因）限制为三根据（三因），或者是把建基的三个方式等同于亚里士多德所谓的 πρῶ τον ὅθεν［第一由来］的三个变式了么？我们不可作如此肤浅的比较；
171 因为“四根据”的最初显突过程的特性乃是：在那里，在先验的根据与特殊存在者状态上的原因之间尚未有原则性的区分。前者仅仅是比后者“更普遍的东西”。先验根据的源始性以及它们的特殊的**根据**特征，还依然蒙蔽在关于“第一性的”和“最高的”开端的特性刻画中。因此它们也缺乏统一性。这种统一性只在于三重建基的先验本源的相同源始性中。通过对某个应借助于“抽象”而得出的普遍种类的追问，根据“的”本质甚至没有被寻求，更遑论被发现了。**根据之本质乃是建基的先验地源起的三重分散，即分散入世界筹划、在存在者中的被占取状态和对存在者的存在学论证之中。**

而且唯因此，对**根据**之本质的最早的追问就已经表明自身是与一种对**存在**和**真理**之本质的揭示的任务交织在一起的。

然而，难道我们不是始终还要问：为什么这三种共属一体的对超越的规定环节要以“建基”这一相同的名称来标识呢？莫非在这里只还有一种人为强制的和轻率的词面上的共性？或者，建基的三个方式实际上还在**某一个**方面——尽管这个方面向来又是不同的——是同一的么？对于这一问题，事实上必须作肯定的回答。但对**这种**含义的揭示——着眼于这种含义，三个不可分的建基方式才统一地、而又分散地相符合——却不能在眼下所作的考察的“层面”上来进行。我们只需暗示性地作一下提示：创建、基础之取得以及辩护，向来以它们的方式源起于**那种对持存状态和持存物的烦**（*der Sorge der Beständigkeit und des Bestandes*），而烦本身又只有作为时间性（Zeitlichkeit）[①]才是可能的。

在对这一问题区域的蓄意背离中，确切地说是在对探究的起 172
点的回顾中，现在我们应当简短地探讨一下：通过所尝试的对根据之“本质”的揭示，是否为“根据律”问题赢获了某种东西，以及为“根据律”问题赢获了什么。这个定律说的是：一切存在者皆有其根据。前面的讨论首先揭示出：**为何**如此。由于存在“本来”就作为先行被领悟的存在而源始地**论证着**，故任何存在者之为存在者以其方式呈报出“根据”，不管这些“根据”是否特别被把捉和适当地被规定。因为“根据”乃是**一般存在**的一个先验的本质特征，故根据律适合于**存在者**。但存在之本质中包含着根据，因为在作为筹划着世界而处身的建基的超越中，只有存在（而不是存在者）。

于是，关于根据律，我们已清楚地看到，这一原理的“诞生地”既不在陈述的本质中，也不在陈述真理中，而是在存在学上的真理中，亦即在超越本身中。**自由是根据律的本源**；因为作为存在学上的真理而自行构成的论证就建基于自由中，建基于超溢和抽离（Überschwung und Entzug）的统一性中。

从这一本源而来，我们不仅就其内在的可能性理解了这个定

① 1929年第1版：以及这种在作为时间状态的时间（Zeit als Temporalität）中的时间性。——作者边注

律，而且我们也得以洞察到它的表述的值得注意的和迄今尚未被揭示的东西，而后者诚然是被抑制在通俗的公式中了。恰恰在莱布尼茨那里，我们可见到对这个定律的特性的说明，它们表达出这个定律的内涵的一个表面看来无关紧要的要素。概括地汇集起来，莱布尼茨做了以下几种说明：ratio est cur hoc *potius* existit quam aliud［“根据就是为什么**宁可**此物存在而非别物”］；ratio est cursic *potius* existit quam aliter［“根据就是为什么**宁可**这样存在而非别样”］；ratio est cur aliquid *potius* existit quam nihil［“根据就是为什么**宁可**某物存在而非一无所有”］。这个“cur”［“为什么”］在此表达为“cur potius quam”［“为什么宁可”］。即便在这里，第一性的问题也不是：这些总是实际地在存在者状态上的行为中被提出来的问题，以何种途径并且借助于何种手段才能够得到
173 决断。需要说明的倒是：何以根本上这个“cur”［“为什么”］能够与“potius quam”［“宁可”］结伴相随。

任何一种证明都必须在某个**可能的东西**的范围内活动，因为就其可能性而言，它作为对存在者的意向性行为已经服从于一种明确的或者不明确的（存在学上的）论证。这种论证按其本质而言必然始终端出可能的东西的**决定性领域**——在那里可能性特征按照有待揭示的存在者的存在机制而发生变化——，因为论证着的存在（存在机制）作为此在的先验约束性而植根于此在的**自由**中。在有限自由之建基中根据之本质的**这一**本源的反光，显示在那些根据律公式的“potius quam”［“宁可”］中。但对“根据”与“宁可”（eher als）之间的具体的先验联系的揭示，又突现为对一般存在之理念（什么存在、如何存在、某物、无以及不之状态）的说明。

按其传统的形式和作用来看，根据律总是已经附着于一种表面化了，这种表面化必然随自身进行一种最初的对一切“原则性的东西”的揭示。因为即便是把定律说明为一个“原理”，[1]并且把它与诸如同一律和矛盾律编排在一起，甚至从同一律和矛盾律中把它推导出来，这样做也并没有通向本源，而是相当于切断了全部进一步的追问。此外，在这里我们要注意的是：就连同一律和矛盾律也不只是**先验的**定律，而是返回去指向更为源始的东西，后者并不具有定律特性，而倒是归属于超越之为超越（即时间性）的发生的。

而且这样一来，甚至根据律也与根据之本质一道推动着它的非本质，并且在已得到认可的原理形态中抑制着一个首先使它本身松动的难题。只不过，这种“非本质”绝不成为个别哲学家的所谓的“表面性”的负担，因而也不能通过一种所谓更彻底的“继续行 174
进”（Weiterkommen）而得到克服。根据具有它的非本质（Unwesen），因为它源起于有限的自由。这种有限的自由本身并不能回避如此这般源出于它的东西。超越着源起的根据返回到自由本身，而且自由**作为本源**本身变成为“根据”。**自由乃是根据之根据**（*Grund des Grundes*）。这当然不是在一种形式的、无限的“迭代”意义上来讲的。自由之根据存在（Grund-sein）并不具有——但人们总是喜欢那样认为——建基方式**之一**的特征，而是被规定为建基之先验分散的有所建基的统一性。但作为**这种**根据，自由乃是此在之**深渊**。[2] 并不能说个别的自由行为是毫无根据的（grundl-

① 注意这里的“原理”（Grundsatz）与前句的“原则性的东西”（Grundsätzliches）的字面联系。——译者注

② 德文中的“深渊”（Abgrund）一词由前缀Ab-和名词Grund（根据、基础）构成，前

os)，相反地，从其本质上讲，自由作为超越把作为能在的此在置入可能性之中，而这种可能性就是在它的有限选择面前、亦即在其命运中暴露出来的可能性。①

然而，此在必须在那种筹划着世界的对存在者的超逾中超逾自身，以便能够从这种超拔中首先把**自身**领悟为深渊。而且，此在的这种深渊状态（Abgründigkeit）又不是什么向某种辩证法或者心理学的分析敞开出来的东西。在有所建基的超越中的深渊之开启（Aufbrechen des Abgrundes），毋宁说是一种原始运动（Urbewegung），这种原始运动与我们本身一道实行着自由，并且因而“给予我们领悟”，亦即作为源始的世界内容端呈给我们，这种世界内容它愈是源始地被建基，此在之心灵便愈是简单在行动中切中它的自身性。根据之非本质因而仅仅在实际的实存中“被克服”，但绝没有被消除掉。

可是，如果超越在向着根据的自由意义上首先并且最终被理解为深渊，那么，所谓此在在存在者中并且从存在者而来的**被占取
175 状态**的本质也因此而尖锐化了。此在——虽然处身于存在者中并且为存在者所贯通——**作为自由的能在**而**被抛**入存在者之中。此在按其可能性而言就是一个自身，而且后者实际地向来符合于它的自由，而超越作为原始事件（Urgeschehen）而自行产生——这

缀 Ab-表示“除去、减少、取消”等，故 Abgrund 实含有“根据之缺失”的意义。在这里，海德格尔把此词书作 Ab-grund，显然意在强调它与基础 Grund（根据、基础）之间的字面联系。——译者注

① 1929 年第 1 版：始终还有那种徒劳的尝试，即：蒙蔽于在其转向（Kehre）中的存有（Seyn）之真理而去思考此一在。——作者边注

一实情是这种自由本身无权处理的。不过，这样一种无能（被抛状态）并非只是存在者对此在的攻击的结果，不如说，是这种无能把此在之存在规定为这样一种存在。因此，一切世界筹划皆为被抛的筹划。根据此在的存在机制[①]对此在之有限性的本质的澄清必须先行于一切对人之有限的“本性”的“不言自明的”设定，先行于一切对唯从有限性中得出的特性的描述，尤其也先行于一切关于这些特性的存在者状态上的起源的过于匆忙的“说明”。

此在之有限性的本质却是在作为向着根据的自由的超越之中揭示出自身的。[②]

而这样一来，既然人作为实存着的超越超溢入诸种可能性之中，人就是一种遥远之生物（ein *Wesen der Ferne*）了。唯通过人在其向一切存在者的超越中形成的源始的遥远，向着事物的真正切近（Nähe）才在其中进入上升。而且，唯有那种入于遥远的能听（das Hörenkönnen in die Ferne）才使得作为自身的此在唤醒对共同此在（Mitdasein）的应答，而在与共同此在的共在（Mitsein）中，此在才能献出自我性（Ichheit），以赢获作为本真自身（Selbst）的此在本身。

---

① 1929年第1版：向本源的跳跃！（此—在）本源——自由——时间性；此在的有限性并不等同于人的有限性，不同说法：本源特征！——作者边注

② 1929年第1版：但自由与建基和根据毫无共同之处，正如它与原因（Ursache）、引发（Ver-ursachen）以及任何“做事”（sachen）和“制作”（machen）方式毫无共同之处。——作者边注

177

论真理的本质

这里要讲的是真理的本质。① 真理的本质问题并不关心真理是否向来是一种实际生活经验的真理呢，还是一种经济运算的真理，是一种技术考虑的真理呢，还是政治睿智的真理，特别地，是一种科学研究的真理呢，还是一种艺术造型的真理，甚或，是一种深入沉思的真理呢，还是一种宗教信仰的真理。这种本质之问撇开所有这一切，而观入那唯一的东西，观入那种标识出任何一般“真理”之为真理的东西。

然则凭着这个本质之问，我们难道没有遁入那窒息一切思想的普遍性之空洞中去么？此种追问的浮夸性难道不是彰明了所有哲学的无根么？而一种有根的、转向现实的思想，必须首先并且开门见山地坚决要求去建立那种在今天给予我们以尺度和标准的现实真理，以防止意见和评判的混淆。面对现实的需要，这个无视于一切现实的关于真理之本质的（“抽象的”）问题又有何用呢？这种本质之问难道不是我们所能问的最不着边际、最干巴巴的问题么？

无人能逃避上述顾虑的明显的确凿性。无人能轻易忽视这一

---

① 1954 年第 3 版：本质：1. quidditas［所是］——什么（das Was）——κοινόν［共性］；2 使之可能——可能性之条件；3. 使之可能的根据。——作者边注

顾虑的逼人的严肃性。但谁在这一顾虑中说话呢？是“健全的”人类理智。它固执于显而易见的利益需求而竭力反对关于存在者之本质的知识，即长期以来被称为“哲学”的那种根本知识。 178

普通的人类理智自有其必然性；它以其特有的武器来维护它的权利。这就是诉诸它的要求和思虑的“不言自明性”。而哲学从来就不能驳倒普通理智，因为后者对于哲学的语言置若罔闻。哲学甚至不能奢望去驳倒普通理智，因为后者对于那种被哲学置于本质洞察面前的东西熟视无睹。

再者，只消我们以为自己对那些生活经验、行为、研究、造型和信仰的林林总总的“真理”感到确信，则我们本身就还持留在普通理智的明白可解性中。我们自己就助长了那种以“不言自明性”反对任何置疑要求的拒斥态度。

因此，即便我们必得追问真理，我们也需要回答这样一个问题：我们今天立身于何处？我们要知道我们今天的情形如何。我们要寻求那个应当在人的历史中并且为这种历史而为人设立起来的目标。我们要现实的“真理”。可见，还是真理！

但在寻求现实的“真理”之际，我们当也已经知道真理究竟意味着什么。或者，我们只是“凭感受”并且“大体上”知道真理？不过，这种约莫含糊的“知道”和对之漠不关心的态度，难道不是比那种对真理之本质的纯粹无知更加苍白么？

一、流俗的真理概念

人们通常所理解的真理究竟是什么呢？"真理"，[1]这是一个
179 崇高的、同时却已经被用滥了的、几近晦暗不明的字眼，它意指那个使[2]真实成其为真实的东西。什么是真实（Wahres）呢？例如，我们说："我们一起完成这项任务，是真实的快乐。"我们意思是说：这是一种纯粹的、现实的快乐。真实就是现实（das Wirkliche）。据此，我们也谈论不同于假金的真金。假金其实并非它表面上看起来的那样。它只是一种"假象"（Schein），因而是非现实的。非现实被看作现实的反面。但假金其实也是某个现实的东西。因此，我们更明白地说：现实的金是真正的金。但两者又都是"现实的"，真正的金并不亚于流通的非真正的金。可见，真金之真实并不能由它的现实性来保证。于是，我们又要重提这样一个问题：这里何谓真正的和真实的？真正的金是那种现实的东西，其现实性符合于我们"本来"就事先并且总是以金所意指的东西。相反地，当我们以为是假金时，我们就说："这是某种不相符的东西。"而对于"适得其所"的东西，我们就说：这是名副其实的。事情是相符的。[3]

① 1943 年第 1 版以及 1954 年第 3 版：真一理（Wahr-heit），后缀-heit：明朗（die Heitere）即照明者（das Heiternde），照亮者（das Lichtende）。——作者边注

② 1943 年第 1 版以及 1954 年第 3 版：使（machen）——产出、确立（her-stellen）——让……进入澄明而出现。——作者边注

③ "这是某种不相符的东西"（Hier stimmt etwas nicht，也可意译为"这儿有点不对头"），"这是名副其实的"（es stimmt），"事情是相符的"（Die Sache stimmt），在这三个日常句子中，都有"符合"（stimmen）这个动词。——译者注

然而，我们不仅把现实的快乐、真正的金和所有此类存在者称为真实的，而且首先也把我们关于存在者的陈述称为真实的或者虚假的，而存在者本身按其方式可以是真正的或者非真正的，在其现实性中可以是这样或者那样。当一个陈述所指所说与它所陈述的事情相符合时，该陈述便是真实的。甚至在这里，我们也说：这是名副其实的。但现在相符的不是事情（Sache），而是**命题**（*Satz*）。

真实的东西，无论是真实的事情还是真实的命题，就是相符、一致的东西。在这里，真实和真理就意味着符合（Stimmen），而且
是双重意义上的符合：一方面是事情与关于事情的先行意谓的符 180
合；另一方面则是陈述的意思与事情的符合。

传统的真理定义表明了符合的这一双重特性：veritas est adaequatio rei et intellectus。这个定义的意思可以是：真理是物（事情）对知的适合。但它也可以表示：真理是知对物（事情）的适合。诚然，人们往往喜欢把上述本质界定仅仅表达为如下公式：veritas est adaequatio intellectus ad rem［真理是知与物的符合］。不过，这样被理解的真理，即命题真理，却只有在事情真理（Sachwahrheit）的基础上，亦即在 adequatio rei ad intellectum［物与知的符合］的基础上，才是可能的。真理的两个本质概念始终就意指一种"以……为取向"，因此它们所思的就是作为**正确性**（*Richtigkeit*）的真理。

尽管如此，前者却并非对后者的单纯颠倒。而毋宁说，在两种情况下，intcllcctus［知］与 res［物］是被做了不同的思考。为了认清这一点，我们必须追溯通常的真理概念的流俗公式的最切近的

（中世纪的）起源。作为 adaequatio rei ad intellectum［物与知的符合］的 veritas［真理］并不就是指后来的、唯基于人的主体性才有可能的康德的先验思想，也即“对象符合于我们的知识”，而是指基督教神学的信仰，即认为：从物的所是和物是否存在看，物之所以存在，只是因为它们作为受造物（ens creatum）符合于在 intellectus divinus 即上帝之精神中预先设定的理念，因而是适合理念的（即正确的），并且在此意义上看来是“真实的”。就连 intellectus humanus［人类理智］也是一种 ens creatum［受造物］。作为上帝赋予人的一种能力，它必须满足上帝的 idea［理念］。但是，理智之所以是适合理念的，乃是由于它在其命题中实现所思与那个必然相应于 idea［理念］的物的适合。如果一切存在者都是“受造
181 的”，那么，人类知识之真理的可能性就基于这样一回事情：物与命题同样是适合理念的，因而根据上帝创世计划的统一性而彼此吻合。作为 adaequatio rei（creandae）ad intellecctum（divinum）［物（受造物）与知（上帝）的符合］的 veritas［真理］，保证了作为 adaequatio intellectus（humani）ad rem（creatam）［知（人类的）与物（创造的）的符合］的 veritas［真理］。在本质上，真理无非是指 convenientia［协同］，也即作为受造物的存在者在自身中间与创造主的符合一致，一种根据创世秩序之规定的“符合”。①

① 1943 年第 1 版：不是双重的符合，而是一种符合（Übereinkommen），但具有多重构造：因为与创造主符合一致，所以（作为受造物在某种程度上神性之物）就在自身中间；在一种更为本质性的意义上的“相符”（Entsprechung），它作为符合指的是经院哲学那种粗糙的、未经思索的、从亚里士多德那里传下来的存在类比（analogia entis）。——作者边注

但是，在摆脱了创世观念之后，这种秩序同样也能一般地和不确定地作为世界秩序而被表象出来。神学上所构想的创世秩序为世界理性（Weltvernunft）对一切对象的可计划性所取代。世界理性为自身立法，从而也要求其程序（这被看作是“合逻辑的”）具有直接的明白可解性。命题真理的本质在于陈述的正确性，这一点用不着特别的论证。即便是在人们以一种引人注目的徒劳努力去解释这种正确性如何发生时，人们也是把这种正确性先行设定为真理的本质了。同样，事情真理也总是意味着现成事物与其“合理性的”本质概念的符合。这就形成一种假象：仿佛这一对真理之本质的规定是无赖于对一切存在者之存在的本质的阐释的——这种阐释总是包含着对作为 intellectus［知识］的承担者和实行者的人的本质的阐释。于是，有关真理之本质的公式（veritas est adaequatio intellectus et rei［真理是知与物的符合］）就获得了它的任何人都可以立即洞明的普遍有效性。这一真理概念的不言自明性的本质根据几乎未曾得到过关注；而在这种自明性的支配下，人们也就承认下面这回事情是同样不言自明的：真理有一个反面，并且 182
有非真理（Unwahrheit）。命题的非真理（不正确性）就是陈述与事情的不一致。事情的非真理（非真正性）就是存在者与其本质的不符合。无论如何，非真理总是被把握为不符合。此种不符合落在真理之本质之外。因此，在把捉真理的纯粹本质之际，就可以把作为真理的这样一个反面的非真理撇在一边了。

然而，归根到底，我们还需要对真理之本质作一种特殊的揭示么？真理的纯粹本质不是已经在那个不为任何理论所扰乱并且由其自明性所确保的普遍有效的概念中得到充分体现了吗？再者，

如果我们把那种将命题真理归结为事情真理的做法看作它最初所显示出来的东西，看作一种神学的解释，如果我们此外还纯粹地保持哲学上的本质界定，以防止神学的混杂，并且把真理概念局限于命题真理，那么，我们立即就遇到了一种古老的——尽管不是最古老的——思想传统，依这个传统来看，真理就是陈述（λόγος）与事情（πρᾶγμα）的符合一致（ὁμοίωσις）。假如我们知道陈述与事情的符合一致的意思，那么，在这里，有关陈述还有什么值得我们追问的呢？我们知道这种符合一致的意思吗？

二、符合的内在可能性

我们在不同的意义上谈论符合。例如，看到桌子上的两个五分硬币，我们便说：它们彼此是符合一致的。两者由于外观上的一
183 致而相符合。因此，它们有着这种共同的外观，而且就此而言，它们是相同的。进一步，譬如当我们就其中的一枚硬币说：这枚硬币是圆的，这时候，我们也谈到了符合。这里，是陈述与物相符合。其中的关系并不是物与物之间的，而是陈述与物之间的。但物与陈述又在何处符合一致呢？从外观上看，这两个相关的东西明显是不同的嘛！硬币是由金属做成的，而陈述根本就不是质料性的。硬币是圆形的，而陈述根本就没有空间特性。人们可以用硬币购买东西，而一个关于硬币的陈述从来就不是货币。但尽管有这样那样的不同，上述陈述作为一个真实的陈述却与硬币相符合。而且，根据流俗的真理概念，这种符合乃是一种适合。完全不同的陈述如何可能与硬币适合呢？或许它必得成为硬币并且以此完全取

消自己。这是陈述绝不可能做到的。一旦做到这一点，则陈述也就不可能成为与物相一致的陈述了。在适合中，陈述必须保持其所是，甚至首先要成其所是。那么，陈述的全然不同于任何一物的本质何在呢？陈述如何能够通过守住其本质而与一个它者——物——适合呢？

这里，适合的意思不可能是不同物之间的一种物性上的同化。毋宁说，适合的本质取决于在陈述与物之间起着作用的那种关系的特性。只消这种“关系”还是不确定的，在其本质上还是未曾得到论究的，那么，所有关于此种适合的可能性和不可能性的争执，关于此种相称的特性和程度的争执，就都会沦于空洞。但是，关于硬币的陈述把“自身”系于这一物，因为它把这一物表象（vor-stellen）出来，并且来言说这个被表象的东西，说它在其主要方面 184
处于何种情况中。有所表象的陈述就像对一个如其所是的被表象之物那样来说其所说。这个“像……那样”（so-wie）涉及表象及其所表象的东西。这里，在不考虑所有那些“心理学的”和“意识理论的”先入之见的情况下，表象（Vor-stellen）意味着让物对立而为对象。作为如此这般被摆置者，对立者必须横贯一个敞开的对立领域（offenes Entgegen）[①]，而同时自身又必须保持为一物并且自行显示为一个持留的东西。横贯对立领域的物的这一显现实行于一个敞开域（Offenes）中，此敞开域的敞开状态（Offenheit）首先并不是由表象创造出来的，而是一向只作为一个关联领域而为后

① 1954年第3版：一个对立领域的敞开状态（die Offenheit eines Ent-gegen）。——作者边注

者所关涉和接受。表象性陈述与物的关系乃是那种关系(*Verhältnis*)的实行,此种关系源始地并且向来作为一种行为(Verhalten)[①]表现出来。但一切行为的特征在于,它持留于敞开域而总是系于一个可敞开者(Offenbares)之为可敞开者。如此这般的可敞开者,而且只有在这种严格意义上的可敞开者,在早先的西方思想中被经验为"在场者"(das Anwesende),并且长期以来就被称为"存在者"。

行为向存在者保持开放。[②] 所有开放的关联都是行为。依照存在者的种类和行为的方式,人的开放状态各个不同。任何作业和动作,所有行动和筹谋,都处于一个敞开领域之中,在其中,存在者作为所是和如何是的存在者,才能够适得其所[③]并且成为可言说的(sagbar)。而只有当存在者本身向表象性陈述呈现自身,以至于后者服从于指令而如其所是地言说存在者之际,上述情形才会发生。由于陈述遵从这样一个指令,它才指向存在者。如此这

185 般指引着的言说便是正确的(即真实的)。如此这般被言说的东西便是正确的东西(真实的东西)了。

行为的开放状态(Offenständigkeit)[④]赋予陈述以正确性;因为只有通过行为的开放状态,可敞开者才能成为表象性适合的标准。开放的行为本身必须让自己来充当这种尺度。这意味着:它

① 1954年第3版:行为——逗留于澄明(置身于澄明),即在场者之在场状态的澄明。——作者边注

② 1954年第3版:作为在敞开状态中的置身。——作者边注

③ 1954年第3版:显示、出现、显露、在场。——作者边注

④ 1954年第3版:以及澄明中的开放状态。——作者边注

必须担当起对一切表象之标准的先行确定。这归于行为的开放状态。但如果只有通过行为的这种开放状态,陈述的正确性(真理)才是可能的,那么,首先使正确性得以成为可能的那个东西就必然具有更为源始的权利而被看作真理的本质了。

由此,习惯上独一地把真理当做陈述的唯一本质位置而指派给它的做法,也就失效了。真理源始地并非寓居于命题之中。不过,与此同时也生发出一个问题,即开放的和先行确定标准的行为的内在可能性的根据问题,唯这种可能性才赋予命题之正确性以那种根本上实现了真理之本质的外观。

三、正确性之可能性的根据

表象性陈述从哪里获得指令,去指向对象并且依照正确性与对象符合一致?何以这种符合一致也一并决定着真理的本质?而先行确定一种定向,指示一种符合一致,诸如此类的事情是如何发生的呢?只有这样来发生,即:这种先行确定已经自行开放而入于敞开域,已经为一个由敞开域而来运作着的结合当下各种表象的可敞开者自行开放出来了。这种为结合着的定向的自行开放,只有作为向敞开域的可敞开者的**自由存在**(*Freisein*)才是可能的。186
此种自由存在指示着迄今未曾得到把捉的自由之本质。作为正确性之内在可能性,行为的开放状态植根于自由。**真理的本质乃是自由**(*Das Wesen der Wahrheit ist die Freiheit*)。

然而,这个关于正确性之本质的命题不是以一种不言自明替换了另一种不言自明么?为了能够完成一个行为,由此也能够完成表象性陈述的行为，乃至与“真理”符合或不符合的行为，行为者当然必须是自由的。不过，前面那个命题实际上并不意味着，作出陈述，通报和接受陈述，是一种无拘无束的行为；相反，这个命题倒是说：自由[①]乃是真理之本质本身。在此，“本质”（Wesen）被理解为那种首先并且一般地被当作已知的东西的内在可能性的根据。但在自由这个概念中，我们所思的却并不是真理，更不是真理的本质。所以，“真理（陈述之正确性）的本质是自由”这个命题就必然是令人诧异的。

把真理之本质设此在自由中——这难道不就是把真理委诸人的随心所欲吗？人们把真理交付给人这个“摇摆不定的芦苇”的任意性——难道还能有比这更为彻底的对真理的葬送吗？在前面的探讨中总是一再硬充健全判断的东西，现在只是更清晰了些：真理在此被压制到人类主体的主体性那里。尽管这个主体也能获得一种客观性，但这种客观性也还与主体性一起，是人性的并且受人的支配。

错误和伪装，谎言和欺骗，幻觉和假象，简言之，形形色色的非
187 真理，人们当然把它们归咎于人。而非真理确实也是真理的反面，因此，非真理作为真理的非本质，便理所当然地被排除在真理的纯粹本质的问题范围之外了。非真理的这种人性起源，确实只是根据对立去证明那种“超出”人而起支配作用的“自在的”真理之本质。形而上学把这种真理看做不朽的和永恒的，是绝不能建立在人之本质的易逝性和脆弱性之上的。那么，真理之本质如何还能

① 1954年第3版：自由与自行遮蔽着的庇护的澄明（本有，Ereignis）。——作者边注

在人的自由中找到其持存和根据呢？

对上面这个“真理的本质是自由”的命题的拒斥态度依靠的是一些先入之见，其中最为顽冥不化的是：自由是人的一个特性。自由的本质毋需进一步的质疑，也不容进一步的质疑。人是什么，尽人皆知的嘛！

四、自由的本质

然而，对作为正确性的真理与自由的本质联系的说明却动摇着上面所说的先入之见；当然，前提是我们准备好作一种思想的转变。关于真理与自由的本质联系的思索驱使我们去探讨人之本质的问题，着眼点是保证让我们获得对人（即此在）的被遮蔽的本质根据的经验的那个方面，并且是这样，即这种经验事先把我们置于源始地本质现身着的真理领域之中。但由此而来也显示出：自由之所以是正确性之内在可能性的根据，只是因为它是从独一无二的根本性的真理之源始本质那里获得其本己本质的。自由首先已经被规定为对于敞开域的可敞开者来说的自由了。应当如何来思自由的这一本质呢？一个正确的表象性陈述与之相称的那个可敞 188
开者，乃是始终在开放行为中敞开的存在者。向着敞开域的可敞开者的自由让存在者成其所是。于是，自由便自行揭示为让存在者存在(das Seinlassen von Seiendem)。①

① 1943年第1版：让—存在(Sein-lasssen)：1.不是否定性的，而是允诺——保护(Wahrnis)；2.不是作为以存在者状态为定向的作用。对作为存有(Seyn)的存在的尊重、照管。——作者边注

通常地，比如当我们放弃一件已经安排好的事情时，我们就会说到这种让存在(Seinlassen)。“我们听其自然吧”，[1]意思就是：我们不再碰它，不再干预它。在这里，让某物存在含有放任、放弃、冷漠乃至疏忽等消极意义。

但在此必不可少的“让存在者存在”一词却并没有疏忽和冷漠的意思，而倒是相反。让存在乃是让参与到存在者那里。[2] 当然，我们也不能仅仅把它理解为对当下照面的或者寻找到的存在者的单纯推动、保管、照料和安排。让存在——即让存在者成其所是——意味着：参与到敞开域及其敞开状态中，每个仿佛与之俱来的存在者就置身于这种敞开状态中。西方思想开端时就把这一敞开域把握为 τὰ ἀληθέα，即无蔽者。如果我们把 ἀλήθεια 译成“无蔽”，而不是译成“真理”，那么，这种翻译不仅更加“合乎字面”，而且包含着一种指示，即要重新思考通常的正确性意义上的真理概念，并予以追思，深入到存在者之被解蔽状态和解蔽过程的那个尚未被把握的东西那里。参与到存在者之被解蔽状态中，这并不是丧失于这一状态中，而是自行展开而成为一种在存在者面前的引退，以便使这个存在者以其所是和如何是的方式公开自身，并且使
189 表象性适合从中取得标准。作为这种让存在，它向存在者本身展开自身，并把一切行为置入敞开域中。让存在，亦即自由，本身就是展开着的(aus-setzend)，是绽出的(ek-sistent)。着眼于真理的

① 此句德文原文为：Wir lassen etwas sein，也可直译作“我们让某物存在吧！”——译者注

② 1943 年第 1 版：让在场者在场，而且无非是把在场者带向在场、带到在场中间。——作者边注

本质，自由的本质显示自身为进入存在者之被解蔽状态的展开。

自由并不是通常理智喜欢任其借此名义四处流传的东西，即那种偶尔出现的在选择中或偏向于此或偏向于彼的任意。自由并不是对行为的可为和不可为不加约束。但自由也并不只是对某个必需之物和必然之物（以及如此这般无论何种存在者）的准备。先于这一切（“消极的”和“积极的”自由），自由乃是参与到存在者本身的解蔽过程中去。被解蔽状态本身被保存于绽出的参与（dasek-sistente Sich-einlassen）之中，由于这种参与，敞开域的敞开状态，即这个“此”（Da），才是其所是。

在此一在（Da-sein）中，人才具有他由之得以绽出地实存的本质根据，而这个本质根据长期以来未曾被探究过。在这里，“实存”（Existenz）并不意味着一个存在者的出现和“此在”（Dasein）（现成存在）[①]意义上的existentia［实存］。但“实存”在此也不是“在实存状态上”意指人在身—心机制的基础上构造出来的为其自身的道德努力。绽出之实存（Ek-sistenz）[②]植根于作为自由的真理，乃是那种进入存在者本身的被解蔽状态之中的展开。历史性的人的绽出之实存还没有得到把握，甚至还需要一种本质建基；历史性的人的绽出之实存唯开端于那样一个时刻，那时候，最初的思想家

① 这里的Dasein明显是在传统哲学的意义上使用的，海德格尔解之为“现成存在”（Vorhandensein）。而海德格尔自己所用的Dasein，特指人之存在。——译者注

② 海德格尔把Exsitenz（实存）写作Ek-sistenz，以强调人之存在乃是一种出离自身的存在。前缀Ek-有“出离”、“绽出”等意思，故我们把Ek-sistenz译为“绽出之实存”，又把相应的动词ek-sistieren译为“绽出地实存”。海德格尔特别在本书第十篇文章《关于人道主义的书信》中讨论了这种“绽出之实存”。关于Ek-sistenz一词之翻译，也可参看《关于人道主义的书信》一文，第377页注①。——译者注

追问着，凭着“什么是存在者”这个问题而投身到存在者之无蔽状态中。在这个问题中，无蔽状态才首次得到了经验。存在者整体自行揭示为 φύσις，即“自然”；但“自然”在此还不是意指存在者的
190 一个特殊领域，而是指存在者之为存在者整体，而且是在涌现着的在场(das aufgehende Anwesen)这个意义上来说的。唯当存在者本身被合乎本己地推入其无蔽状态并且被保存于其中，唯当人们从存在者之为存在者的追问出发把握了这种保存，这时候，历史才得开始。对存在者整体的原初解蔽，对存在者之为存在者的追问，和西方历史的发端，这三者乃是一回事；它们同时在一个“时代”里出现，这个“时代”本身才无可度量地为一切尺度开启了敞开域。

然而，如果绽出的此—在——作为让存在者存在——解放了人而让人获得其“自由”，因为它才为人提供出选择的可能性(存在者)，向人托出必然之物(存在者)，那么，人的任性愿望就并不占有自由。人并不把自由“占有”为特性，情形恰恰相反：是自由，即绽出的、解蔽着的此—在占有人，如此源始地占有着人，以至于唯有自由才允诺给人类那种与作为存在者的存在者整体的关联，而这种关联才首先创建并标志着一切历史。唯有绽出的人才是历史性的人。[①] “自然”是无历史的。

如此这般来理解的作为让存在者存在的自由，是存在者之解蔽意义上的真理之本质的实现和实行。“真理”并不是正确命题的标志，并不是由某个人类“主体”对一个“客体”所说出的、并且在某

① 1943 年第 1 版：不够；历史的本质来自作为本有(Ereignis)的历史。——作者边注

个地方——我们不知道在哪个领域中——“有效”的命题的标志；不如说，“真理”乃是存在者之解蔽，通过这种解蔽，一种敞开状态才成其本质。一切人类行为和姿态都在它的敞开域中展开。因此，人乃以绽出之实存的方式**存在**。

由于每一种人类行为各个以其方式保持开放，并且与它所对待的东西相协调，所以，让存在之行为状态，即自由，必然已经赋予它以一种内在指引的禀赋，即指引表象去符合于当下存在者。于 191
是，所谓人绽出地实存（ek-sistieren）就意味着：一个历史性人类的本质可能性的历史对人来说被保存于存在者整体之解蔽中了。历史的罕见而质朴的决断就源出于真理之源始本质的现身方式中。

但另一方面，由于真理在本质上乃是自由，所以历史性的人在让存在者存在中也可能让存在者不成其为它所是和如何是的存在者。这样，存在者便被遮盖和伪装了。假象（Schein）占了上风。于此，真理的非本质（Unwesen）突现出来了。不过，因为绽出的自由作为真理的本质并不是人固有的特性，倒是人只有作为这种自由的所有物才绽出地实存出来，并因而才能有历史，所以，即便真理的非本质也并不是事后来源于人的纯然无能和疏忽。而毋宁说，非真理必然源出于真理的本质。只是因为真理和非真理在本质上并不是互不相干的，而是共属一体的，一个真实的命题才能够成为一个相应地非真实的命题的对立面。于是乎，真理之本质的问题才达到了问之所问的源始领域之中，其时，基于对真理的全部本质的先行洞识，这个问题也已经把对于非真理之沉思摄入本质揭示中了。对真理之非本质的探讨并非事后补遗，而是充分地发动对真理之本质的追问的关键一步。但我们应如何来把捉真理之

本质中的非本质呢？如果说陈述的正确性并没有囊括真理的本质，那么，非真理也是不能与判断的不正确性相等同的。

192

五、真理的本质

真理的本质揭示自身为自由。自由乃是绽出的、解蔽着的让存在者存在。任何一种开放行为皆游弋于“让存在者存在”之中，并且每每对此一或彼一存在者有所作为。作为参与到存在者整体本身的解蔽中去这样一回事情，自由乃已经使一切行为协调于存在者整体。然而，我们却不能把这种协调状态（即调谐）[①]把捉为“体验”和“情感”，因为这样做，我们只不过是使之丧失了本质，并且从那种东西（“生命”和“灵魂”）出发对之作出解释而已——这种东西确实只能维持自己的本质权利的假象，只要它本身包含着对协调状态的伪装和误解。协调状态，也即一种入于存在者整体的绽出的展开状态（Ausgesetztheit），之所以是能够被“体验”和“感受”的，只是因为“体验的人”一向已经被嵌入一种揭示着存在者整体的协调状态中了，而并没有去猜测调谐之本质为何。历史性的人的每一种行为，无论它是否被强调，无论它是否被理解，都是被调谐了的，并且通过这种调谐而被推入存在者整体之中了。存在者整体的敞开状态并不就是我们恰好熟悉的存在者之总和。情形

① 这里的“协调状态（调谐）”原文为：Gestimmtheit（Stimmung）。德文词语 Stimmung 有“（乐器）校音、调音、情绪、情调”等意思。海德格尔以此词意指“此在”的一种基本“情调（情绪）”，即“此在”的行为受到存在者整体之可敞开状态的调校（调谐）。——译者注

倒是相反：存在者不为人所熟悉的地方，存在者没有或者还只是粗略地被科学所认识的地方，存在者整体的敞开状态能够更为本质地运作；而比较而言，在熟知的和随时可知的东西成为大量的，并且由于技术无限度地推进对物的统治地位而使存在者不再能够抵抗人们的卖力的认识活动的地方，存在者整体的敞开状态倒是少见运作的。正是在这种无所不知和唯知独尊的平庸无奇中，存在
者之敞开状态被敉平为表面的虚无，那种甚至不止于无关紧要而 193
只还被遗忘的东西的虚无。

调谐着的让存在者存在贯通一切于存在者中游弋的开放行为，并且先行于存在者。人的行为乃是完全由存在者整体之可敞开状态来调谐的。但在日常计算和动作的视野里来看，这一"整体"似乎是不可计算、不可把捉的。从当下可敞开的存在者那里——无论这种存在者是自然中的存在者还是历史中的存在者——我们是把捉不到这个"整体"的。尽管不断地调谐一切，但它却依然是未曾确定的东西、不可确定的东西，从而，它大抵也是最流行的东西、最不假思索的东西。不过，这个调谐者并非一无所有，而是一种对存在者整体的遮蔽。让存在总是在个别行为中让存在者存在，对存在者有所动作，并因之解蔽着存在者；正是因为这样，让存在才遮蔽着存在者整体。让存在自身本也是一种遮蔽。在此一在的绽出的自由中，发生着对存在者整体的遮蔽，**存在着**(*ist*)遮蔽状态。[1]

① 1943 年第 1 版：第五、六节之间，向(在本有中成其本质的)转向的跳跃。——作者边注

六、作为遮蔽的非真理

遮蔽状态拒绝给 ἀλήθεια[无蔽]以解蔽,并且还不允许无蔽成为 δτέρησις(剥夺),而是为无蔽保持着它的固有的最本己的东西。于是,从作为解蔽状态的真理方面来看,遮蔽状态就是非解蔽状态(Un-entborgenheit),从而就是对真理之本质来说最本己的和根本性的非真理(Un-wahrheit)。存在者整体的遮蔽状态绝不是事后才出现的,并不是由于我们对存在者始终只有零碎的知识的缘
194 故。存在者整体之遮蔽状态,即根本性的非真理,比此一存在者或彼一存在者的任何一种可敞开状态更为古老。它也比"让存在"本身更为古老,这种"让存在"在解蔽之际已然保持遮蔽了,并且向遮蔽过程有所动作了。是什么把让存在保存于这种与遮蔽过程的关联中的呢?无非是对被遮蔽者整体的遮蔽,对存在者本身的遮蔽而已——也就是神秘(das Geheimnis)罢。并不是关于这个或那个东西的个别的神秘,而只是这一个,即归根到底统摄着人的此一在的这种神秘本身(被遮蔽者之遮蔽)。

"让存在"——即让存在者整体存在——是解蔽着又遮蔽着的,其中发生着这样一回事情:遮蔽显现为首先被遮蔽者。绽出的此一在保存着最初的和最广大的非解蔽状态,即根本性的非真理。真理的根本性的非本质乃是神秘。这里,非本质还并不意味着是低于在一般之物(κοινόν[共性]、γένος[种])及其可能性和根据这种意义上的本质的。这里所说的非本质乃是先行成其本质的本质。但"非本质"首先大抵是指那种已经脱落了的本质的畸变。不

过，在上述任何一种意义上，非本质一向以其方式保持为本质性的，从来不会成为毫不相干意义上的非本质性的东西。而如此这般来谈论非本质和非真理，已经远远违背了常识之见，看起来好像是在搬弄煞费苦心地构想出来的“佯谬”（Paradoxa）。这种印象是难以消除的，所以，我们似乎应当放弃这种矛盾的谈论；不过，它只是对于通常的意见（Doxa）来说是矛盾的。而对有识之士来说，真理的原初的非本质（即非真理）中的“非”（Un-），却指示着那尚未被经验的存在之真理（而不只是存在者之真理）的领域。

作为“让存在者存在”，自由在自身中就是断然下了决心的姿态，即没有自行锁闭起来的姿态。一切行为都植根于此种姿态中，[①]并且从中获得指引而去向存在者及其解蔽。但这一对于遮蔽的姿态却同时自行遮蔽，因为它一任神秘之被遗忘状态占了上 195
风，并且消隐于这种被遗忘状态中了。尽管人不断地在其行为中对存在者有所作为，但他也往往总是对待了此一或彼一存在者及其当下可敞开状态而已。就是在最极端的情形中，他也还是固执于方便可达的和可控制的东西。而且，当他着手拓宽、改变、重新获得和确保在其所作所为的各个不同领域中的存在者之可敞开状态时，他也还是从方便可达的意图和需要范围内取得其行为的指令的。

① 这里的“姿态”（das Verhältnis）也可按其日常含义译之为“关系”。海德格尔在此主要强调了此词与动词 sich verhalten（“采取态度”、“对待”）以及动名词 das Verhalten（“行为”、“态度”）的意义联系，故我们考虑把 das Verhältnis 译为“姿态”。——译者注

然而，滞留于方便可达的东西，这本身就是不让那种对被遮蔽者的遮蔽运作起来。诚然，存通行的东西中也有令人困惑的、未曾解释的、未曾确定的、大可置疑的东西。但这些自身确实的问题只不过是通行之物的通行的过渡和中转站，因而不是本质性的。当存在者整体的遮蔽状态仅仅被附带地看作一个偶尔呈报出来的界限时，作为基本事件的遮蔽便沦于被遗忘状态中了。

不过，此在的被遗忘了的神秘并没有为被遗忘状态所消除；而毋宁说，这种被遗忘状态倒是赋予被遗忘者的表面上的消隐以一种本己的现身当前。神秘在被遗忘状态中并且为这种被遗忘状态而自行拒绝，由此，它便让在其通行之物中的历史性的人寓于他所做成的东西。这样一来，人类就得以根据总是最新的需要和意图来充实他的“世界”，以他的打算和计划来充满他的“世界”。于是，在遗忘存在者整体之际，人便从上述他的打算和计划中取得其尺度。他固守着这种尺度，并且不断地为自己配备以新的尺度，却还没有考虑尺度之采纳（Maβ-nahme）的根据和尺度之给出（Maßgabe）的本质。尽管向一些全新的尺度和目标前进了，但在其尺度的本质之真正性（Wesens-Echtheit）这回事情上，人却茫然
196 出了差错。他愈是独一地把自己当作主体，当做一切存在者的尺度，他就愈加弄错了。人类猖獗的忘性固执于用那种对他而言总是方便可得的通行之物来确保他自己。这种固执在那种姿态中有它所不得而知的依靠；作为这种姿态，此在不仅绽出地实存（ek-sistiert），而且也**固执地持存**（*in-sistiert*），即顽固地守住那仿佛从自身而来自在地敞开的存在者所提供出来的东西。

绽出的此在是固执的。[1] 即便在固执的实存中，也有神秘在运作；只不过，此时神秘是作为被遗忘的、从而成为“非本质性的”真理的本质来运作的。

七、作为迷误的非真理

人固执地孜孜于一向最切近可达的存在者。但另一方面，只有作为已经绽出的人，人才能固执，因为他确实把存在者之为存在者当作标准了。而在他采纳标准时，人类却背离了神秘。固执地朝向（insistente Zuwendung）方便可达之物，与绽出地背离（ek-sistente Wegwendung）神秘，这两者是共属一体的。它们是一而二、二而一的事情。而这种朝向和背离却又与此在中的来回往复的固有转向亦步亦趋。人离开神秘而奔向方便可达的东西，匆匆地离开一个通行之物，赶向最切近的通行之物而与神秘失之交臂——这一番折腾就是误入歧途（*das Irren*）。

人彷徨歧途。人并不是才刚刚误入歧途。人总是在迷误中彷徨歧途，因为他在绽出之际也固执，从而已经在迷误中了。人误入其中的迷误绝不是仿佛只在人身边伸展的东西，犹如一条人偶尔失足于其中的小沟；毋宁说，迷误属于历史性的人被纳入其中的此-在的内在机制。迷误乃是那种转向的运作领域，在这种转向中，固执的绽出之实存（die in-sistente Ek-sistenz）总是随机应变

---

[1] 此句原文为：Ek-sistent ist das Dasein insistent，句中两个形容词构成对立，“绽出的”（ek-sistent）与“固执的”（insistent）相对，后者似亦可译为“内存的”。——译者注

地重新遗忘自己，重新出了差错。对被遮蔽的存在者整体的遮蔽
197 支配着当下存在者的解蔽过程，此种解蔽过程作为遮蔽之遗忘状态而成为迷误。

迷误是原初的真理之本质的本质性的反本质（Gegenwesen）。迷误公开自身为本质性真理的每一个对立面的敞开域。迷误（Irre）乃是**错误**（*Irrtum*）的敞开之所和根据。所谓错误，并非一个个别的差错，而是那种其中错综交织了所有迷误方式的历史的领地（即统治地位）。

按其开放状态以及它与存在者整体的关联，每一种行为都各个是迷误的方式。错误的范围很广，从日常的做错、看错、算错，到本质性态度和决断中的迷失和迷路，都是错误。但通常地，甚至依照哲学的学说，人们所认为的错误，乃是判断的不正确性和知识的虚假性，它只不过是迷误的一种，而且是最为肤浅的一种迷误而已。一个历史性的人类必然误入迷误之中，从而其行程是有迷误的；这种迷误本质上是与此在的敞开状态相适合的。迷误通过使人迷失道路而彻底支配着人。但使人迷失道路的迷误同时也一道提供出一种可能性，这是一种人能够从绽出之实存中获得的可能性，那就是：人通过经验迷误本身，并且在此一在的神秘那里不出差错，人就可能不让自己误入歧途。

由于人的固执的绽出之实存行于迷误之中，由于引人误入歧途的迷误总是以某种方式咄咄逼人并且由于这种逼迫控制了神秘——而且是一种被遗忘的神秘，所以，人在其此在的绽出之实存中就**尤其**屈服于神秘的支配和迷误的逼迫了。他便处在受统一者和它者的**强制的困境**中了。完整的、包含着其最本己的非本质的真理之本质，凭这种不断的来回往复的转向，就把此在保持在困境

之中了。此在就是入于困境的转向。从人的此一在而来，并且唯 198
从人的此一在而来，才出现了对必然性的解蔽，相应地也就出现了那种入于不可回避之物中的可能的移置(Versetzung)。

对存在者之为这样一个存在者的解蔽同时也就是对存在者整体的遮蔽。在这种解蔽与遮蔽的同时中，就有迷误在运作。对被遮蔽者之遮蔽与迷误一道归属于真理的原初本质。从此在的固执的绽出之实存来理解，自由乃是(在表象之正确性意义上的)真理的本质，而这仅仅是因为自由本身源起于真理的源始本质，源起于在迷误中的神秘之运作。“让存在者存在”实行于保持开放的行为。但让作为如此这般的整体的存在者存在，这回事情却只有当它在其原初的本质中偶尔被接纳时才会合乎本质地发生。于是，朝向神秘的有决心的展开(Ent-schlossenheit zum Geheimnis)便在进入迷误本身之途中了。于是，真理之本质的问题便得到了更为源始的追问。于是，真理之本质与本质之真理的交织关系的根据便显露出来了。观入那从迷误而来的神秘，这乃是一种独一无二的追问，即追问存在者之为存在者整体是什么。这种追问思考存在者之存在的问题——该问题根本上是令人误入歧途的，因而在其多义性方面是尚未得到掌握的。源起于这样一种追问的存在之思，自柏拉图以来就被理解为“哲学”，后又被冠以“形而上学”之名。

八、真理问题与哲学

把人向着绽出之实存解放出来，这对于历史具有奠基作用。这种解放在存在之思中达乎词语；不过，词语并不只是意见的“表达”，

199 不如说,它一向已经是存在者整体之真理的得到完好保存的构造。至于有多少人能听到这词语,乃是无关紧要的事情。而正是那些能听者决定了人在历史中的位置。但在哲学发端的同一个世界瞬间里,也就开始了普通理智的**鲜明突出的**统治地位(智者学派)。

普通理智要求可敞开的存在者的无可置疑性,并且把任何一种运思的追问说成是对健全的人类理智的攻击,是健全的人类理智的不幸迷惑。

然而,健全的、在它自身的区域内十分正当的理智对于哲学的评判却并没有切中哲学的本质,后者唯有根据与作为存在者整体的存在者的源始真理的关联才能得到规定。但由于真理的完全本质包含着非本质,并且是首先作为遮蔽而运作的,所以,探究这种真理的哲学本身就是分裂性的。哲学之思想乃是柔和的泰然任之(Gelassenheit der Milde),它并不拒绝存在者整体的遮蔽状态。哲学之思想尤其是严格性的展开状态(Entschlossenheit der Strenge),它并不冲破遮蔽,而是把它的完好无损的本质逼入把握活动的敞开域中,从而把它逼入其本己的真理之中。

在其"让存在"——让存在者作为如此这般的存在者整体而存在——的柔和的严格性和严格的柔和性中,哲学遂成为一种追问;这种追问并不唯一地持守于存在者,但也不允许任何外部强加的命令。这种最内在的思想困境已经为康德所猜度;因为康德在谈到哲学时说:"这里,我们看到哲学实际上被置于一个糟糕的立足点上了,它应该是牢固的,虽然无论是天上还是地上都没有它赖以立足的地方。在此,哲学应当证明它的纯正性,作为它的法则的自我维持者,而不是作为那个向哲学诉说某种移植过来的意义或者

谁也不知道的监护本性的人的代言人……"（《道德形而上学的基础》，《康德文集》，学院版，第四卷，第425页）。

康德的著作引发了西方形而上学的最后一次转向。在他上述 200
对哲学之本质的解说中，康德洞察到一个领域，按照他的形而上学立场，他是在主体性中，而且唯有从这个主体性而来，才能把握这个领域，并且必定要把它理解为它自身的法则的自我维护者。尽管如此，这一对哲学之规定性的本质洞见已经足以推翻任何对哲学之思想的贬损，其中最无助的一种贬损是声称：作为一种"文化"的"表达"（斯宾格勒）和一个富有创造性的人类的装饰品，哲学也还是有其价值的。

然而，哲学是否实现了它原初的决定性的本质而成为"其法则的自我维护者"，或者，哲学是否由其法则一向所属的那个东西的真理来维护本身并获得支撑，这取决于那种开端性，在这种开端性中，真理的源始本质对运思之追问来说成为本质性的。

我们眼下所阐述的尝试使真理之本质的问题超越了流俗的本质概念中习惯界定的范围，并且有助于我们去思索，真理之本质（das Wesen der Wahrheit）的问题是否同时而且首先必定是本质之真理（die Wahrheit des Wesens）的问题。但在"本质"这个概念中，哲学思考的是存在。我们把陈述之正确性的内在可能性追溯到作为其"根据"的"让存在"的绽出的自由，同时我们先行指出这个根据的本质开端就在于遮蔽和迷误之中。这一番工作意在表明，真理之本质并非某种"抽象"普遍性的空洞的"一般之物"，而是那种独一无二的历史所具有的自行遮蔽着的唯一东西；这种独一无二的历史乃是我们所谓的存在的"意义"的解蔽的历史——而长期以来，我们已习惯于仅仅把所谓存在当作存在者整体来思考。

201

九、注解[1]

真理之本质的问题起于本质之真理的问题。在前一个问题中，我们首先是在“所是”[2]（quidditas）或实在（realitas）的意义上来理解本质的，又把真理理解为知识的一个特性。而在本质之真理的问题中，“本质”一词作动词解；在这个还停留在形而上学之表象范围内的词语中，我们思的是存有（Seyn）——作为存在与存在者之间运作着的差异的那个存有。[3] 真理意味着作为存有之基本特征的有所澄明的庇护（lichtendes Bergen）。真理之本质问题的答案在于下面这个命题：真理的本质是本质的真理。依照我们的解释，人们不难看出，这个命题不只是颠倒了一下词序而已，并不是要唤起某种悖谬的假象。本质之真理是这个命题的主语——倘若我们毕竟还可以使用一下主语这个糟糕的语法范畴的话。有所澄明的庇护乃是知识与存在者的符合，其中的这个“是”（ist）也就是“让……成其本质”（läßt wesen）。这个命题并不是辩证的。它根本就不是陈述意义上的命题。对真理之本质问题的回答是对存

---

① 第九节之第一段是海德格尔在 1949 年增写的。——译者注

② “所是”（Washeit）或可译为“什么性”。——译者注

③ 在本段（第九节之第一段，作于 1949 年）中，海德格尔用德语古体字“Seyn”表示“存在”（Sein），体现了海德格尔力图摆脱传统形而上学之概念方式的用心。为区别起见，我们把 Seyn 译为“存有”。此种写法尤见于海德格尔作于 1936－1938 年间的手稿《哲学论稿》（*Beiträge zur Philosophie — Vom Ereignis*），即海德格尔《全集》第六十五卷，亦可见于本书的一些“作者边注”。——译者注

有之历史范围内的一个转向的道说(die Sage einer Kehre)。因为存有包含着有所澄明的庇护,所以存有原初地显现于遮蔽着的隐匿之光亮中。这种澄明的名称就是希腊的 ἀλήθεια[无蔽]。

按照原先的计划,"真理的本质"这个演讲还要续以第二个演讲,就是"本质的真理"。后面这个演讲由于种种原因而未能做成;眼下,我在"关于人道主义的书信"一文中已经把个中原因挑明了。[①]

意义的问题(参看拙著《存在与时间》,1927 年),亦即筹划领域的问题(《存在与时间》,第 151 页),亦即敞开状态的问题,亦即存在之真理(而不止于存在者之真理)的问题——这乃是一个关键问题,而我们蓄意地未予展开。表面看来,我们的思想仍停留在形而上学的轨道上;但在其关键的步骤上,也就是从作为正确性的真理到绽 202
出的自由,从绽出的自由到作为遮蔽和迷误的真理,思想在这些步骤上却实行了一个追问的转变,这个转变乃属于对形而上学的克服。我在演讲中所尝试的思想实现在那种本质性的经验中,它经验到,唯从人能够进入其中的那个此—在而来,历史性的人才得以邻近于存在之真理。于是,一切人类学和作为主体的人的主体性都被遗弃了——《存在与时间》就已经做到了这一点,存在之真理被当作一种已经转变了的历史性的基本立场的根据来寻求了;不止于此,上面这个演讲的进程就是要从这另一个根据(此—在)出发来运思。追问的过程本就是思想之道路。这种思想并不提供出观念和概念,而是作为与存在之关联的转变来经验和检验自身。

① 见本书第十篇文章。——译者注

203

柏拉图的真理学说

各门科学的认识通常用命题表达出来，并且被当做触手可及的成果端给人类，供人类使用。而一位思想家的“学说”则是在他的道说中未被道说出来的东西，人遭受到这种东西，致使人为之而效力。

为了能够经验并且在将来能够知道一位思想家的未被道说出来的东西——不论它具有何种特性——，我们必须思考他所道说出来的东西。真正地满足这一要求，在此或许就意味着：要详细讨论柏拉图的处于相互联系中的全部“对话”。但由于这是不可能的，故应有另一条道路把我们引向在柏拉图思想中未被道说出来的东西。

在柏拉图思想中还未被道说出来的东西，乃是在真理之本质的规定方面的一个转变。这一转变的实行情况，这一转变的内容，通过真理之本质的这一转变什么东西被奠定了基础，对于这些问题，我们要通过一种对柏拉图的“洞穴比喻”的解释来予以说明。

柏拉图关于 πόλις[国家]之本质的“对话”的第七卷，是从对“洞穴比喻”的描述开始的（柏拉图：《理想国》，第七卷，514a，2－517a，7）。这个“比喻”叙述了一个故事。这个故事的叙述是在苏格拉底与格劳孔的对话中展开的。苏格拉底讲述故事。格劳孔表达出觉醒起来的惊奇。下面所附的译文超出了希腊文原文，凡加括号的地方是我作的解说。①

① 以下是柏拉图在《理想国》(或译作《国家篇》)中描写的“洞穴比喻”的希腊文原文以及海德格尔所做的德文翻译。海德格尔的译文有别于通常的译法。可参看柏拉图:《理想国》,中译本(郭斌和、张竹明译),商务印书馆(北京),1986 年,第 272－276 页。——译者注

204 ἰδὲ γὰρ ἀνθρώπους οἷον ἐν καταγείῳ οἰκήσει σπηλαιώδει, ἀναπεπταμένην πρὸς τὸ φῶς τὴν εἴσοδον ἐχούσῃ μακρὰν παρὰ πᾶν τὸ σπήλαιον, ἐν ταύτῃ ἐκ παίδων ὄντας ἐν δεσμοῖς καὶ τὰ σκέλη καὶ τοὺς αὐχένας, ὥστε μένειν τε αὐτοὺς εἴς τε τὸ πρόσθεν μόνον ὁρᾶν, κύκλῳ δὲ τὰς κεφαλὰς ὑπὸ τοῦ δεσμοῦ ἀδυνάτους περιάγειν, φῶς δὲ αὐτοῖς πυρὸς ἄνωθεν καὶ πόρρωθεν καόμενον ὄπισθεν αὐτῶν, μεταξὺ δὲ τοῦ πυρὸς καὶ τῶν δεσμωτῶν ἐπάνω ὁδόν, παρ' ἣν ἰδὲ τειχίον παρῳκοδομημένον, ὥσπερ τοῖς θαυματοποιοῖς πρὸ τῶν ἀνθρώπων πρόκειται τὰ παραφράγματα, ὑπὲρ ὧν τὰ θαύματα δεικνύασιν. – ὁρῶ, ἔφη. –

238 ὅρα τοίνυν παρὰ τοῦτο τὸ τειχίον φέροντας ἀνθρώπους σκεύη τε παντοδαπὰ ὑπερέχοντα τοῦ τειχίου καὶ ἀνδριάντας καὶ ἄλλα ζῷα λίθινά τε καὶ ξύλινα καὶ παντοῖα εἰργασμένα, οἷον εἰκὸς τοὺς μὲν φθεγγομένους, τοὺς δὲ σιγῶντας τῶν παραφερόντων.

ἄτοπον, ἔφη, λέγεις εἰκόνα καὶ δεσμώτας ἀτόπους. – ὁμοίους ἡμῖν, ἦν δ'ἐγώ· τοὺς γὰρ τοιούτους πρῶτον μὲν ἑαυτῶν τε καὶ ἀλλήλων οἴει ἄν τι ἑωρακέναι ἄλλο πλὴν τὰς σκιὰς τὰς ὑπὸ τοῦ πυρὸς εἰς τὸ καταντικρὺ αὐτῶν τοῦ σπηλαίου προσπιπτούσας;

–πῶς γάρ, ἔφη, εἰ ἀκινήτους γε τὰς κεφαλὰς ἔχειν ἠναγκασμένοι εἶεν διὰ βίου; –

苏【苏格拉底】：你且来看看这样一种情况：有一些人住在一个 205
洞穴式的地下室里。这个地下室有一长长的通道，逆光向上通向外面，可让和洞穴一样宽的一路亮光照进来。有一些人从小就住在这个洞穴里，腿脚和脖颈都被捆绑着。所以他们也就待在同一个地点上，以至于他们始终只能向前看着他们眼前的东西。而因为被捆绑着，他们就不能引颈四顾。不过，他们还是获得了一道光亮，因为在他们背后远处高些的地方，有一把火在燃烧。在火光和这些被囚禁者之间（也即在那些被囚禁者背后）有一条路通向上面；请你想象一下，沿着这条路筑有一堵矮墙，就好像傀儡戏演员在观众前面设的一道屏障，以使他们把木偶举到屏障上头去表演。

格【格劳孔】：我看见了。

苏：接着请你想象一下，有一些人沿着这堵墙走过，拿着各种器物举过墙头，他们举着雕像，其他用木材和石料制作的雕塑品，以及其他多样的人工制品。你可以料想，（这时候）这些过路人中，有的在说话，有的沉默不语。

格：你讲的是一个奇特的比喻和一些奇特的囚徒。

苏：不，他们是一些和我们完全一样的人。你又有何看法呢？这样一种人除了看到火光（不断地）投射到他们对面洞壁上的阴影外，他们实际上自始就不能看到什么东西了，无论是自己的还是同伴们的什么东西。

格：如果他们一辈子头颈被限制了不能转动，他们又怎么能够看到别的什么东西呢？

206 –τί δὲ τῶν παραφερομένων; οὐ ταὐτὸν τοῦτο; –τί μήν;–

–εἰ οὖν διαλέγεσθαι οἷοί τ' εἶεν πρὸς ἀλλήλους, οὐ ταῦτα ἡγῇ ἂν τὰ ὄντα αὐτοὺς νομίζειν ἅπερ ὁρῷεν; –ἀνάγκη.–

–τί δ' εἰ καὶ ἠχὼ τὸ δεσμωτήριον ἐκ τοῦ καταντικρὺ ἔχοι; ὁπότε τις τῶν παριόντων φθέγξαιτο, οἴει ἂν ἄλλο τι αὐτοὺς ἡγεῖσθαι τὸ φθεγγόμενον ἢ τὴν παριοῦσαν σκιάν; –μὰ Δί' οὐκ ἔγωγ', ἔφη. –παντάπασι δή, ἦν δ' ἐγώ, οἱ τοιοῦτοι οὐκ ἂν ἄλλο τι νομίζοιεν τὸ ἀληθὲς ἢ τὰς τῶν σκευαστῶν σκιάς. –πολλὴ ἀνάγκη, ἔφη.–

–σκόπει δή, ἦν δ' ἐγώ, αὐτῶν λύσιν τε καὶ ἴασιν τῶν τε δεσμῶν καὶ τῆς ἀφροσύνης, οἷα τις ἂν εἴη φύσει, εἰ τοιάδε συμβαίνοι αὐτοῖς· ὁπότε τις λυθείη καὶ ἀναγκάζοιτο ἐξαίφνης ἀνίστασθαί τε καὶ περιάγειν τὸν αὐχένα καὶ βαδίζειν καὶ πρὸς τὸ φῶς ἀναβλέπειν, πάντα δὲ ταῦτα ποιῶν ἀλγοῖ τε καὶ διὰ τὰς μαρμαρυγὰς ἀδυνατοῖ καθορᾶν ἐκεῖνα ὧν τότε τὰς σκιὰς ἑώρα, τί ἂν οἴει αὐτὸν εἰπεῖν, εἴ τις αὐτῷ λέγοι ὅτι τότε μὲν ἑώρα φλυαρίας, νῦν δὲ μᾶλλόν τι ἐγγυτέρω τοῦ ὄντος καὶ πρὸς μᾶλλον ὄντα τετραμμένος ὀρθότερον βλέποι, καὶ δὴ καὶ ἕκαστον τῶν παριόντων δεικνὺς αὐτῷ ἀναγκάζοι ἐρωτῶν ἀποκρίνεσθαι ὅτι ἔστιν; οὐκ οἴει αὐτὸν ἀπορεῖν τε ἂν καὶ ἡγεῖσθαι τὰ τότε ὁρώμενα ἀληθέστερα ἢ τὰ νῦν δεικνύμενα; –πολύ γ', ἔφη.–

苏:但他们看得到(在他们背后)被举着过去的东西的什么吗? 207
难道他们不只是看到这个东西(即阴影)吗?

格:确实如此。

苏:那么,如果囚徒们能够彼此谈论和传达他们所看见的东西,你不认为,他们会把他们在那里看到的东西看作存在者吗?

格:他们势必会这样做。

苏:但如果这个囚室也还有从他们对面的墙(他们总是只看着这堵墙)传来的回声,那又会如何呢? 每当一个从囚徒们背后走过(而且举着一些物件)的人发出声音,你不认为,囚徒们会把他们对面洞壁上移动的阴影当作说话者吗?

格:天啊,他们一定会这样做的。

苏:所以,无疑地,这样被缚的人们也就只会把上述器物的阴影当作无蔽的东西了。

格:这是完全必然的。

苏:那么,现在请你看看这样一个过程:囚徒们如何被解除了禁锢,从而被治好了固执的迷误。同时请你想一想:如果受缚的囚徒碰到了下面的事情,那么这种迷误必定会是何种迷误。其中有一个被解除了桎梏,被迫突然站了起来,转头环视,开始走动,抬头看望火光,(这时)他(往往)只能痛苦地做这一切,并且由于眼花缭乱,他会无法看见那些他原先只看见其阴影的事物。(要是所有这一切都在他身上发生了,)如果有人告诉他,说他过去看到的(只是)虚无,而现在他更接近于存在者了,而且由于被扭向了更具存在者特性的东西,因而也就更正确地观看存在者了,你认为他听了这话会说些什么呢? 如果(这时)再有人还把墙头上过去的每一个器物都指给他看,并且逼他回答问题,说出那是什么,你不认为,这时他会不知所措,而且还会认为他过去(用自己的眼睛)所看到的阴影比现在(由另一个人为他)指示出来的东西更为无蔽些吗?

208 Οὐκοῦν κἂν εἰ πρὸς αὐτὸ τὸ φῶς ἀναγκάζοι αὐτὸν βλέπειν, ἀλγεῖν τε ἂν τὰ ὄμματα καὶ φεύγειν ἀποστρεφόμενον πρὸς ἐκεῖνα ἃ δύναται καθορᾶν, καὶ νομίζειν ταῦτα τῷ ὄντι σαφέστερα τῶν δεικνυμένων; – οὕτως, ἔφη.

εἰ δέ, ἦν δ' ἐγώ, ἐντεῦθεν ἕλκοι τις αὐτὸν βίᾳ διὰ τραχείας τῆς ἀναβάσεως καὶ ἀνάντους, καὶ μὴ ἀνείη πρὶν ἐξελκύσειεν εἰς τὸ τοῦ ἡλίου φῶς, ἆρα οὐχὶ ὀδυνᾶσθαί τε ἂν καὶ ἀγανακτεῖν ἑλκόμενον, καὶ ἐπειδὴ πρὸς τὸ φῶς ἔλθοι, αὐγῆς ἂν ἔχοντα τὰ ὄμματα μεστὰ ὁρᾶν οὐδ' ἂν ἓν δύνασθαι τῶν νῦν λεγομένων ἀληθῶν;

242 – οὐ γὰρ ἄν, ἔφη, ἐξαίφνης γε. –

συνηθείας δὴ οἶμαι δέοιτ' ἄν, εἰ μέλλοι τὰ ἄνω ὄψεσθαι. καὶ πρῶτον μὲν τὰς σκιὰς ἂν ῥᾷστα καθορῷ, καὶ μετὰ τοῦτο ἐν τοῖς ὕδασι τά τε τῶν ἀνθρώπων καὶ τὰ τῶν ἄλλων εἴδωλα, ὕστερον δὲ αὐτά ἐκ δὲ τούτων τὰ ἐν τῷ οὐρανῷ καὶ αὐτὸν τὸν οὐρανὸν νύκτωρ ἂν ῥᾷον θεάσαιτο, προσβλέπων τὸ τῶν ἄστρων τε καὶ σελήνης φῶς, ἢ μεθ' ἡμέραν τὸν ἥλιόν τε καὶ τὸ τοῦ ἡλίου. – πῶς δ' οὔ;

格：完全是这样。

苏：而且，如果竟有人逼使他去看火光本身，这时候，他的眼睛 209
就会感到痛苦，他就会转身走开，仍旧逃（回）到那些他能够看清的东西那里，而且确认这种（对他来说立即可见的东西）实际上比人家指示给他的东西还更清楚一些。难道不是吗？

格：是这样的。

苏：但如果有人硬拉他（这个被解除了桎梏的人）离开那里，走上一条陡峭崎岖的坡道，直到把他拉出洞穴见到了外面的阳光，不让他中途退回去，他就会觉得这样被强迫着走很痛苦，并且感到恼火。当他来到阳光下时，他就会觉得眼前金星乱蹦金蛇乱串，而且他因此就会无法看见任何一个现在作为无蔽者向他开启出来的事物。你不认为会这样吗？

格：他绝不能看见的，至少不是一下子就能看见的。

苏：显然，我认为，要能看到在高处（洞穴外面的阳光下）的东西，就需要有一个逐渐习惯的过程。而且（在这样一种适应和习惯过程中），他首先最容易地能够看到阴影，其次能够看到人和其他事物在水面上的倒影，而后来就能看见这些东西本身（存在者而不是逐渐模糊的影像）。但在这些事物的范围里，他大概就会比较容易看见星光和月光，由此比较容易观看夜里的天象和天空本身，（也就是）比白天看太阳和太阳光（更容易一些）。

格：当然啰。

210 τελευταῖον δὴ οἶμαι τὸν ἥλιον, οὐκ ἐν ὕδασιν οὐδ' ἐν ἀλλοτρίᾳ ἕδρᾳ φαντάσματα αὐτοῦ, ἀλλ' αὐτὸν καθ' αὑτὸν ἐν τῇ αὑτοῦ χώρᾳ δύναιτ' ἂν κατιδεῖν καὶ θεάσασθαι οἷός ἐστιν. – ἀναγκαῖον, ἔφη. –

καὶ μετὰ ταῦτ' ἂν ἤδη συλλογίζοιτο περὶ αὐτοῦ ὅτι οὗτος ὁ τάς τε ὥρας παρέχων καὶ ἐνιαυτοὺς καὶ πάντα ἐπιτροπεύων τὰ ἐν τῷ ὁρωμένῳ τόπῳ, καὶ ἐκείνων ὧν σφεῖς ἑώρων τρόπον τινὰ πάντων αἴτιος.

– δῆλον, ἔφη, ὅτι ἐπὶ ταῦτα ἂν μετ' ἐκεῖνα ἔλθοι. –

τί οὖν; ἀναμιμνῃσκόμενον αὐτὸν τῆς πρώτης οἰκήσεως καὶ τῆς ἐκεῖ σοφίας καὶ τῶν τότε συνδεσμωτῶν οὐκ ἂν οἴει αὑτὸν μὲν εὐδαιμονίζειν τῆς μεταβολῆς, τοὺς δὲ ἐλεεῖν; – καὶ μάλα. –

τιμαὶ δὲ καὶ ἔπαινοι εἴ τινες αὐτοῖς ἦσαν τότε παρ' ἀλλήλων καὶ γέρα τῷ ὀξύτατα καθορῶντι τὰ παριόντα, καὶ μνημονεύοντι μάλιστα ὅσα τε πρότερα αὐτῶν καὶ ὕστερα εἰώθει καὶ ἅμα πορεύεσθαι, καὶ ἐκ τούτων δὴ δυνατώτατα ἀπομαντευομένῳ τὸ μέλλον ἥξειν, δοκεῖς ἂν αὐτὸν ἐπιθυμητικῶς αὐτῶν ἔχειν καὶ ζηλοῦν τοὺς παρ' ἐκείνοις τιμωμένους τε καὶ ἐνδυναστεύοντας, ἢ τὸ τοῦ Ὁμήρου ἂν πεπονθέναι καὶ σφόδρα βούλεσθαι „ἐπάρουρον ἐόντα θητευέμεν ἄλλῳ ἀνδρὶ παρ' ἀκλήρῳ" καὶ ὁτιοῦν ἂν πεπονθέναι μᾶλλον ἢ 'κεῖνά τε δοξάζειν καὶ ἐκείνως ζῆν;

苏：最后，我认为，他大概终于就能够直接观看到太阳本身了，211
看见它的真相了，而不仅仅是看到它在水中的倒影或影像，而且不管它在其他任何地方出现，都可以在它从其本身而来在本来的地方看见太阳本身了，从而就能观察太阳了，不论它是何种样子的。

格：必定是这样的。

苏：而且，在他完成了所有这一切之后，接着他大概也已经能够对此（太阳）得出结论了：造成四季交替和年岁周期，主宰着在（现在）被看见的（太阳光的）区域中的一切事物的，正是这个太阳；实际上，它（太阳）甚至也就是所有那些事物的原因，即那些人（在洞穴下面居留的人）通过某种方式看见的一切事物的原因。

格：显然，在他超过那种东西（仅仅是倒影和阴影的东西）之后，他就会达到这种东西（达到太阳和在太阳光中的东西）的。

苏：如果他回想起自己当初的穴居和在那里决定性的“知识”，以及当时与他一起受禁锢的伙伴们，你不认为，他会庆幸自己的这一（已经发生的）变迁，而替伙伴们感到遗憾吗？

格：确实会的。

苏：而如果（这些人中间）在当时的居留地点（即在洞穴里）曾有过某种选举，也有人在其中赢得过尊劳，得到过奖励，他们能最敏锐地辨别过往的东西（即日常发生的东西），最能记住这些东西中哪些往往首先被带来，哪些后来被带来，以及哪些同时被带来，而且（进而）由此最能预言将来还可能出现什么东西，那么，你认为这个人（这个已经走出洞穴的人）（现在还）会热衷于这种（在洞穴中的）奖赏吗？对那些受到囚徒们尊重并成了他们领袖的人，他会心怀嫉妒，与他们争夺（在那里的）声望和权力地位吗？或者，还是

212 –οὕτως, ἔφη ἔγωγε οἶμαι, πᾶν μᾶλλον πεπονθέναι ἂν δέξασθαι ἢ ζῆν ἐκείνως.–

καὶ τόδε δὴ ἐννόησον, ἦν δ'ἐγώ. εἰ πάλιν ὁ τοιοῦτος καταβὰς εἰς τὸν αὐτὸν θᾶκον καθίζοιτο, ἆρ' οὐ σκότους ἀνάπλεως σχοίη τοὺς ὀφθαλμούς, ἐξαίφνης ἥκων ἐκ τοῦ ἡλίου; – καὶ μάλα γ', ἔφη.–

τὰς δὲ δὴ σκιὰς ἐκείνας πάλιν εἰ δέοι αὐτὸν γνωματεύοντα διαμιλλᾶσθαι τοῖς ἀεὶ δεσμώταις ἐκείνοις, ἐν ᾧ ἀμβλυώττει, πρὶν καταστῆναι τὰ ὄμματα, οὗτος δ'ὁ χρόνος μὴ πάνυ ὀλίγος εἴη τῆς συνηθείας, ἆρ' οὐ γέλωτ' ἂν παράσχοι, καὶ λέγοιτο ἂν περὶ αὐτοῦ ὡς ἀναβὰς ἄνω διεφθαρμένος ἥκει τὰ ὄμματα καὶ ὅτι οὐκ ἄξιον οὐδὲ πειρᾶσθαι ἄνω ἰέναι; καὶ τὸν ἐπιχειροῦντα λύειν τε καὶ ἀνάγειν, εἴ πως ἐν ταῖς χερσὶ δύναιντο λαβεῖν καὶ ἀποκτείνειν, ἀποκτεινύναι ἄν;

σφόδρα γ', ἔφη.–

会像荷马所说的那样，“宁愿在地上（地面上）生活，服侍一个陌生的穷人以谋生计”，也不愿在那些（对洞穴来说有效的）看法中混日子并且以那种方式做人吗？

格：我想，他会宁愿忍受任何苦楚，也不愿再过那种（洞穴式 213
的）囚徒生活的。

苏：那么，现在请你想一想，如果这样一个已经走出洞穴的人又回到洞穴里，坐在他原来的位置上，你认为会怎样呢？他由于突然地离开阳光走进洞穴，他的眼睛不会因黑暗而变得什么也看不见吗？

格：一定是这样的。

苏：这时他的视力还很模糊，还没来得及习惯于黑暗——再要习惯黑暗所需的时间也不会是很短的。如果有人趁这时就要他与那些始终禁锢在洞穴中的人们较量一下关于影像的看法，那他在那里不会遭到笑话吗？人家不会认为他其实只是到上面去走了一趟，回来后（回到洞穴里）眼睛就坏了，不会说甚至连起一个往上面去的念头也是不值得的吗？而且，要是把那个打算释放他们并且把他们带到上面去的人逮住杀掉是可以的话，难道他们不会真的杀掉他吗？

格：他们一定会的。

上面这个故事的含义是什么呢？柏拉图自己给出了答案；因为讲完故事之后，他立即对之做了解说（《理想国》，517a，8－518d，7）。

所谓洞穴式的地下室，乃是 τήν. . . δι' ὄφεως φαινομένην ἕδραν 的“比喻”，也即是“那个（日常）对东张西望的目光显示出来的居留区域”的“比喻”。洞穴中的火，即在洞穴居住者上方燃烧的火，乃是太阳的“比喻”。洞穴的拱顶表示天空的拱顶。人们生活在这个拱顶下面，依赖于大地并且与大地维系在一起。在这里围绕和关
214 涉到人的，对人而言就是“现实事物”，亦即存在者。在这个洞穴式的地下室中，人们感到自己“在世界上”，“在家中”，并且在这里找到了依靠。

相反，在这个“比喻”中提到的在洞穴之外才变得可见的事物，则是构成存在者的真正存在着的东西（das eigentlich Seiende des Seiende）的比喻。在柏拉图看来，这个真正存在着的东西是存在者由以在其“外观”（Aussehen）中显示自己的那个东西。柏拉图并没有把这种“外观”看作单纯的“方面”（Aspekt）。“外观”对他来说还具有某种从一种显露而来的东西，通过这种显露，每一事物得以自行“呈现”（präsentiert）[①]。由于处于其外观中，存在者本身显示自己。在希腊文中，“外观”叫做 εἶδος［爱多斯］或者 ἰδέα［相］。[②] 在这个“比喻”中，洞穴外面——在那里可以自由地眺望

① 1942年《精神遗产》抽印本：在场（an-wesen），亦即现身出来（herzu-wesen）。——作者边注

② “爱多斯”（εἶδος）通译为“形式”；“相”（ἰδέα）通译为“理念、理式”（Idee）。海德格尔则往往以德语的“外观”（Aussehen）译解这两个希腊词语。在本文中，海德格尔也把德文的 Idee 用作 ἰδέα 的对应词，显然这个 Idee 也应了解为“相”、“外观”，但我们仍把 Idee 译作“理念”。——译者注

一切——处于白昼中的事物，是对“理念”(Ideen)的说明。按柏拉图的看法，倘若人没有看见这些理念，也即关于事物、生物、人类、数字、诸神的各种“外观”，那么，他就绝不能把各种东西感知为一座房子、一棵树、一位神等等。通常人们以为，他们是径直地看到这座房子，那棵树，以及所有的存在者。人们首先而且多半不知道，他始终只是在“理念”之光中才看得到他在那里完全熟悉地视之为“现实事物”的那一切东西。而依柏拉图之见，那种被认为是唯一的和真正的现实事物，那种立即可见、可听、可触、可算的东西，始终只是理念的投影(Abschattung)，因而只是一个阴影。这种最切近的而又阴影般的东西天天把人拘禁着。人生活在一座牢房中而撇下了一切“理念”。而且，由于他甚至不知道这座牢房是这样一座牢房，他就把这个在天穹之下的日常区域看作经验和判断的领域，而他的经验和判断只是给予一切事物和关系以尺度，并且只是给予一切事物和关系的备置和装置以规则。

现在，就这个“比喻”来看，如果人要突然地在洞穴中看见后面 215
的火(这种火的光亮导致来来回回地被运送的事物的投影)，那他就立即会感到这种不同寻常的目光倒转是一种对通常行为和流行意见的扰乱。这就拒绝了对一种十分令人奇怪的、其实还是要在洞穴内被采取的态度的单纯苛求；因为在洞穴里，人们完全而明确地拥有现实事物。执迷于其“观点”(Ansicht)的洞穴中人甚至不能猜度这样一种可能性，即：他的现实事物或许根本上只可能是虚幻的阴影。如若他甚至不愿去认识洞穴之火及其光亮，而这种火又只是“人工的”，因而必定是人所熟悉的，那他又如何也能够知道阴影呢？与之相反，洞穴之外的太阳光并不是由人制作的。在太阳光中，生

长物和在场着的事物直接显示出自身，而无需通过某种投影的表现。在这个“比喻”中，自行显示的事物乃是“理念”的比喻。而太阳在这个“比喻”中则被看作那种使一切理念变得可见的东西的“比喻”。太阳乃是一切理念之理念的“比喻”。按柏拉图的说法，一切理念之理念就是 ἡ τοῦ ἀγαθοῦ ἰδέα；人们“在字面上”把后者译为“善的理念”(die Idee des Guten)，这种译法其实是十足的误解。

上面只是罗列了一下比喻上的相合：在阴影与日常被经验的现实事物之间，在洞穴之火的火光与通常最切近的“现实事物”所置身于其中的光亮之间，在洞穴之外的事物与诸理念之间，在太阳与最高理念之间。但这些相合并不就穷尽了这个“比喻”的内容。的确，真正的内容其实根本还没有得到把捉。因为这个“比喻”叙述了一些过程，而不只是报告了人在洞穴内和洞穴外的居留和情
216 况。而所报告的过程(Vorgänge)乃是从洞穴向日光、又从日光到洞穴的过渡(Übergänge)。

在这些过渡中发生了什么呢？所发生的这些事件是何以可能的呢？它们从何处取得其必然性呢？在这些过渡中事关宏旨的是什么呢？

从洞穴向日光、又从日光到洞穴的过渡，总是要求人们的眼睛适应从暗到亮、从亮到暗的改变。这时候，而且由于一些往往相反的原因，眼睛常常被弄迷乱了：διτταὶ καὶ ἀπὸ διττῶν γίγνονται ἐπιταράξεις ὄμμασιν(518a，2)。“眼睛产生了双重的迷乱，而且是由于双重的原因”。[①]

① 此句在现有中文译本中译为：“眼睛有性质不同的两种迷盲，它们是由两种相应的原因引起的……”。参看柏拉图：《理想国》，中译本 1986 年，第 277 页。——译者注

这就是说：人或者可能由于某种几乎没有受过注意的无知状态而达到那个地方，即存在者更为本质性地向他显示出来的地方，而在那里，他起初又不能应付这种本质性的东西；或者，人也可能从某种本质性的知识的态度中掉下来，并且被驱使到普通现实性的优势区域之中，但又不能把在此习见的和习惯的东西认作现实事物。

而且，无论肉眼首先必须如何缓慢而持续地改变习惯，对光亮或是对黑暗，心灵都必须以忍耐的态度、以合乎实际的步骤，去适应它所遭受到的存在者领域。但这样一种适应却要求心灵整体首先在其追求的基本方向上掉过头来，尽管只有当整个身体事先已经取得了相应的立足点时，眼睛才能够恰当地向各处看。

可是，为什么这种对当下区域的适应必定是持续而缓慢的呢？因为这种倒转关涉到人之存在，因而是在人之存在的本质的根基中完成的。这就意味着：应通过一种倒转而产生的决定性的态度，必然从某种已然包含着人之本质的关联而展开为一种固定的行为。人之本质对他当下分得的领域的这种习惯改变和适应，乃是 217
柏拉图所谓的 παιδεία 的本质。这个词不可译。按柏拉图所做的本质规定，παιδεία 的意思是 περιαγωγὴ ὅλης τῆς ψυχῆς，即引送到在其本质中的整个人的倒转。因此，παιδεία 本质上就是一种过渡（Übergang），而且是从 ἀπαιδευσία 到 παιδεία 的过渡。[①] 按照这种过渡特征，παιδεία 总是与 ἀπαιδευσία 相联系。最能符合 παιδεία 这个名称的——尽管也不是完全吻合的——还是我们德语中的“造

① 根据海德格尔在下文做的解释，这两个希腊词语应分别译为“无造形状态”（Bildungslosigkeit）和“造形”（Bildung）。——译者注

形”(Bildung)一词。当然，我们在此必须恢复这个词语的源始的命名力量，并且忘记人们后来在十九世纪对这个词语所作的曲解。[①] “造形”道出双重的意思：一方面，Bildung 乃是发展性的烙印意义上的一种塑造(Bilden)。但另一方面，这种“塑造”又是根据与某个决定性的样子——它因而被叫做榜样(Vor-bild)——的先行符合而进行的“塑造”(烙印)。“造形”既是烙印，又是通过某个形象的引送。παιδεία[造形]的对立本质乃是 ἀπαιδευσία，即无造形状态。在无造形状态中，既没有激起基本态度的发展，也没有树立决定性的榜样。

“洞穴比喻”的说明力集中表现在：它以它所叙述的生动故事，使 παιδεία[造形]之本质变得可见和可知。柏拉图同时以拒绝方式表明，παιδεία[造形]之本质并不在于把单纯的知识倒入毫无准备的心灵中，犹如灌入一个空的、任意地被端出来的容器中。与之相反，名副其实的造形则抓住并且改变着心灵本身和心灵整体，因为它首先把人置于其本质位置上，并且使人适应于这个本质位置。我们说“洞穴比喻”把 παιδεία[造形]之本质形象化了，这一点已十分清晰地由柏拉图在《理想国》第七卷开头那句话所表明了：Μετὰ ταῦτα δή, εἶπον, ἀπείκασον τοιούτῳ πάθει τὴν ἡμετέραν φύσιν παιδείας
218 τε πέρι καὶ ἀπαιδευσίας。“接下来让我们根据(下面描述的)情形来获得‘造形’以及无造形状态(的本质)的一个样子，后者(其实是共属一体的)关系到我们人的存在的根基。”[②]

① 这里的“造形”(Bildung)通译为“教化”。但正如海德格尔所言，Bildung 一词的“教化”意义主要是在十九世纪获得的。——译者注

② 此句在现有中文译本中译为：“接下来让我们把受过教育的人与没受过教育的人的本质比作下述情形。”参看柏拉图：《理想国》，中译本 1986 年，第 272 页。——译者注

按照柏拉图的明确陈述，“洞穴比喻”说明“造形”之本质。而我们眼下所做的对这个“比喻”的解释则指向柏拉图关于真理的“学说”。这难道不是想把某种陌生的东西加到这个“比喻”上去么？解释有变为一种巨大的曲解的危险。只要我们还没有确定这样一种观点，即柏拉图的思想服从真理之本质的一种转变，这种转变成了这位思想家所道说的东西的隐蔽法则，那么，情形看起来也许就是如此。从某种将来的困境来看，这种解释是必要的。按照这种解释，这个“比喻”不仅说明造形之本质，而且同时也开启出一道进入“真理”之本质转变的眼光。但如果这个“比喻”能够显示“造形”与“真理”，那么，莫非在两者之间必定存在着一种本质关联吗？事实上是有这种关联的。而且这种关联就在于，真理之本质及其转变的方式才首先使得“造形”的基本构造成为可能。

不过，是什么东西把“造形”与“真理”联合为一个源始的本质统一体的呢？

παιδεία[造形]意指整个人的倒转，亦即从首先照面事物的区域到存在者显现于其中的另一个领域的适应性移置。而只有当以往对人来说显示的一切东西及其显示方式变得完全不一样了，上面这种移置才是可能的。向来对人无蔽的东西以及无蔽状态的方式必然会自行发生转变。无蔽状态在希腊文中叫做 ἀλήθεια，后世译之为“真理”。而且，长期以来，对于西方思想来说，“真理”意味着思想表象与事实的符合一致，即：adaequatio intellectus et rei[知与物的符合]。

但是，如果我们并不满足于仅仅“在字面上”来翻译 παιδεία 219
[造形]和 ἀλήθεια[无蔽]两词，而倒是试图根据希腊人的知识来思

考有待翻译的话语所命名的实际本质，那么，“造形”与“真理”就立即会联合为一个本质统一体。如若要严肃对待 ἀλήθεια 一词所命名的东西的本质内容，那就会出现这样一个问题：柏拉图是从何处来规定无蔽状态之本质的？对此问题的解答看来就系于“洞穴比喻”的真正内容了。它要表明这个“比喻”对真理之本质的论述以及这种论述的方式。

无蔽者及其无蔽状态一向指的是总是在人的居留区域里公然在场的东西。但这个“比喻”叙述的是一个有关从一种居留向另一种居留的过渡的故事。由此，这个故事才大体上分成几段，构成由四种在某个独特的等级分层中的不同居留组成的一个系列。各种居留以及过渡段落之差异植根于当下决定性的 ἀληθές[无蔽者]的区别，即每每居统治地位的“真理”之方式的区别。因此一故，甚至在每一个段落上，无论如何，ἀληθές（即无蔽者）也都必定得到了思索和命名。

在第一个段落中，人们被囚于洞穴中，并且受缚于他们首先照面的事物。对这种居留的描写结束于这样一个强调句：παντάπασι δὴ…οἱ τοιοῦτοι οὐκ ἄν ἄλλο τι νομίζοιεν τὸ ἀληθὲς ἤ τὰς τῶν σκευαστῶν σκιάς（515c，1－2）。“所以，无疑的，这样被缚的人们也就只会把上述器物的阴影当作无蔽的东西了。”①

第二个段落描写了束缚的解除。现在，囚徒们在一定程度上自由了，但仍然被关在洞穴里。这时他们可以转向四面八方。于

① 此句在现有中文译本中译为：“因此无疑，这种人不会想到，上述事物除阴影而外还有什么别的实在。”参看柏拉图：《理想国》，中译本 1986 年，第 273 页。——译者注

是，他们就有可能看到有人在他们身后举过去的那些事物本身了。220 这些先前只能看见阴影的人们现在就“更接近于存在者了”（μᾶλλόν τι ἐγγυτέρω τοῦ ὄντος）（515d，2）。事物本身在一定的方式，也即在人工的洞穴之火的显像中，呈现出它们的外观，不再为阴影所遮蔽。若只有阴影，则阴影就会把目光拘禁起来，并因而把自己推到事物本身前。但如果目光摆脱了阴影的束缚，则如此得到了解放的人就有可能进入“更为无蔽的”（ἀληθέστερα）（515d，6）东西的范围中。尽管如此，对于这个如此这般得到解放的人，却也还必须说：ἡγεῖσθαι τὰ τότε ὁρώμενα ἀληθέστερα ἢ τὰ νῦν δεικνύμενα（同上）。“他就会认为，过去（没有别的帮助）所看到的东西（阴影）比现在（由另一个人特别为他）指示出来的东西更为无蔽些。”①

为什么呢？火光使这个已经得到解放的人炫目，他的眼睛不能习惯这种火光。这种炫目使得他不能看到火本身，不能感知到火光是如何照耀事物并且因而才使事物显现出来的。因此，这位目眩者也就不能把握到这样一点，即：他先前所看到的东西只不过是在这种火光中的事物的一种投影而已。虽然这个已经得到解放的人现在看到了不同于阴影的其他东西，但一切都还处于一种独特的迷乱中。与此相比，在未被认识、未被看到的火的反光中被看见的东西，也即阴影，却在确定的轮廓中自行显示出来。所以，对这个已经得到解放的人来说，如此这般显现出来的阴影之持存物，由于它是毫不混乱地可见的东西，故也必定是“更为无蔽的东西”。

① 此句在现有中文译本中译为：“……认为他过去所看到的阴影比现在所看到的实物更真实……。”参看柏拉图：《理想国》，中译本 1986 年，第 273 页。——译者注

因此，在第二段落的描写结尾处同样又出现了 ἀληθές[无蔽者]一词，而且现在用的是比较级 ἀληθέστερα，亦即“更为无蔽的东西”。更为本真的“真理”在阴影中呈现出来。因为就连这个摆脱了束缚的人，也还在对“真实”的确定过程中错误地评价了自己，这是由于他缺乏“评价”的前提，也即没有自由的缘故。诚然，束缚之解除带
221 来了一种解放。但被释放出来，也还不是真正的自由。

真正的自由是在第三个段落中获得的。这时，摆脱了束缚的被解放者同时被置于洞穴之外，即被置入“自由域”(das Freie)中了。这里，一切都在光天化日之下昭然若揭。事物存在的景象现在不再仅仅在洞穴内人工的、令人眼花缭乱的火光中显现出来。事物本身在此处于它们本己的外观(Aussehen)的确凿性和约束性中。自由域，即被解放者现在已经置身于其中的那个自由域，并不是指一种单纯的广阔的无限制者，而是指在共同被看见的太阳的光线中闪发出来的光亮的有所限制的联系。事物本身之所是的东西的景象，即 εἴδη(即理念)，构成那种本质，在此本质的光芒中，任何存在者作为这个或那个存在者自行显示出来，而在这种自行显示中，显现者才变成无蔽的和可通达的。

另一方面，眼下所达到的居留阶段又取决于在这里起决定作用的和真正的无蔽者。因此，甚至就在第三段落的描写的开头，柏拉图立即谈论了 τῶν νῦν λεγομένων ἀληθῶν (516a,3)，即“那个现在被称为无蔽者的事物”。这个无蔽者乃是 ἀληθέστερον，也即比那些在洞穴内不同于阴影的、被人工照亮的事物还更为无蔽的东西。现在所达到的无蔽者乃是最无蔽者，即 τὰ ἀληθέστατα。虽然柏拉图在这段话中没有用这个说法，但在《理想国》第六卷开头所

作的相应的、同样重要的探讨中，他把 τὸ ἀληθέστατον 称为最无蔽者。在那里，柏拉图指出了 οἱ... εἰς τὸ ἀληθέστατον ἀποβλέποντες (484c,5 以下)，即“看见最无蔽者的一些人”。最无蔽者自行显示于存在者一向所是的东西中。倘没有什么存在(Was-sein)(即理念)的这样一种自行显示，则这样和那样的存在者以及所有这种存在者就还是遮蔽着的，因而根本上，一切就都还是遮蔽着的。之所以被叫做“最无蔽者”，乃是因为它首先在一切显现者中显现出来，222
并且使显现者变成可通达的了。

但是，如果说在洞穴内部，要把目光从阴影移往火光以及在火光中显示出来的事物就已经是困难的，甚至是办不到的，那么，要在洞穴外面的自由域中获得自由，就更加需要至高的耐心和努力了。解脱了束缚，并不就能获得解放，解放并不就是毫无约束，倒不如说，解放首先始于那种持续不断的适应，即适应于把目光固此在那些在它们的外观中确定的事物的固定界限上。本真的解放乃是持续不断地专注于在其外观中显现出来、并且在这种显现中存在的最无蔽者。自由仅只作为如此这般地形成的专注(Zu-wendung)而存在。但这种专注也首先体现着作为一种倒转的 παιδεία [造形]之本质。也就是说，只有在最无蔽者领域中，也即在 ἀληθέστατον 领域中，并且根据这个最无蔽者，“造形”(Bildung)的本质之完成才能实现；最无蔽者就是最真实者，亦即本真的真理。“造形”之本质植根于“真理”之本质。

然而，由于 παιδεία[造形]之本质在于 περιαγωγὴ ὅλης τῆς ψυχῆς[对整个心灵的引导]，所以，它作为这样一种倒转始终是对 ἀπαιδευσία[无造形状态]的克服。παιδεία[造形]本身包含着与无

造形状态的根本性的逆向关联。而且，如果按照柏拉图自己的解说，“洞穴比喻”应能说明 παιδεία[造形]之本质，那么，这种说明也就恰恰必须揭示这一本质要素，亦即对无造形状态的不断克服。因此一故，这个故事的叙述并不像人们所认为的那样，结束于对那种爬出洞穴的攀登所达到的最高阶段的描写。相反地，这个“比喻”也描写了已经得到解放的人回到洞穴里，回到还依然被束缚的人们那里的过程。这个已经得到解放的人也应该带领这些还依然被束缚着的人们，让他们离开他们的无蔽者，而走向最无蔽者。但
223 这个解放者①却已不再熟悉洞穴了。他落入了一种危险之中，就是不敌在那里起决定作用的真理的优势，亦即屈服于通常的“现实性”（作为唯一的“现实性”）要求。这个解放者就有可能被杀害，这种可能性在柏拉图的“老师”苏格拉底的命运中已经成了现实。

这个解放者回到洞穴中去的过程，以及他在洞穴中与抗拒任何解放的囚徒们的斗争，构成了这个“比喻”的第四个独特的段落，而“比喻”于此才告结束。虽然这一段叙述不再使用 ἀληθές[无蔽者]一词，但在这个段落中，柏拉图也势必论及无蔽者，因为后者规定了人们重访的那个洞穴区域。但在第一个段落中，不是已经道出了在洞穴内起决定作用的“无蔽者”，即阴影吗？当然啰。不过，就无蔽者而言，重要的不只是，它以某种方式使显像者变成可通达的了，并且使之在其显现中保持开放；而不如说，重要的是，无蔽者总是克服着被遮蔽者之遮蔽状态。无蔽者必然是从一种遮蔽状态

① “解放者”（der Freier）即前句中的“已经得到解放的人”，是去解救那些依然被束缚着的人们的“解放者”。——译者注

中被夺得的，在某种意义上讲，也就是从一种遮蔽状态中被掠夺来的。原初地对于希腊人[①]来说，遮蔽状态作为一种自行遮蔽，贯通并且支配着存在之本质，因而也规定着存在者之在场状态和可通达状态（即“真理”），因此一故，希腊人用以表示罗马人所谓的“veritas”[“真理”]和我们德文中所谓的“真理”（“Wahrheit”）的词语，是由前缀 α 这种 privativum[阙失]（亦即 ἀ-λήθεια）标示出来的。[②] 真理[③]原初地意味着从一种遮蔽状态（Verborgenheit）[④]中被争夺到的东西。所以，真理就是始终以解蔽方式的争夺。同时，遮蔽状态也可以有形形色色的方式：锁闭、保藏、掩蔽、掩盖、蒙蔽、伪装等。按柏拉图的“比喻”来看，最初无蔽者必定是从一种低级 224
而顽冥不化的遮蔽中被争夺到的，因此，从洞穴到光天化日的自由域的移动过程，也就是一场生死攸关的斗争了。“私有化”（Privation），即对无蔽者的争夺，属于真理之本质；对于这一点，“洞穴比喻”的第四个段落给出了一个独特的暗示。正因为如此，它也就像这个“洞穴比喻”的前几个段落一样，论及了 ἀλήθεια[无蔽]。

根本上，这个“比喻”之所以能够成为一个在洞穴景象上构造起来的“比喻”，仅仅是由于它首先为那种对希腊人来说不言自明的关于 ἀλήθεια[无蔽]的基本经验所共同规定了，亦即为那种关于存在者之无蔽状态的基本经验所共同规定了。因为，地下洞穴虽

① 1942 年《精神遗产》抽印本：赫拉克利特，残篇第 123。——作者边注

② 希腊文的“无蔽”（ἀλήθεια，旧译“真理”）是由否定性前缀 α-与 λήθεια（遮蔽）合成。——译者注

③ 1942 年《精神遗产》抽印本：在真实意义上。——作者边注

④ 1942 年《精神遗产》抽印本：遮蔽（Verbergung）。——作者边注

然不同于一个于自身中敞开的东西，但它同时被笼罩着，并且由四周内壁而为大地所包围(尽管有出口)。这种于自身中敞开的对洞穴的包围，以及被洞穴所包围的东西，亦即被遮蔽者，同时还指示着一个外部，即在光天化日下扩展的无蔽者。希腊人原初地在ἀλήθεια[无蔽]意义上所思的真理之本质，亦即与被遮蔽者(被伪装者和被掩蔽者)相联系的无蔽状态，而且只有这种无蔽状态才具有一种与地下洞穴这个比喻的本质性关联。若真理具有另一种本质，而不是无蔽状态，或者至少是由无蔽状态所共同规定的真理，这时候，一个“洞穴比喻”便不具有任何说明的依据了。

而且，尽管ἀλήθεια[无蔽]可能在“洞穴比喻”中特别地被经验到了，在一些强调的段落中被道出了，但突入到优先地位上的，仍然不是无蔽状态，而是真理的另一种本质。而这也就是说，就连无蔽状态也还要遵守某种等级。

对这个“比喻”的描述，以及柏拉图自己的解说，几乎不言自明地把地下洞穴及其外部看作这个“比喻”所说的过程得以在其中发生的领域。但是，在这里重要的是所叙述的过渡，以及从人工火光
225 的区域向太阳光之光亮的攀升过程，同样还有从一切光之源返回到洞穴之黑暗中的回归过程。“洞穴比喻”的说明力量并非来自这样一个比喻，即有关地下室的锁闭状态和被拘捕到锁闭事物中的过程的比喻，也并非来自洞穴外的敞开域的景象。毋宁说，对柏拉图而言，这个“比喻”的赋予形象的说明力量集中到火、火光、阴影、白天、太阳光和太阳等的作用上。关键在于显现者之显像以及使它的可见性成为可能。虽然无蔽状态在其不同等级中被指出来了，但它只是在这样一点上得到考虑的，即它是如何使显现者在其

外观(εἶδος[爱多斯、形式])中变得可通达的,并且使这种自行显示者(ἰδέα[相])变得明显可见的。真正的沉思目标是在显像之光亮中持续的外观之显现。这种外观给出对任何一个在场着的存在者的展望。真正的沉思针对 ἰδέα[相]。“理念”(Idee)乃是外观,这种外观给出对在场者的展望。ἰδέα[相]乃是在“太阳闪耀”这种说法意义上的纯粹闪现。“理念”不仅仅是还让(在它背后的)某个它物“显现”出来,可以说,它本身就是一味专注于它自己的闪现的闪现者。ἰδέα[相]乃是可闪现者(das Scheinsame)。理念之本质在于可闪现状态和可见状态(die Schein-und Sichtsamkeit)。后者是对在场化(Anwesung)的完成,亦即是对当下存在着的存在者之在场化的完成。存在者总是在其什么存在(Was-sein)中在场。而在场化根本上就是存在之本质。因此,对柏拉图来说,存在在什么存在中有其真正的本质。甚至后来的命名也还透露出,quidditas[什么存在]乃是真正的 esse[存在],即 essentia[本质],而不是 existentia[实存]。在这里,由理念带入视野并且因而让人看到的东西,对于以理念为定向的洞察来说,乃是它所显现出来的那个东西的无蔽者。所以,无蔽者首先并且唯一地被理解为在对 ἰδέα[相]之觉知中被觉知的东西,被理解为在认识(γιγνώσκειν)中被认识的东西(γιγνωσκόμενον)。νοεῖν[直观、觉知]和 νοῦς(觉知)首先 226
是在柏拉图的这种说法中才包含着与“理念”的本质关联的。进入这种针对理念的定向之中的设置(Einrichtung),规定着觉知的本质,并且后来也规定着“理性”的本质。

这里,“无蔽状态”指的是始终作为通过理念之闪现状态而可通达者的无蔽者。但只要通达(Zugang)势必要通过某种“看”来

实现，则无蔽状态便被夹入与看的“联系”（Relation）中，亦即是与看“相关的”。所以，在《理想国》第六卷结尾处阐发出来的问题是：所看与看何以处于相互关系中？两者之间的纽带在哪里？是何种枷锁（ζυγόν，508a，1）把两者集合在一起的？“洞穴比喻”就是要说明这些问题的答案，而答案是以比喻来阐述的：作为光源的太阳给予所见事物以可见性。但是，看不仅是看可见事物，因为眼睛能够归属于太阳的本质方式，亦即归属于太阳的闪现，从而是ἡλιοειδές，“具有太阳特性的”。眼睛本身“闪闪发光”，并且专注于闪现，因而能够接受和觉知显现者。就事情本身来看，这个比喻意味着一种联系，柏拉图对之做了如下表述（第六卷，508e，1 以下）：τοῦτο τοίνυν τὸ τὴν ἀλήθειαν παρέχον τοῖς γιγνωσκομένοις καὶ τῷ γιγνώσκοντι τὴν δύναμιν ἀποδιδὸν τὴν τοῦ ἀγαθοῦ ἰδέαν φάθι εἶναι。“好了，现在你就可以说，这个给予认识的对象以无蔽状态，给予认识者以（认识）能力的东西，就是善的理念。”①

这个“比喻”把太阳比作善的理念。善的理念的本质在哪里呢？作为ἰδέα［相］，善乃是一个闪现者，作为这样一个闪现者，它就是给出视界者，作为这样一个给出视界者，它就是一个可见的、从而是可知的东西，而且，ἐν τῷ γνωστῷ τελευταία ἡ τοῦ ἀγαθοῦ ἰδέα καὶ μόγις ὁρᾶσθαι（517b，8）。“在可知的东西的领域里，善的理念
227 乃是完成一切闪现的理念，因而也是最后才真正被看见的可见状

① 此句在现有中文译本译为：“好了，现在你必须承认，这个给予知识的对象以真理给予知识的主体以认识能力的东西，就是善的理念。”参看柏拉图：《理想国》，中译本 1986 年，第 267 页。——译者注

态，而且它是要花一番大力气才能被看见的。”[①]

人们用“善”(das Gute)这个表面上明白可解的术语来翻译希腊文的 τὸ ἀγαθόν。[②] 在这里，人们想到的多半也还是“道德上的善”，而之所以如是称之，是因为它符合于道德法则。这种解说脱离了希腊思想，尽管柏拉图对作为理念的 ἀγαθόν 的解释的确会诱使我们“在伦理上”思考“善”，并且最终把它看作一种“价值”。作为现代“真理”观的内在结果而在十九世纪出现的价值观点，乃是 ἀγαθόν 的最后的、也是最虚弱的后代余孽。只要“价值”以及根据“价值”的解释支撑着尼采的形而上学，而且后者处于“对一切价值的重估”这种绝对形态中，那么，尼采也就是在西方形而上学历史范围内最肆无忌惮的柏拉图主义者，因为在他看来，任何一种知识都脱离了“价值”的形而上学本源。也就是说，由于尼采把价值理解为由“生命本身”所设定的“生命”之可能性的条件，故比起那些追逐“自在地起作用的价值”的毫无根据的畸形物的人们来，他更无偏见地掌握了 ἀγαθόν 的本质。

如若人们现在也还以现代的方式把理念之本质思考为 perceptio[知觉](即“主观表象”)，那么，人们就会在“善的理念”中找到一种无论在哪里都自在地现成的“价值”，关于后者，此外还有另一种“理念”。这个“理念”当然必须是最高的理念，因为一切都取

① 此句在现有中文译本中译为：“在可知世界中最后看见的，而且是要花很大的努力才能最后看见的东西乃是善的理念。”参看柏拉图：《理想国》，中译本 1986 年，第 276 页。——译者注

② 1947 年第 1 版：ἀγαθόν 虽然是 ἰδέα[相]，但不再在场，因此几乎不可见。——作者边注

决于，事情是否在“善”中（在某种福利的幸福或者在某种秩序的安排中）进行。然而，在这一现代思想的范围内，人们就不再能够把握到柏拉图的 ἰδέα τοῦ ἀγαθοῦ 的源始本质了。

以希腊方式来看，τὸ ἀγαθόν 意味着适用于某物和对某物适宜的东西。任何一个 ἰδέα[相]，即某物的外观，都让人看见某个存在
228 者当下所是的东西。所以，从希腊的思想看来，“理念”适宜于这样一回事情，即某物能够在它所是中显现出来并因而在其持存中在场。因此，使任何理念都适宜于一个理念的东西，用柏拉图的话说，即一切理念的理念，其实质就是使一切在场者在其所有可见状态中的显现成为可能。任何理念的本质都在于一种使可能和使适宜，也就是使……适宜于那种给予外观之视野的闪现。于是，理念之理念就是绝对使适宜者（das Tauglichmachende schlechthin），即 τὸ ἀγαθόν。后者使一切可闪现者闪现出来，因而它本身就是真正显现者，在其闪现中最可闪现者。① 因此，柏拉图也把 ἀγαθόν 称为 τοῦ ὄντος τὸ φανότατον（518c，9），即“存在者的最高显现者（最可闪现者）”。

对于现代观念来说，“善的理念”这个术语太容易引人误入歧途。其实，这个术语乃是表示那个别具一格的理念的名称，这个理念作为理念之理念是适宜于一切的东西。唯有这个理念才可能被叫做“善”，它依然是 ἰδέα τελευταία[最终的相]，因为在其中理念之

① 这里的“在其闪现中最可闪现的东西”原文为：das in seinem Scheinen Scheinsamste，或可译为：“在其闪现中最高闪现者。”——译者注

本质得到了完成,亦即开始成其本质,以至于任何其他理念的可能性也只有从中才得以产生。善可以在双重意义上被称为“最高的理念”:它在可能性之等级上是至高的理念,而且对它的仰视乃是最陡直、因而最吃力的仰视。从希腊的思想来看,这种理念根据理念之本质必须被叫做“善”;尽管真正的把捉花了大力气,理念在一定程度上却往往是在一般地有某个存在者自行显示的地方得到洞察的。即便在人们仅仅看见其本质还依然被遮蔽着的阴影之处,实际上也已经有一种火光为之而照耀,尽管这种火光没有特别地被把捉,没有被经验为火的赠品,尽管在这里人们首先也还没有认识到,这种火只不过是太阳的后裔(ἔκγονον,第六卷,507a,3)。在洞穴内部是见不到太阳的,但就连阴影也还是靠太阳光来维持的。229
然而,洞穴之火,也即使那种对其自身的本质一无所知的关于阴影的觉知成为可能的洞穴之火,却是那种存在者之经验的未被认识的根据的比喻;这种存在者之经验虽然意指存在者,但并没有把存在者当作这样一个存在者来认识。不过,太阳通过其闪现不仅发送出光芒,借此赠与一切显现者以可见状态和“无蔽状态”。同时,太阳的闪现也放射出热量,并通过其发热而使一切“产生者”有可能出现在它们的持存(Bestand)的可见因素(das Sichtsame)之中(509b)。

然而,一旦人们已经专门看见了(ὀφθεῖσαδὲ)太阳本身,若不用比喻说法,就是一旦人们看见了最高的理念,那么,συλλογιστέα εἶναι ὡς ἄρα πᾶσι πάντων αὕτη ὀρθῶν τε καὶ καλῶν αἰτία(517c),“总的看来,(从最高的理念中)就可得知:它显然对所有的人来说都是

（在人们的行为中的）一切正确者和一切美者的原因”，[①]亦即说，它是那种通过使其外观之闪现显现出来而自行显示给行为的东西。对一切“实事”（Sachen）及其实事性而言，最高的理念乃是本源，亦即是原因（Ur-sache）。[②] “善”给出外观之显现，在其中，在场者于其所是中具有其持存。通过这种给出，存在者被扣留和“被拯救”入存在之中。

对一切寻寻觅觅的审慎洞察来说，从最高理念之本质中可得知，ὅτι δεῖ ταύτην ἰδεῖν τὸν μέλλοντα ἐμφρόνως πράξειν ἢ ἰδίᾳ ἢ δημοσίᾳ（517c，4—5），“任何满心想凭着理智审慎地行动的人，或者是在私人生活中，或者是在公共生活中，都必定看见了这种（理念，这种理念被称为善，它使理念之本质成为可能）”。[③] 无论是谁应该并且意愿在一个由“理念”规定的世界里行动，他都首先需要看见理念。而且说到底，这其中也包含着 παιδεία[造形]之本质，就是使人对本质之洞见的清晰的持久状态敞开，并且使人专注于此。而按柏拉图自己的解说，“洞穴比喻”是要形象地说明 παιδεία[造形]之本质，因此一故，它也必定要叙述那种为着看见最高理念

① 此句在现有中文译本中译为：“……就必定能得出下述结论：它的确就是一切事物中一切正确者和美者的原因……。”参看柏拉图：《理想国》，中译本 1986 年，第 276 页。——译者注

② 海德格尔把德语的 Ursache（原因）一词书作 Ur-sache，显然意在强调它与 Sache（实事、事情）的联系。故我们亦可把 Ur-sache 译为“原始事情”或“原实事”。——译者注

③ 此句在现有中文译本中译为：“任何人凡能在私人生活或公共生活中行事合乎理性的，必定是看见了善的理念的。”参看柏拉图：《理想国》，中译本 1986 年，第 276 页。——译者注

而作的攀登。 230

那么，莫非“洞穴比喻”并没有专门论述 ἀλήθεια[无蔽]么？当然没有。但尽管如此，这个“比喻”依然包含着柏拉图关于真理的“学说”。因为，这个“比喻”是建立在未曾言明的 ἰδέα[相]对 ἀλήθεια[无蔽]的控制过程的基础上的。这个“比喻”形象地说明了柏拉图就 ἰδέα τοῦ ἀγαθοῦ 所道出的话：αὐτὴ κυρία ἀλήθειαν καὶ νοῦν παρασχομένη(517c,4)。“由于它给予(自行显示者)以无蔽状态，并且同时给予那种(对无蔽者的)觉知，故它本身就是主宰”。ἀλήθεια[无蔽]受制于 ἰδέα[相]。柏拉图说，ἰδέα[相]乃是允诺出无蔽状态的主宰，由此，他便向我们指明了某种未曾道出的东西，这就是：从此以后，真理的本质并不作为无蔽之本质而从其本己的本质丰富性中展开出来，而是转移到 ἰδέα[相]之本质上了。真理之本质放弃了无蔽状态的基本特征。

如果任何对存在者的行为都取决于对 ἰδέα[相]ἰδεῖν[看]也即取决于对“外观”的视见，那么，一切努力首先都必须集中到这样一种看的可能性上。为此就需要有正确的观看。就连洞穴内被解放者，当他从阴影转向事物时，他就已经把目光朝向比纯粹的阴影“更具存在者特性的”东西上了，πρὸς μᾶλλον ὄντα τετραμμένος ὀρθότερον βλέποι(515d,3—4)，“也就是被扭向了更具存在者特性的东西，他就可以更正确地观看了”。[①] 从一种情况向另一种情况

① 此句在现有中文译本中译为：“……如今他由于被扭向了比较真实的器物，比较地接近了实在，所见比较真实了……。”参看柏拉图：《理想国》，中译本 1986 年，第 273 页。——译者注

的过渡，也就是他的观看变得更为正确了。一切都取决于 ὀρθότης，即观看的正确性。由于这种正确性，看和认识变成了一种真正的看和认识，以至于这种看和认识终于直接针对最高理念，并且固此在这种“对准”(Ausrichtung)上了。在这种定向中，觉知活动适应于被看见的东西。后者就是存在者的“外观”。按照这种适应，即作为 ἰδεῖν[看]的觉知对于 ἰδέα[相]的适应，就有了一种 ὁμοίωσις，即认识与
231 事情本身的一种符合一致。因此，从 ἰδέα[相]和 ἰδεῖν[看]对于 ἀλήθεια[无蔽]的优先地位中，就产生出真理之本质的一种变化。真理变成了 ὀρθότης[正确性]，变成了觉知和陈述的正确性。

在真理之本质的这种转变中，同时也实现了真理之位置的一种变换。作为无蔽状态，真理还是存在者本身的一个基本特征。而作为“观看”的正确性，真理就变成为人对存在者的行为的称号了。

不过，在一定程度上，柏拉图还必须把“真理”确定为存在者的特性，因为作为在场者的存在者在显现中有其存在，而且正是这种存在带来了无蔽状态。而同时，对无蔽者的追问转移到外观之显现上，从而也转移到对于这种外观的看以及看的正当性和正确性上了。因此，在柏拉图的学说中包含着一种必然的两义性。正是这种两义性表明了先前未被道出，而现在必须道说的真理之本质的转变。由于柏拉图论述和言说了 ἀλήθεια[无蔽]，但同时又意指了 ὀρθότης[正确性]，并把后者设定为决定性的，而且这一切都是在同一条思路中，故我们说的这种两义性殊为鲜明地显示出来了。

我们从柏拉图本人解说“洞穴比喻”的那个段落的一个句子中(517b,7—c,5)，可以看出他对真理之本质的规定的两义性。其主要思想是，最高理念乃是架设在认识与认识对象之间的枷锁。可

是，这种关系是以双重方式被把捉到的。首先而且决定性地，柏拉图说：ἡ τοῦ ἀγαθοῦ ἰδέα 是 πάντων ὀρθῶν τε καὶ καλῶν αἰτία，即“一切正确者和一切美者的原因”（亦即本质之可能性）。但后来，柏拉图又说，善的理念是 κυρία ἀλήθειαν καὶ νοῦν παρασχομένη，即“给予无蔽状态而又给予觉知的主宰”。这两个陈述不是并行不悖的，并不是说：ἀλήθεια[无蔽]与 ὀρθά（正确者）对应，νοῦς（觉知）与 καλά（美者）对应。相反地，那是交叉的对应。正当的觉知对应于 ὀρθά，即正确者及其正确性，而无蔽者对应于美者；因为美者之本质就在于 232
成为 ἐκφανέστατον[显现]（参看柏拉图：《斐德罗篇》），后者最多地并且最纯粹地从自身而来闪现着，显示出外观，并因而是无蔽的。这两个句子道出善之理念的优先地位，亦即使认识之正确性和被认识者之无蔽状态成为可能的善之理念的优先地位。在这里，真理依然既是无蔽状态，又是正确性，尽管无蔽状态已然乞灵于 ἰδέα[相]。在真理之本质的规定上的两义性同样也还在亚里士多德那里居有支配地位。在《形而上学》第九卷之末章中（见《形而上学》，第九卷，第十章，1051a，34 以下），亚里士多德关于存在者之存在的思想达到了顶峰，在那里，无蔽状态乃是存在者的支配一切的基本特征。而同时，亚里士多德却又能够说：οὐ γὰρ ἐστι τὸ ψεῦδος καὶ τὸ ἀληθὲς ἐν τοῖς πράγμασιν…ἀλλ᾽ ἐν διανοίᾳ（《形而上学》，第六卷，第四章，1027b，25－26）。“因为真与假不在事物（本身）……，而在理智中”。①

① 此句在现有中文译本中译为：“在事物中并没有真与假，……而在思想之中”。参看亚里士多德：《形而上学》，中译本（苗力田译），中国人民大学出版社 1997 年，第 151 页。——译者注

理智的判断陈述乃是真理和虚假以及两者的区别的场所。只要陈述与实事相符合(也即ὁμοίωσις),这个陈述就可称为真的。这种对真理之本质的规定不再依据于无蔽状态意义上的ἀλήθεια;而倒是反过来,作为ψεῦδος的反面,亦即作为不正确者意义上的虚假的反面,ἀλήθεια[无蔽]被思为正确性。从此以后,真理之本质(作为有所陈述的表象活动的正确性)的印记,对整个西方思想来说成为决定性的了。为证明这一点,我们只需列举一些主导命题,即一些在形而上学的主要时期里标明真理之本质的各个特征的主导命题。

233 在中世纪经院哲学中,有托马斯·阿奎那的命题:veritas proprie invenitur in intellectu humano vel divino(《真理问题》;qu. Ⅰ art.4,resp.),“真正说来,真理只在人类的或神性的理智之中”。真理在理智中有其本质位置。在这里,真理不再是ἀλήθεια[无蔽]了,而是ὁμοίωσις[符合](即adaequatio)了。

在现代之开端,笛卡尔把托马斯·阿奎那的上述命题尖锐化了:veritatem proprie vel falsitatem non nisi in solo inteliectu esse posse(《指导心智的原则》,原则八,《全集》第十卷,第396页)。“真正意义上的真理或谬误,只能够存在于理智之中”。

进而,在现代趋于完成的时期,尼采再次把上述命题尖锐化了:“**真理就是谬误之方式**;倘没有这种方式,某种特定的生命体便无法生活。**生命**的价值乃是关键”。(尼采作于1885年的笔记,见《权力意志》,第493条)若按尼采的看法,真理是一种谬误,那么,真理的本质就在于一种思想方式,这种思想方式总是,而且必然地歪曲了现实,因为任何一种表象都无声地摆置着不间断的“生成”

(Werden),并且随着如此这般相对于流动的"生成"而被确定下来的东西,把一种不相符的东西,亦即不正确的东西,因而也就是一种谬误,设立为所谓的现实。

在尼采把真理规定为思想之不正确性的做法中,包含着对传统的作为陈述(λόγος[逻各斯])之正确性的真理之本质的赞同。尼采的真理概念显示出那种从存在者之无蔽状态到观看之正确性的真理之转变的最极端后果的最后的回光返照。这种转变本身实现于对作为ἰδέα[相]的存在者之存在(亦即希腊意义上的在场者之在场)的规定中。

按照这一存在者之解释,在场化(Anwesung)不再像在西方思想的开端中那样,是被遮蔽者入于无蔽状态的涌现(Aufgang);在西方思想的开端中,无蔽状态本身作为解蔽乃是在场化的基本特征。234 柏拉图把在场化(οὐσία)理解为ἰδέα[相]。但这种在场化并不通过为无蔽者效力、使无蔽者显现出来而隶属于无蔽状态。而倒是相反地,闪现(自行显示)决定着,什么东西在其本质范围内并且在对它自身的唯一的反向关联中还可以被叫做无蔽状态。ἰδέα[相]并不是ἀλήθεια[无蔽]的一个呈现着的前景,而是使ἀλήθεια[无蔽]成为可能的基础。但即便这样,ἰδέα[相]也还需要开端性的、而又未被认识的ἀλήθεια[无蔽]之本质中的某种东西。

真理不再作为无蔽状态,不再是存在的基本特征;相反,由于乞灵于理念,真理变成了正确性,此后就成为存在者之认识的称号了。

从此,就有了一种对观看和观看态度之正确性意义上的真理的刻意追求。从此,在对存在者的所有基本态度中,对正当的理念观看的赢获就成为决定性的了。对 παιδεία[造形]的沉思与 ἀλήθεια[无蔽]之本质的转变，是共属一体的，并且是在洞穴比喻所描述的同一个从居留到居留的过渡的故事中发生的。

在洞穴内和洞穴外的两种居留的区别乃是一种 σοφία 的差异。一般而言，σοφία 一词意味着对某东西的精通，对某东西的熟悉。[①] 更原本地，σοφία 的意思是对那种作为无蔽者而在场、并且作为在场者而持存的东西的精通。[②] 这种精通并不等于对知识的单纯占有。它指的是对某种居留的遵守（Innehalten），而这种居留往往首先在持存者中有其依据。

235 这种在洞穴下面起决定作用的精通，也即 ἡ ἐκεῖ σοφία［那里的智慧］(516c,5)，被另一种 σοφία 所超过。这另一种 σοφία 是唯一的，并且先于一切地力求在“理念”中看见存在者之存在。这种 σοφία 不同于在洞穴下面的那一种，它的突出标志是要求超出最切近的在场者之外，而在自行显示的持存者那里获得根据。这种 σοφία 本身乃是一种对那些允诺着无蔽者的“理念”的偏爱和喜爱（φιλία[热爱]）。这种在洞穴外的 σοφία 乃是 φιλοσοφία。[③] 早在柏拉图以前，希腊人的语言中就已经有了 φιλοσοφία 这个词语，希腊人普遍地用这个词语来命名一种对真正的精通的偏爱。通过柏拉

① 希腊文的 σοφία，通译为“智慧”，而海德格尔在这里对此词做了他自己的解释，把它释为对某东西的精通（Sichauskennen）和熟悉（Sichverstehen）。——译者注

② 1942 年《精神遗产》抽印本：参看赫拉克利特，残篇第 112。——作者边注

③ φιλοσοφία，即后世所谓的“哲学”（Phiosophia）。海德格尔认定，真正意义上的“哲学”是在苏格拉底-柏拉图那里才形成的，而在前苏格拉底的早期希腊思想中，还是没有“哲学”的。特别可参看海德格尔：《什么是哲学？》，德文版 1956 年。——译者注

图，这个词语才被用作表示那种对存在者的精通的名称，而这种精通同时也把存在者之存在规定为理念了。自柏拉图以来，关于存在者之存在的思考便成了“哲学”（Philosophie），因为这种思考乃是一种对“理念”的仰视。而这种首先从柏拉图发端的“哲学”，此后便具有了后人所谓的“形而上学”的特征。柏拉图本人在其洞穴比喻所叙述的故事中，说明了形而上学的基本形态。甚至，“形而上学”这个词也已经在柏拉图的描述中预先有了烙印。在说明目光对理念的适应时，柏拉图说（516c，3）：思想“超越”（μετ' ἐκεῖνα）那种仅仅阴影般地和摹像般地被经验的东西，而“走向”（εἰς ταῦτα）“理念”。理念乃是在非感性的观看中被看见的超感性的东西，是身体器官不能把握的存在者之存在。而且，在超感性领域里的最高者乃是那种理念，它作为一切理念的理念而始终是一切存在者之持存和显现的原因。由于这种“理念”以这样一种方式而成为万物的原因，因此它也就是那种被叫做“善”的理念。这一最高的和第一性的原因被柏拉图，相应地也被亚里士多德称为 τὸ θεῖον，即神灵。自从存在被解释为 ἰδέα[相]，对存在者之存在的思考就是形而上学的了，而形而上学就是神学的。神学在此意味着：把存在者之“原因”解释为神，并且把存在安置于这种“原因” 236
中，后者于自身中包含着存在，并且把存在从自身中释放出来，因为它乃是存在者中最高的存在者。

这同一种对作为 ἰδέα[相]的存在的解释所具有的优先地位基于 ἀλήθεια[无蔽]之本质的一种转变；这种解释需要一个标明对理念的观看的称号。与此称号相合的是 παιδεία 的作用，即人之“造形”的作用。对于人之存在以及人在存在者中间的地位的努力关

注，贯穿并且支配着形而上学。

形而上学在柏拉图思想中的发端同时亦是“人道主义”的发端。在这里，“人道主义”(Humanismus)一词是本质性地被思考的，因而是在最广含义上被思考的。据此看来，“人道主义”意指一个与形而上学的发端、发展和终结休戚相关的过程，这个过程也就是：人在各个不同角度，但总是有意识地奔赴到存在者的中心部位，而又没有因此就成为最高的存在者。所谓“人”，在这里一会儿是指人类或人性，一会儿是指个人或某个群体，一会儿是指民族或某一组民族。而始终要紧的事情是，在一个确定的形而上学的存在者之基本构造的领域里，把由此得到规定的“人”，即 animal rationale[理性的动物]，带向对其可能性的释放，带向其使命的确知性，带向对其“生命”的保障。这也就是“道德”态度的塑造，不朽灵魂的拯救，创造力量的发挥，理性的培养，人格的陶冶，集体精神的唤醒，身体的培育，或者某些或所有这些“人道主义因素”的适当结合。一种由形而上学所规定的围绕着人的旋转，向来都是在比较狭窄的或者比较宽广的轨道上完成的。而随着形而上学的完成，

237 “人道主义”(或者“以希腊方式”说：人类学)也就力求达到最极端的、同时也即无条件的“地位”上。[①]

柏拉图的思想跟随着真理之本质的转变，这种转变成了形而上学的历史，形而上学的历史在尼采的思想中开始了它的无条件的完成。因此，柏拉图的“真理”学说就不是一去不复返的过去事

① 海德格尔在本书第十篇文章《关于人道主义的书信》中，对“人道主义”及其形而上学本质做了深入的讨论，可以参看。——译者注

件。它乃是历史性的“当前”(Gegenwart)，但这不只是某个教本的在历史学上推算出来的“效果”，也不是对古代的复活和复制，也不是对传统的单纯保存。真理之本质的那种转变是当前性的，因为它是一种早就得到巩固的、从而原封未动的、支配一切的基本现实性，亦即进入其最新现代之中滚滚而来的全球世界历史的基本现实性。

始终随着历史性人类而发生的事情，向来都是从一种事先作出的、并且绝不依赖于人本身的关于真理之本质的决断中产生出来的。通过这种决断一向已经界定了：根据确定的真理之本质，什么东西作为真实而被寻求和被把握，而什么东西又作为非真实而被抛弃和被忽视。

柏拉图洞穴比喻中所叙述的故事描绘出现在和将来依然在由西方所烙印的人类历史中真正发生的事件的景象：人在作为表象之正确性的真理之本质意义上根据“理念”来思考一切存在者，并且根据“价值”来估价一切现实。唯一的和首要的决定性事情，并非何种理念和何种价值被设定了，而是人们根本上是根据“理念”来解释现实，根本上是根据“价值”来衡量“世界”。

此间我们已经回忆了真理的开端性本质。在这种回忆中，无蔽状态[1]揭示自身为存在者本身的基本特征。[2] 但是，对于真理之
开端性本质的回忆必须更为开端性地思这种本质。因而，它绝不 238
能仅仅在柏拉图的意义上，亦即不能仅仅乞灵于 ἰδέα[相]，来接受

① 1947 年第 1 版：'Αλήθεια[无蔽状态]是一个表示 esse[存在]的名称，而不是表示 veritas[真理]的名称。——作者边注

② 1947 年第 1 版：亦即作为存有(Seyn)。——作者边注

无蔽状态。柏拉图所理解的无蔽状态一直被夹入与观看、觉知、思想和陈述的关联之中。去追踪这种关联，也就意味着放弃无蔽状态之本质。任何一种把无蔽状态之本质建立在“理性”、“精神”、“思维”、“逻各斯”(Logos)、某种“主体性”之上并且加以论证的尝试，向来都不可能拯救无蔽状态的本质。因为所要建立和论证的东西，即无蔽状态本身之本质，在这里根本还没有得到充分追问。在此始终只是对未曾被把握的无蔽状态之本质的一个本质后果的“说明”而已。

首先需要的是对在 ἀλήθεια[无蔽]之“隐秘的”本质的“实在”(das Positive)的重视。首先必须把这种实在经验为存在本身的基本特征。首先必须开启一种急难，在其中，并非始终只有存在者是可疑可问的，而且存在也将变得大可追问。由于面临着这种急难，[①]故真理的开端性本质依然处于其隐蔽的开端中。

① 1947年第1版：无急难状态的急难：我们未被存在本身所关涉，存在被遗忘了。在此急难性中，存在之被遗忘状态并没有停止对我们的纠缠。——作者边注

论 Φύσις 的本质和概念。239
亚里士多德《物理学》第二卷第一章

罗马人用 natura[自然]一词来翻译希腊文的 Φύσις；natura 出于 nasci，后者意为诞生、来源于，即希腊文的 γεν——；natura 就是：让……从自身中起源。

从此，“自然”(Natur)这个名称就成了那个基本词语，它指称着历史性的西方人与存在者的本质性关联，即西方人与他所不是的和他本身所是的那个存在者的本质性关联。粗粗列举一下已经广为流行的对立面即可说明这一点了，诸如这样一些对立：自然与神赐(超自然)、自然与艺术、自然与历史、自然与精神等。而同时，我们也说精神的“自然”、历史的“自然”和人的“自然”，而且在这里，我们并非仅仅指躯体甚或种族，而是指人的整个“本质”(Wesen)。[①] 我们一般地就是这样来谈论“事物的自然”的，而且，这也就是谈论事物在“可能性”中存在的**内容**和**方式**，不论它们是否“现实地”存在以及如何存在。

---

① 德文中的 die Natur 一词有“自然”之意，同时亦有“本质、本性”等意义。——译者注

在基督教看来，人的“自然的东西”意味着：在创世时一道被赋予人的东西、被交托给人之自由的东西；**这种**“自然”——即听任自身——由于激情而造成了对人的损害；因此，“自然”必须受到**抑制**：在某种程度上，它乃是不应该存在的东西。

而在另一种解释中，本能和激情的释放恰恰被视为人的自然本性；按照尼采的看法，homo natura［自然人］就是那种人，他把“肉身”当作世界解释的指导线索，因而获得了一种全新的一致关系，即与一般“感性之物”、与“元素”（火、水、土、光）、与激情和本能以及由它们决定的东西的一致关系，而根据这种一致关系，他同时
240 也就把“基本元素”带入其力量之中，而且由于这种力量，他就能够胜任一种有计划的世界统治意义上的对世界的控制。

最后，“自然”变成了那样一个词语，这个词语所表示的东西不仅高超于一切“基本元素”和一切人性的东西，而且甚至高超于诸神。在赞美诗《如当节日的时候……》中，诗人荷尔德林就如是说道（第三节）：①

“但现在正破晓！我期候着，
看到了神圣之到达。神圣乃我的词语。
因为自然本身其老更甚于时间
并且逾越东、西方的诸神，
自然现在随武器之音苏醒。

① 海德格尔曾对荷尔德林的《如当节日的时候……》一诗作过长篇阐释，其中特别对荷尔德林的“自然”（Natur）一词有专门的解释。可参看海德格尔：《荷尔德林诗的阐释》，第三篇文章，德文版1981年，第49页以下。——译者注

而从天穹高处直抵幽幽深渊，
循牢不可破的法则，一如既往地
自然源出于神圣的混沌，
重新感受澎湃激情，
那创造一切者”。

（“自然”在这里变成了对某种**高超于**诸神，并且“其老更甚于时间”的东西的命名，而存在者总是向着诸神和时间而成为存在者的。“自然”成了表示“存在”的词语；因为存在比任何存在者更早，存在者是从存在中获得其所是的；而且，只要一切诸神**存在**并且无论它们如何存在，它们都也还**在**“存在”**之下**。）

这里，存在者整体既没有“自然主义地”被曲解，没有被集合为富有力量的质料意义上的“自然”，也没有“神秘主义地”被掩盖起来，被张扬为不可确定的东西。

在西方历史的不同时代里，无论人们把何种负荷力强加给“自然”一词，这个词总是包含着一种对于存在者整体的解释，甚至在它表面上仅仅被看作一个反概念（Gegenbegriff）的地方，亦是如此。在上述所有的区分中，只要它们总是首先针对**自然**而被区分开来，因而被区分者是**从自然而来**被规定的，那么自然就不只是一个反面（Gegenseite），而不如说，它本质上处于优先部位。（举例讲来，如果“自然”片面地从外部被看作“质料”、“物质”、元素、无机制的东西，那么，相应地，“精神”就要被看作“无质料的东西”、“心 241
灵的东西”、“创造者”、赋予机制的东西了。）

/但区分本身之维面乃是:“存在”/

因此,就连自然与历史的区分,也必定总是被设想到一个根本性的、包含着这种对立本身的领域中去,而自然和历史就在此领域中存在;即使我们撇开“历史”是否以及如何依据于“自然”这一点不谈,或者听任这一点处于不确定状态中,即使我们根据人类“主体性”来理解历史,并且把历史理解为“精神”,从而听任自然从精神方面被规定,即便这样,一般主体(Subiectum),ὑποκείμενον[基体、主体],亦即 φύσις,[①]也还是一道被思考了,而且本质上已经一道被思考了。φύσις 的这种不可回避性在这个名称上显示出来,我们以这个名称来命名西方传统关于存在者之整体的知识的方式。“关于”(über)存在者整体的各种真理的构造,被人们称为“形而上学”。至于后者是否在命题中被表达出来,被表达出来的东西是否形成系统,那是根本上无所谓的。形而上学是那种知识,在其中,历史性的西方人保存了与存在者整体的各种关联的真理和关于存在者整体的真理。在一种十分根本性的意义上,形而上学(Metaphysik)就是“物理学”(Physik)——亦即一种关于 φύσις[自然]的知识(ἐπιστήμη φυσική)。

如果我们来追问 φύσις 之本质和概念,这表面上看起来就仿

① 在海德格尔看来,拉丁文的 Subiectum、希腊文的 ὑποκείμενον 为一般意义上的“基体、主体”,因而与希腊的存在之涌现意义上的 φύσις 相通;前者在后世(近代以来)则被狭隘化为自我意义上的“主体”,后者则演变为物理对象意义上的“自然”了。——译者注

佛只不过是一种猎奇的勘查而已，即对后来的和今天的“自然”解说之来源的勘查。然而，如果我们考虑到，这一西方形而上学的基本词语蕴涵着关于存在者之真理的决断，如果我们思索一下，在今天，关于存在者整体的真理完全成了可疑可问的了，尤其是，如果我们猜度一下，在此真理之本质还完全未被决断，而且如果对于所有这一切，我们知道它们都共同植根于 φύσις 之本质的解说的历史中，那么，我们就处身于那种对“概念历史”的哲学史兴趣之外 242
了；这时候，我们就能经验到将来的决断之临近，尽管还只是远远地经验到的。

/因为假定地球曾处于分裂，那么它现在就四分五裂了；而且问题出现了：是否现代人的规划——并且是行星的规划——终能创造出一个世界结构。/

若要根据其方式来追问，我们可以看到，最初关于 φύσις 之本质的相关的思想探讨，乃是从希腊哲学之完成时代流传给我们的。它来自亚里士多德，并且记录在他的 φυσικὴ ἀκρόασις 中，后者即关于 φύσις 的讲座，更好地讲，是对 φύσις 的倾听（Anhörung）。

亚里士多德的《物理学》乃是西方哲学的被遮蔽的、因而从未被充分深思过的基本著作。

也许这部基本著作的八卷确实没有统一的构思，并不是在同一时期写成的；这些问题在此却是无关宏旨的；根本上，说《物理学》在《形而上学》之先，也是没有什么意思的，因为形而上学同样也是“物理学”，正如物理学是“形而上学”一样。人们满可以根据一些事实的和历史的原因假定，约公元前 347 年(柏拉图死)，亚里士多德已经撰成此书之第二卷了。【亦可参看耶格尔:《亚里士多德》,1923 年,第 311—312 页;耶格尔此书显示出丰富学识,但有一个唯一的缺点,就是完全以非希腊的态度,也即以经院哲学的—现代的和新康德主义的态度,来思考亚里士多德的哲学;他的《亚里士多德形而上学的形成史》(1912 年)一书的许多讨论,由于较少触及"内容方面",而比上述著作更正确些。】

可是,这一最早的、思想上完整的对 φύσις 的把握,也已然是那种开端性的、因而最高的对 φύσις 之本质的思想筹划的最后余音了;而在阿那克西曼德、赫拉克利特和巴门尼德等思想家的箴言中,这种思想筹划还为我们保存下来了。

243 在《物理学》(共八卷)第二卷第一章(《物理学》B,1,192b8-193b21)中,亚里士多德给出了一个关于 φύσις 的解释,这个解释支托并且指导着后世对"自然"之本质的解说。即便是后来出现的根据自然与精神的区分以及通过"精神"对自然所作的本质规定,同样也在亚里士多德的这个解释中有其隐蔽的根源。由此亦可见,"自然与精神"的区分绝对是非希腊的。

在着手探讨亚里士多德对 φύσις 的本质规定的具体步骤之前,我们先来关注一下亚氏在导论性的第一卷(A)中所表述的两个命题:

ἡμῖν δ' ὑποκείσθω τὰ φύσει ἢ πάντα ἢ ἔνια κινούμενα εἶναι· δῆλον δ' ἐκ τῆς ἐπαγωγῆς.

"而对我们来说自始就(确定地)明摆着,从 φύσις 而来存在的东西,或全体或某些,是非静止的东西,是运动的东西(即由运动状态所规定的东西）；这从直接的引导（**向**这个存在者并且**越过**这个存在者向其存在引导）来看是显然的”。（第一卷第二章，185a12 以下）①

这里，亚里士多德特别强调了他在对 φύσις 之本质的筹划中看到的决定性的东西：κίνησις，即运动状态（Bewegtheit）；而且因此一故，对运动（Bewegung）之本质的规定成了“物理学”问题的一个核心项目。对于我们今人而言，说自然过程是运动过程，只不过是一个陈词滥调；这个说法其实就是把同一事情说上两回而已。如果我们不知道，今天被我们视为陈词滥调的东西对亚里士多德来说并且通过亚里士多德，首次被提升入西方人的典型的本质目光（Wesensblick）之中了，那么，我们就根本想象不出上面所引的亚里士多德的命题及其对 φύσις 的解释的分量。诚然，亚里士多德以前的希腊人已经经验到，天空和海洋、植物和动物在运动中；亚里士多德以前的思想家固然也已经试图说明什么是运动。但尽管如此，只有亚里士多德才首次达到那个追问阶段，其实正是他才创造了那个追问阶段，在此阶段上，（运动不只被看作某种在其他 244
东西中间出现的东西，而毋宁说）**运动存在**（*Bewegtsein*）是作为存在的基本方式而特地被探究和被把握的。【而这就意味着：倘没有对运动之本质的洞察，则对存在之本质的规定就是不可能的。当然，这根本上并不是说，要把存在把握为“运动”（或者静止）；因为后面这种看法是一个**非希腊**的观念，甚至是一个完全非哲学的观

① 此句在现有中译本中译为：“那么，让我们肯定下来吧：自然物全部或其中一些是在运动变化着的，这一点用归纳法是可以看得很清楚的。”参看亚里士多德：《物理学》，中译本（张竹明译），商务印书馆（北京）1982 年，第 17 页。——译者注

念(只要运动状态并不是“虚无”,而且唯存在才在本质上完全支配着虚无和存在者及其方式)。】

一切从 φύσις 而来存在的东西在运动中,或者在静止中,这在亚里士多德看来是显然的:δῆλον ἐκ τῆς ἐπαγωγῆς[从直接的引导来看是显然的]。人们往往用“归纳”(Induktion)来翻译 ἐπαγωγή 一词;在字面上看,这种翻译差不多是适恰的,但按实情内容来看,亦即作为解释,它是完全错误的。'Επαγωγή 的意思并不是把具体事实和事实系列罗列出来,然后从它们的类似的特性中推出一种共性和“普遍性”。'Επαγωγή 意味着那种引导(Hinführung),即向着在我们先行**越过**具体存在者进行洞察时得到洞察的那个东西引导。究竟是向何处引导呢?向存在。例如,只有当我们已然洞察到树之因素,我们才能够确定具体的树。对诸如这种树之因素这样的已经处于洞察中的东西的观看和显示,就是 ἐπαγωγή[引导]。这种 ἐπαγωγή[引导]乃是双重意义上的“确认”:首先是“把……提升入洞察目光中”,同时也是“把收入视野的东西确定下来”。受缚于科学思维的人立即会对这种 ἐπαγωγή[引导]感到可疑,并且总是与之格格不入的;他在其中看到的,乃是一种不能容许的“petitio principii”[“窃取论点之谬误”],也即一种对“经验”思维的违背;唯有 petere principium[对原理的寻求],即对根本原因的寻求,才是哲学的唯一步骤,才是开启着突进入那个领域之中——而唯有在此领域中,科学才能安营扎寨。

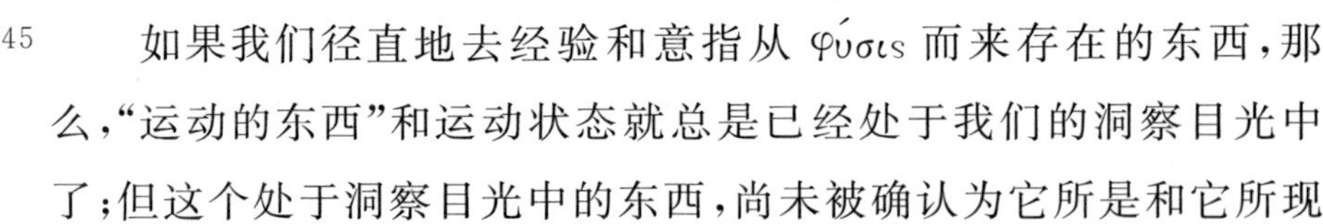

245 如果我们径直地去经验和意指从 φύσις 而来存在的东西,那么,“运动的东西”和运动状态就总是已经处于我们的洞察目光中了;但这个处于洞察目光中的东西,尚未被确认为它所是和它所现

身的那个东西。

因此，关于 φύσις 的问题必须就这个存在者的运动状态来询问和审视：与这种运动状态相关联，φύσις 是什么。但为了清晰地确定这一追问方向，首先就必须在存在者整体范围内把那个领域提取出来——对于这个领域，我们说：它所包含的存在者乃是由 φύσις 规定的东西，即 τὰ φύσει ὄντα［自然存在者］。

《物理学》第二卷第一章开始了对这个领域的提取。（我们下面将给出一种按适当的段落来划分的"翻译"；因为这种"翻译"已然是真正的解释，故只需对"翻译"作一种解说。不过，这种"翻译"并不是把希腊词语转送到我们的语言的本已负荷力中去。它并不是想替换希腊词语，而恰恰只是想置入希腊词语之中，并且作为这种置入而消失于其中。因此，它也没有作任何基于本己的语言基础的创新和修饰，而且它并不知道什么讨好和"圆滑"之举。）

> "存在者（整体）中，一种是从 φύσις 而来存在的，另一种则是通过其他'原因'而存在的；而从 φύσις 而来存在的，正如我们所说的，是动物及其肢体（部分），还有植物，还有简单的物体，诸如土、火、水、气"。（《物理学》，192b8—11）[①]

眼下尚未专门指出来的另一种存在者是通过其他"原因"而存在的；而"已经指出的"一种存在者则是通过 φύσις 而存在的。于是，φύσις 立即被确定为"原因"（αἴτιον-αἰτία）了。在"原因"这个词

① 此段在现有中译本中译为："凡存在的事物有的是由于自然而存在，有的则是由于别的原因而存在。'由于'自然而存在的有动物及其各部分、植物，还有简单的物体（土、火、气、水）……"。参看亚里士多德：《物理学》，中译本，第 43 页。——译者注

语和概念上，我们仿佛自发地想到“因果性”（Kausalität），想到某物对另一物“发生作用”的方式。Αἴτιον[原因]——亚里士多德接着就对之做了一种更为鲜明的规定——在这里指的是那种招致某
246 物，即让某个存在者成其所是。这种招致（Verschulden）并不具有“因果”作用意义上的引起的特征；因此，举例说来，空间性属于物质性的事实特征，但是空间并不引起质料；原因（Ur-sache）在此必须在字面上来理解，理解为构成某个实事（Sache）之实事性的原始者（das Ur-tümliche）。“因果性”只不过是原始实事之存在的一个派生方式。[1]

由于简单地指出了动物、植物、土、火、水、气，亚里士多德便指示出那个领域，即关于 φύσις 的问题必须询问的那个领域。

> “而所有上述事物都显示为与那些并非从 φύσις 而来共同进入某种状态和持存之中的事物有分别的东西”。（《物理学》，192b12—13）[2]

Συνεστῶτα[共存者]在此被用来表示 ὄντα[存在者]（参看《物理学》，193a36，τοῖς φύσει συνισταμένοις[在自然意义上的共存者]）；我们从中可得知，对于希腊人来说，“存在”（Sein）意味着什么。他们称存在者为“持久者”；“持久者”（Ständige）有双重意思：一方面是指于自身中从自身而来具有状态、立身于“此”的东西

① 海德格尔在这里做了他所特有的“词语游戏”：其中“原因”（Ur-sache）在字面上理解就是“原始实事”（“原实事”），此即希腊意义上的 φύσις，而后世所谓的“因果性”（Kausalität）则是从“原始实事之存在”（Ursachesein）中派生出来的。——译者注

② 此句在现有中译本中译为：“所有上述事物都明显地和那些不是自然构成的事物有分别”。参看亚里士多德：《物理学》，中译本，第 43 页。——译者注

（das In-sich-von-sich-her-Stand-habende，“da”-stehende）；另一方面，它也表示持存者、延续者意义上的持久者。倘若我们把持久者把捉为对立者（*das Gegenständige*），那么，我们就是完全以非希腊的方式进行思考了。对象（Gegenstand）乃是客体的“翻译”；而只有当人成了主体，在那种对周遭事物的对象化过程（即对周遭事物的控制）中经验到与存在者的基本关系时，存在者才被经验为客体。而对希腊人来说，人从来就不是主体，因而非人的存在者也绝不具有客体（对象）的特性。Φύσις 乃是这样一种东西，它招致持久者的一种特有的“自立”（Insichstehen）。这个 φύσις 在下面的句子中得到了更为清晰的描写：

> “因为一切从 φύσις 而来是其所是和如何是的东西，都在它本身内具有对运动状态和静止状态的起始占有（ἀρχή），有时是位置方面的运动和静止，有时是量的增减方面的运动和 247
> 静止，有时是变化（变换）方面的运动和静止”。（《物理学》，192b13—15）①

这里表示 αἴτιον［原因］和 αἰτία［诸原因］的，明确地是 ἀρχή 一词。希腊人从这个词语中多半听出了双重的意思：ἀρχή 一方面是指某物由之而取得其起始和开端的那个东西；而另一方面则是指那种东西，它作为这种起始和开端立即超出由之而来的它者而掌握了这个它者，因而扣留并且支配着这个它者。Ἀρχή 同时意味着

① 此段在现有中译本中译为：“一切自然事物都明显地在自身内有一个运动和静止（有的是空间方面的，有的是量的增减方面的，有的是性质变化方面的）的根源。”参看亚里士多德：《物理学》，中译本，第 43 页。——译者注

开端和支配。[1] 稍加适度的扩展，它就是：起始（Ausgang）和占有（Verfügung）；为了表达出两者的来回动荡着的统一性，我们可以把 ἀρχή 翻译为：起始的占有和占有着的起始。这双重意思的统一性乃是本质性的。而且 ἀρχή 这个概念赋予起初所用的 αἴτιον 即原因以一个更为确定的内容。（也许，ἀρχή 这个概念并不是一个"远古的"概念，而是后来追加的，只是从亚里士多德以来并且进而通过"汇编"才被置回到希腊哲学的开端中而得到解释的。）

Φύσις 是 ἀρχή，并且是某个运动事物的运动状态和静止状态的起始，对某个运动事物的运动状态和静止状态的占有，而且一个运动事物在它本身中（in ihm selbst）就具有这种 ἀρχή。我们在这里故意不说"在自身中"（in *sich* selbst），目的是为了表明，如此这般形成的存在者并没有明确地"自为地"认识到 ἀρχή，因为它其实根本就不是作为一个本身（Selbst）"具有""自身"（*sich*）的。植物和动物处于运动状态中，而且，即使它们静止不动时，它们也在运动状态当中；静止是运动的一种方式；只有运动的东西才能静止；谈论一个"静止的"数字"3"，那是毫无根据的。因此，由于植物和动物——不论是静止的还是运动的——在运动之中，故它们不仅是在运动之中，而且是在运动状态中存在；这就是说，它们并非首先是一个自为的存在者，置身于其他存在者中间，然后偶尔也落入运动状态之中，不如说，只要它们在运动状态中具有其本质之逗留和存在上的依靠，那么，它们就只是存在者而已。但它们的运动存

---

① Ἀρχή 在希腊哲学中通解为"始基、本原、原因"等，海德格尔在此有他自己的解释。——译者注

在(Bewegtsein)却是这样的,即:对于运动状态而言的起始,即 248
ἀρχή,也即对运动状态的占有,在它们本身中起着支配作用。

这里,当亚里士多德把 φύσις 规定为 ἀρχὴ κινήσεως[运动状态的起始占有]时,他并没有忘了指出不同方式的运动:增和减、变化和递升(运送)。亚里士多德仅仅列举了一下这些方式,亦即并没有按照某个明确指明的角度来加以区分,并在这种区分中加以论证(参看《物理学》,第五卷第一章,224b35—225b9)。的确,甚至连这种简单的列举也不是完备的。而且,未指出的运动方式恰恰就是那种对 φύσις 之本质规定来说决定性的方式。不过,这段话中对运动方式的列举仍有其意义。它表明,亚里士多德是在某种十分广泛的意义上来理解 κίνησις,即运动状态的,而这里所谓的"广泛"(weit)的意思却不是"广大"、"大概"和平坦,而是本质性的东西和根本性的东西意义上的"广泛"。

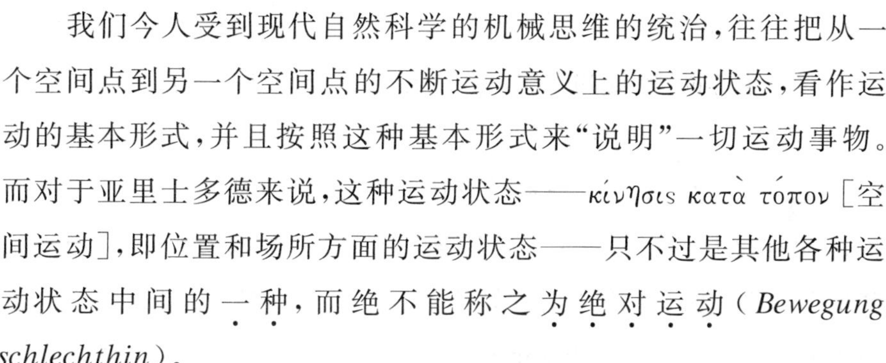

我们今人受到现代自然科学的机械思维的统治,往往把从一个空间点到另一个空间点的不断运动意义上的运动状态,看作运动的基本形式,并且按照这种基本形式来"说明"一切运动事物。而对于亚里士多德来说,这种运动状态——κίνησις κατὰ τόπον[空间运动],即位置和场所方面的运动状态——只不过是其他各种运动状态中间的一种,而绝不能称之为绝对运动(*Bewegung schlechthin*)。

此外我们要注意到,"位置变化"在一定意义上不同于现代人所见的某个空间中质点的位移。Τόπος[空间]乃是 ποῦ[地点],是某个物体所归属的地方;火性的东西归于上面,土性的东西归于下面。上面和下面(天和地)的位置本身被标示出来,由之而得到规

定的是距离和联系，亦即我们所谓的“空间”；而希腊人对于空间既没有一个词语，也没有一个概念。对我们今人来说，并非空间由位
249 置所决定，相反地，作为点位的一切位置都是由无限的、处处相同的、没有一处突出的空间所决定的。那种与位置变化意义上的运动相合的静止，就是停留在同一位置上。可是，唯有以此方式由于占有着同一个位置而不运动的东西，才可能在运动状态中，例如，一种植根于其“环境”（Standort）中的植物的生长（增）或者枯萎（减），即 αὔξησις[增]和 φθίσις[减]。而且反之亦然；在位置变化意义上运动的东西，依然能保持某种样子而“静止”，如：奔跑中的狐狸，只要它保持同一色彩，就能静止，这是一种不变化的静止，即没有 ἀλλοίωσις[质变]的静止。或者，某物能够以枯萎方式运动，而同时也还以另一种方式运动，也即变成不同的东西了，如：在干枯的树上树叶凋零，由绿变黄。如此这般地双重运动的东西（φθίσις[减少]—ἀλλοίωσις[质变]），同时又作为矗立在那里的树而静止。

对所有这些触处可见的作为运动状态之方式的“现象”的审察，显露出一道对这些现象的基本特征的洞察目光；亚里士多德在 μεταβολή[变化]这一词语和概念中抓住了这一基本特征。任何一种运动都是从某物（ἔκ τινος）到某物（εἴς τι）的转变（Umschlag）。我们甚至谈论天气和情绪的转变，这时候我们想的是“变化”；我们也说转运中心（Umschlageplätzen），那是交通上改变货物地点的场所。然而，只有当我们注意到，在转变中显露出某种迄今为止还隐而不显的和不在场的东西（“偏转”和“突破”），我们才触及希腊人所思考的 μεταβολή[变化]的本质核心。

（我们今人必须完成一项双重的任务：

其一，我们必须摆脱那种认为运动首先是位移的意见；

其二，我们必须学会认识，对希腊人来说，作为一种存在方式的运动如何具有那种特征，即进入在场化的到来①的特征。）

Φύσις 乃是 ἀρχὴ κινήσεως——就是对转变的起初占有，即任何 250
一种转变者都在它自身中具有这种占有。同样在这一章的开头，亚里士多德把从 φύσις 而来存在者与其他存在者区分开来了，而又没有特别地指出和描述前一种存在者。现在，亚里士多德接着来做一种明确而确定的、但同时又独特地交叉在一起的区分：

> “可是，一张床、一件衣服，以及其他诸如此类的东西（这类事物），虽然在它们各自的称呼（如衣服）规定范围内，并且只要它们来自制作的精通，它们都完全没有一个从自身中产生的转变的冲动力。但如果它们碰巧是由石头和土或这两者的混合所构成的，那么，它们就在它们自身中具有了一种转变的冲动力，当然恰恰也只是就此而言，它们才具有这种转变的冲动力”。（《物理学》，192b16—20）②

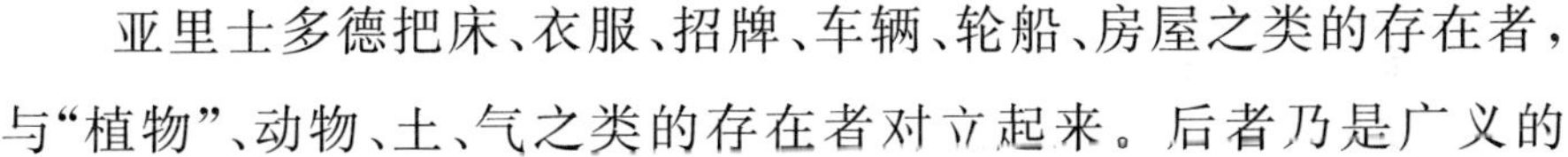

亚里士多德把床、衣服、招牌、车辆、轮船、房屋之类的存在者，与“植物”、动物、土、气之类的存在者对立起来。后者乃是广义的

① 这里的“进入在场化的到来”德语原文为：Herkommen in die Anwesung，也可直译为“来到在场化之中”。——译者注

② 此段在现有中译本中译为：“反之，床、衣服或其他诸如此类的事物，在它们各自的名称规定范围内，亦即在它们是技术制品范围内说，都没有这样一个内在的变化的冲动力的。但是如果它们碰巧是由石头或土或这两者的混合构成的，那么在它们构成时它们就从原来这些材料中偶然地得到了这种内在的冲动力”。参看亚里士多德：《物理学》，中译本，第 43 页。——译者注

“生长物”，我们说“生长的”田野，取的也是这种广义；前者则是制作物（ποιούμενα），于此我们避开这个词语的轻蔑的次要含义。这种对立的设定只做了它应做的，也就是更鲜明地从主导性方面，把φύσει ὄντα［自然存在者］和φύσις的固有本质突出出来，即：追问运动事物和它的运动状态及其ἀρχή。

不过，难道床和衣、招牌和房子是运动事物吗？当然是的，只不过它们多半是在静止事物的难以见出的运动方式中与我们照面的；而且它们的“静止”是有特点的，其特点是完成了存在状态、被制作状态以及如此确定的“在此”站立和摆放。我们今人容易忽视这种突出的静止以及与之相应的运动状态；或者说，我们至少没有

251 充分本质性地把它看作这一存在者的存在的本真标志。何故呢？因为我们着了现代人之存在的魔力，沉溺于那种习惯，即习惯于把存在者思考为**客体**，认为存在者之存在无非就是客体之客体性。

但对亚里士多德来说，这里的关键却是要显示，制作物在制造的运动状态之中，并且因而在被制造状态的静止之中才**存在**，才是其**所是**和**如何**是；首要地，这种运动状态具有另一种ἀρχή，而且如此运动的事物与它们的ἀρχή有着不同的关系。（我们没有任何理由像辛普里丘那样不把它读作ὁρμή ἀρχή［冲动力的起始］，因为ὁρμή充分说明了冲动力——即ἀρχή的本质。）

制作物的ἀρχή乃是τέχνη；τέχνη的意思并不是制造和制造方式意义上的“技术”（Teehnik），也不是更广义的制造能力意义上的“艺术”（Kunst）；不如说，τέχνη乃是一个认识概念，表示对任何一种制作和制造之基础的精通；对一种制造（例如床的制造）必须在何处到来、结束和完成的精通。这种终点在希腊文被叫做

τέλος。一种制造“终止”之际，桌子便是完成了的桌子，而完成了的桌子恰恰**作为**桌子，作为一张桌子所是的东西以及它看起来的样子。这个 εἶδος[爱多斯、形式]必须预先收入眼帘，而且这一先行得到洞察的外观——即 εἶδος προαιρετόν——就是 τέχνη 所精通的终点 τέλος；因此一故，它同时才成为对我们所谓的“技术”这种行动的方式的规定。但另一方面，τέχνη 的本质并非作为活动的操作运动，而是对操作方法的精通；而且，τέλος 不是目标，也不是目的，而是在决定本质的完成状态意义上的终点；唯因此，它才能被视为目标，才能被设定为目的。不过，τέλος，即先行被洞察到的床的外观，乃是为精通者所认识的东西，并且取决于**这个精通者**；而且，只有作为这样一种东西，它才是表象之起始和对制作的占有。Ἀρχή 不是自在的 εἶδος[爱多斯、形式]，而是 εἶδος προαιρετόν 252
[先行被洞察的爱多斯]，亦即 προαίρεσις[意图]，也就是说，τέχνη 是 ἀρχή。

可见，在制作物那里，它们的运动状态以及它们的完成状态和被制作状态的静止的 ἀρχή **并不**在它们本身中，而是在另一个事物中，在 ἀρχιτέκτων[建造者]中，在那个支配着作为 ἀρχή 的 τέχνη 的东西那里。① 借此就完成了与 φύσει ὄντα[自然存在者]的区分；后者之所以被叫做 φύσει ὄντα[自然存在者]，是因为它们的运动状态的 ἀρχή **并不**在另一个存在者中，而是在它们本身所是的存在者中（并且是就它们是这种存在者而言）。只不过，按照亚里士多德

① 这里的希腊文“建造者”（ἀρχιτέκτων）是由“本原、起始”（ἀρχή）和“技艺”（τέχνη）两词之词根联合构成的。——译者注

的阐述，制作物与生长物之间的划分绝没有如此简单。前面一句的结构就已经指示我们——ᾗ μὲν — ᾗ δέ[有时……有时]——，何以制作物如此被看待——在何种程度上它不同地被看待；ποιούμενα 可以在一个双重角度上被看待；其中一方面就是在被制造者按各个称呼所规定的范围内——即在 κατηγορία 内。

在这里，我们碰到这个词语的一个用法，即**在**这个词语被确定为一个“术语”**之前**的用法，而这种确定工作恰恰是由亚里士多德完成的，而且他是根据这里所使用的通常用法来完成的。Κατηγορία，我们以“称呼”(Ansprechung)译之，但即使这样也无疑没有把捉到它全部的希腊意义，即：κατὰ-ἀγορεύειν[市场行为]，在ἀγορά[市场]上公开审判时当面指责某人，说他是“那种……人”；由此得出其更为广泛的含义，即：把某物称为这个那个东西，从而在称呼中并且通过这种称呼，把所称呼的东西置入公开和敞开的、可敞开的东西之中。Κατηγορία 是对某物之所是的指称：房子、树木、天空、大海、硬、红、健康等。相反地，“范畴”(Kategorie)这个“术语”则意指一种**突出的**称呼。当我们把某个眼前事物称为房子、树木时，我们之所以能这样做，只是因为我们在此已经预先无声地把所照面的事物称为在自身中持久的东西，即物，亦即把它带
253 入我们的“视”域的敞开之中了；同样地，只有当一件衣服预先已经无声地根据特性之类的东西而被称呼时，它才能被称为红的。而在自身中持久的东西(“实体”)、特性(“性质”)以及诸如此类，则构成了存在者之存在(存在状态)。因此，在突出意义上，范畴乃是别具一格的称呼，亦即是承荷着一切通常和日常称呼的称呼，即κατηγορίαι。“范畴”以那些构成陈述、“判断”的日常称呼为基础；

而且唯因此，“范畴”才能够反过来以陈述即 λόγος[逻各斯]为指导线索而被获得；所以，康德就必须从判断表中“推导”出范畴表；因此，关于范畴的知识，作为对存在者之存在的规定，即所谓形而上学，在某种根本意义上就是关于 λόγος[逻各斯]即“逻辑”的知识；因此，当形而上学在黑格尔那里达到完整的（对它来说可能的）对它自身的意识时，形而上学就包含着“逻辑”这个名称。/“逻辑科学”＝关于被意识和被表象的可知事物的绝对知识（在现代，被表象状态＝存在状态——即存在）/。

在我们这里，κατηγορία 是在前术语的意义上被使用的；只要一个被制造物，例如一张床，是在由日常称呼和指称所开启出来的角度被看待的，那么，我们就着眼于其外观而把这一存在者视为这种实用事物；作为这种实用事物，它并不在它自身中具有 ἀρχή κινήσεως[运动状态的起始占有]。不过，对这同一个存在者（床），我们也可以着眼于它由木头做成、因而是一块木头这一点来看待它。作为木头，它是生长的树干；这树干在它自身中具有 ἀρχή κινήσεως。相反，床则不是木头，而仅仅是木质的、由木头做成的；而且只有某种不同于木头的东西，才可能是木质的；因此，我们从来不把一根树干称为木质的；反之，我们把苹果称为“含木质纤维的”，把某个人的举止称为“木头的”。按照 κατηγορία 来看床所是的东西，具有如此这般的外观的实用事物，与木头绝没有什么绝对必然的关联，即使它是由石头和钢铁做的也是如此；木头因素乃是 συμβεβηκός[附带地出现的、偶然的]，它只不过是已经在床“真正地”和特别地所是的东西那里一道出现了；当然，就此而言——但仅仅是就此而言——作为单纯的木头，它无疑在它自身中具有 254

ἀρχὴ κινήσεως[运动的起始占有]:木头乃是某种生长物所长成的东西(das Gewachsene eines Gewächses)。

根据这种对制作物与生长物的区分,亚里士多德得以概括前述内容,初步把 φύσις 之本质的轮廓确定下来:

> "因此,φύσις 乃是这种事物的自身运动和静止的起始和占有,因而也就是这种事物的运动和静止的原始;首先自在地和从自身而来,并且向着这种事物,φύσις 预先(ὑπό)起始地占有(ἄρχει)这种事物,从而情形绝不是那样,仿佛 ἀρχή 无非只是附带地出现(在存在者那里)似的"。(《物理学》,192b20—23)[①]

在这里,亚里士多德简单而近乎生硬地刻画出一个本质轮廓:φύσις 不仅一般而言是对某个运动事物的运动状态的起始占有,不如说,它属于这一运动事物本身,以至于这个运动事物本身从它自身而来并且向着它自身就占有其运动状态。也即说,ἀρχή 并非诸如某种碰撞的起点之类,这种碰撞撞开它所撞的东西后就听任它自己了,相反地,如此这般通过 φύσις 而被规定的东西,不仅在其运动状态中保持在它本身那里,而且由于它按照(转变的)运动状态展开自己而恰恰返回到它自身中。

对于这里所意指的本质持存,我们可以在较狭义的"生长物"("植物")那里来搞清楚:"植物"通过萌芽、生长并且进入敞开域而展开自身,它同时返回到它的根部,因为它牢牢地扎根于锁闭之

① 此句在现有中译本中译为:"因此,'自然'是它原属的事物因本性(不是因偶性)而运动和静止的根源或原因"。显然与海德格尔提供的译解有些距离。参看亚里士多德:《物理学》,中译本,第 43 页。——译者注

域，并因而取得其立足之所。自行展开的生长本身就是返回到自身中；这种在场方式就是 φύσις；但我们不可把它看作安装在某个地方的推动某物的“发动机”，不可把它看作在某个地方现成的作出某种安排的“组织者”。不过，人们会迷恋于这样一种想法，即认 255
为由 φύσις 所规定的存在者乃是恰恰**在那时自行制作出来**的东西。这种想法十分容易不知不觉地出现，结果，它尤其对生命自然的解释来说成为决定性的了，这一点表现在，自从现代思维占统治地位以来，人们把生命理解为“有机体”。这种情况也许还会延续较长时间，直到我们认识到，“有机体”以及“有机物”这个观念是一个纯粹现代的、机械—技术的概念，按照这个概念，生长物便被解释为一个自行制作出来的制作物。光是“植物”这个词语和概念，就已经把生长物当作“插枝”和被种植、被栽培的东西了；而且，我们不说“植物室”，而说“生长室”，[①]这个情况就属于语言上的根本的不合逻辑。

可是，在所有制作物那里，制作之起始却在制作物“之外”；从制作物方面看来，ἀρχή 始终只是附带地一并出现的。为了不把 φύσις 误解为某种**自行制造**，不把 φύσει ὄντα 仅仅误解为某种特殊的制作物，亚里士多德通过补充 καὶ μὴ κατὰ συμβεβηκός[而且不是附带地出现的]来说明 καθ' αὑτό[按照自身]。[②] 在这里，这个 καὶ

① 在日常德语中，“暖房、温室”为 Gewächshäusern，直译之应为“生长室”。海德格尔认为，供人工栽培植物用的暖房实不能称为“生长室”，所以他说：这是语言上的根本的不合逻辑。——译者注

② 此句中前一个希腊文短语一般通译为：“而且不是偶然地(因偶性而……)”；后一个希腊文短语通译为：“本质地(因本性而……)”。——译者注

的含义是："而且这意思是说。"这一拒绝性的补充说明的意思，亚里士多德用一个例子来解说：

"而我之所以补充说'这不是附带地出现的'，是因为某个人本身就自身言就可以成为'健康'的原始(起始和占有)，同时却又可能是医生；但他毕竟不是在他恢复健康的时候才在自身那里有医术的，而不如说，在这个情形中，医生与恢复健康的人是同一个人，这是碰巧的事情；因此这两者也往往是相互分离的"。(《物理学》，192b23—27)①

亚里士多德是医生之子，包括在其他一些情境里，他也喜欢用
256 一些从医生的"πρᾶξις"["实践"]中得来的例子。在这里，他假定一位为自己治疗而同时又在恢复健康的医生的情况。两种运动方式在此独特地相互交叉在一起：ἰάτρευσις，即作为 τέχνη 的医疗，与 ὑγίασις，即作为"φύσις"的康复。在这个为自己治疗的医生的假定情形中，这两种运动出现在同一个存在者上，也即在这个特定的人身上。甚至对这两种"运动"的各个 ἀρχή 来说，情形亦然。这位"医生"的康复的 ἀρχή 是 ἐν ἑαυτῷ，即在自身之中，而不是 καθ' αὑτόν，也即不是按照他自身，不是因为他是医生。他是医生，这不是对康复的起始占有，相反地，他是人，并且也只有就人是一个 ζῷον[生命]而言，人的存在才是活着的东西，即仅仅通过他"生活"(*leibt*)才活着的东西。尽管我们其实也可以说，健康的、有抵抗

① 此段在现有中译本中译为："我之所以说'不是因偶性'，因为(譬如说)一个是医生的人可能是他恢复健康的原因。但他毕竟不是在自己有病的时候才有医术的，医生和病人是同一个人这是偶然的。也正因为这个缘故，这两者经常是分离的。"参看亚里士多德：《物理学》，中译本，第43页。——译者注

能力的“自然”(Natur)是康复的真正起始和对康复的占有;没有这种 ἀρχή,一切医疗就都是徒劳的。反之,医生在自身身上具有医疗的 ἀρχή;医生之存在是治疗的起始和占有。但这种 ἀρχή,亦即对健康是什么以及健康之保持和恢复包含什么内容(εἶδος τῆς ὑγιείας[健康的爱多斯、形式])的精通的先见(*Vorblick*)(τέχνη),这种 ἀρχή 并不在人身上(就他是人而言),不如说,它已经出现了,只有通过认识和学习才为人所获得;而且因此,甚至有关康复的 τέχνη 本身,一向也只是附带地出现的东西。医生和医疗并不像树那样生长;虽然我们谈论一位“天生的”医生,并以此认为某人具有认识疾病和治疗病人的天资。但这种天资从来没有以合乎 φύσις 的方式成为医生之存在的 ἀρχή,只要它们其实并不是自发地展开为一种医生之存在的。

但在这里,人们也许会提出以下异议:假定两位医生患了同一种病,在同样的条件下,两者为自己治疗;而在两个病例之间,有一个五百年的时间间隔,此间发生了现代医学的“进步”。今天的医生拥有“更好的”技术,恢复了健康;而从前生活的那位医生则死于疾病。那么,今天这位医生的康复的 ἀρχή 其实就是 τέχνη 了。可是,这里我们依然要考虑到:一方面,某种生命延长意义上的不死也还未必就是康复;今人活得更长久些,这并不是今人健康的证据;人们甚至更愿意得出相反的结论。而另一方面,假定进步时代的医生不仅暂时免于一死,而且变得健康,那么,即使在这里,医术也只不过更好地支持和驾驭了 φύσις。τέχνη 只能迎合 φύσις,能够或多或少地促进康复;但作为 τέχνη,它绝不能替代 φύσις,绝不能取而代之而成为健康本身的 ἀρχή。也许只有当生命本身成了某

种“技术上”可制造的制作物时，才会那样；但在这同一个瞬间里，也就不再有什么健康了，同样也没有什么生和死了。偶尔看起来，仿佛现代人正在匆忙地向这一目标奔去，即：**人在技术上制造自己**；如若这一点成功了，那么，人就把他自己炸毁了，亦即把他的**作为主体性的本质**炸毁了，使之在空气中爆破开来，于是，绝对无意义的东西就被当作唯一的“意义”（Sinn），而对这种效果的维护就显现为人对地球的“统治”。“主体性”并没有因此得到克服，而只是在某种中国式的“**恒定性**”（*Konstanz*）的“永恒进步”中得到了“镇静”；而这种“恒定性”乃是对于 φύσις-οὐσία［自然－存在］的极端的胡作非为（das äuBerste Unwesen）。[①]

亚里士多德同样以这个交织着两种不同方式的运动的例子为理由，进一步来规定 ποιούμενα（即制作物）与其 ἀρχή 发生联系的方式。

> “所有其他制作物的情况也是如此；没有一个制作物于它自身中具有制作的起始和对制作的占有；不如说，有的制作物
> 258 在另一个存在者那里，因而也即从外部具有其 ἀρχή，诸如房子以及其他任何手工制作的事物；有的制作物虽然在它们自身具有其 ἀρχή，但那不是因为它们是它们本身。一切能够以偶尔出现的方式成为自身的‘原因’的东西，皆属此类”。（《物理学》，192b27－32）[②]

① “胡作非为”（Unwesen）或译“非本质”。——译者注

② 此段在现有中译本中译为：“所有其他的人工产物情况也是这样。没有一个人工产物本身内含有制作它自己的根源。虽然人工产物（例如房屋和其他一切手工产物）的根源存在于该事物以外的别的事物内，但有一些人工产物自身内有这种根源，不过那不是因本性而如此的，只是由于偶性才成为该事物的原因的”。参看亚里士多德：《物理学》，中译本，第 43－44 页。——译者注

房子之为房子，即一座建筑，在主人的建筑意图（它在建筑师的建筑规划中得到规定）中有其起始和占有。这种规划，亦即希腊人所谓的先行被视见的房子的外观（*Aussehen*），在字面上讲就是 ἰδέα[相]，支配着每一个施工步骤，支配着建筑材料的选择和加工。即便房子已“矗立”在那里，它虽然矗立在它的铺设好的基础上，但从来不是从它自身而来，而始终只是作为建筑（*Bau*）而矗立的。由于房子矗立着，用希腊文讲就是立身于敞开域和无蔽域之中，它其实在如此矗立之际从来不能把自身置回到它的 ἀρχή 中；房子从未扎根，而始终只是被放置和被安装起来的。

然而，举例说来，某人由于某个笨拙的手势，正如我们所说的，“出了漏子”，损伤了眼睛，这时候，损伤与手势虽然是 ἐν ταὐτῷ，即“在”同一个存在者“之中”，但它们不是共属一体的，而只是相互适宜地——συμβεβηκός[偶然地]在一起——相依地到达了。因此，对于 φύσει ὄντα[自然存在者]之本质的规定，仅仅说它们在它们自身中有其运动状态的 ἀρχή，那是不够的；相反，这里需要作一种突出的规定，即：它们的运动的 ἀρχή 在它们自身中，而且这是就它们是它们自身并寓于它们自身而存在而言的。

/这一“而且”不是什么限制，而是要求，要求洞察某种存在的深不可测的本质的广度，这种存在之本质拒绝任何一种 τέχνη，因为后者放弃了对真理本身的认知和建基/。

亚里士多德接着对有关概念和用语（围绕 φύσις 这个本质、概念、词语的那些概念和用语）做了一种看起来十分浅薄的含义说 259
明，由此来结束前面所做的对 φύσις 之本质的描述。

> “φύσις的意思就如上述。凡包含着上述方式的起始占有的东西，就‘具有’φύσις。而且，所有这种事物都是以这种存在状态的方式而存在（具有存在）的；因为它是从自身而来摆在眼前的东西，而φύσις总是在于某个如此摆在眼前的东西中（构成这种摆在眼前）。但这种事物，不仅作为凭其本身、从其本身而来属于这种事物的一切，是按照φύσις而存在的，诸如向上运动的火；因为这（火向上运动）虽然不是φύσις，也不包含着φύσις，但它是从φύσις而来并且按照φύσις的。于是，φύσις是什么，‘从φύσις而来’以及‘按照φύσις’是什么意思，都已得到澄清了”。（《物理学》，192b32—193a2）[①]

读者不难注意到，我们直到现在也还没有翻译φύσις这个基本词语。我们不用拉丁文的natura和德文的Natur来译之，因为这些名称过于多义和沉重，而且一般讲来，它们仅仅是按照某种具有独特方向的对φύσις的解释才保持着它们的命名力量的。我们的确也没有一个词语，适合于命名和思考前面所廓清的φύσις之本质。【我们试图用“涌现”（Aufgang）一词，不过，我们不能直接赋予这个词语以它所需要的那种丰富性和规定性。】但我们今后还要使用未翻译的，并且也许不可翻译的φύσις一词，主要原因在

---

① 此段在现有中译本中译为：“‘自然’的意思就如上述。凡在自身内有上述这种根源的事物就‘具有自然’。所有这样的事物都是实体，因为它是一个主体，而自然总是依存于一个主体之中的。其次，‘按照自然’这一用语对于自然物，对于它们因本性而有的各种表现都是可用的。例如火向上运动，这不是‘自然’，也不是‘具有自然’，而是‘由于自然’或‘按照自然’。什么是‘自然’，什么是‘由于自然’而存在的事物，什么是‘按照自然’，都已经说过了。”可参看亚里士多德：《物理学》，中译本，第44页。——译者注

于，前面为了弄清它的本质而说出的所有内容，只不过是一个序幕。确实，直到现在，我们甚至还不知道，当我们如此这般追问 φύσις 时，已经在进行何种方式的考察和探究。只是在我们眼下刚刚读过的这段话中，亚里士多德才向我们道出了这一点。这段话殊为简明地确定了视野，前面的探讨，尤其是下面的探讨，都是在此视野中进行的。

关键的句子是：καὶ ἔστι πάντα ταῦτα οὐσία：而且，所有这些事物——即从 φύσις 而来的存在者——都具有以**存在状态**为方式的存在。“存在状态”(Seiendheit)这个表达在常人听来不甚美妙，但 260
它是对 οὐσία 的唯一合适的翻译。诚然，这个表达也**没有说出多少东西**，其实几乎无所道出。但它的优点就在于：我们避开了通常流行的对 οὐσία 所做的“翻译”，也即解释，诸如“实体”和“本质”之类。Φύσις 就是 οὐσία，亦即存在状态——那种标志着存在者之为存在者的东西，即是存在。οὐσία 一词原本不是一个哲学上的“表达”，正如我们已解释过的 κατηγορία［称呼］一样；οὐσία 一词经由亚里士多德才被创造为一个“术语”。这种创造就在于，亚里士多德从这个词语的内容中抽取出某个关键成分，把它明确地记录下来。但在亚里士多德时代，以及更后来，这个词语同时也还是有日常的含义的。据此日常含义，它指的是全部家产、财产、财富；我们德文中也说“田产、庄园”(Anwesen)、“地产”(Liegenschaften)，即**现有的东西**(*das Vorliegende*)。我们必须在这一含义方向上来思考，才能确信作为哲学基本词语的 οὐσία 一词的命名力量。而且进一步，我们也马上会看到，亚里士多德在眼下这段话中对 οὐσία 一词所做的解释是多么显而易见，他说：ὑποκείμενον γάρ τι

καὶ ἐν ὑποκειμένῳ ἐστὶν ἡ φύσις ἀεί——因为 φύσις 总是这样一种现有,并且总是“在”一种现有中。人们或许会看出,我们在这里做了“错误的”翻译;亚里士多德的句子并不是说:ὑποκεῖμενον γάρ τι 即,并非一种现有,而是一个现有者。但在此我们恰恰要注意到,其实有待解释的是何以 φύσις 是 οὐσία,亦即具有(存在之)存在状态的特征。由此仅产生出一个要求,要求我们相应地理解分词 ὑποκείμενον,与 τὸ ὄν 相应地去理解这个分词;这个要求往往在希腊哲学的语言用法上被提出来,而太少地为后人所关注。τὸ ὄν 可以意味着存在者,即这个确定的存在者本身;但它也可以意味着:存在着的、具有存在的东西;相应地,ὑποκείμενον 是现有的东西,但也是以现有为特征的东西,因而就是现有本身(希腊语言——作为
261 真正哲学的语言——中异常丰富而多样的分词构成并不是偶然的,而其意义也还未被认识)。

对希腊人来说,按照那种用 ὑποκείμενον 来解释 οὐσία 的做法,存在者之存在状态的意思无非就是:放在“此”以及放在“前面”(“da”-und“vor”liegen);这里我们回想到,亚里士多德在这一章的开头(192b,13)以及稍后(193a,36),没有说 τὰ ὄντα[存在者],而是说 συνεστῶτα[共存者]——即已达到状态的持久者;照此看来,存在无非是说“在自身中站立”;但“立”(Stehen)却是“放”(Liegen)的反面;如果我们始终仅仅从某种统一来看两者的话,当然就是如此;如果我们就它们的一致之处来把握“立”和“放”,那么,这种一致之处恰恰是通过反面的东西而得显示的。唯有立着的东西,才能倒下,然后放着;而且,唯有放着的东西,才能被树起来,然后才能立着。如果说,希腊人一会儿把存在把捉为在自身中

立身，即 ὑπόστασις，也即 substantia[实体]，一会儿把存在把捉为现有（Vorliegen），ὑποκείμενον[基体、主体]，即 subjectum[一般主体]，那么，这两者是同样适合的，因为他们在其中看到了那个独一无二的东西：自发地在场（das von sich her Anwesn）、在场化（die Anwesung）。关于 φύσις 的解释，亚里士多德的关键性的指导原则是：φύσις 必须被理解为 οὐσία，理解为一种在场化的方式。

但这里，通过 ἐπαγωγή[引导]已经确定了一点：φύσει ὄντα 乃是 κινούμενα——从 φύσις 而来存在者是在运动状态中的存在者；因此就要把运动状态理解为一种存在方式，即在场化的方式。只有做到了这一点，在其本质中的 φύσις，作为对那种从自身而来并且向着自身运动的东西的运动状态的起始占有，才变得可理解了。于是，原则上清楚的是：关于 φύσει ὄντα 之 φύσις 的问题并不寻求那些在这种存在者那里可发现的、存在着的特性，而是要探问这种存在者之存在，探问存在者首先从何种存在而来得到规定，究竟以何种方式才能具有存在的这样一些特性。

前述的亚里士多德对 φύσις 的探讨现在如何明确地归结为一 262
种原则性的沉思，如何必然地成为这种关于眼前的任务的沉思，这一点是由接着的一个段落来显示的，这个段落构成了亚里士多德重新开始的对 φύσις 之本质的规定：

> “要想证明 φύσις 存在这一实情，那是幼稚可笑的；因为它（作为 φύσις 的存在）自行显示出来，这是由于明摆着具有这种方式的存在者多样地出现在存在者中间。而对从自身而来自行显示的东西的证明，（甚至）通过那种没有显现出来的东西来做证明，这表明一个人不能把自明的东西与不自明的

> 东西(相互)区别开来。不过,这种情况(不能作那种区分)是可能出现的,并非世外之事。譬如,经过一系列考虑,一个生而盲目的人会试着去获得关于颜色的知识。在此情形中,这种人势必会说出有关颜色名称的字面含义,但他们由此绝没有觉知到颜色本身。"(《物理学》,193a3－9)①

"要想证明 φύσις 存在这一实情,那是幼稚可笑的"。为什么呢?难道人们不必认真看待这样一种做法吗?倘没有对 φύσις"存在"以及如何"存在"这一实情的先行证明,所有对 φύσις 的探讨就还是空洞的。那么,且让我们做做这种证明的努力。这时,我们当然必须假定,φύσις 并不存在,至少它在其存在中并且作为存在尚未被证明;因此我们在证明过程中不可以它(即 φύσις)为依据。但置身于这种放弃态度的严肃性中,人们如何要在某个时候把诸如 φύσει ὄντα 之类——例如生长物、动物——当作证明 φύσις 之存在的东西来发现和提出呢?这样一种做法是不可能的,因为它本身

263 已然必须依据 φύσις 之存在,而且恰恰因此,一个如此这般形成的证明始终是多余的。它的第一个步骤就已经表明它的意图成为多余的了。整个做法事实上是可笑的。φύσις 之存在和作为存在的 φύσις 始终是不可证明的,因为 φύσις 毋需证明;而且,它之所以不需要证明,是因为,从 φύσις 而来的存在者无论在何处立身于敞开

---

① 此段在现有的中译本中译为:"要想证明自然这东西的存在是幼稚可笑的。因为明摆着有许多这类的事物实际存在着,反而想用不明白的来证明已明白的,表明这种人不能辨别自明的东西和不自明的东西。(这种精神状态显然是可能的,一个生而盲目的人会去向人解释各种颜色。这种人在说出这些名词的时候,想必是没有任何相应的思想的。)"参看亚里士多德:《物理学》,中译本,第 44 页。——译者注

域中，它都已经自行显示出来并且可以一目了然了。

我们充其量可以促使那些推动和尝试这些证明的人们去注意这样一回事情，即：他们并没有看到他们已经看到的东西，他们没有眼睛去识别已然进入他们的眼帘之内的东西。当然，并非尽人皆有这只眼睛，它不仅适合于人们看到的东西，而且适合于人们在看所看之物时已然收入眼帘的东西。这只眼睛具有区分能力，能够区分出自行显示的并且本质上进入敞开域中的东西与不能自行显示的东西。预先显示自身的东西，诸如 φύσει ὄντα 中的 φύσις，诸如一切历史性过程中的历史，诸如一切艺术作品中的艺术，诸如一切生命体中的"生命"，这种已然收入眼帘的东西最难被看到，最少被把握，几乎总是被伪装为某种纯粹事后追加的东西，因而恰恰被忽视了。不过，并非每个人都需要把在一切经验中已经获得视见的东西专门收入眼帘之中，而只有那些人，他们要求对自然、对历史、对艺术、对人类、对存在者整体作出某种澄清，或者也作出某种追问。当然，在逗留于这些存在者领域中的行动着和认识着的人中，也并非每个人都需要特别地去思索已经见到的东西，但他也不可忽视这种东西，或者甚至仅仅把它当作"抽象物"抛向无关紧要的东西，如果他想真正立身于他立身的地方的话。

那种预先自行显示的东西，即存在者的当下存在，既不是某种事后从存在者中抽出来的、空洞的被稀释了的东西，最终就是一片云雾，也不是某种唯有思想者通过对自身的"反思"才能通达的东 264
西。相反地，通向已经被视见的、但还没有被理解、很少被把握的东西的道路，就是前面已经指明过的那种引导，即 ἐπαγωγή。这种引导实行着那种预见和展望(Voraus-und Hinaussehen)，即对恰

恰不是并且根本不可能是我们本身所是的东西的预见和展望，对某种最遥远的东西的预见和展望——这种东西又是最切近的，比我们手头、耳旁、眼前所有的一切都更为切近。为了不致忽视这种最遥远而又最切近的东西，就要求有那种对于明显的东西和“事实”的优势。对预先自行显示者与不能自行显示者的区分，就是真正希腊意义上的一种 κρίνειν，即把较高级的东西与较低级的东西区别开来。通过这种“批判性的”区分（它始终是一种决定）能力，人摆脱了那种逼迫和纠缠着人的纯粹迷糊状态，被置入与存在的关联之中，人在真正意义上变成绽出的（ex-sistent），他绽出地实存（ex-sistiert），而不只是“生活”并且在“切近生活”中咬住“现实”不放——在那里，“现实”实际上只不过是一个庇护之所，适合于一种久已持续着的对存在的逃避。照亚里士多德看来，谁若不能做那种区分，那他就像一个生而盲目的人那样得过且过地混日子，这个盲人劳累不堪地想通过对听到的名称的思索去理解颜色。他选择了一条道路，此道路达不到目标，因为通向目标的，只有一条唯一的小径，而盲人恰恰是踩不上这条小径的——那是“看”（Sehen）。与色彩上的盲人相应地，也有 φύσις 之盲人。而且，如果我们考虑到，φύσις 被规定为 οὐσία（即存在状态）的一种方式，那么，φύσις 上的盲人就只不过是一种存在之盲人。也许他们的数目不仅要比色盲的数目多得多，而且，存在之盲人的力量也更为强烈，更为顽固，这尤其因为它们始终是更为隐蔽的，多半是未被认识
265 的。结果，存在之盲人甚至就被看作真正而独一的观看者。但显然地，人与预先自行显示者并且避开一切证明意图的东西的这种关联，必定难以在其源始性和真理性方面被保持下来。因为否则

的话，亚里士多德就无需特别地萦萦于此，并且与存在之盲目状态(Seinsblindheit)作斗争了。而且，之所以难以保持这种与存在的关联，是因为它表面上容易通过与存在者的流俗关系而向我们表现出来，这是如此容易，以至于看起来它仿佛已经通过这种关系而从我们身上被夺走了，并且就不外乎在这种关系之中了。

而亚里士多德关于 φύσις 之“出现”(Vor-kommen)的证明意愿的评论在他的整个解释中起着何种特殊的作用，这一点我们很快可以从接着的段落中获悉了：

> “但对有些人(思想家)来说，φύσις，因而也包括从 φύσις 而来存在者的存在状态，显然就是在每一存在者中首先已经现有的东西，在其本身还缺乏任何机制的东西；据此，床的 φύσις 就是木头，而塑像的 φύσις 就是铜。按照安提丰的解释，这显然就是说：若某人把床埋入土里，并使之腐烂而长出幼芽来，那么，(从中)长出来的将不是床，而是木头；于是，按某个规则和某种精通而获得的东西(木头中的床之因素)虽然是某个现成的东西，但只是就它已经一道出现而言才是现成的；而存在状态则是在那种东西(即 φύσις)中，后者其实也完全保持不变，共同保持在它所‘遭受’的一切东西那里。但是，如果甚至在这种东西(木头、铜)中，每一种事物在与无论何种其他事物的关系中也已经遭受了这种相同的东西(也即它被带入某种机制之中)，例如铜、金与水的关系，骨头、木头与土的关系，尽管这些事物同样都是从其他任何存在者而来的，那么，那种东西(水—土)就又是铜、木头等(作为存在者)的 φύσις，因而

也就是它们的存在状态”。(《物理学》,193a9－21)①

266 表面看来,亚里士多德这里是从对人们在把 φύσις 的本质规定为某种存在方式时所持的正确态度的说明,**过渡到**对其他思想家关于 φύσις 的意见的描述了。不过,他并非为某种学问上的完整性的缘故**也**要同时提一提其他观点;他也并非仅仅想拒绝这些观点,以便为他自己的解释提供一个显示的背景。亚里士多德的意图在于:根据他的问题提法来说明所列举的对 φύσις 的解释,并因而把它引上**那条**能够获得对浮现在他面前的 φύσις 之本质的充分规定的道路上去。对此,我们直到现在只知道一点:φύσις 是 οὐσία——即某个存在者之存在,而且是那样一个存在者的存在,在这个存在者那里预先已经得以视见,它具有 κινούμενα 的特征,也即在运动中的存在者的特征。更为清晰的一点乃是:φύσις 是对凭其本身而运动的事物的运动状态的起始占有(ἀρχη)。

如果 φύσις 是 οὐσία,即一种存在,那么,对 φύσις 的合乎本质的规定便有赖于某种双重的东西:一方面有赖于对 οὐσία 之本质的充分源始的把捉,另一方面又有赖于对那种在当下存在概念的朗照下作为从 φύσις 而来存在者而照面的东西的相应解释。而希腊

---

① 此段在现有中译本中译为:“有些人认为自然,或者说自然物的实体,就是该事物自身的尚未形成结构的直接材料。例如,说木头就是床的‘自然’,铜就是塑像的‘自然’那样。(例如安提丰说:如果种下一张床,即腐烂的木头能长出幼芽来的话,结果长出来的不是一张床而会是一棵树。——他这话的用意是要说明,根据技术规则形成的结构仅属于偶性,而真实的自然则是在这制作过程中始终存在的那个东西。)但是如果这些事物的质料和别的一些事物也有同样的这种关系的话,例如铜、金和水的关系,骨头、木头和土的关系等等,那么水、土等就又是铜、木头等的自然或本质了。”参看亚里士多德:《物理学》,中译本,第 44－45 页。——译者注

人是在恒久的在场化意义上来理解 οὐσία 的。这种存在之解释既没有得到论证，它的真理性的根据也根本没有得到究问。因为，在思想的第一个开端那里，比这一点更为本质性的乃是：一般地把握存在者之存在。

而来自爱利亚学派的智者安提丰，又是如何根据被把握为持久的在场化的存在来解说 φύσις 的呢？他说：按照 φύσις，真正**存在**并且**唯一地**存在的，只有土、水、气、火。但这样一来，他就作出了一个具有极大影响的决断：始终显现为比单纯的（纯粹的）土**更多**的东西，例如，从土中“产生”的木头，甚或由木头制成的床，所有这 267
些“更多”（Mehr），都**更少**具有存在特性；因为这种“更多”具有分划、烙印、安排和机制的特征——简言之，具有 ῥυθμός［机制］① 的特征。而这种东西变化着，是不恒久的和失去恒久内容的；从木头中其实也可以制造出桌子、招牌和轮船，而且木头本身又只不过是从土中产生出来的构成物。除了这种真正贯穿其中而延续的东西，ῥυθμός 的那种变化者始终只是偶尔加入的。真正存在着的，乃是 τὸ ἀρρύθμιστον πρῶιον——即首先自发地无机制的东西（das Verfassungslose），在其从容纳（Fassungen）和机制（Verfassungen）方面所遭受的东西的变化中，它持续不断地在场着。从安提丰的话中可以清楚地看出：床、塑像、布、衣服等仅仅是存在着的，因为它们是木头、铜以及诸如此类的东西，也就是说，它们是由更

① 希腊文的 ῥυθμός 有“节律、和谐、齐整”等意思，海德格尔在此上下文中以德文的 Verfassung 译之，Verfassung 在德语中有“宪法、状态、情绪”等意义，我们权译之为“机制”；海氏又以德文 Verfassunglose 译 ἀρρύθμιστον，我们相应地把它译为“无机制”。——译者注

为恒久的东西组成的。但最恒久的东西乃是土、水、火、气，即“元素”。可是，如果“元素”乃是最具存在者特性的东西，那么，随着这一对在首先无机制的东西（它包含着一切有机制的东西）意义上的 φύσις 的解释，同时也就决定了对一切“存在者”的解释，并且把如此这般理解的 φύσις 与**绝对存在**相提并论了。而这就意味着：οὐσία（持久的在场化）之本质被固此在某个完全确定的方向上了。这样，按照**这一**本质，一切事物，无论是生长物还是制作物，尽管不是一无所有，但绝不是真正存在着的，亦即是非存在着的，并不能完全满足存在状态；与这种非存在者相反，唯有那种“元素”才能充实存在之本质。

对于眼下所讨论的那种关于 πρῶτον ἀρρύθμιστον καθ' ἑαυτόν（即首先凭其本身无机制的东西）意义上的 φύσις 的解释的影响，亚里士多德的下面这段话给出了一个展望。

> “因此，**这个** φύσις 以及存在者整体之存在，有的人主张是火，有的人主张是土，有的人主张是气，有的人主张是水，有的人主张是其中的几个，有的人主张是所有这四个元素。因
> 268 为无论把这些元素中的哪一个预先（ὑπό）看作如此现有的，不论是简单的还是多样的，他们都主张这个元素就是绝对存在状态，而别的一切只不过是真正存在者的状态、行为和排列（存在者在其中得到分辨并且因而被消解于关系中）。而且因此，在这种东西中（它一向构成 φύσις）的一切于自身中栖留着保持为同一东西（因为它们不会发生那种出离它们自身的转变），而别的事物‘无限地’产生着和消逝着”。（《物理学》，

193a21－28)[①]

在作为真正地和唯一地存在者意义上的“元素”的 φύσις(即 πρῶτον ἀρρύθμιστον καθ' αὑτό[原初的自身无机制者])与非存在者——即 πάθη[影响]、ἕξεις[状态]、διαθέσεις[排列]、ῥυθμός[机制]——之间所作的区分,在这里又是在包括不同学说的情况下,并且清楚地参照德谟克利特的观点,概括地陈述出来的。/这里,“唯物主义”的基本立场作为形而上学的立场,在存在历史上变得多么显而易见/。

然而,更重要的是这段话的结论,它更为清晰地把上面这种区分提升到思想规定之领域中,并且把它带入那种对 ἀΐδιον[永恒者]与 γινόμενον ἀπειράκις[无限的产生者]之对立的把捉之中。通常人们以为,这种对立乃是“永恒的东西”与“时间性的东西”的对立。据此看来,首先现有的无机制的东西是“永恒的”,一切 ῥυθμός[机制]作为变化则是“时间性的”。没有比这种区分更为明显的了;但人们没有考虑到,通过如此被理解的永恒与时间性的区分,只是把“希腊化的”、“基督教的”和一般“现代的”观念回置入那种对“存在者”的希腊解释中了。“永恒的东西”被看作无限地、无始无终地延续的东西,相反地,“时间性的东西”则是有限的延续。这

① 此段在现有中译本中译为:“所以有些人主张存在物的‘自然’是土,有人主张是火,有人主张是气,有人主张是水,有人主张是其中的几个,有人主张是这四元素全部。他们无论把哪一个或哪些个元素理解为这样的东西,他们都主张这个或这些个元素就是实体的全部,而别的一切都只不过是它们的影响、状态或者排列而已;他们还主张它们都是永恒的(因为它们不会有丧失自己本性的变化),而别的事物则无休止地产生着灭亡着”。参看亚里士多德:《物理学》,中译本,第 44－45 页。——译者注

一区分的主要视角指向延续。的确，希腊人也知道这种关于存在者的区分，但他们却始终是根据他们的存在理解来思考区分的。
269 而且，这种存在理解恰恰被“基督教的”区分阻断了。ἀίδιον[永恒者]与 γινόμενον ἀπειράκις[无限的产生者]之对立不可能是指无限延续的东西与有限的东西，这一点完全可以根据希腊的概念词语来说明；因为所谓时间性的东西，在希腊人那里说的是无限地产生和消逝的东西；与 ἀίδιον 即作为所谓“无限的东西”的“永恒者”相对立的，其实也是一种无限的东西——ἄπειρον(πέρας)[无界限者(界限)]。那么，由此又如何会出现一种对立，甚至真正的“存在”据以得到规定的这种决定性的对立呢？而所谓的永恒者，在希腊文中叫做 ἀίδιον—ἀείδιον；而且 ἀεί的意思不仅是“经常不断”和“不间断地”，不如说，它首先是指当下各个东西——所谓 ὁ ἀεὶ βασιλεύων，意即当时的统治者，绝不是“永恒的”统治者。在 ἀεί中，针对的是逗留(Verweilen)，而且是在在场化意义上的逗留；ἀίδιον 乃是从自身而来没有其他助力、并因而可能持久地在场的东西；这里据以思考的角度并不是“延续”，而是在场化；这一点指导着对 γινόμενον ἀπειράκις[无限的产生者]这个对立概念的正确解释；产生和消逝的东西，在希腊人看来，就是那种一会儿在场一会儿不在场的东西，而且是没有界限的；但 πέρας 在希腊哲学上看来，并不是外部边缘意义上的界限，并不是某物终止之所。界限一向是限定者、规定者、赋予支持和持存者，是某物由之并且于其中得以开端和存在的那个东西。无限地在场和不在场的东西从自身而来不具有任何在场化，并且归于无持存状态。在真正存在者与非存在者之间的区分并不在于，前者无限制地延续，而后者的延续向来要

遭受某种中断；从延续角度看，这两者都能够无限制地或者有限制
地存在；关键之点倒是在于，真正存在者从它自身而来在场，因而
是作为向来已经现有的东西——ὑποκείμενον πρῶτον[原初的基
体]——而被发见的；相反，非存在者一会儿在场，一会儿不在场，
因为它其实**只是**根据已经现有的东西而在场的，亦即是**在**已经现
有的东西**那里**出现或者缺席的。存在者（在“元素”意义上）是“始 270
终‘在此’”（das Immer“da”），非存在者则是“始终离去”（Immer-
fort），在这里，“在此”（Da）与“离去”（Fort）的意思乃是以在场化
为依据的，而不是鉴于纯粹的“延续”来讲的。最可能接近于上面
已获得澄清的那种希腊的对立的，也许还是稍后出现的在 aeter-
nitas 与 sempiternitas 之间的区分。前者是 nunc stans[持续的现
在]，后者则是 nunc fluens[流逝的现在]。但即便在这里，希腊人
所经验的存在的源始本质也已然消失了。这个区分所意指的，要
不是纯粹延续，那就只是变化的方式了。“站立者”乃是**不可变化
的东西**；流动者乃是“易逝者”，是可变的东西；但两者同样是在不
中断的持续者之方式中被理解的。

然而，对于希腊人来说，“存在”却意味着那种**入于无蔽域中的在场化**（*Anwesung in das Unverborgene*）。决定性的并不是在场化的延续和范围，而是：在场化是否自行委身于单一者的无蔽域，并因而撤回到未被耗尽者的遮蔽域之中，或者，在场者是否转变（ψεῦδος）为单纯的“看起来就像……”，转变为“**假象**”（*Schein*），而不是保持在非转变状态（ἀ-τρέκεια）中。只有着眼于无蔽状态与假象的相互对立，οὐσία 的**希腊的**本质才能充分地为我们所知。**根本上**，对亚里士多德的 φύσις 之解释的领悟就取决于这种知识，而

尤其是这样一种可能性，即：与亚里士多德一道，共同去实行接着对 φύσις 之本质的最终规定及其步骤。

作此努力之前，我们必须回想一下前面所讨论的内容的简单联系：

按照 ἐπαγωγή[引导]，从 φύσις 而来存在者在运动状态之中。但 φύσις 本身乃是 ἀρχή，亦即运动状态的起始和对运动状态的占有。由此我们不难得知，只有当 φύσις 是什么东西的起始以及是对什么东西的占有这一点已经得到了某种本质洞察时，亦即完成了对 κίνησις[运动状态]的本质洞察时，φύσις 的起始特征和占有特征才能够获得充分的规定性。

271 在《物理学》第三卷前三章中，亚里士多德给出了对 κίνησις[运动状态]之本质的决定性解释。而在第三卷开头，亚里士多德十分清晰地向我们展示了上述联系：Ἐπεὶ δ' ἡ φύσις μέν ἐστιν ἀρχὴ κινήσεως καὶ μεταβολῆς, ἡ δὲ μέθοδος ἡμῖν περὶ φύσιώς ἐστι, δεῖ μὴ λανθάνειν τί ἐστι κίνησις. ἀναγκαῖον γὰρ ἀγνοουμένης αὐτῆς ἀγνοεῖσθαι καὶ τὴν φύσιν。(《物理学》，200b12－15)

> "既然 φύσις 是对运动状态的起始占有，而且也就是对广义的转变的起始占有，而我们的探究又是对 φύσις 的追随(μέθοδος，即探究着的追随，不是我们后来的 μέθοδος 之方式意义上的方法)，因此，κίνησις[运动状态](在本质上)是什么，这一点绝不能蔽而不明；因为，如果不了解 κίνησις[运动状态]，也就势必不能了解 φύσις"。① /参看上面第二卷，第一章

① 此段在现有中译本中译为："既然自然是运动和变化的根源，而我们这门学科所研究的又正是关于自然问题，因此必须了解什么是运动。因为，如果不了解运动，也就必然无法了解自然"。可参看亚里士多德：《物理学》，中译本，第 68 页。——译者注

193a6，亚里士多德在那里讨论了存在之盲目和本质之盲目，γνώριμον[追随者]这一表述。/

不过，在我们面前的这个语境里，要紧的只是首先把 φύσις 之本质的基本轮廓描绘出来，因而，甚至在接着的句子中(《物理学》，193 b7)中，那种为 φύσις 所固有的 κίνησις[运动状态]的本质虽然最后得到了把捉，但并没有特别加以阐发，而更多地只是把它与其他存在者领域，也即“制作物”的运动和静止，区别开来了。

φύσις 乃是对某个运动事物(κινούμενον)的运动状态(κίνησις)的起始占有，而且，它是 καθ' αὑτὸ καὶ μὴ κατὰ συμβεβηκός[按照自身而且不是附带地出现的]。从 φύσις 而来存在的东西乃是凭其本身、从自身而来并且向着它自身的这样一种对运动事物(它是从自身而来，而绝不是附带地存在的)之运动状态的有所占有的起始。因此，我们必须在一种强调意义上说，从 φύσις 而来存在的东西具有从自身而来持久者的特征。从 φύσις 而来存在的东西乃是 οὐσία，也即从自身而来现有的东西的在“地产”(Liegenschaften)意义上的存在状态。而且因此，某些思想家突然获得了这样一种令人棘手的假象(δοκεῖ)，即：φύσις 之本质根本上仅仅在于，成为首先现有的无机制的东西，也即 πρῶτον ἀρρύθμιστον，并且作为这种东西决定性地统治(ὑπάρχον)一切以任何其他方式“存在的东西” 272
的存在。亚里士多德在形式上并没有拒绝这种对 φύσις 的把握方式。但是，通过这个 δοκεῖ[假象]，实际上已经显示了这种拒绝。我们自己最好现在就思索一下，何以前面引述的对 φύσις 的解释势必还是不充分的：

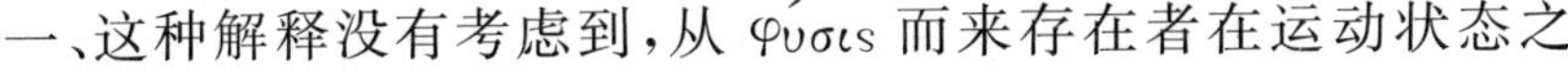

一、这种解释没有考虑到，从 φύσις 而来存在者在运动状态之

中，也可以说，运动状态共同构成了这种存在者的存在；相反地，对于前述的对 φύσις 的理解来说，一切运动特性，一切变化和变换着的状态（ῥυθμός[机制]），都属于仅仅偶然的存在者；运动是非持久的东西，因而是非存在者。

二、存在状态虽然被把握为持久状态，但却是在预先始终作为基础呈放的东西（das Zum-voraus-stets-zugrunde-Liegende）这一方向上片面地得到把握的。于是——

三、οὐσία 的另一个本质要素，即**在场化**，便被取消掉了。但它对于希腊的存在概念来说却是决定性的：我们说在场化（Anwesung），而不说在场状态（Anwesenheit），意图是要借此在字面上说明其最本己的东西。在场化的意思并不是纯粹现成状态，它根本上并不是持存状态就能穷尽的东西；相反，那是在进入无蔽域之中的出现意义上的**在场化**，即自行置入敞开域之中。通过对纯粹延续的指明，是不能切中在场化的。

四、而安提丰以及其他思想家对 φύσις 的解释却是通过列举“存在者”（“元素”）来把握 φύσει ὄντα 之存在的。这种用存在者来说明存在（而不是根据存在来“理解”存在者）的做法，首先导致了前述的对 κίνησις[运动状态]之特征的错误认识和对 οὐσία 的片面解说。因此，由于安提丰的学说根本就没有达到某种存在之思的
273 真正区域，故亚里士多德显然必须在转向他最本己的 φύσις 解释时拒绝这种对 φύσις 的理解。我们读到：

> “所以，以上面这种方式，φύσις 是**这样**被解释的，即：它是第一性的预先以每一个个别事物为基础的可占用物，即那种在自身内具有对运动和转变的起始占有的存在者的可占用

物;而另一种方式的解释则把 φύσις 称为入于形态中的置放(Gestellung in die Gestalt),也就是把它称为那个对这种称呼自行显示出来的东西的外观"。(《物理学》,193a28-31)①

我们读来不免惊讶;因为这个句子是以一个οὖν即"所以"开头的。这种过渡并没有表达出对前述学说的拒绝;相反,这种学说倒是明显被接受下来了,当然带有一个限制条件,即其中只有对φύσις之本质的把捉的εἷς τρόπος(即一种方式),亦即把它把捉为ὕλη("质料");亚里士多德接着阐述的ἕτερος τρόπος(即另一种方式),则把 φύσις 把握为 μορφή("形式")。我们在这种 ὕλη-μορφή(质料—形式)的区分中却又不难认出前面已经讨论过的那个区分,即:πρῶτον ἀρρύθμιστον(首先无机制的东西)与 ῥυθμός(机制)的区分。可是,亚里士多德并没有简单地用 ὕλη[质料]与 μορφή[形式]的区分来替代这个区分。对安提丰来说,ῥυθμός(机制)只能被看做那种偶尔作为非持久者附加到唯一持久者,附加到无机制者上的东西,而在亚里士多德那里,按照上面引述的句子来看,μορφή也包含着一种对 φύσις 的本质规定的地位。这两种对 φύσις 的解释被相互等同起来了,而且这就给出了一种可能性,得以提出一个有关 φύσις 的双重概念。但因此也只是出现了一项任务,就是要特别把 μορφή 当作 φύσις 之本质特征来加以证明。

事实上只是初眼看来如此;而其实一切完全是另一回事情。

① 此段在现有中译本中译为:"以上是关于自然的一种解释,自然被解释为每一个自身内具有运动变化根源的事物所具有的直接基础质料。另一种解释说:'自然'是事物的定义所规定的它的形状或形式。"参看亚里士多德:《物理学》,中译本,第 45 页。——译者注

ὕλη-μορφή 这一区分并非简单地只是 ἀρρύθμιστον-ῥυθμός[无机制—机制]的另一个形式，不如说，它把关于 φύσις 的问题置入一个全新的层面上，而正是在此层面上，那个未曾被追问的关于 φύσις 的
274 κίνησις[运动状态]之特征的问题才能得到解答，φύσις 才充分地被把握为 οὐσία，即被把握为在场化的方式。同时，这也意味着，对于前面提及的安提丰的学说，亚里士多德——尽管有相反的假象——是以最鲜明的拒绝方式把它摒弃了。只有当我们以亚里士多德的方式，即以希腊的方式，去理解现在出现的 ὕλη-μορφή 这一区分，并且没有立即又失去这种理解时，我们才能充分清晰地看清上述这一切。我们总是会失去这种理解，因为“质料”与“形式”的区分乃是西方思想久已运动于其上的一条平凡大街。内容与形式的区分被看作不言自明的东西中最不言自明的。那么，为什么希腊人就不会同样也是按照这一“模式”进行思考的呢？ὕλη-μορφή 被罗马人翻译为 materia 和 forma 了；在通过这种翻译所作的解释中，这个区分过渡到了中世纪和康德。康德把它把捉为“质料与形式”(Materie und Form)的区分，并且把后者解释为“可规定的东西”与其“规定性”的区分(参看康德:《纯粹理性批判》，“论反思概念之歧义”，A，266，B，322)。由此便达到了对亚里士多德的这一希腊式的区分的极端疏远。

ὕλη 的通常含义是猎人行猎的“森林”、“树林”、“树丛”；但同时也是指提供出作为建筑材料的木头的“树林”；由此，ὕλη 就成了一般而言的任何一种建筑和“制造”方式的质料。因此，在这里，通过人们喜欢做的对“源始的”词语含义的追溯，或许恰恰证明了一点：ὕλη 的意思与“质料”同。的确如此——但更确切地讲，这里首

先只有一个决定性的问题不禁产生出来了。如果 ὕλη 意指为了“制造”的质料，那么，对所谓质料的本质规定便取决于对“制造”(Herstellung)之本质的解释。然而，μορφή 却并不意味着“制造”，而至多意味着“形态”(Gestalt)，而形态恰恰就是“形式”，即“质料”通过烙印和揉捏，也就是通过“形成”(Formen)而被带入其中的“形式”(Form)。

不过，亚里士多德是如何思考 μορφή 的，这一点幸好由他本人 275
在一个句子中道出，这个句子引导出 μορφή 这个对他的 φύσις 解释来说决定性的概念：ἡ μορφὴ καὶ τὸ εἶδος τὸ κατὰ τὸν λόγος，意思即：“这个 μορφή，而这也就是说 τὸ εἶδος，它按照 λόγος。”μορφή 必须从 εἶδος[爱多斯]出发来理解，而 εἶδος 必须联系于 λόγος[逻各斯]来理解。但我们却用 εἶδος[爱多斯](柏拉图也以 ἰδέα[相]表示之)以及 λόγος[逻各斯]来命名那些概念，这些概念以“理念”(Ideen)和“理性”(Vernunft)的名义标志着西方人的基本态度，而且与“质料”和“形式”一样，是多义的和远离于希腊的开端的。不过，我们依然必须努力去获得原初的东西。Εἶδος[爱多斯]意指某物的外观(*Aussehen*)，一般而言就是某个存在者的外观，但外观乃是存在者所呈现的并且只能呈现出来的外貌、观点、视野、ἰδέα[相]，因为存在者在这种外观中被摆放出来，并且立身于其中而自发地在场，亦即存在。Ἰδέα[相]是被视见的东西，但这并不意味着，它是通过观看才变成这种东西的，而不如说，ἰδέα[相]是某个可视见者向观看呈现出来的那个东西，即视野呈现者、视野种子(das Sichtbietende, *Sichtsame*)。只是柏拉图仿佛为 ἰδέα[相]的本质所征服，又把 ἰδέα[相]本身把捉为诸如某种自为地在场的东

西，并且因而把捉到“立身于这种外观中”的个别“存在者”、共同的东西（κοινόν）；由此，个别的东西作为事后追加的东西，与作为真正的存在者的 ἰδέα[相]相比，便被贬降到非存在者的地位上了。

与此相对，亚里士多德则要求人们认识到，当下的个别的存在者，这儿一座房子，那儿一座山，绝不是非存在者；相反，就它们自行置入到房子、山的外观之中并因而才把外观摆放出来，亦即自行置入到在场化之中而言，它们恰恰就是存在者。换言之，唯当 εἶδος[爱多斯]在存在者的直接称呼的视野中自行显示，即 εἶδος τὸ κατὰ τὸν λόγον，这时，εἶδος[爱多斯]才真正被把捉为 εἶδος。这种称呼（Ansprechung）一向直接把这个或那个存在者称呼为这个或那个，亦即具有这个或那个外观的存在者。εἶδος[爱多斯]，因而

276 也包括 μορφή，得以把捉的主导线索，乃是 λόγος[逻各斯]。因此，在解释眼下接着的把 μορφή 规定为 εἶδος[爱多斯]的做法时，我们必须查看一下，亚里士多德本人是否以及在何种程度上遵循了这条主导线索。首先我们可以说：μορφή 乃是“外观”，更确切地讲，是立身于外观中，自行置入到外观之中，一般而言，就是设置入外观中。所以，下面径直谈论“外观”时，其中所思的外观始终是自行发放到当下之物中（在这里，“桌子”这种“外观”在桌子中）的外观，并且始终是就此而言的外观。当下之物之所以被叫作当下之物，是因为它作为个别事物逗留于外观中，保存着它的逗留（在场化），从这种外观之保存而来于外观中并且出于外观而立身，用希腊文来讲就是“存在”（*ist*）。

以这一对 μορφή 一词的翻译，即“入于外观的设置”，[①]首先有某种双重的，而且在希腊意义上同样本质性的东西被表达出来了，这是在“形式”(Form)这一名称中完全缺失的东西：一方面，入于外观的设置，作为在场化的方式，即是 οὐσία；μορφή 并非某种在质料那里现成的、**存在着**的特性，而是一种**存在**方式；另一方面，“入于外观的设置”作为运动状态，即是 κίνησις，后者的“要素”更是“形式”概念所缺乏的。

然而，这里指出必须以希腊方式来理解的 μορφή 的含义，绝不是已经证明了亚里士多德已经开始显示的那一点，即：按照另一种称呼方式，φύσις 本身就是 μορφή。这个证明过程贯穿了这个章节的其余部分，它历经好几个阶段，而每一个阶段都设下了更高的证明任务。证明是这样开始的：

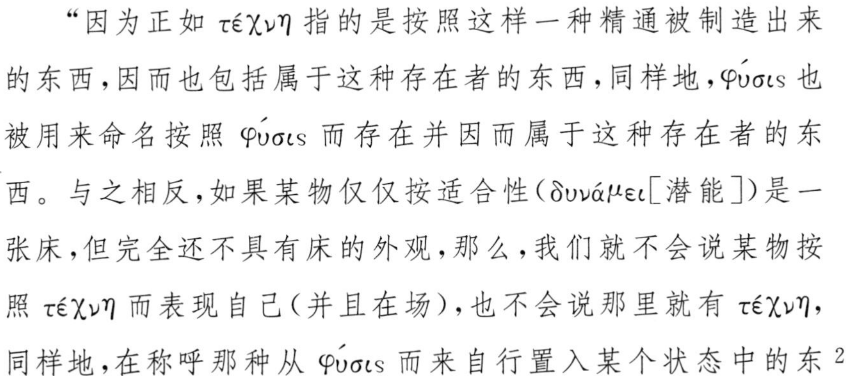

“因为正如 τέχνη 指的是按照这样一种精通被制造出来的东西，因而也包括属于这种存在者的东西，同样地，φύσις 也被用来命名按照 φύσις 而存在并因而属于这种存在者的东西。与之相反，如果某物仅仅按适合性(δυνάμει[潜能])是一张床，但完全还不具有床的外观，那么，我们就不会说某物按照 τέχνη 而表现自己(并且在场)，也不会说那里就有 τέχνη，
同样地，在称呼那种从 φύσις 而来自行置入某个状态中的东 277

① μορφή 通译为“形式”，而海德格尔在此却把它解译为“入于外观的设置”(Gestellung in das Aussehen)。其中的 Gestellung 一词在日常德语中有“听候调度、应召”等意。海德格尔明显是想强调 Gestellung 的词根意义(stellen，即“置”)，故我们权译之为“设置”。——译者注

西时，我们也不会这样做。因为，仅只按照适合性是肉和骨的东西，在它取得那种按称呼所意指的外观之前（当我们说什么是肉或骨时，就界定着这种外观），就不具有它自己的 φύσις，也还不是（为它所特有的）一个从 φύσις 而来的存在者”。（《物理学》，193a31 - b3）[①]

上面这些句子如何就能证明 μορφή 共同构成了 φύσις 之本质呢？这里甚至根本就没有谈到 μορφή。相反，亚里士多德完全是从外部，借着对一种今天也还为我们所熟悉的方式的提示，开始谈论他的证明过程。好比我们就凡·高的一幅油画说“这就是艺术”；或者看到一只在森林上空盘旋的兀鹰说“这就是自然”。在这种“语言用法”中，我们是把这种东西——恰当地看，就是某个存在者所是的东西，即某个存在者根据艺术所是的东西——本身直接称为“艺术”。因为，这幅油画其实并不是艺术，而是一件艺术作品；这只兀鹰也并不是自然，而是一个自然存在者。但上面提到的谈论方式却透露出某种根本性的东西。究竟我们何时才如此强调说：这就是艺术？——当仅有一块撑开的、上面涂抹了彩色斑点的画布挂在那里时，我们不能如是说；当我们眼前只有任意一幅“油画”时，我们当然也不能如是说；而只有当相关的存在者占有支配

① 此段在现有中译本中译为：“因为‘自然’这个词用于按照自然运动变化的事物或自然的事物，就像‘技术’用于按照技术的事物或技术的产品一样。如果一事物仅仅潜在地是一张床，还没有床的形式，我们就不会说这事物有什么是按照技术的，也不会说它是技术的产品，自然产物的道理也是如此。还只潜在地是肉或骨的东西，在它取得定义中指出的形式以前——在界说什么是肉或骨时就会说到它们的形式——就还没有它自己的自然，也不能说它们是‘由于自然’而存在”。参看亚里士多德：《物理学》，中译本，第 45 页。——译者注

地位、进入一件艺术作品之外观中而显露出来时，当这个存在者通过自行进入这样一种外观中而存在时，我们才能如是说。在“这就是自然”即 φύσις 的谈论中，情形亦然。因此，上述谈论方式表明，只有在我们遇见某种入于外观的设置之际，也即只有在 μορφή 存在之际，我们才能找到那个按照 φύσις 的东西（das φύσις-Mässige）。可见，μορφή 构成了 φύσις 之本质，或者至少是参与构成了 φύσις 之本质。

可是，对这样一回事情的证明却仅仅依靠我们的谈论方式。278
而且，亚里士多德在此为一种根据纯粹“语言用法”的哲学给出了一个出色的，但也大可置疑的例子。今天某人即使不知道 λόγος［逻各斯］和 λέγειν［说］对希腊人意味着什么，他或许也会这样来说话。不过，为了具有我们的思考必须遵循的方向，为了把捉 λόγος［逻各斯］之本质，我们只需回忆一下希腊人对人之本质的规定，即 ζῷον λόγον ἔχον［人是具有逻各斯的生物］。我们能够，甚至必须把 ἄνθρωπος：ζῷον λόγον ἔχον 译为“人是那种具有话语的动物”。假如我们充分并且源始地思考了语言之本质，亦即根据得到恰当理解的 λόγος［逻各斯］之本质思考了语言之本质，那么，我们在此甚至可以不说“话语”（das Wort），而说“语言”（die Sprache）。前面这个关于人的本质规定后来变成了流行的“定义”：homo：animal rationale（人：理性的动物）。而实际上，这个希腊的关于人的本质规定并非意指，人在其他能力之外也还“具有”“语言能力”作为其特性，而倒是意指，人之本质的标志乃是具有 λόγος［逻各斯］，保持在 λόγος［逻各斯］中。

何谓 λόγος［逻各斯］呢？在希腊数学家的语言中，“λόγος”一

词意味着“联系”和“关系”；我们所说的“类似”和我们所译的“相符”也指某种特定方式的关系或者诸关系之一；在“相符”（Entsprechung）一词上，我们甚至并没有想到语言和言谈。数学的语言用法，部分地也是哲学的语言用法，把 λόγος[逻各斯]的源始含义中的某种东西固定起来了；因为 λόγος[逻各斯]属于 λέγειν，而后者的意思就如同我们德语中的“采集”（lesen），如采葡萄（Weinlese）、拾穗（Ährenlese），意即“聚集”（sammeln）。不过，即便人们已经确信 λέγειν 意味着“采集”，人们这时也还一无所获；尽管已正确地指明了其词根含义，人们始终还可能错认**希腊**词语的**本质**内容，并且在迄今仍在流行的意义中曲解了 λόγος[逻各斯]这个概念。

279 “采集”，即聚集，意思是说：把几个分散的东西集中为一，并同时把这个一提供（beibringen）和投送（zustellen）出来（παρά[在……旁]）——向何处？向在场化的无蔽域【παρουσία[在场]＝οὐσία（ἀπουσία）[在场、存在（不在场）]】。[①] Λέγειν 即集合为“一”，并且把聚集起来的这个“一”提供出来，亦即同时在场着提供出来；它的意思无非是：使先前遮蔽者敞开出来，让它在其在场化中自行显示出来。因此，按亚里士多德看来，陈述（Aussage）的本质是 ἀπόφανσις[让人们看见]，即在存在者方面让人们看到它是什么以及如何是；亚里士多德也称之为 τὸ δηλοῦν，即：使敞开出来（Offen-

① 前句中的“提供”（beibringen）和“投送”（zustellen）的字面意思分别是：“带到……旁”和“向……摆置”，分别由德语介词 bei 和 zu 加上动词词根构成。希腊文介词 παρά 相当于德文介词 bei（在……旁），而 παρουσία（在场）即由介词 παρά[在……旁]与 οὐσία[存在]合成。——译者注

barmachen)。借此，亚里士多德并没有给出一种关于 λόγος[逻各斯]的特殊“理论”，不如说，他只是保存了希腊人向来当作 λέγειν[采集]之本质来认识的东西。赫拉克利特的一个残篇极妙地显示了这一点(残篇第九十三)：ὁ ἄναξ, οὗ τὸ μαντεῖόν ἐστι τὸ ἐν Δελφοῖς, οὔτε λέγει οὔτε κρύπτει ἀλλὰ σημαίνει。语文学家们(例如，第尔斯、斯纳尔)对之作了如下翻译：

“掌握德尔斐神谕的主人，没有道说什么，没有表达什么，也没有遮蔽什么，而是给出一个标志”。这样一译，赫拉克利特的这个箴言便丧失了它的本质性内容，丧失了赫拉克利特所特有的张力和维系力。Οὔτε λέγει οὔτε κρύπτει：在这里，λέγειν 一词对立于 κρύπτειν，即遮蔽，因此，我们必须译之为解蔽(entbergen)，亦即使敞开；神谕并不直接解蔽，也不径直地遮蔽，而是显示(anzeigen)，这就是说：它通过遮蔽而解蔽，通过解蔽而遮蔽。/至于这种 λέγειν 如何与 λόγος[逻各斯]相联系，以及 λόγος[逻各斯]对赫拉克利特来说意味着什么，可参看赫拉克利特之残篇第一、第二以及其他残篇/。

在希腊的对人之本质的规定中，λέγειν、λόγος 意指着那种关系，以此关系为基础，在场者才作为这样一个在场者在人周围、并且为人而聚集起来。而且，只是由于人**存在**——只要人在解蔽着和遮蔽着存在者之际与这样一个存在者相对待——，人才能够拥有、而且必须拥有“话语”，也即道说存在者之存在。但词语(die Wörter)，语言所使用的词语，只不过是一些从话语(das Wort)中掉落下来的碎屑，人从这些碎屑出发绝不能返回到存在者那里，280
除非是根据 λέγειν。本来，λέγειν 与道说和语言是毫无干

系的；但当希腊人把道说（das Sagen）理解为 λέγειν 时，其中就含有一种关于话语和道说（die Sage）之本质的独一无二的解释，后来的任何一种“语言哲学”向来都未能重新猜度到这种解释的尚未被踏上的深渊。唯有在我们这里，当语言被贬降为一种交往工具和组织工具时，语言思想才看起来仿佛是纯粹的“话语哲学”（Wortphilosophie），它不再触及“接近生活的现实”；但这个判断只不过是承认了：人们本身不再有力量，去相信话语具有全部与自在存在者的关联的一个根本性的本质基础。

在这里，在关于 φύσις 之本质的问题上，我们何以要沉迷于这种远远偏离于对 λόγος［逻各斯］之本质的解说的做法呢？——这是为了搞清楚：如果亚里士多德是以 λεγέσθαι［说话］为依据的，那么，他就并非从外部求助于某种“语言用法”，而是从源始的与存在者的基本关系出发来思考的。因此，证明过程的表面看来粗浅不堪的开端重又获得了它特有的分量：如果存在者，在其自身中具有其运动状态的起始占有的存在者，是以 λέγειν 为引线而被经验的，那么，其中作为这个存在者的 φύσις 之特征而自行揭示出来的，恰恰就是 μορφή，而不只是 ὕλη 甚或 ἀρρυθμιστον［无机制的东西］。诚然，对于这一点，亚里士多德并没有直接显示之，而是以某种直接把迄今为止尚未澄清的 μορφή 的对立概念（即 ὕλη）揭示出来的方式来显示的。因为，并非在只有肉和骨的地方，我们才说“这是 φύσις”；这一类东西，相应于对床而言的木头，也只是某个生物的“质料”。莫非 ὕλη 的意思就是“质料”么？——然而，我们要重新追问：何谓“质料”？它仅仅是指“物质性的东西”么？否。相反，亚里士多德倒是把 ὕλη 称为 τὸ δυνάμις［适合性、潜能］。Δύναμις 意

味着能力,更确切地讲,是指"适合于……"(Eignung zu);工场里放着的木头适合于做一张"桌子";但木头并不具有这种适合于做 281
一张桌子的特征,而只是作为这种被选中和被裁截的木头;而选择和裁截,也即适合之特性,却取决于对"有待制造者"的"制造"。可是,以希腊方式来看,并且根据我们德语的源始的命名力量来看,"制造"(Herstellen)的意思乃是:摆出来(Her-stellen),摆置入在场化之中而使之成为具有如此这般外观的东西,即完成了的东西。ὕλη 是有适合特性的可占用物(das eignungshaft Verfügliche),它就像肉和骨一样属于某个存在者,后者在其自身中具有它的运动状态的起始占有。但只有在入于外观的被设置状态(Gestelltheit ins Aussehen)中,存在者才是它一向所是和如其所是的东西。因此,亚里士多德接着可以说:

> "因此,根据另一种方式就可以说:φύσις 乃是在自身中具有对其运动状态的起始占有的那种存在者的入于外观的设置。当然,设置与外观并不是独立的东西,倒不如说,它们向来只有在当下存在者的称呼中才是可显示的。而由这种东西(可占用物和设置)而来具有其状态的东西,诚然并非 φύσις 本身,却正是从 φύσις 而来的存在者,如一个人"。(《物理学》,193b3-6)①

① 此段在现有中译本中译为:"因此根据对'自然'的这第二种解释应该说:自然乃是自身内具有运动根源的事物的(除了在定义中,不能同事物本身分离的)形状或形式。(由质料和形式合成的事物,如人,就不是'自然',而是'由于自然'而存在的事物)"。参看亚里士多德:《物理学》,中译本,第 45 页。——译者注

上述句子并非仅仅给出了一个对现在已得到证明的断言的概括；这个断言就是：φύσις 要以**两种**方式被称呼。远为重要的是，这里强调了下述决定性的观念，即：如此这般得到双重称呼的 φύσις 乃是**存在**的一种方式，而不是一个存在者。因此，亚里士多德再三提醒我们：不可像柏拉图那样，把外观和入于外观的设置看作某种独自站立的东西，而是要视之为存在，即个别存在者（例如，此地的这个人）一向立身于其中的存在。这个个别存在者虽然是由 ὕλη 和 μορφή 组成的，但恰恰因此，它本身**不是**——如同在其合乎本质的共属性中的 ὕλη 和 μορφή 一样——**某种存在方式**，即 φύσις，而是一个存在者。换一种说法：现在我们清楚了，何以亚里士多德对

282 ὕλη-μορφή 的区分不只是安提丰对 ἀρρύθμιστον-ῥυθμός［无机制—机制］的区分的另一种表达式；因为后一种区分的意图是要规定 φύσις，而它所命名的只是一个存在者，即区别于某个非持久者的持久者；但它并没有把捉到、更没有理解作为存在的 φύσις，也即没有把它理解为持久状态的处所，即 φύσει ὄντα 之自立的处所。这种存在只有以 λόγος［逻各斯］为引线才是可把捉的。可是，称呼作为第一性的东西，显示着外观和入于外观的被设置状态，由之而来，ὕλη 所命名的东西才被规定为占用者。而这样一来，同时也就裁定了某种更为深远的东西，它驱使亚里士多德做下一个步骤，去证明作为 μορφή 的 φύσις。尽管 ὕλη 和 μορφή 两者构成了 φύσις 之本质，但它们实际上并不是等量齐观地保持着均衡，相反，μορφή 是具有**优先地位**的。这就表明，已经完成的证明**过程**把证明**任务**提升到一个更高的阶段。而且，亚里士多德毫不犹豫地立即就道出了这一点。

> "其实,这种东西(即作为入于外观的设置的 μορφή)比起可占用物来,甚至更多地是 φύσις。因为,任何个别事物,都是在它以最终具有自身的方式'存在'之际才被称为真正存在者的,而不是在它(仅仅)适合于……的状态中才被称为真正存在者的"。(《物理学》,193b6-8)①

那么,为什么 μορφή 不仅仅与 ὕλη 一样,而是比后者"更多地"是 φύσις 呢?因为,我们是在某物以 ἐντελέχεια[隐德莱希]的方式存在之际,才把它称为真正存在者的。所以,μορφή 必定以某种方式于自身中包含着 ἐντελέχεια 之特征。何以如此,亚里士多德在这段话中没有予以解说。同时,他也没有解说 ἐντελέχεια 的意思。这个由亚里士多德本人所创造的名称乃是他的思想的基本词语,而且,它也包含着那种标志着希腊哲学之完成的关于存在的知识。"ἐντελέχεια"一词包含着那个西方形而上学的基本概念,后世的形而上学与开端性的希腊思想的疏远程度,可以根据它对这个基本 283
概念的曲解而得到最鲜明的估计,实际上是必须据此来加以认识的。不过,首先依然蔽而不明的一点是:为了论证 μορφή 更多地(μᾶλλον)是以及何以是 φύσις,亚里士多德为什么要引入 ἐντελέχεια 一词。为我们所清晰地看到的只有一点:为了揭示一个存在者的真正的存在是在何处被洞察的,亚里士多德重新引证了 λέγειν,引证了称呼方式。但如果我们首先搞清了有待论证的

① 此段在现有中译本中译为:"质料和形式比较起来,还是质料作为'自然'比较确当,因为任何事物都是在已经实际存在了时才被说成是该事物的,而不是在尚潜在着时就说它是该事物的"。参看亚里士多德:《物理学》,中译本,第 46 页。——译者注

东西，我们其实就澄清了初看起来模糊不清的**论证**。μορφή **更多地**是 φύσις——这是一个全新的断言，超越了迄今为止把 ὕλη 和 μορφή 相提并论的做法。这个断言说的是什么呢？前面我们曾碰到过下述决定性的主导命题：φύσις 乃是 οὐσία，即存在状态的一种方式，也可以说，是在场化的一种方式。因此，这个有待论证的命题就是说：μορφή 比 ὕλη 更为符合存在状态之本质。在更早些时候已经得到澄清的一点是：φύσει ὄντα 是 κινούμενα，它的存在乃是运动状态。

现在要紧的是把运动状态把握为 οὐσία，也就是要说明：究竟什么是运动状态。只有这样，作为 ἀρχὴ κινήσεως[运动状态的起始占有]的 φύσις 之本质才能得到澄清，而且，唯有根据如此这般得到澄清的 φύσις 之本质，我们才能理解，为什么 μορφη 体现着 οὐσία 之本质，因而更多地是 φύσις。

什么是运动状态？什么是作为运动事物之存在（亦即在场化）的运动状态呢？亚里士多德在《物理学》第三卷第 1—3 章中给出了答案。亚里士多德对运动状态的解释乃是在一般西方形而上学历史中必须得到思考的最困难的事情了。因此，要想以寥寥几句话把这种解释带到本质之洞察面前，那就未免狂妄了。但我们依然要做某种努力，即尽可能领会关于 φύδις 之 μορφή 特征的证明过程。亚里士多德所做的本质规定之所以困难，原因在于本质之洞察的令人诧异的质朴性，这种质朴性是我们所难以达到的，因为我们几乎还不能猜度到**希腊人的**存在概念，同时我们又在思索希腊人对运动状态的经验时遗忘了决定性的东西。这种决定性的东
284 西就是：希腊人是根据静止来理解运动状态的。这里需要区分运

动状态（Bewegthiet）与运动（Bewegung），同样也要区分静止状态与静止。运动状态意指运动和静止据以得到规定的那个本质。而静止进而被视为运动的“终止”（παύεσθαι，见《形而上学》，第八章第 6 节，1048b26）。运动之缺失可以算作这种运动的边界情形（＝零）。但恰恰如此被理解为运动之变种的静止，依然是以运动状态为其本质的。其最纯粹的本质展开可以在某些地方找到，在那里，静止并不意味着运动的终止和中断；相反，运动状态自行聚集为**保持不动**（*Stillhalten*），而且这种停止并不排除运动状态，而是包括运动状态，其实也不仅是包括，而首先是开启出运动状态；例如，ὁρᾷ ἅμα καὶ ἑώρακε（参看同上书，b23）：“某人看，并且在看时他（恰恰）同时也已经看到了”。真正说来，环顾和查看的运动只是在那种专心于自身的（简单的）观看的**静止状态**中的**最高的**运动状态。这种看乃是 τέλος，即终点（das Ende），在其中，展望之运动**接收**自己并且在本质上成为运动状态。（所谓“终点”并非运动之终止的结果，相反地，作为运动的接收着的张开，它是运动状态之开端。）因此，运动之运动状态充其量在于，运动事物的运动在其终点即 τέλος 中接收自己，并且作为如此被接收的东西，它在终点中“具有”自身：ἐν τέλει ἔχει：ἐντελέχεια，即在终点中具有自身（das Sich-im-Ende-Haben）。有时，亚里士多德不用他自己创造的 ἐντελέχεια，而用 ἐνέργεια 一词。后者表示 τέλος ἔργον，就是有待制造者和被制造者意义上的作品。希腊式地看来，ἐνέργεια 的意思是：在作品中立身（Im-Werk-Stehen）；作品是完全处于“终点”中的东西；但这个“被完成者”又不是指“已经结束者”，正如 τέλος 并不意味着结束；相反，以希腊方式看来，τέλος［终点］和 ἔργον［作品］乃是由

εἶδος所规定的，命名着某物“最终”处身于外观中的方式。

从被理解为ἐντελέχεια[隐德莱希]的运动状态出发，我们现在必须作某种努力，把运动事物的运动把握为某种存在方式，也即
285 κινούμενον[运动者]的方式。抓住某个例子，可以使本质洞察的引线变得可靠些。我们按照亚里士多德的做法，从制作物的“制造”领域里，亦即从“制作”领域里，选择一个例子，诸如一张桌子的产生。在这里，我们明显看到了各种运动。但是，亚里士多德并不是指木工作为他的操作顺序来完成的种种“运动”，相反地，亚氏就桌子的产生所思考的，恰恰是这个产生者本身作为这样一个产生者的运动。Κίνησις是μεταβολή，即从某物到某物的转变，其情形是，在转变中，这种东西本身与转变者一道发生偏转，也即显露出来。在工场中可动用的木头转变为一张桌子。这种转变具有何种存在特征呢？发生转变的，乃是现有的木头，不是无论何种一般木头，而是这种适合的木头。但“适合于……”(Geeignet zu)却已经意味着：是为桌子这种外观设置的，也就是说，是为桌子的产生即运动得以于其中达到其终点的那个东西而设置的。适合的木头向一张桌子的转变就在于，适合的木头的适合性明显更为丰富地凸现出来，并且体现在作为桌子的外观中，并因而在被制造的、亦即被置入无蔽域的桌子中达到立身。在(已经到位者)的这种位置的静止中，适合者(δυνάμει)的显露着的适合性(Eignung)(δυνάμις)聚集自身，并“具有”自身(ἔχει)，即在其终点(τέλος)中。因此，亚里士多德说(《物理学》，第三卷第1章，201 b4—5)：ἡ τοῦ δυνατοῦ ᾗ δυνατὸν ἐντελέχεια φανερὸν ὅτι κίνησίς ἐστιν：“适合者作为某个适合者(也即在其适合性中)，它的在终点中具有自身，明显就是运动状

态(的本质)”。[1]

不过,只消适合者**尚未**把它的适合性带入终点之中,也即还是ἀ-τελές[非终点、未完成状态],只要这种在作品中立身(das Im-Werk-Stehen)尚未在其终点之中,那么,产生就只是这样一种产生,亦即在与静止相区别的东西这种狭义上的 κίνησις;据此,亚里士多德才说(《物理学》,第二卷第 2 章,201b31-32):ἥ τε κίνησις ἐνέργεια μέν τις εἶναι δοκεῖ, ἀτελὴς δέ:“虽然运动显示为这样一种在作品中立身,但却是作为一种尚未到其终点的东西。”[2] 286

然而,在终点中具有自身(ἐντελέχεια)之所以是运动状态之本质(亦即运动事物之存在),乃是因为这种静止状态最纯粹地符合 οὐσία 之本质,符合在外观中的本身持久的在场化。亚里士多德以他自己的方式用一句话道出了这一点,我们从他专门讨论 ἐντελέχεια 的文章中引出这个句子(《形而上学》,第九卷第 8 章,1049b5):φανερὸν ὅτι πρότερον ἐνέργεια δυνάμεώς ἐστιν:“显然,在作品中立身先于适合于……的状态”。[3] 亚里士多德的、同时也是希腊的思想在这个句子中达到了其顶峰。若按通常的方式来翻译这个句子,则它就是:“显然现实性先于可能性”。对于Ἐνέργεια,即在入于外观的在场化意义上的在作品中立身,罗马人用 actus[现

① 此句在现有中译本中译为:“运动是潜能事物作为能动者的实现”。参看亚里士多德:《物理学》,中译本,第 71 页。——译者注

② 此句在现有中译本中译为:“运动被认为是一种实现,但尚未完成”。参看亚里士多德:《物理学》,中译本,第 72 页。——译者注

③ 德文原文为:Offenbar ist früher das Im-Werk-Stehen als die Geeignethei zu...在现有中译文本中译为:“这是清楚的,实现‘先于’潜能”。可参看亚里士多德:《形而上学》,中译本(吴寿彭译),商务印书馆(北京)1991 年,第 181 页。——译者注

实]一词译之,而且一下子,希腊世界由此被掩埋起来了;actus,agere,即作用,变成了 actualitas,也即“现实性”。δύναμις[适合]变成了 potentia[潜能],即拥有某物的能力和可能性。于是,“显然现实性先于可能性”这个陈述句明显表现为一个错误,因为其反面更为显而易见:某物要是“现实的”并且能够“现实地”存在,它其实必须首先是可能的。可见,倒是可能性更早于现实性。但如此思来,我们就既没有以亚里士多德的方式,也没有以一般希腊的方式来思考。Δύναμις 诚然也有能力之意,甚至被看做表示“力量”的名称;不过,如果说亚里士多德是把 δύναμις 当做 ἐντελέχεια 和 ενεργεία 的相反概念来使用的话,那么,他是把这个词语(相应地如 κατηγορία 和 οὐσία)看做对某个根本性的基本概念的思想上的命名,而存在状态(即 οὐσία)就是在此基本概念中得到思考的。我们已经把 δύναμις 译为“适合性”(Eignung)和“适合于……的状态”(Geeignetheit zu...);但**即便这样**,也依然存在着一种危险,那就是:我们并没有充分希腊式地进行思考,并没有为自己免除那种努力,即力图把这种“适合于……的状态”说明为依然抑制着的和控制着的入于外观的显露之方式,在其中,适合性得到实现。
287 Δύναμις 乃是在场化的方式;但亚里士多德却说,ἐνέργεια(ἐντελέχεια)[实现(隐德莱希)]先于(πρότερον)δύναμις[适合性];也即在 οὐσία 方面“先于”(参看《形而上学》,第九卷第 8 章,1049b10,11)。Ἐνέργεια 更源始地体现着纯粹在场化的本质,因为它意味着:在作品和终点中具有自身(das Sich-im-Werk-und-Ende-Haben),它胜过了“适合于……的状态”的任何一种“尚未”(Noch nicht),更确切地说,它恰恰**共同首先**把后者带入完全“完成了的"外观的实现之中了。对于前面引述的亚里士多德关于 ἐντελέχεια 和 δύναμις 的顺序关系的基本命题,我们也可以作如下概括:ἐντελέχεια[隐德莱希]比 δύναμις[适合性]"更多地"是 οὐσία[在场、存在];前者比后者更为本质性地体现着本身持久的在场化的本质。

在《物理学》第二卷第一章的一段文字中(193b6-8),亚里士多德说:"其实,这种东西(即 μορφή)比起 ὕλη 来,甚至更多地是 φύσις。因为任何个别事物都是在它以最终具有自身的方式'存在'之际才被称为真正存在者,而不是在它(仅仅)适合于……的状态中才被称为真正存在者的"。依然模糊不清的是,何以这个后置句就是对以下断言的论证,即:μορφή 不仅作为另一种 τρόπος[方式]不能与 ὕλη 相等同,而且比后者更多地是 φύσις。μορφή 乃是入于外观的设置,也就是 κίνησις[运动状态]本身,即作为适合性之偏移的适合者之转变。但 κίνησις[运动状态]之本质乃是 ἐντελέχεια[隐德莱希],后者本身比 δύναμις[适合性]更源始、更多地体现着 οὐσία 之本质。对 φύσις 之本质的规定服从这样一个原理:φύσις 是 οὐσία 的一种方式;也即说,μορφή 本身也更多地(μᾶλλον)是 φύσις,因为它本质上是 ἐντελέχεια,亦即更多地是 οὐσία;入于外观的设置更多地体现着 φύσις 之本质,亦即 κινούμενον καθ' αὑτό[因自身而运动者]之存在的本质。

然而,对 μορφή 之于 ὕλη 的这种优先地位的正确洞识之所以必需,主要是因为随着 μορφή 的这种优先地位,它本己的本质也同时得到了更清晰的揭示。而且这就意味着:在把 φύσις 理解为 μορφή 这个任务上,一个全新的阶段已经变得无可回避了。因此

一故，在进入下一个阶段时，我们必须把在前一个阶段上所见到的东西清晰地收入眼帘。μορφή 之所以“更多地”是 φύσις，并非因为
288 它（比方说）作为“形式”揉捏某种“质料”并且在自身中间具有这种“质料”，不如说，它作为入于外观的设置超过可占用物（ὕλη），因为它乃是适合者之适合性的在场化，因而从在场化方面来看是更为源始的。但这样一来，要从哪个角度看，μορφή 之本质同时也更为赤裸裸地显露出来呢？下面这个句子确定了这个角度：

“此外，人的确是由人产生的，而床却不是由床产生的”。《物理学》，193b8－9）①

这话难道不是毫无意思的陈词滥调吗？当然不是。因为这个句子的过渡方式——ἔτι，即“此外”——就已经点出了它与前句的关系，但同时也表明了一种“加强”。Ἔτι γίνεται［此外还产

生］——我们或许必须更加有所强调地译之：“此外，在所指的领域里，重要的是产生（γένεσις），而且这种产生在人与床那里，亦即在 φύσει ὄντα 与 ποιούμενα 那里，即在‘生长物’与‘制作物’那里，是各个不同的”。（这里，在讨论 γένεσις［产生］时，人仅仅被看作 ζῷον，即“生物”。）换种说法，也就是：作为入于外观的设置，μορφη **眼下才明确地**被把握为 γένεσις［产生］。可是，γένεσις［产生］乃是**那种**运动状态的**方式**；当亚里士多德通过列举各种运动方式来对作为 μεταβολή［变化］的 κίνησις［运动状态］作引导性的描述时，他恰恰遗漏了这种运动状态的方式，因为只有标明了作为 μορφή 的 φύσις

---

① 此句在现有中译本中译为：“再说，人由人产生，但床却不由床产生。”参看亚里士多德：《物理学》，中译本，第 46 页。——译者注

之本质，才能描述出这种运动状态的方式。

两种产生方式被相互对立起来。而且我们有充分的理由，从
两者的鲜明区分中看出产生之本质；因为，亚里士多德其实是鉴于
桌子的产生来指明作为运动状态的 μορφή 的那种决定性特征，即
ἐντελέχεια。然而，不知不觉地，我们已经同时把关于制作物之产
生所说的话转嫁到 φύσις 之 μορφή 上了。但这样的话，难道不是把
φύσις **曲解**为一种自行制作出来的制作物了吗？或者，这其中根本
就没有什么曲解，而是包含着对作为一种 τέχνη 的 φύσις 的唯一可 289
能的解释？看起来几乎就是这样，因为现代形而上学，例如它在康
德那里所获得的辉煌形态，是把“自然”当做“技术”来把握的，以至
于这种构成自然之本质的“技术”被当做机械技术对自然的征服和
控制之可能性甚或必然性的形而上学**基础**了。无论是何种情况，
亚里士多德关于人与床的不同产生所说的看起来过于自明的句
子，都促使我们去做一种关键的沉思，在沉思之际必得从根本上去
澄清，亚氏对生长物与制作物所作的区分具有何种作用——在这
个章节的开头，亚氏就作出了这种区分，而且这种区分贯穿着他的
全部探讨。

那么，当亚里士多德一再根据与制作物的相似来描述生长物时，他已经把 φύσει ὄντα 理解为自行制作的制作物了吗？不。恰恰相反，亚里士多德是把 φύσις 把握为自行制造。但“制造”（Herstellen）与制作（Machen）难道不是同一回事情吗？对我们来说是这样；只要我们漫不经心地在那些陈腐的观念里放荡自己，而没有把握住前面已经指明的内容，那么情形就是如此。然而，如若我们返回到那个以希腊方式被理解的存在之领域中，那又会怎样呢？

那就可以表明：制作，即 ποίησις，乃是一种制造方式，而“生长”（回到自身、出于自身的涌现），即 φύσις，乃是另一种制造方式。在这里，“制造”（Her-stellen）便不能表示“制作”（Machen），而是：置入外观的无蔽域中，让在场，在场化。唯从如此理解的制造出发，产生之本质及其不同方式才能得到规定。或许我们不应说产生（Entstehung），而必须说“提取出来”（Entstellung），后者并不意味着畸形化，而是意味着：从某个外观中提取出那种外观，也即一个制造物（当下事物）被置入其中并且因而在其中存在的那种外观。[①] 这种提取（Entstellung）有着不同的方式。产生物（桌子）只能从某个外观（如桌子）中提取出来，并在这种外观中被制造出来，
290 而制造物从中脱身而出的那个外观本身并没有接受那种进入外观的摆置。桌子那种外观（εἶδος[爱多斯]）还只不过是 παράδειγμα [模样]，这种东西虽然自行显示，但也仅仅显示而已，并因此恰恰要求某种它物，后者才首先把作为适合于如此外观的东西的可占用物（木头）摆置入如此外观（das So-Aussehen）之中。当外观仅仅自行显示，并且在自行显示之际仅仅引出一种对它的制造的精通，偶尔在其中运作，而并没有实行这种制造，这当儿，制造便是一种制作。

自行显示已经是一种在场化的方式，但不是唯一的方式。而另一方面，即使外观并没有作为 παράδειγμα 特别地、亦即在 τέχνη

① 在日常德语中，Entstellung 有“损坏……的外形、使走样、歪曲”等意思；海德格尔在此所用的 Ent-stellung 一词则有“提取、取出”之意，明显与“设置”（Gestellung）和“制造”（Herstellen）等词中的词根“置”（stellen）有着意义联系。中译文未能显示以上诸词之间的这种联系。——译者注

中并且为 τέχνη 而自行显示，它也能直接自行摆置为那种把摆置接收到它自身之中的东西；外观自行摆置；在这里就是某个外观的设置；而且如此自行摆置之际，它把自身摆置到它自身之中，也即自行制造出一个具有如此外观的东西——作为 φύσις 的 μορφή。而且我们不难看出，一个 ζῷον（动物）并不自行制作自己以及它的同类，因为它的外观绝不只是某物据以从某个可占用物中被制造出来的尺度和样板，相反，这种外观乃是在场者本身，是那种自行摆置的外观，它只是一向为自己预订可占用物，并且作为适合者自行摆置入适合性之中。在作为设置的 γένεσις［产生］中，制造完全是外观本身的在场化，不带外加的提供和帮助，而后者正是一切"制作"的特性。设置意义上的自行制造者并不需要某种制作；倘若它需要制作，那么这就意味着，动物在没有掌握它自己的动物学的情况下就不能自行繁殖了。这就表明，μορφή 不仅比 ὕλη 更多地是 φύσις，而且甚至唯一地和完全地是 φύσις。而且，正是后面这一点才能把前面这种表面上的陈词滥调提升为知识。不过，一旦 φύσις 如此这般作为 γένεσις［产生］被收入眼帘，那么，它的运动状态就要求一种在任何方面都是独一无二的规定性。因此一故，接着的下一个步骤就是必需的了：

> "但除此一外，φύσις 被称为进入产生的提取（Entstellung in den Ent-stand），因而它（无非）就是导致 φύσις 的过程。（而且这）绝不像医病，医病不是导致医术的过程，而是导致健康的过程；因为医疗过程虽然必然从医术出发，但它并非以医术为取向（作为其终点）；不过，φύσις 与 φύσις 的关系也还不是 291

这样(像医疗与健康那样),相反,从 φύσις 而来并且以其方式成为存在者的东西,是离开某物而走向某物,只要它是从 φύσις 而来(在这一过程的运动状态中)被规定的。那么,它合乎 φύσις 地长成什么东西呢? 不是长成它所从出的事物,而是长成它要长成的事物"。(《物理学》,193b12 - 18)①

在前面的句子中作为 γένεσις[产生]而被指明的 φύσις,现在是通过对 ὁδός 的规定而得到把握的。我们立即就会用"道路"(Weg)来翻译 ὁδός,同时我们会想到的是在起点和终点之间的路段。但道路的道路特性却必须在另一个角度来寻找:一条道路通过某个领域,敞开自身并且开启这个领域。于是,道路就如同从某物到某物的通道,是作为在途中(*Unterwegssein*)的道路。

如果要更确切地规定 γένεσις[产生]之特征,那就意味着:这种运动的运动状态必须得到说明。运动的运动状态乃是 ἐνέργεια ἀτελής,即在作品中立身,尚未到达其终点。而Ἔργον,即作品,按照前面的说法,却并不是制作物和制作,而是有待制造的东西,要带入在场化的东西。ἐνέργεια ἀτελής[未达终点的实现]本身就已经是一种在途中,这种在途中恰恰合乎通道地把有待制造者摆放出来。在 φύσις 那里,这种在途中就是 μορφή(设置)。在上面的句

① 此段在现有中译本中译为:"第三种解释把自然说成是产生的同义词,因而它是导至自然的过程。这个意义上的自然不像医病。医病不是导至医术而是导至健康,因为医疗过程必然从医术出发而不导至医术;两种不同含义的'自然'相互间的关系不是这样:产生事物的产生过程是由一种事物长成另一种事物的。那么它长成什么事物呢? 不是长成那个长出它的事物而是长成那个它要长成的事物"。可参看亚里士多德:《物理学》,中译本,第 46 页。——译者注

子中，亚氏也已经指明：从何而来，作为设置（Gestellung）的 μορφή 在途中，只要其中恰好有 φύσις ὄν 之外观本身得到自行摆置的话。依然不确定的是这个过程的去向，更确切地说，是与其规定一道作出的对 ὁδός 的描述。

φύσις 是 ὁδός ἐκ φύσεως εἰς φύσιν——即自行摆置者向它本身 292
（作为有待制造者）的一种行进，而且情形是，设置本身完全具有自行摆置者和有待制造者的方式。有一种意见认为，φύσις 实际上只是一种自行制作的方式，也即一种 τέχνη，只不过，正是这种制作的终点具有 φύσις 之特征——还有什么比这种意见更好理解的呢？而且，我们是知道这种 τέχνη 的；ἰατρική，即医疗，是以 ὑγίεια（即一种合乎 φύσις 的状态）为 τέλος[终点]的；ἰατρική 是 ὁδὸς εἰς φύσιν[通向 φύσις 的道路]。不过，在同一瞬间，在似乎出现了 φύσις 与 ἰατρική 的一种符合关系的瞬间，也透露出使 φύσει ὄν[自然存在者]产生出来的两种方式的根本不同的特性。因为，作为 ὁδὸς εἰς φύσιν[通向 φύσις 的道路]，ἰατρική 其实恰恰就是向那种并非 ἰατρική、并非它本身、也即并非 τέχνη 的东西的一种行进。为了根本上与 φύσις 相符合，ἰατρική 必须是 ὁδὸς εἰς ἰατρικήν[通向医疗的道路]；但倘若它不是后者，那它就不再是 ἰατρική 了，因为正是医疗在健康状态中有其终点，而且只是在这里才有其终点；即便一位医生从事医疗，是为了达到 τέχνη 的最高水平，他这样做的目的，也仅仅是为了愈加达到这个 τέλος[终点]，即康复——当然，这是有前提的，其前提乃是：这位医生是医生，而不是一位“商人”和“墨守成规的人”。

试图通过 φύσις 与 τέχνη 的符合来澄清 φύσις 之本质的再度尝

试，现在按任何一个仅仅可设想的方向来看，恰恰是失败了。而这就意味着：我们必须完全从其本身来理解 φύσις 之本质，并且不可用过于仓促的类比和说明去损害作为 ὁδὸς φύσεως εἰς φύσιν［通向自然的自然之路］的 φύσις 的奇特性。

然而，即使我们放弃使用那种与 τέχνη 的类比，现在也不由得产生了一种最后的、棘手的“说明”。正是这时候，作为 φύσεως ὁδὸς εἰς φύσιν［通向自然的自然道路］，φύσις 成了一种不断的在自身中循环。但恰恰这一点是不合实情的；作为向着 φύσις 的行进，φύσις 恰好不是向它所从出的当下事物的一种回归。产生者从来不把自
293 身回置入它从中脱颖而出的那个东西中，而且这恰恰是因为产生之本质乃是入于外观的设置。只要这种设置让自行摆置的外观在场，而外观总是在这样一个具有如此外观的个别东西中在场，则产生把外观置入其中的地方，这个去处（*wohin*），恰恰必定是另一个作为来处（Woher）的当下事物。

诚然，φύσεως ὁδὸς εἰς φύσιν［通向自然的自然道路］乃是入于在场化的出现的一种方式，在其中，在场化的去处、来处和方式始终如一。φύσις 是通向涌现（Aufgehen）的通道，但因而却是一种向自身的返回，返回到保持为一种涌现的自身。这个纯粹空间上的循环图根本上是不够的，因为这种向自身返回的升起（Aufgang）恰恰让这种升起一向由之而来、向之行进的那个东西涌现出来。

唯有这种具有 μορφή 之方式的运动状态，才能满足作为 κίνησις［运动状态］的 φύσις 的上述本质。因此，亚里士多德的整个本质考察所努力获得的那个关键性命题，现在就变得十分简明了：

“那么，这种入于外观的设置就是 φύσις”。(《物理学》，193b18)①

在作为 γένεσις[产生]之 ἐνέργεια ἀτελής[未达终点的实现]的设置中，唯有 εἶδος 即外观，作为行进的来处、去处和方式而成其本质。也就是说，μορφη 绝不仅仅比 ὕλη“更多地”是 φύσις，而且它更不能**仅仅**与 ὕλη **等同**起来，以至于对 φύσις 之本质规定，只要有两种同等的 τρόποι[方式]就够了，而且，除了亚里士多德的学说，安提丰的学说也可能是同样合理的。通过“μορφή 而且只有 μορφή 才体现着 φύσις 之本质”这个句子，这种学说现在得到了最鲜明的拒绝。但是，在过渡到他自己的解释时(《物理学》，193a28：ἕνα μὲν οὖν τρόπον οὕτως ἡ φύσις λέγεται[所以，以上面这种方式，φύσις 是这样被解释的])，亚里士多德却接受了安提丰的学说。这又如何与眼下所得出的、仅仅承认一种**唯一的** τρόπος[方式]的句子相合
拍呢？为了理解这一点，我们就需要知道，亚氏那种接受依然包含 294
着最鲜明的拒绝。因为，这种拒绝的最恶劣形式的实现，并不是在驳斥的对象粗暴地被推拒和被抛弃的地方，而是相反地在它被接受并且被引入到一种本质性的和有根据的联系之中时——当然是作为那种必然属于本质的非本质而被接受和引入的。一般地，着眼于 μορφή 和 ὕλη 的对 φύσις 的解释的两种 τρόποι[方式]是可能的，并且因此，在对作为持久地现成的无机制的东西的 ὕλη 的解说

① 此句的德译文为：Die also dann，die Gestellungin das Aussehen，ist φύσις。在现有中译本中译为：“那么形式就是‘自然’”(参看亚里士多德：《物理学》，中译本，第46页)。如上所见，海德格尔把希腊文的 μορφή(通常译作“形式”)译解为“入于外观的设置”(die Gestellung in das Aussehen)。——译者注

意义上的一种对 ὕλη 的错误认识也是可能的，这一情况在 φύσις 之本质中有其根据，眼下也即说，在 μορφὴ 本身中有其根据。亚里士多德在下述句子中指明了这个根据，而随着这个句子，亚氏结束了他对 φύσις 的解释。

> “但入于外观的设置也和 φύσις 一样，是以双重方式被称呼的；因为‘剥夺’也是像外观一样的某种东西”。（《物理学》，193b18-20）[①]

φύσις 之所以可能在两种洞察方向上被切开，以两种方式被称呼，其原因就在于，μορφή 本身是双重的，因而 φύσις 之本质本身也是双重的。关于 φύσις 之双重本质的命题是通过一个附加的注解得到论证的，即：“因为‘剥夺’也是像外观一样的某种东西。”

在这一章中，στέρησις 也与前面的 ἐντελέχεια 一样，是作为词语、概念和“主题”（Sache）而突然出现的，这也许是因为它与 ἐντελέχεια 一样，在亚里士多德的思想中具有同样关键性的意义。（关于 στέρησις，可参看《物理学》第一卷第 7—8 章，但在那里，它同样也没有得到解释。）

为了解释亚里士多德对 φύσις 的解释的最后一个段落，我们必须解答以下四个问题：

一、何谓 στέρησις？

二、στέρησις 与 μορφή 具有何种关系，才使得 μορφή 的双重本质能够根据 στέρησις 而显示出来？

---

① 此句在现有中译本中译为：“但形式和自然一样也是有不同含义的，因为缺失也是某种意义上的形式”。参看亚里士多德：《物理学》，中译本，第 46 页。——译者注

三、进而，在何种意义上，φύσις 之本质是双重的？ 295

四、对 φύσις 的最终的本质规定来说，从 φύσις 之双重性中又可得出什么？

关于问题一。在字面上翻译，Στέρησις 的意思乃是“剥夺”（Beraubung）；但这对我们没有多少帮助；相反，如果我们——情形往往如此——没有事先就有意地熟悉了词语在命名之际于其中说话的那个实事领域，那么，词语含义倒可能阻挡我们通向实事理解的道路。指出 στέρησις 也是像 εἶδος 一样的某种东西，这并没有使我们了解这个领域。但我们知道，这种 εἶδος，而且是 εἶδος κατὰ τὸν λόγον［逻各斯的爱多斯、外观］，标志着 μορφή 之特性，而 μορφή 则体现着作为 οὐσία τοῦ κινουμένου καθ' αὑτό［因自身而运动者的在场］的 φύσις 之本质，也即作为 κίνησις［运动状态］的 φύσις 之本质。κίνησις［运动状态］之本质乃是 ἐντελέχεια。这就足以使人认识到，只有在**希腊的存在**解释之领域里并且根据希腊的存在解释，我们才能充分地去理解 στέρησις 之本质。

罗马人把 στέρησις 翻译为 privatio［阙失］；后者被看作一种 negatio［否定］方式。而我们又可以把“否定”（Verneinung）把捉为一种“**说**不”（Nicht *sagen*）的方式。因此，στέρησις 就属于“言说”（Sagen）和“称呼”（Ansprechen）的领域，属于我们前面已经看到的前术语意义上的 κατηγορία 的领域。

看起来，亚里士多德甚至就把 στέρησις 理解为一种言说了。有一段文字可以证明这一点，这段文字同时也适合于澄清我们眼下所讨论的《物理学》中的命题，此外也可以为 στέρησις 提供一个例子。在《生成消灭论》（Περί γενέσεως καί φθορᾶς）一文中（第一卷

第三章,318b16－17),亚里士多德说:τὸ μὲν θερμὸν κατηγορία τις καί εἶδος, ἡ δέ ψυχρότης στέρησις:"'热'是像称呼一样的某种东西,而且真正讲来也就是一种外观,而'冷'却是 στέρησις"。[1] 这里,"热"与"冷"被当做 κατηγορία τις[某个称呼]与 στέρησις[剥夺]而相互对立起来;但我们依然要注意,亚里士多德说的是 κατηγορία τις[某个称呼]:"热"仅仅以某种方式是一个称呼,因为这个"热"
296 放在引号里面;也就是说,"热"之言说("Warm"-Sagen)是一种允诺(Zusage);相应地,στέρησις 在某种程度上是一种拒绝(Absage);但"冷"何以是一种拒绝呢?

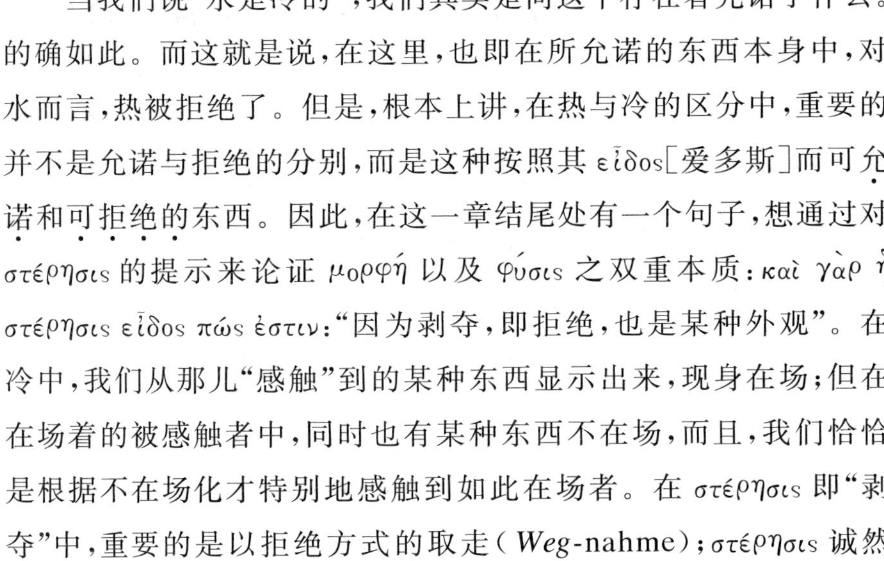

当我们说"水是冷的",我们其实是向这个存在者允诺了什么。的确如此。而这就是说,在这里,也即在所允诺的东西本身中,对水而言,热被拒绝了。但是,根本上讲,在热与冷的区分中,重要的并不是允诺与拒绝的分别,而是这种按照其 εἶδος[爱多斯]而可允诺和可拒绝的东西。因此,在这一章结尾处有一个句子,想通过对 στέρησις 的提示来论证 μορφή 以及 φύσις 之双重本质:καὶ γὰρ ἡ στέρησις εἶδος πώς ἐστιν:"因为剥夺,即拒绝,也是某种外观"。在冷中,我们从那儿"感触"到的某种东西显示出来,现身在场;但在在场着的被感触者中,同时也有某种东西不在场,而且,我们恰恰是根据不在场化才特别地感触到如此在场者。在 στέρησις 即"剥夺"中,重要的是以拒绝方式的取走(*Weg*-nahme);στέρησις 诚然意指一种"离去"(weg),但首先而且一向指的是:某物被取消、遗

[1] 此句在现有中译本中译为:"热是一个肯定的断定,即形式,冷则是缺失。"参看亚里士多德:《全集》,第二卷,中译本(苗力田主编),中国人民大学出版社(北京)1991年,第409页。——译者注

失、缺席、不在场。如若我们考虑到，οὐσία 表示存在状态，即在场化，那么，为了确定作为不在场的 στέρησις 的归属于何处，就不再需要任何烦琐的探讨了。

然而，正是在这里，我们才达到了理解的一个危险点；人们可能会轻率地对待这个事态，并且把 στέρησις（即不在场化）看成是在场化的纯粹反面。可是，στέρησις 并非直接就是不在场状态，倒不如说，作为不在场化，στέρησις 恰恰是通向在场化的 στέρησις。那么，究竟什么是 στέρησις 呢？（参看亚里士多德：《形而上学》，第五卷第 22 章，1022b22 以下）例如，今天**我们**讲："自行车离去了，"[①]这时候，我们不光光是指它离开了，而倒是想表示：自行车缺失了。某物缺失时，这个**缺失者**虽然离去了，但这种**离去**本身，即缺失，直接使我们恼怒并且因此使我们不安；如果这种"缺失"本身在"此"，即**存在**，也即构成一种存在的话，那么它只能带来这一
切。作为不在场化，στέρησις 并非直接是不在场状态，而是**在场** 297
化，也即是那种在场化，在其中在场的恰恰就是**不在场化**（*Abwesung*）——而绝不是在场者。这种 στέρησις 乃是 εἶδος，但却是 εἶδός πως——即以某种方式形成的外观和在场。我们今人太容易把诸如不在场的在场化（die abwesende Anwesung）之类消解于一种轻浮的、辩证法的概念游戏中，而守不住它的奇特之处；因为在 στέρησις 中掩蔽着 φύσις 之本质。要认清这一点，我们首先需要解答第二个问题。

① 在日常德语中，这个句子更应译为"自行车丢了"。但为了配合这里的解说语境，我们把其中的 weg 直译为"离去"。——译者注

关于问题二。στέρησις 与 μορφή 具有何种关系？入于外观的设置乃是 κίνησις，亦即一种从某物到某物的转变，这种转变本身乃是一种“偏移”。若葡萄酒变酸了，变成了醋，那么它并非变成一无所有。尽管我们说这东西是醋，并且意在表明，它变得“什么也没有”了，也即不是人们期待的东西了。在“醋”中含着酒的缺失、不在场化。作为 γένεσις[生成]的 μορφη 乃是 ὁδός，即从一种“尚未”到“不再”的行进。入于外观的设置总是如此这般地让在场，以至于同时**在**在场化**之中**有一种不在场化在场。花“开放”（φύει），则蕾叶凋零；果实显露，而花消失。入于外观的设置，即 μορφή，具有 στέρησις 之特征，这在眼下就是说：μορφή 是 διχῶς[双重的]，它**本身是双重的**，是不在场化的在场化（Anwesung der Abwesung）。而这样一来，第三个问题就已经获得了答案。

关于问题三。在何种意义上 φύσις 之本质是双重的？作为 φύσεως ὁδὸς εἰς φύσιν[通向自然的自然道路]，φυσις 乃是 ενεργεια 的一种方式，亦即 οὐσία 的一种方式，而且是自行制造（das Sich-Herstelen），也即从自身而来、向着自身的制造。可是，在本质性的“行进”（Unter-wegs）中，一种向来被制造者（绝非被制作者）被移置了，例如花被果实移置了。但是，在这种**移**置（*Weg*-stellen）中，入于外观的设置，即 φύσις，并没有放弃自身。相反，作为果实，植物返回到它的种子里，而种子按其本质来看无异于进入外观的涌现，即 ὁδὸς φύσεως εἰς φύσιν[通向自然的自然道路]。任何一种生物随着其生长也已经开始走向死亡，而且反过来讲，这种走向死
298 亡也还是一种生长，因为只有生物才能走向死亡；其实，走向死亡**可能**是生命的最高“行为”。φύσις 乃是对它本身的自行制造着的

移置，而且因此一故，它包含着某种东西的唯一的自行传送（Sich-zustellen），这种东西通过 φύσις 才由一个可占用物（诸如水、光、气）变成一个仅仅适合于 φύσις 的东西，例如，变成食物，因而变成血液和骨骼。人们可以把这种适合者本身看做可占用物，把这种可占用物视为质料，把 φύσις 视为一种"质料变换"。人们进一步可以把质料归结为在其中普遍地现有的东西，而且人们可以把后者看作持久者和最持久者，因而把它看作某种意义上最具存在特性的东西，而且把它称为 φύσις。如此看来，φύσις 便呈现出一种双重的可能性，可以按质料和形式来加以称呼。这种双重称呼的根据在于 φύσις 的那种源始的双重本质，更确切地说，是由于人们把 δυνάμει ὄν 即适合者（das Geeignete）曲解为一种纯粹可占用物和现成物了。安提丰的学说以及他的直到眼下也还绝没有绝迹的后继者，恰恰还捕捉到了 φύσις 的最极端的非本质，并且把它张扬为真正的和唯一的本质了，而这种张扬实际上依然是一切非本质的本质（das Wesen alles Unwesens）。

关于问题四。对 φύσις 的最终的本质规定来说，从 φύσις 之双重性中又可得出什么呢？答曰：它的本质的纯一性（Einfalt）。通盘考虑一下，我们现在已掌握了关于 φύσις 的两个本质规定。一是把 φύσις 把捉为 ἀρχὴ κινήσεως τοῦ κινουμένου καθ' αὑτό，即对一个从其自身而来的运动事物的运动状态的起始占有。二是把 φύσις 把捉为 μορφή，也就是 γένεσις[产生]，亦即 κίνησις[运动状态]。如若我们自始一体地来思考这两个规定，那么，从第一个规定来看，φύσις 无非是 ἀρχὴ φύσεως，而且这其实也恰恰就是第二个规定所说的，按第二个规定看来，φύσις 乃是 φύσεως ὁδὸς εἰς φύσιν

[通向自然的自然道路];φύσις 本身是它自身的起始和对自身的占有。从对 φύσις 的第二个规定看来,φύσις 乃是 μορφὴ ἀρχῆς,即设置,在其中,这种起始自行置入占有之中并且是作为对入于外观的
299 设置的占有。μορφή 乃是作为 ἀρχή 的 φύσις,而 ἀρχή 是作为 μορφή 的 φύσις 之本质,因为后者的独一性恰恰就在于:在其中,εἶδος从自身而来并且作为这种东西把自身带向在场化,而且并不像在 τέχνη 中那样首先需要一种外加的 ποίησις;这种外加的 ποίησις把通常现成的事物,例如木头,首先带入"桌子"的外观中而制造出来,而这种被制造者从来不是,而且从来不能自行走向一张桌子。

相反,φύσις 乃是那种从自身而来、向着自身行进的它自身的不在场化的在场化。作为这样一种在场化,它始终是一种返回自身的行进,而这种行进又只不过是某种涌现的通道。

但在这里,在《物理学》中,亚里士多德却把 φύσις 理解为一个本己的(于自身中被界定的)存在者领域(与制作物相区别的生长物)的存在状态(οὐσία)。从其存在方式来看,这种存在者恰恰来自 φύσις;因此一故,亚里士多德就 φύσις 说道:ἕν γάρ τι γένος τοῦ ὄντος ἡ φύσις,即:因为(多门类的)存在者的存在的一个门类(在其他门类中间)是 φύσις。这是亚里士多德在他的一篇文章中讲的。后来逍遥学派在最后整理亚里士多德的著作时,把这篇文章归入一组文章中,这组文章从此冠有《物理学之后》(μετὰ τὰ φυσικά)[①]之名称,它们虽然属于 φυσικά[物理学],但其实与之无关。这篇论

① 后世通译为"形而上学"。——译者注

文现在被列为《形而上学》第四卷，共三章；它给出了前述的关于 φύσις 的情况，其内容与在我们所阐释的《物理学》第二卷第一章中提出的原理一致，即：φύσις 是 οὐσία 的一种方式。不过，收入《形而上学》中的这同一篇论文已经在其第一章中恰好道出了相反的东西：οὐσία（作为存在者整体的存在者之存在）乃是 φύσιςτις，即某种像 φύσις 一样的东西。然而，亚里士多德在此却并不是想说，一般存在之本质真正具有那种 φύσις 之方式，即他立即明确地称之为 300 多种存在门类中的一种门类的 φύσις 之方式。毋宁说，那个几乎没有恰当地表达出来的命题，即 οὐσία 是 φύσις τις，乃是希腊哲学的伟大开端和欧洲哲学的第一个开端的一种余音。在这个开端中，存在被思为 φύσις，而被亚里士多德带入本质概念中的 φύσις 本身只可能是开端性的 φύσις 的一个衍生物。而且，当我们谈论物的“本性（自然）”、国家的“本性（自然）”和人的“本性（自然）”，同时又绝不是指自然性的（在物理学、化学和生物学上思考的）“基础”，而完全是指存在者之存在和本质（*Sein und Wesen*），这时候，那种开端性地作为存在者之存在而被筹划出来的 φύσις 的一种十分虚弱的和无法辨认的余音，本身就还为我们保留下来了。

但是，我们该如何思这种开端性地被思的 φύσις 呢？在开端性的思想家的残篇箴言中，还有这种 φύσις 之筹划的一些踪迹么？有的。并非只有踪迹而已。如果我们得当地倾听之，那么，我们还能清楚地听见的这些思想家的所有言说，就都仅仅道说着 φύσις。此间并且长期以来流行的历史学上的解释，把开端性的希腊思想解释为一门“原始的”“化学”意义上的“自然哲学”，这种历史学上的解释的非本质（*Unwesen*）间接地证明了上面这一点。而我们却

听任此种非本质自己沉沦。

最后，让我们思考一下一位开端性的思想家的一个箴言。这位思想家直接道说 φύσις，且在这番道说中意指作为存在者整体的存在者之存在(参看赫拉克利特残篇第一)。赫拉克利特残篇第一百二十三说：φύσις κρύπτεσθαι φιλεῖ(引自波菲利)。存在喜欢隐藏自己。这是什么意思呢？人们曾经以为，而且现在也还有人以为：这话是说，存在难以理解，为了把存在从其隐身之所提取出来，并且仿佛使存在从自行遮蔽中分娩出来，是需要花一番大力气的。但反过来却是这样一个困境：自行遮蔽乃是存在的偏好，也就是说，存在之本质已然固定于此。而且，存在之本质乃是自行解蔽、

301 涌现、显露入无蔽域中——即 φύσις。唯有按其本质自行解蔽而且必然解蔽的东西，才可能喜欢自行遮蔽。唯解蔽才能是遮蔽。因此就无需去克服并且剥夺 φύσις 的 κρύπτεσθαι[遮蔽]，相反，远为重大的任务倒是，把归属于 φύσις 的 κρύπτεσθαι[遮蔽]留给在其全部本质统一性中的 φύσις。

存在乃是自行遮蔽着的解蔽——这就是原初意义上的 φύσις。自行解蔽乃是入于无蔽状态的显露，即首先把无蔽状态本身庇护入本质之中：无蔽状态就是 ἀ-ληθεια，我们译之为真理(Wahrheit)。这种真理原初地(而且也即在本质上)并不是人类认识和陈述的一个特性，更不是任何纯粹的价值，或者人类应力求——人们并不真正知道这是为何之故——实现的“理念”。相反，作为自行解蔽，真理属于存在本身：φύσις 乃是 ἀληθεια，即解蔽，因而 κρύπτεσθαι φιλεῖ[喜欢遮蔽]。

/因为在"物理学"意义上的 φύσις 乃是 οὐσία 的一种方式，而且因为 οὐσία 在本质自身中来源于原初地被筹划的 φύσις，故 ἀλήθεια[无蔽、解蔽]属于存在，而且因此一故，那种在场化，即入于 ἰδέα[相](柏拉图)和 εἶδος κατὰ τὸν λόγον[逻各斯的爱多斯](亚里士多德)之敞开域中的在场化，自行揭示为 οὐσία 的一个特征，因此，对亚里士多德来说，作为 ἐντελέχεια[隐德莱希]和 ἐνέργεια[实现]的 κίνησις[运动状态]之本质才变得显示了/。

303 《形而上学是什么?》后记①

“**形而上学是什么**?”——这个问题依然是一个问题。下面这个“后记”对坚持于这个问题的人来说,乃是一个更为原初的“前言”。“形而上学是什么?”这个问题的追问越出了形而上学之外。它起于一种思想,这种思想已然深入到对形而上学之克服(Überwindung der Metaphysik)中去了。这样的过渡本质上还不得不在一定界限内,以它们设法要克服的那个东西的语言来说话。形而上学之本质的问题就是在这个特殊的时机里被探讨的;但愿这个特殊的时机不会诱使人们认为,此种追问乃受制于这样一回事情,即:它必须以诸科学为出发点。现代的研究以不同的对于存在者的表象方式和制造方式,进入了那个真理的基本特征之中;依照这个真理,一切存在者都是通过求意志的意志而被标识出来的,而作为后者的预备形式,权力意志②已经开始显现出来了。被理

① 这篇“后记”首次发表时(1943 年),前面写有下面这样一句题词:“……形而上学是这样一个词语,如同抽象一样,而且几乎可以说,思想也是这样一个词语,每个人在这个词语面前多少都会避之犹恐不及,就像避开一个患鼠疫的人”。参见黑格尔(1770—1831):《全集》第十七卷,第 400 页。——原注

② “权力意志”(der Wille zur Macht)是尼采哲学的基本概念,在此或可与前面所讲的“求意志的意志”(der Wille zum Wille)相配合,译之为“求权力的意志”。——译者注

解为存在者之存在状态的基本特征的“意志”，乃是把存在者与现实事物等量齐观，这样，现实事物的现实性就被赋予那种彻底的对象化过程的无条件的可制作性。现代科学既不效力于一个唯它独具的目的，亦并不寻求一个“自在的真理”。作为一种对存在者的计算性的对象化之方式，现代科学乃是一个由求意志的意志本身所设定的条件，而求意志的意志通过这个条件才保证了它的本质的统治地位。但由于对存在者的一切对象化是在对存在者的提供
和保证中进行的，并且从存在者中获得其进展的可能性，所以，这 304
种对象化便固守在存在者那里，并且就把存在者看作存在了。一切对存在者的行为，因此就都表明为一种关于存在的知识（Wissen vom Sein），但同时也表明为一种无能，即无能于自发地遵守这种知识的真理的法则（Gesetz）。[①] 这种真理乃是关于存在者的真理。形而上学就是这种真理的历史。形而上学把存在者之存在状态付诸概念，由此来言说存在者是什么。形而上学在存在者之存在状态中思考存在，但却不能在其思考方式中来思索存在之真理。形而上学概无例外地活动于存在之真理的领域中，而存在之真理对形而上学来说始终是未知的、未经奠基的基础。然而，假如不仅存在者源于存在，而且甚至更为原初地，存在本身也居于存在之真理中，并且存在之真理乃是作为真理之存在而成其本质的，那么，就必然有这样一个问题：就其基础而言，形而上学是什么呢？这种追问必须形而上学地来思考，而同时也必须从形而上学的基础而来——亦即不再形而上学地——来思考。这样的追问在一种

① 1949年第5版：法—则（Ge-setz）；本有（Ereignis）。——作者边注

根本意义上，始终是有歧义的。

所以，任何一种想追随我们这个讲座的思路的尝试，都将碰到一些障碍。这是好事。追问由此就会变得更地道些。任何合乎实事的问题都已然是通向答案的桥梁。根本性的答案始终只是问题的最后一个步骤。但要是没有前面长长的一系列步骤，这最后一个步骤就还不能实行出来。根本性的答案从追问的迫切性(Inständigkeit)中汲取其负荷力。根本性的答案只不过是某种责任的开始。[①] 在这种责任中，追问得以更源始地兴起。因此，真正的问题亦并不为已经发现的答案所消除。

要共同来思我们这个讲座，有一些障碍，这些障碍是双重的。
305 一方面是从隐蔽于这个讲座所思的东西的领域中的谜团那里产生出来的障碍。另一方面，障碍起于对思想的无能，往往也就是不愿去思想。在运思着的追问领域中，偶尔地，即便是一些仓促的疑虑也可以帮上忙，尤其是一些经过谨慎思考的疑虑。就连粗糙不堪的迷乱意见，也可以得出某种成果，即便这种意见是在一种盲目论战的狂热中宣布出来的。只不过，冷静的沉思必须把一切都置回到宽容大度的慎思的泰然镇静(Gelassenheit)之中。

对于我们这个讲座的主要的疑虑和迷乱意见，可以概括为三种基本说法。人们说：

一、这个讲座把“无”(das Nichts)搞成一个形而上学的唯一对象了。但由于无是绝对虚无的东西(das schlechthin Nicht ige)，

① 中译文未能显示这里的“答案”(Antwort)与“责任”(Verantwortung)的词面联系。——译者注

所以,这种思想便认为一切皆虚无,以至于得出结论:生亦无谓,死亦无谓。一种“无的哲学”就是完全的“虚无主义”。

二、这个讲座把“畏”(Angst)这种个别的而且令人沮丧的情绪张扬为唯一的基本情绪了。但由于畏乃是“胆怯者”和懦夫们的心灵状态,所以,这种思想就是否认乐观的勇敢态度的。一种“畏的哲学”麻痹了大胆行动的意志。

三、这个讲座反对“逻辑”。但由于理智包含着一切计算和清理活动的尺度,所以,这种思想就把关于真理的判断托付给偶然的情绪了。一种“纯然情感的哲学”败坏着“精确的”思想,危害着行为的可靠性。

要正确地对待上述几种说法,就需要对这个讲座重新深思一番。这就是要考察一下,使畏这种情调进入其本质中的那个无,是否就只是一种对一切存在者的空洞的否定,或者,是否那个绝不是无论何种存在者的东西,揭露自身为与一切存在者相区别的东西,即我们所谓的存在。一切研究,无论在哪里和多么深远地搜索存在者,怎么都是找不到存在的。一切研究所碰到的始终只是存在者而已,因为这种研究事先出于其说明(Erklären)的意图而固执 306
于存在者身上。但存在绝不是存在者身上的一个存在特性。存在是不能像存在者那样对象性地被表象和建立(vor-und herstellen)的。这个与一切存在者绝对不同的东西,①乃是不—存在者(das Nicht-Seiende)。但是,这个无(Nichts)②是作为存在而成其本质

① 1943年第4版:即便这个东西也还是在形而上学上从存在者出发来讲的。——作者边注

② 1943年第4版:关乎存在者。——作者边注

的。如果我们在蹩脚的说明中，把无假扮成纯然虚无(das bloß Nichtige)，并且把它与毫无实质的空无所有相提并论，那么，我们就过于仓促地弃绝了思想。我们不想屈从于空洞的洞察力的这种仓促，不想放弃无的神秘的多样性；相反，我们必须本着独一无二的期备心情做好准备，在无中去经验为每一存在者提供存在保证[①]的那种东西的宽广性。那种东西就是存在本身。在根本性的畏中，无把存在的深渊般的、但尚未展开的本质送给我们。而倘若没有存在，一切存在者就还停留在失去存在的状态(Seinlosigkeit)中。不过，只要存在之真理包含着这样一回事情，即：没有存在者，存在[②]绝不[③]现身成其本质，[④]而没有存在，也绝没有[⑤]一个存在者存在，那么，甚至连这种失去存在的状态，作为存在之被遗弃状态(Seinsverlassenheit)，也还不是一种虚无缥缈的无(ein nichtiges Nichts)。

假如我们没有根据对畏的“畏”，也即在怕的纯然恐惧中，回避

① 1949 年第 5 版：保证者(das Gewährende)。——作者边注

② 1943 年第 4 版：在存有(Seyn)意义上。——作者边注

③ “绝不”(nie)在 1943 年第四版中为：“诚然”(wohl)。* ——原注

* 1943 年第 4 版：在存在(Sein)之真理中，作为差异之本质的存有(Seyn)成其本质；这个作为 ~~存在~~ 的存有(Seyn qua ~~Seyn~~)先于差异而是本有(Ereignis)，并且因此没有存在者(*ohne* Seiendes)。

1949 年第 5 版：对作为本有的存有(Seyn qua Ereignis)的预示，但在那里(在第 4 版中)并不明了。——作者边注

④ 1949 年第 5 版：存在之本质：存有(Seyn)，区分；存在之“本质”是多义的：1. 本有(Ereignis)，不是通过存在者引起的，本有——保证者；2. 存在状态(Seiendheit)——所是状态(Washeit)：持存着、持续着、ἀεί[持久]。——作者边注

⑤ “绝没有”(niemals)在 1943 年第四版中为：“却绝没有”(niemals aber)。——原注

那种使我们进入深渊的惊恐心情之中的无声的[①]调音,那么,畏就会赠送出一种对作为与一切存在者不同的东西的存在的经验。可是,如果我们在指明这种根本性的畏时任意地离弃了这个讲座的 307
思想进程,如果我们使畏作为由那种调音所调谐的情绪[②]脱离了与无的关联,那么,剩给我们的畏就只还是个别的“情感”;我们能够在心理学上好奇地看到的心灵状态的熟悉的花样中把这种个别的“情感”与其他情感区别开来,并且对之加以分析。进而,以“高”与“低”的蹩脚区分为引线,我们可以把“情绪”清算为崇高的一档和低沉的一档。对于“情感”的各种“典型”和“反面典型”的热心追逐,对这些典型的变种和亚种的热心追逐,绝不会放过它的猎物。然而,这种对人的人类学的研究,是始终不可能踏上我们这个讲座的思想进程的;因为这个讲座乃是基于对存在之调音(die Stimme des Seins)的留心聆听而思入由存在之调音而来的调谐(das Stimmen)之中,这种调谐占用着人的本质,人由此得以学会在无中经验存在。

对畏的期备乃是对迫切性的肯定(das Ja zur Inständigkeit),即对那种要满足至高要求的迫切性的肯定,而只有从这个至高要求而来人之本质才被触动。在一切存在者中间,唯有人才为存在之调音所呼唤,经验到一切惊奇之惊奇,即:“存在者存在”这一实

① 1949 年第 5 版:“存在”(Austrag,分解)之为无声的调音、寂静之调音。——作者边注

② 海德格尔在此显然意在强调“畏”这种“情绪(情调)”与“存在之调音”(die Stimme des Seins)的内在关系,表明这种“情绪(情调)”(Stimmung)不是人们通常所理解的“情感”,而是受“存在之调音”所“调谐(调校)”的。——译者注

情(*daß* Seiende *ist*)。因此,如此这般在其本质中被唤入存在之真理中的被召唤者,始终以一种本质性的方式有了某种情调。向着根本性的畏的清晰勇气,确保着存在之经验的神秘可能性。因为,近乎作为对深渊的惊恐的根本性的畏,居住着一种畏缩(Scheu)。这种畏缩照亮并保护着那个人之本质的处所,在其中人才有归家之感,才持留于持存者(das Bleibende)中。

相反,对畏的"畏"却可能误入歧途甚远,以至于它错认了在畏之本质中的种种质朴关联。如若一切勇气在根本性的畏的经验中
308 找不到其持续的对立面,那么它们会是什么呢?就我们轻视根本性的畏和在畏中得到照亮的存在与人的关联而言,我们使勇气的本质蒙受耻辱。但勇气却能经受无。勇气在惊恐的深渊中认识到几乎未曾被涉猎过的存在之空间;从存在之澄明而来,任何一个存在者才回转到它所是的和所能是的东西中。这个讲座既不推行一种"畏的哲学",也不想骗取一种"英雄哲学"的印象。它只是思那个东西,这个东西对于西方思想来说自始就作为有待思的东西(das zu Denkende)涌现出来了,但却又始终被遗忘了——那就是存在。但存在并不是思想的产品。恰恰相反,本质性的思想乃是存在的一个本有事件(ein Ereignis des Seins)。①

因此一故,一个几乎尚未得到过表达的问题现在也变得迫切了:如果这种思想仅仅与那种被"逻辑"纳入其形式和规则中的思想亦步亦趋的话,那么,这种思想究竟是否已经服从于其真理的定

① 这里译为"本有事件"的 Ereignis 一词,是海德格尔后期思想中的一个"基本词语"。此词难以形成定译。在《在通向语言的途中》中译本中,译者曾将 Ereignis 译为"大道"。在本书中,我们一般译之为"本有",有时亦作"本有事件"。——译者注

律了呢?为什么我们这个讲座在“逻辑”这个名称上加了一个引号呢?[1] 那是为了说明,“逻辑”乃是对思想之本质的一种解释,而且这种解释按其名称来看就已经依据于那种在希腊思想中所达到的存在经验了。逻辑斯谛(Logistik)可以看作“逻辑”的必然退化。对“逻辑”的怀疑起于对那种思想的知识,这种思想在存在之真理的经验中找到其源泉,而并非在对存在者之对象性的考察中找到其源泉。如果严格性(Strenge)是从那种努力方式中——凭借这种努力,知识总是遵守着与存在者之本质要素的关联——获得其本质的,那么,精确的思想就绝不是最严格的思想。精确的思想仅仅系缚于对存在者的计算,并且唯一地为此而效力。

一切计算都是让可计数的东西在已被计数的东西中出现,以便用于下一次计数。计算不让不同于可计数的东西出现。一切都只不过是计算所计数的东西而已。每一个被计数的东西都保证着计数的继续进行。计数不断损耗着数字,本身乃是一种持续不断 309
的自我消耗。对存在者的计算过程的出现被看作对存在者之存在的说明。计算首先把一切存在者当作可计数的东西来使用,并且为计数消耗着被计数的东西。这种对存在者的损耗性使用透露出计算的消耗特征。唯因为数字是可以无止境地增多的,而且这种增多按大小方向来看是无差异的,所以,计算的消耗性本质能够在它的产品背后隐藏起来,并且给予计算性思维以生产性之假象,而实际上它已经率先行动,而不只是在其事后的结果中,使一切存在者仅仅以可提供和消耗的东西的形态发挥作用。计算性思维把自

① 参看本书第四篇文章《形而上学是什么?》的第二部分。——译者注

身逼入一种强制性中，要根据它的探究的合逻辑性来掌握一切。这种思维不能猜想的是：计算的一切可计算的东西在总是由计算所算出的总数和产品之前已经是一个整体，而这个整体的统一性归属于不可计算的东西，后者及其阴沉状态（Unheimlichkeit）是计算机关所不能掌握的。然而，普遍地和始终已经事先向计算的无理要求锁闭起来的东西，但又是在任何时候都已经以一种神秘莫测的不可辨认性，比每一个存在者——人在其中安置自己以及他的意图——都更切近于人的那个东西，偶尔能够把人之本质调谐入一种思想中，而这种思想的真理是任何“逻辑”都不能把握的。这种思想的成果不仅不事计算，而且根本上是从存在者以外的东西那里被规定的；这种思想就是本质性的思想。[①] 这种思想不是用存在者来计算存在者，而是在存在中为存在之真理挥霍自己。这种思想应答着存在之要求（Anspruch des Seins），因为人把他的历史性本质托付给那种唯一的必然性的质朴之物；这种必然性并非通过强制而逼迫，而是提供出那种在牺牲（Opfer）之自由中实
310 现的急迫。此种急迫就是：无论人和一切存在者分得什么，存在之真理都得到维护。牺牲乃是为存在者而把人之本质挥霍到对存在之真理的维护（Wahrung）中，这种挥霍由于起于自由之深渊而解除了一切强制。在牺牲中发生着隐蔽的谢恩（Dank），唯有这种谢恩赏识恩典（Huld）；而作为这种恩典，存在已经在思想中把自己转让给人之本质了，从而使人在与存在的关联中承担起存在之看

① 1949 年第 5 版：计算：支配地位——订造（Bestellung）；思想：泰然任之进入需用之归本（Vereignung des Brauchs）中——放弃（Ent-sagen）。——作者边注

护(Wächterschaft des Seins)。原初的[1]思想乃是存在之恩宠(Gunst des Seins)的回响,在存在之恩宠中,唯一者自行澄明,并且让“存在者存在”这样一回事情发生[2]出来。[3] 这种回响乃是人对无声的存在之调音的话语的回答。思想的回答[4]乃是人的话语的本源,此话语才让作为话语之发声过程的语言进入词语中而出现。倘若不是偶尔有一种隐蔽的思想[5]在历史性的人的本质根据中,那么,人就绝不能谢恩[6]——假此在一切思索和每一种感谢[7]中都必定终究有一种思存在之真理的思想。可是,除非存在之恩宠通过与它本身的敞开关联而把贫困的高贵允诺给人,而在此贫困中,牺牲的自由遮蔽着它的本质之宝藏,不然的话,任何一种人类如何得以进入源始的谢恩(Danken)之中呢?牺牲乃是在通向对存在之恩宠的维护的进程中对存在者的告别(Abschied)。诚然,牺牲能够通过在存在者那里的所作所为而得到准备和效力,但绝不能通过这种所作所为而得到实现。牺牲之实行来自那种迫切性,每一个历史性的人都是根据这种迫切性行动着——包括本质 311

[1] “原初的思想”(Das anfängliche Denken...)在1943年第四版中为:“源始的思想”(Das ursprüngliche Denken...)。——原注

[2] 1949年第5版:本有(Ereignis)。——作者边注

[3] “在存在之恩宠中,唯一者自行澄明,并且让‘存在者存在’这样一回事情发生”,这句话在1943年第4版中为:“在存在之恩宠中,它自行澄明,并且让唯一者发生……”(...,in der es sich lichtet und das Einzige sich ereignen läßt...)。——原注

[4] “思想的回答”在1943年第4版中为:“在牺牲中谢恩的无言回答……”(Die sprachlose Antwort des Dankens im Opfer...)。——原注

[5] “思想”(Denken)在1943年第4版中为:“谢恩”(Danken)。——原注

[6] “谢恩”(Danken)在1943年第4版中为:“思想”(Denken)。——原注

[7] “感谢”(Bedanken)在1943年第4版中为:“思念”(Andenken)。——原注

性的思想也是一种行动——，去保存那种为维护存在之尊严所要求的此在（Dasein）。这种迫切性是一种镇静（Gleichmut），它不让自己去扰乱对每一种牺牲的告别性本质的隐蔽的期备。牺牲在本有事件之本质中有居家之感，作为本有事件的存在为存在之真理而占用着[①]人。因此，牺牲不能容忍任何一种计算，通过计算，它往往只根据有用或无用而被清算，不管目标是被降低了还是被提高了。这样一种清算使牺牲之本质变得畸形。对目标的狂热贪欲搞乱了牺牲精神的准备着畏的畏缩的清晰性；而这种牺牲精神奢望具有与那种不可摧毁者的近邻关系。

存在之思想在存在者中找不到任何依据。本质性的思想关注着不可计算的东西的缓慢迹象，并且在不可计算的东西中认识到不可回避的东西的无法忆及的到达。此种思想专心于存在之真理，并因此为存在之真理助力，使之在历史性的人类那里找到其处所。这种帮助不产生任何成果，因为它并不需要效应。本质性的思想作为在此在中的质朴的迫切性而起帮助作用，只要在这种迫切性那里燃起与它相同的东西，而它又不能支配或者哪怕只是知道这回事情。

思想，顺从于存在之调音的思想，为存在寻求话语，寻求存在之真理由之而得以表达出来的那种话语。唯当历史性的人的语言源起于这种话语，它才顺理成章。但如果语言是顺理成章的，那么它就将获得那个隐蔽的源泉的无声之调音的保证（Gewähr）。存在之思想守护着话语，并且在这种细心照拂中实现着它的规定性。

① 1949年第5版：居有（er-eignet）、使用（braucht）。——作者边注

这就是为语言之使用而操心。从长期得到照管的无言状态(Sprachlosigkeit)中，从对在其中得到澄明的领域的小心廓清中，产生了思想家的道说。诗人的命名也具有相同的渊源。然而，由于相 312
同的东西仅仅作为有区别的东西才是相同的，而作诗与运思在对话语的小心谨慎方面来看是最纯粹地相同的，所以，两者在它们的本质中也最遥远地分离开来。思想家道说存在。诗人命名神圣者(das Heilige)。诚然，从存在之本质来思考，作诗(Dichten)、谢恩(Danken)与运思(Denken)三者是如何相互指引而又分离开来的，这个问题在此还只得搁一搁。也许，谢恩和作诗以不同的方式源起于原初的运思，它们需要原初的运思，而又不能自为地成为一种运思。

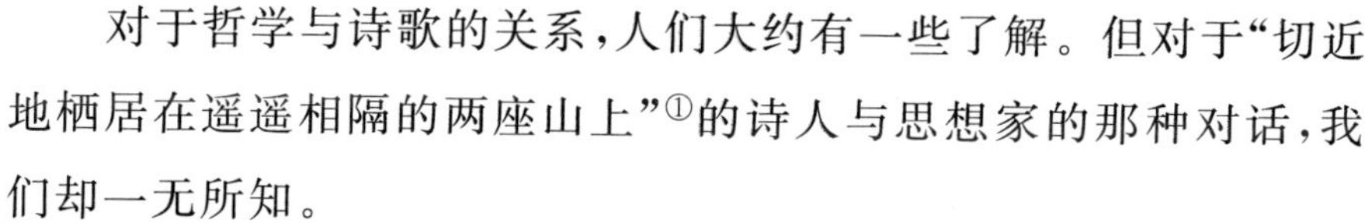

对于哲学与诗歌的关系，人们大约有一些了解。但对于“切近地栖居在遥遥相隔的两座山上”[1]的诗人与思想家的那种对话，我们却一无所知。

无言状态的本质处所之一，乃是惊恐意义上的畏，是无之深渊把人调谐入这种惊恐之中的。作为与存在者不同的东西，无乃是存在之面纱(der Schleier des Seins)。[2] 在存在中，存在者的每一种命运都已经原初地得到了完成。

早期希腊最后一位诗人的最后一首诗，即索福克勒斯的《俄狄浦斯在科罗诺斯》，其结尾的诗句不可思议地回转到这个民族的隐

① 德国诗人荷尔德林的诗句。——译者注

② 1949 年第 5 版：无：不化者(das Nichtende)，亦即作为区分(Unterschied)，是存在之面纱，亦即需用之本有(Ereignis des Brauchs)意义上的存有(Seyn)之面纱。——作者边注

蔽的历史上，并且保存着这个民族的进入那未曾被了解的存在之真理中的路径：

ἀλλ' ἀποπαύετε μηδ' ἐπὶ πλείω
θρῆνον ἐγείρετε
πάντως γὰρ ἔχει τάδε κῦρος。

放弃吧，绝不再有
怨恨唤起；
因为万事常驻
保存一个完成的裁决。[①]

① 原诗德译文如下：
Doch laβt nun ab, und nie mehr fürderhin
Die Klage wecket auf;
Überallhin nämlich hält bei sich das Ereignete
verwahrt ein Entscheid der Vollendung.
——译者注

关于人道主义的书信① 313

对于行动的本质，我们还远远没有充分明确地加以深思。人们只把行动认作某种作用的产生。人们是按其效用来评价这种作用的现实性的。但是，行动的本质乃是完成（Vollbringen）。而完成意味着：把某种东西展开到它的本质的丰富性之中，把某种东西带入这种丰富性之中，即生产出来（producere）。因此，真正说来，唯有已经存在的东西才是可完成的。而首先“存在”（ist）的东西乃是存在（Sein）。思想完成存在与人之本质的关联。思想并不制造和产生这种关联。思想仅仅把这种关联当作存在必须交付给它自身的东西向存在呈献出来。这种呈献就在于：存在在思想中达乎语言。语言是存在之家。人居住在语言的寓所中。思想者和作诗者乃是这个寓所的看护者。只要这些看护者通过他们的道说把存在之敞开状态（Offenheit des Seins）带向语言并且保持在语言中，则他们的看护就是对存在之敞开状态的完成。思想之变成动作，并非只是由于有一种作用从思想中发出或者思想被应用了。由于

---

① 1949年第1版：这里所说的东西不只是在记录成文字时才臆想出来的，而是基于一条道路的行进，这条道路在1936年就开始了，那是在一种要质朴地道说存在之真理的尝试的“瞬间”。——这封书信始终还说着形而上学的语言，而且是蓄意地。另一种语言还隐而不露。——作者边注

思想运思着，思想才行动。也许这种行动是最质朴的同时又是最高的行动，因为它关乎存在与人的关联。但一切作用都基于存在而以存在者为标的。反之，思想则让自己为存在所占用而去道说存在之真理。思想完成这一让(Lassen)。思想乃是通过存在而为存在的任务。[①] 我不知道在语言上是否可能把这两者（“par”et
314 “pour”，即“通过”和“为”）统一地说出来，也就是通过下面这种方
式说出来：思想，此即存在的任务。[②] 在这话中，“……的”（de l'...）这个第二格形式应表达出，这个第二格既是主词的第二格又是宾词的第二格。这里，“主词”和“宾词”乃是不合适的形而上学的名称，这种形而上学以西方“逻辑”和“语法”为形态，很早就夺取了对语言的解释。在此过程中隐藏的东西，我们今天才只能有所猜度而已。把语言从语法中解放出来，并使之进入一个更为源始的本质构造中，这是思想和作诗的事情。思想不仅是为存在者和通过存在者——在当前境况的现实之物意义上的存在者——的动作中的任务。[③] 思想是通过存在之真理和为存在之真理的任务(l'engage-ment)。存在之历史从未过去，它永在当前。存在之历史承担并规定着任何一种人类的条件和境况。[④] 为了使我们首先去学会纯粹地经验上述的思想之本质，并且同时也就是完成上述

---

① “通过存在而为存在的任务”原文为法文：l'engagement par l'Etre pour l'Etre。——译者注

② 这里“思想，此即存在的任务”原文为法文：penser，c'est l'engagement de l'Etre。——译者注

③ 这里“动作中的任务”原文为法文：l'engagement dans l'action。——译者注

④ 这里“人类的条件和境况”原文为法文：condition et situation humaine。——译者注

的思想之本质，我们必须把自己从对思想的技术阐释中解放出来。这种对思想的技术阐释的开端，可以一直追溯到柏拉图和亚里士多德。在那里，思想本身被视为一种 τέχνη[技艺]，就是为行为和制作服务的思考办法。但在这里，思考（Überlegen）已经是从 πρᾶξις[实践]和 ποίησις[创造]的角度来看的。因此，若就思想本身看，思想就不是“实践的”。把思想称为 θεωρία[理论]与把认识规定为“理论”行为，这都已经是在对思想的“技术性的”解释的范围内发生的事情了。这种解释乃是一个反动的企图，还想把思想也挽救到一种相对于行动和行为的独立性之中。从此以后，“哲学”便处于一种窘境之中，不得不在“诸科学”面前为自己的存在辩护。哲学认为，要做到这种辩护，最可靠的办法是哲学把自身抬高到一门科学的等级上。但是，这种努力却是对思想之本质的牺牲。哲学陷于一种恐惧中，害怕它如果不是一门科学的话就会失去声 315
望和效用。人们把哲学不是一门科学视为一个缺陷，又把这种缺陷与非科学性相提并论。作为思想之要素的存在，[①]在对思想的技术性解释中被牺牲掉了。“逻辑学”就是从智者派和柏拉图开始的对这种解释的认可。人们按照一种与思想格格不入的尺度来评判思想。这种评判就宛若那种做法，即：根据鱼能够在岸地上活多久来评价鱼的本质和能力。思想待在岸地上已经久而久之，已经太久了。[②] 那么，人们能够把那种使思想回到其要素中去的努力

① 1949 年第 1 版：作为本有的存在（Sein als Ereignis），本有：道说（Sage）；思想：放弃（Entsagen）本有之道说。——作者边注

② 在日常德语中，“待在岸地上”（auf dem Trockenen sitzen）这个短语有“陷入困境、寸步难行”之意。——译者注

称为“非理性主义”吗？

诚然，您信中的这些问题要在当面对话中才能更好地得到澄清。在书面文字中，思想容易丧失其灵活性。而首要地，在书面文字中，思想极难保持它所固有的领域的多维性。区别于诸科学，思想[①]的严格性不只在于概念之人为的、亦即技术的—理论上的精确性。思想的严格性在于：此种道说[②]要纯粹地保持在存在之要素中，并且让它的多样维度的质朴性得以起支配作用。但另一方面，书面文字亦提供出有益的强制力，促使人们去作深思熟虑的语言表达。今天我只想谈您所提的各个问题中的一个问题。也许对此问题的探讨亦能照亮其他的问题。

您问：如何恢复“人道主义”一词的意义？[③] 这个问题出于一个意图，就是要保持“人道主义”这个词。而我要问：是否有此必要呢？莫非所有这一类的名称所造成的灾难还不够明显么？人们固然久已不信各种“主义”了。但公共意见的市场却始终要求新的
316 “主义”。人们又总是乐于满足这种需求。即便像“逻辑学”、“伦理学”、“物理学”之类的名称，也是在源始的思想完结的时候才出现的。希腊人在他们的伟大时代里是没有这样一些名称而有所思的。他们甚至没有把思想称为“哲学”。当思想偏离其要素的时

---

① 1949 年第 1 版：“思想”在此已经被用作 ~~存在~~（~~Sein~~）之真理的思想。——作者边注

② 后期海德格尔把“思想”(Denken)与“作诗”(Dichten)视为两种基本的“道说”(Sagen)方式，即人响应于“存在”的两种基本方式。故海德格尔在这里称“思想”为“此种道说”(das Sagen)。——译者注

③ 此句原文为法文：Comment redonner un sens au mot “Humanisme”? ——译者注

候，思想便完结了。思想的要素就是能够使思想成为一种思想的那个东西。要素是真正有能力的东西，即：能力（Vermögen）。要素支持思想并因而把思想带入其本质之中。直言之，思想乃是存在的思想。这个第二格[①]说出双重的东西。思想乃是存在的，因为思想为存在所居有，[②]归属于存在。同时，思想又是存在的思想，因为思想在归属于存在之际倾听着存在。作为倾听着归属于存在的东西，思想就是按其本质渊源而存在的东西。思想存在着（das Denken ist）——这就是说：存在向来已经命运般地支持着思想之本质了。在其本质中支持一件“事”或一个“人”，这意思就是说：爱一件“事”或一个“人”，喜欢一件“事”或一个“人”。更源始地看，这种喜欢（Mögen）的意思是：把本质发送出来。这样一种喜欢是能力的真正本质，这种能力不仅能够做出这种或者那种东西，而且能够让某物在其来源（Her-kunft）中“成其本质”，也即能够让它存在。喜欢之能力是某物“赖”之才能真正存在的那种能力。这种能力是真正“可能的东西”（das“Mögliche”），就是其本质基于喜欢中的那个东西。由于这种喜欢，存在才有能力思想。存在使思想成为可能。作为有能力的喜欢者（das Vermögend-Mögende），存在乃是“可能的东西”（das“Mög-liche”）。作为要素的存在就是有所喜欢的能力的“寂静力量”，也就是可能的东西的“寂静力量”。诚然。我们这里的“可能的”和“可能性”等词语，在“逻辑学”和“形

① 指前句中所说的“存在的思想”（das Denken des Seins）中的定冠词第二格“的”（des）。在德语中，第二格为所有格。——译者注

② 1949年第1版：只是以形而上学语言作的一个暗示。因为自1936年以来“本有”（Ereignis）就成了我的思想的主导词语。——作者边注

而上学”的支配下仅仅被看作与“现实性”有别，也就是说，是根据某种确定的——形而上学的——存在阐释来看的，这种阐释把存在释为 actus[现实]与 potentia[潜能]，而这种区别又被等同于 existentia[实存]与 essentia[本质]的区别。当我谈到“可能的东
317 西的寂静力量”时，我不是指某种仅仅被表象的 possibilitas[可能性]的 possibile[可能的东西]，不是指作为某种 existentia[实存]之 actus[现实]的 essentia[本质]的 potentia[潜能]，而是指存在本身，存在本身有能力喜欢着担当思想，因而有能力担当人之本质，也就是担当人与存在的关联。在这里，有能力做某物(etwas vermögen)意味着：把某物保持在其本质中，保留在其要素中。

当思想偏离其要素而完结时，思想就设法来弥补这种损失；这种弥补办法是：思想作为 τέχνη[技艺]、作为教育工具并且因而作为教育活动、后来又作为文化活动来使自己产生效用。哲学就渐渐变成一种根据最高原因来进行说明的技术。人们不再运思，而是去从事“哲学”了。在这样一些职业活动的竞赛中，这些职业活动就公然表现为某种主义，并且力图一决雌雄。这种名称的统治地位并不是偶然的。此种统治地位依据于公众状态的独特专政，而且在现代尤为如此。可是，人们所谓的“私人实存”(private Existenz)亦并非就是本质性的、亦即自由的人之存在。“私人实存”只是僵化为一种对公众事物的否定。“私人实存”仍然是依赖于公众事物的分枝，并且寄生于那种从公众事物那里的单纯抽身。于是，“私人实存”就违背本己的意愿而证实了它为公众状态所奴役的情况。但是因为它来自主观性之统治地位，所以，这种公众状态本身却是在形而上学上有条件的设置和授权，即把存在者之敞开

状态变成对一切事物的无条件的对象化的设置和授权。因此一故，语言就效力于那些交往途径的中介作用，而对象化即是通过这些交往途径而展开出来，展开为在忽视任何界限的情况下一切事物对一切人而言的千篇一律的可通达性。这样，语言就落入公众状态的专政之下了。公众状态先行决定了什么是可以理解的，以及什么必须作为不可理解的东西而被抛弃掉。我在《存在与时间》(1927 年)第 27 节和第 35 节中关于“常人”(das“man”)所讲的话， 318
绝不只应提供出一个对社会学的附带贡献。① 同样地，“常人”也并非仅仅指伦理学—实存论上被理解的与人格之自身存在(Selbstsein)相对立的形象。毋宁说，“常人”一词所说的东西包含着那种根据存在之真理问题来思的指示，即对词语与存在的原初归属关系的指示。这种关系始终还在那种表现为公众状态的主体性之统治地位之下隐而不显。但如果存在之真理对思想来说已变成值得一思了，那么，对语言之本质的沉思也就必定获得了另一种地位。这种沉思就可能不再是单纯的语言哲学了。仅仅因此一故，《存在与时间》(第 34 节)才包含着一种对语言之本质维度的指示，并且触及到这样一个质朴的问题：语言之为语言究竟向来是以何种存在方式存在的？② 到处而且迅速地蔓延着的语言之荒疏

---

① 海德格尔在本文中讲的“公众状态”(Öffentlichkeit)与他在《存在与时间》中讲的“常人”(das Man)——处于“平均状态”中的、中性的日常此在——是一脉相承的。参看海德格尔：《存在与时间》，第 25—27 节以及第 35—38 节。——译者注

② 海德格尔在《存在与时间》第 34 节中专题讨论了语言问题，此节的标题为：“此一在与言谈。语言”(Da-sein und Reide. Die Sprache)。海德格尔在那里把语言的实存论—存在学的基础规定为“言谈”(Rede)。“言淡”是此在的实存论性质，是一个与“现身”、“理解”同样源始的此在“在世界之中存在”的构成环节。“言谈”的功能是把现身在世的可理解状态“联结”起来。——译者注

(Verördung der Sprache)不仅耗尽了一切语言用法中的美学的和道德的责任,而且,这种语言之荒疏根本上来自一种对人之本质的戕害。而一种单纯得到保养的语言用法尚未证明我们已经免除了这种本质危险。在今天,这样一种语言用法甚至毋宁是说明了我们还根本看不见而且不能看见这种危险,因为我们还从来没有注意过这种危险。但近来被人们纷纷议论的、并且为时过晚地被议论的语言之沉沦(Sprachverfall),却不是下面这个事件的原因,而是这个事件的结果,这个事件就是:在现代的主体性形而上学的统治之下,语言几乎不可遏止地脱落于它的要素了。语言还对我们拒不给出它的本质,即:它是存在之真理的家。语言倒是委身于我们的单纯意愿和推动而成为对存在者的统治的工具了。存在者本身显现为因果网络中的现实事物。我们在计算和交易之际与作为现实事物的存在者相遭遇,但也科学地与之相遭遇,在用种种说明和论证进行哲学活动之际与之相遭遇。甚至那种声称某物不可说明的保证,也属于这类说明和论证。以这样一些陈说,我们便自以为立身于神秘(Geheimnis)面前了。仿佛这已经是如此确定,

319 以至于存在之真理竟完全可以归结为各种原因和说明之根据,或者——那是同一回事情——可以归结为真理的不可把握性。

然而,如若人还要再度进入存在之近处,他就必须首先学会在无名中实存(im Namenlosen zu existieren)。他必须以相同方式既认识到公众状态之诱惑,又认识到私人领域之无力。人在说话之前,必须先让自己重新接受存在的招呼;这时人就有一种危险:他在这种呼声之下鲜有可说或者罕有可说。只有这样,词语才能重获它的本质的宝贵,而人才能重获适合于在存在之真理中居住

的寓所。

但在这种对人的呼声中，在一种使人愿意接受这种呼声的尝试中，不是已经包含有一种围绕人而做的努力么？难道“烦”[①]不就进入那个重新回复人之本质的方面中了么？所谓回复人之本质，意思不就是要使人（homo）变成合人性的（humanus）吗？所以，人性或人道（Humanitas）实际上依然是这样一种思想的关切所在；因为这就是人道主义：就是要沉思和忧切人是合人性的而不是非人性的，不是“不人道的”（inhuman），亦即不是在他的本质之外的。但人之人性究竟何在呢？人之人性就在人之本质中。

可是，从何处并且如何来规定人之本质呢？马克思要求我们去认识和肯定“合人性的人”。他在“社会”中发现了合人性的人。对马克思来说，“社会的”人就是“自然的”人。在“社会”中，人的“自然本性”，亦即人的全部“自然需要”（食、衣、繁殖、经济生活），都均匀地得到了保障。基督徒把人与神性（Deitas）划界，由此来看人的人性，即 homo[人]的人道。在救赎史上，基督徒是作为“上帝之子”的人，而作为“上帝之子”，他就要在基督那里聆听并承

① 海德格尔认为此在实存就是“在世界之中存在”，这一整体现象由三个构成环节组成，即：表示此在“总是已经在世界中”的“实际性”（也叫“被抛性”）；表示此在“先行于自身的存在”的“实存”（也叫“筹划”）；表示此在“寓于世内存在者而与他人共在”的“沉沦”（日常此在的存在方式）。三者合一，此在的存在就是“先行于自身的一已经在世界中的一作为寓于世内照面的存在者而与他人共在的存在”（参看海德格尔：《存在与时间》，第 41 节）。按照海德格尔之见，这里的一长串词语应被看做一个词，凡提到此在，我们必须想到它是由上面这一长串词语表示出来的整体现象，如要笼而统之，则可以称之为“烦”（Sorge，或可译“操心”、“关心”等）。这种“烦”不是在心理学上的，而是在实存论上讲的。“烦”表现在此在的日常在世活动上有两种方式，一是“烦忙”（Besolrgen），即与物打交道，二是“烦神”（Fürsorgen），即与人打交道。——译者注

320 担天父的要求。只要“世界”从理论的—柏拉图式的意义上来看始终只是一个通向彼岸的暂时过道，则人就不是这个世界的。

在罗马共和国时代，人性或人道首次在其名称下得到了明确的深思和追求。homo humanus［人道的人］对立于 humo barbarus［野蛮的人］。这里，所谓人道的人就是罗马人；罗马人靠着对从希腊人那里接受来的 παιδεία［教化］的“蚕食”，提高和改良了罗马的 virtus［道德］。此处所谓的希腊人，是指晚期希腊人，他们的教化在各个哲学家学派中得到了传习。这种教化（Bildung）涉及 eruditio et institutio in bonas artes［优良德行方面的教育和训练］。如此这般被理解的 παιδεία［教化］就被罗马人译为“humanitas”［“人性”、“人道”］。homo romanus［罗马人］的真正的 romanitas［罗马特性］就在于这样一种 humanitas［人性、人道］中。在罗马，我们碰到了第一个人道主义。所以，人道主义本质上始终是一种特殊的罗马现象，这种现象产生于罗马人与晚期希腊教化的相遇。意大利十四、十五世纪的所谓文艺复兴，乃是 renascentia romanitatis［罗马文教的复兴］。因为事关罗马特性，故关键就在于人性或人道，因而就在于希腊的 παιδεία［教化］。可是，希腊文明总是在其晚期形态中被看待的，而其晚期形态本身又总是在罗马意义上被看待的。就连文艺复兴时期的罗马人也与野蛮人相对立。但在这时候，非人性的或者非人道的东西（das In-humane）乃是哥特人的中世纪经院哲学的野蛮。因此，从历史学上来理解的人道主义总是包含着一种 studium humanitatis［对人性或人道的研究］，而这种研究又以某种特定的方式回溯到古代，因而总不外乎成为一种对希腊文明的复兴。这种情况表现在德国十八世纪

以温克尔曼、歌德和席勒为代表的人道主义中。与之相反，荷尔德林不属“人道主义”之列，而且这乃是因为，他比这种“人道主义”所能做到的更为原初地思了人之本质的命运。

但如果人们一般地把人道主义理解为这样一种努力，即努力 321
使人向其人性开放并且在人性中找到其尊严，那么，按照对人之“自由”和“本性”的不同看法，人道主义也就各个不同了。同样地，实现人道主义的途径也就各不相同了。马克思的人道主义毋需回溯到古代，被萨特尔理解为实存主义[①]的人道主义，也是毋需回溯到古代的。在上述宽泛的意义上，基督教亦是一种人道主义，因为按其教义来看，一切都是为了灵魂得救(salus aeterna)，而且人类的历史就是在救赎史的框架内显现出来的。然而，无论按照其目标和根据，按照其具体的实现方式和手段，按照它的学说的形式，人道主义的这些种类有多么不同，它们在下面这一点上却是一致的，即：homo humanus[人道的人]的 humanitas[人性、人道]都是从一种已经固定了的对自然、历史、世界、世界根据的解释的角度被规定的，也就是说，是从一种已经固定了的对存在者整体的解释的角度被规定的。

每一种人道主义或者建基于一种形而上学中，或者它本身就成了这样一种形而上学的根据。对人之本质的任何一种规定都已

---

① 此处的“实存主义”(Existenzialismus)通常被译为“存在主义”。译者认为，在现代汉语学术中，既已相对确定地把西文中的 Sein、Being 等译为“存在”，则把 Existenzialismus 译为“存在主义”就容易引起误解。实际上，在西方哲学中只有“存在学”(Ontologie，又译“本体论”、“存在论”等)这样一门“学”(-logie)，而并没有“存在主义”这样一种“主义”(-ismus)。——译者注

经以那种对存在之真理不加追问的存在者解释为前提；任何这种规定无论对此情形有知还是无知，都是形而上学的。因此一故，尤其从人之本质如何被规定的方式着眼，一切形而上学的特性都表现在：形而上学是“人道主义的”。与此相应，任何一种人道主义就都是形而上学的。人道主义在规定人之人性时不仅不追问存在[1]与人之本质的关联。人道主义甚至还阻止这个问题，因为人道主
322 义由于出身于形而上学而不知、亦不解这个问题。反之，在形而上学中，并且通过形而上学而被遗忘的[2]存在之真理问题的必然性和独特方式，只有当在形而上学之统治地位中间提出“形而上学是什么？”这样一个问题时，才能得到揭示。甚至任何一种对“存在”的追问，也包括对存在之真理的追问，首先亦必须作为一种“形而上学的”追问来进行。

第一个人道主义，即罗马的人道主义，以及此后直到当代出现的一切种类的人道主义，都把人的最普遍的“本质”假定为不言自明的。人被看作 animal rationale[理性的动物]。这个规定不仅仅是希腊文的ζῷον λόγον ἔχον[具有逻各斯的动物]的拉丁文翻译，而且是对它的一种形而上学的解释。这一对人之本质的规定并没有什么错。但这一规定是由形而上学来决定的。不仅是这一规定的界限，而且它的本质来源，却都在《存在与时间》

① 1949年第1版：通过这种言说方式，“存在”和“存在本身”很快就达到*对绝对者的个别化*了。但只消本有（Ereignis）还被抑制着，则这种言说方式就是不可避免的。——作者边注

② 《柏拉图的真理学说》，1947年第1版：但这种“遗忘”必须从Ἀλήθεια[无蔽]出发根据本有来思考。——作者边注

中变成可疑可问的了。这种可疑可问的东西首先作为思想必须思的东西而托付给思想了，但绝不是陷入一种空洞的怀疑癖的消耗中了。

虽然形而上学把在其存在中的存在者表象出来并且如此来思考存在者之存在，但形而上学并不思存在者与存在之区别（参看拙著：《论根据的本质》，1929 年，第 8 页；此外可参看拙著：《康德和形而上学问题》，1929 年，第 225 页；还可参看拙著：《存在与时间》，第 230 页）。形而上学并不追问存在之真理本身。因而，形而上学也绝不追问：人的本质以何种方式归属于存在之真理。迄今为止，形而上学不仅没有提出过这个问题，而且这个问题对形而上学之为形而上学来说是不可通达的。存在还等待着，等待有朝一日它本身对人来说变得值得一思的。不管人们如何着眼于人之本质规定来规定 animal［动物］的 ratio［理性］，把它规定为“原理之 323
能力”也罢，“范畴之能力”也罢，或其他东西也罢，理性之本质无论何时何地都植根于下面这回事情，即：就任何一种对在其存在中的存在者的觉知（Vernehmen）而言，存在本身都已然澄明了，而且都已在其真理中自行发生了。同样地，随着“animal”［“动物”］即ζῷον一道，也已经设定了一种对“生命”的解释，而这种解释势必依据于一种对作为ζωή［生命］和φύσις［自然］——生命体从中显现出来——的存在者的解释。但除此一外，并且先于其他一切，我们终究还要问一问：人之本质，原初地和先行决定一切的人之本质，究竟是否就包含在动物性（Animalitas）之维度中？当我们把人而且只要我们把人当作在其他生物中间的一员而与植物、动物和上帝划清界限时，究竟我们是不是走在通向人之本质的正确道

路上呢？我们可以这样做，我们可以用这种方式把存在者范围内的人设定为其他存在者中间的一员。这样做时，我们总是能够关于人说出某种正确的东西。但是，我们也必须清楚：当我们这样做时，人终究还落入了动物性之本质领域内，即使我们没有把人与动物等同起来，而是判定人有某种特殊的差异，也依然如此。我们原则上总是思考着 homo animalis[动物的人]，即使 anima[灵魂]被设定为 animus sivemens[精神或思想]，而精神或思想后来又被设定为主体、人格、精神。这样一种设定(Setzen)乃是形而上学的方式。但这样一来，人之本质就太少受到关注，并且人之来源的本质就还没有得到思考；而这种本质之来源对历史性的人来说始终是本质之将来。[1] 形而上学从 animalitas[动物性]出发来思人，而且并没有往人的 humanitas[人性、人道]方面去思。

形而上学无视于这样一种质朴的本质情况：人唯在其本质中才成其本质，[2]人在其本质中为存在所要求。唯从这种要求中，人才“已经”发现了他的本质居住于何处。而唯从这种居住中，人才“具有”“语言”作为寓所，这个寓所为人之本质保持着绽出状态
324 (das Ekstatische)。这种在存在之澄明中的站立，我称之为人的

---

① 在此句中，“本质之来源”(Wesensherkunft)和“本质之将来”(Wesenszukunft)有字面联系，都是以“来”(-kunft)为词根的。——译者注

② “人唯在其本质中才成其本质”的德文原文为：der Mensch west nur in seinem Wesen，其中的“成其本质”(wesen)为名词“本质”(das Wesen)的动词化，有“现身、出现、本质化”等意思，故有英译者把此句译为：“人唯在其本质中才本质性地出现”(man essentially occurs only in his essence)。参看海德格尔：《基本著作选》，克莱尔(D. F. Krell)编，英文版 1978 年，第 204 页。——译者注

绽出之实存。[①] 唯有人才居有这种存在方式。如此这般被理解的绽出之实存不仅是理性(即 ratio)之可能性的根据,而且就是人之本质于其中得以保持其规定之来源的那个东西。

绽出之实存只能就人之本质来道说,也即只能就人的“存在”方式来道说;因为就我们所经验到的情况来看,唯有人才进入绽出之实存的天命(das Geschick der Ek-sistenz)中了。因此,绽出之实存也绝不能被看作其他各种生物中间的特殊的一种——假定人已命定要思存在之本质,而不只是要报道一下关于他的状态和活动的自然故事和历史故事。所以,就连我们根据与“动物”的比较而判定动物性的人所具有的那个东西,本身也建基于绽出之实存的本质。人的身体是某种根本不同于动物机体的东西。人们把灵魂增加在人的肉体上,把精神增加在灵魂上,把实存增加在精神上,并比以往更加响亮地鼓吹对精神的高度评价,从而实际上是让一切都复归于生命之体验,同时又用警告语气断言,思想会通过它的僵化概念破坏生活之流,而存在之思想会使实存变得畸形——人们这样做,实际上尚未克服生物主义的迷乱。生理学和生理化学可以对作为有机体的人作自然科学式的研究,但这并不能证明:

① 在《存在与时间》中,海德格尔已把此在之存在方式规定为“实存”(Existenz),并把它与“绽出”(Ekstase,希腊文的 ἔκστασὶς)联系起来(参看《存在与时间》,德文版,第 329 页)。海德格尔以此意指“此在”之存在方式乃是在时间性诸环节(将来、曾在、当前)中的“绽出”。而在本文中,海德格尔直接把德文的“实存”(Existenz)一词书作 Ek-sistenz,突出标明人之存在方式是进入存在之真理(存在之澄明)中的“绽出”(“出离自身”)。我们把 Ek-sistenz 译为“绽出之实存”,以区别于一般意义上的 Exsitenz(包括海德格尔在此文本所用的 Existenz)。相应地,我们把动词 ek-sistieren 译为“绽出地实存”。——译者注

人之本质居于这种“有机体”中，亦即居于这种在科学上得到说明的身体中。这样一种证明是无效的，就如同我们不能认为自然之本质包含在原子能中。或许事情倒是：在自然转向人的技术掌握的一面，自然恰恰隐蔽着它的本质。人的本质并不在于成为一个
325 动物机体，同样地，这种对人之本质的不充分的规定，也不能通过用不朽的灵魂或者用理性能力或者用人格特征把人装备起来的办法来消除和补救。这样做，本质每每被忽略了，而且是根据同一种形而上学的筹划被忽略掉的。

人是什么？人所是的这个什么（Was），用传统形而上学语言来讲，即人的“本质”（Wesen），就基于他的绽出之实存中。但这样来看的绽出之实存，并不就是传统的概念 existentia[实存]，后者的意思是现实性，区别于作为可能性的 essentia[本质]。在《存在与时间》中（第 42 页），有一句加了重点号的话：“此在之‘本质’在于它的实存”。但是，这里的关键并不是 existentia 与 essentia 的对立，因为这两个形而上学的存在规定尚未被质疑，更不消说这两者的关系了。这句话更不包含一个关于此在的普遍陈述，因为此在（Dasein）这个在十八世纪出现的表示“对象”的名称所要表达的，乃是现实事物之现实性这个形而上学概念。这句话的意思毋宁是：人是这个“此”（das“Da”），也就是说，人是存在之澄明——人就是这样成其本质的。这个此一“存在”[①]，而且唯有这个此一“存在”，才具有绽出之实存的基本特征，也即说，才具有绽出地内

---

① 海德格尔在《存在与时间》中提出的“此在”（Dasein）由“此”（Da）与“存在”（Sein）合成。在本文中，海氏把此在之“此”（Da）解为“存在之澄明”（Lichtung des Seins），故在这里有“这个此一‘存在’”（“Sein” des Da）的说法。——译者注

居于存在之真理中的基本特征。人之绽出本质基于绽出之实存，这种绽出之实存始终区别于形而上学所思考的 existentia[实存]。中世纪哲学把这个 existentia 理解为 actualitas[现实性]。康德在经验之客观性意义上把 existentia 表象为现实性。黑格尔把 existentia 规定为绝对主体性的自知的理念。尼采把 existentia 理解为相同者的永恒轮回。可是，这些对 existentia 的解释只是从表面上看来有所不同而已。通过这些解释中的作为现实性的 existentia，是否石头之存在甚或作为动物和植物之存在的生命就已经得到充分思考了，这个问题在此还是悬而未决的。无论在何种情
形下，生物都如其所是地存在，而没有从它们的存在本身而来立身 326
于存在之真理中并且在这样的立身中保持它们的存在的本质因素。也许在一切存在着的存在者中，我们最难于思的乃是生—物，[①]因为这个生—物既以某种方式与我们最为切近，但同时又通过一条深渊而与我们的绽出的本质隔离开来了。相反，似乎可以说，神性者的本质比生—物的令人诧异的东西更切近于我们，亦即在一种本质之远（Wesens-ferne）中更切近于我们，而这种本质之远作为远却依然要更亲密一些，比那种几乎无法想象的与动物的肉体亲缘关系更亲密于我们的绽出的本质。这样一些考虑向那种流行的、因而总还过于仓促的把人说成 animal rationale[理性的动物]的说法投上了一条罕有的光亮。植物和动物虽然向来被囚缚于它们的环境中，但却从来没有自由地被摆置入存在之澄明

① 在德文中，“生物”的本来写法是 Lebewesen，海德格尔在这里故意书作 Lebe-Wesen，直译就是“生之本质”了，但他在此显然是用双关之义。我们权译之为“生—物”。——译者注

中——而且只有存在之澄明才是“世界”——，因此一故，植物和动物是没有语言的。但是，并非因为语言始终拒斥它们之故，它们才无世界地系缚于它们的环境中。实际上，在“环境”（Umgebung）一词中，集中着生一物的全部谜团。语言在其本质中并非一个有机体的表现，亦不是一个生物的表达。所以，语言也绝不能从符号特性方面得到合乎本质的思考，也许甚至不能根据含义特性得到合乎本质的思考。语言乃是存在本身的澄明着—遮蔽着的到达。[①]

从绽出（ekstatisch）方面看，绽出之实存（Ek-sistenz）无论在内容上还是在形式上都不等于 existentia［实存］。在内容上，绽出之实存意味着站出来（Hin-aus-stehen）[②]进入存在之真理中。与之相反，existentia（existence）则意指 actualitas，即现实性，区别于作为理念的单纯可能性。绽出之实存所命名的，是对人在真理之天命中所是的东西的规定。而 existentia 始终是表示某个在其理念中显现而存在的东西的实现过程的名称。“人绽出地实存”
327 （Der Mensch eksistiert），这句话并非对人是否现实地存在这个问题的回答，而是对人之“本质”的问题的回答。我们往往同样不合适地提出人之“本质”的问题，无论我们是问人是什么，还是问人是谁。因为，在这个“谁？”或“什么？”中，我们已然指望着某个人格性的东西或者某个对象了。不过，这个人格性的东西错失又堵塞了

① 这是海德格尔在本文中提出的一个关键句子，德语原文为：Sprache ist lichtend-verbergende Ankunft des Seins selbst。——译者注

② 《柏拉图的真理学说》，1947 年第 1 版：“出来”（Hinaus）：到区分之分离的出离（Aus）之中（即 das Da，此），而不是从某个内部“出来”（hinaus）。——作者边注

存在历史性的绽出之实存的本质因素，其程度并不逊于对象性的东西。所以，经过深思熟虑，在上面所引的《存在与时间》第42页上的那句话里，“本质”一词加上了一个引号。这表明，这里“本质”既不是由 esse essentiae[本质存在、潜能]也不是由 esse existentiae[实存存在、现实]来规定的，而是由此在之绽出状态（das Ekstatische des Daseins）来规定的。作为绽出地实存者，人忍受着此一在（Da-sein），因为他把这个此（Da）作为存在之澄明取入“烦”之中。但是，此一在本身乃是作为“被抛的”此一在而成其本质的。此一在是在作为发送着的命运性的东西的存在之抛投中成其本质的。[①]

可是，倘若人们意欲这样来说明这句关于人之绽出本质的话，就仿佛这句话是把一种由基督教神学说出来的关于上帝的思想（Deus est suum esse[上帝是它的存在]）世俗化而转用到人身上，那么，这或许就是极端的迷乱了；因为，绽出之实存既不是某个本质（Essenz）的实现，绽出之实存也根本不产生和设定本质性的东西。如若人们把《存在与时间》中所谓的“筹划”（Entwurf）理解为一种表象性的设定，那么，人们就把它视为主体性的成就了，就没有把它思为与存在之澄明的绽出的关联；[②]而实际上，它就如同“存在之领悟”（Seinsverständnis）一样，只有在对“在世界之中存在”（In-der-Welt-Sein）的“实存论分析”之领域内才能得到思考。诚然，对这另一种离弃了主体性的思想作充分的补充实行和共同

① 此句德文原文为：Es west im Wurf des Seins als des schickend Geschicklichen。——译者注

② 1949年第1版：不够，更确切地说：在澄明中的绽出的内立。——作者边注

实行，现在已变得困难了，这是由于在出版《存在与时间》时，第一部之第三篇“时间与存在”含而未发（参看《存在与时间》，第 39
328 页）。[1] 在这里，事情整个[2]就倒转过来了。这个成问题的第三篇之所以含而未发，是因为思想在对这一转向（Kehre）的充分道说[3]方面失灵了，而借助于形而上学的语言亦行之不通。我的演讲《论真理的本质》是在 1930 年思得的，并且当时就宣讲过，但直到 1943 年才得付印。这个演讲对那个从“存在与时间”到“时间与存在”的转向之思想作了某种洞察。这个转向并非一种对《存在与时间》的观点[4]的改变，不如说，在此转向中，我所尝试的思想才通达那个维度的地方，而《存在与时间》正是由此维度而来才被经验的，而且是根据存在之被遗忘状态的基本经验而被经验的。[5]

相反，萨特尔却把实存主义的基本命题表达为：实存先于本质。[6] 在此命题中，萨特尔是在形而上学意义上看待 existentia

---

① 根据海德格尔的构思，《存在与时间》分为两部，每部各三篇，1927 年发表时仅为第一部的前两篇（第一篇“准备性的此在分析”和第二篇“此在与时间性”），第一部第三篇“时间与存在”未能完成。1962 年海氏作题为《时间与存在》的演讲（收入海德格尔文集《面向思的实事》），但他明言此演讲已不再是二十年代《存在与时间》的继续了。——译者注

② 1949 年第 1 版：在值得思者和思想的内容与方式上。——作者边注

③ 1949 年第 1 版：让显示（Sichzeigenlassen）。——作者边注

④ 1949 年第 1 版：亦即存在问题。——作者边注

⑤ 1949 年第 1 版：被遗忘状态——Λήθη[遮蔽]——遮蔽——隐匿（Entzug）——失本（Enteignis）——：本有（Ereignis）。——作者边注

⑥ 此句通常被译为“存在（有）先于本质”。参看萨特尔：《实存主义是一种人道主义》，中译本（《存在主义是一种人道主义》），周熙良等译，上海译文出版社 1988 年。海德格尔认为，萨特尔所用的 Existenz 仍然是形而上学上的 existentia，亦即“现实性”意义上的“实存”。——译者注

[实存]和 essentia[本质]的。形而上学自柏拉图以来就说:essentia[本质]先于 existentia[实存]。萨特尔把这个形而上学命题颠倒过来了。但是,这种对一个形而上学命题的颠倒依然是一个形而上学命题。作为这个形而上学的命题,它就与形而上学一起固执于存在之真理的被遗忘状态中。因为,不管哲学是在中世纪的争论意义上来规定 essentia 与 existentia 的关系,还是在莱布尼茨的意义上来规定这种关系,或者是在其他意义上来规定这种关系,先于所有这一切却还首先要追问:从何种存在之天命而来,这种在存在中的区分[①]作为 esse essentiae[本质存在]与 esse existentiae[实存存在]的区别才达到思想面前?还有待思索的是:为什么关于存在之天命的问题从来没有被追问过,而且为什么这个问题从未被思考过?莫非 essentia[本质]与 existentia[实存]的区分的这样一种情形,并不是存在之被遗忘状态的一个标志么?我们可以 329
猜测,这种天命并非基于人类思想的某种单纯的耽搁,更不用说是基于早期西方思想的某种低能。在其本质渊源中被遮蔽着的这种区分,即 es-sentia(本质性)与 existentia(现实性)的区分,贯穿并支配着西方历史的天命和整个由欧洲来规定的历史的天命。

可是,萨特尔关于 exisentia[实存]对 essentia[本质]的优先地位的主要命题,还为"实存主义"这个名称作为与此种哲学相适合的标题作了辩护。不过,"实存主义"的主要命题与《存在与时间》中的那个命题毫无共同之处;至于在《存在与时间》中还根本没

① 1949 年第 1 版:但这种区分并不与存在学差异相同一。那种根据存在"一边"做的区分就属于存在学差异范围内。——作者边注

有能够表达出一个关于 essentia[本质]与 existentia[实存]之关系的命题，这一点可以撇开不谈，因为在那里还在准备某种暂先的东西(ein Vor-läufiges)。按照已被道说出来的东西来看，这种准备工作做得十分笨拙。这个即便在今天也还有待道说的东西也许能够成为一种推动力，护送人的本质，让人运思着去关注那个贯穿人之本质的存在之真理的维度。不过，就连这样一回事情也总是只能为了存在之尊严和人在绽出地实存之际忍受的此一在而发生的，而不是为了人而发生的，不是为了使文明和文化通过人的创造而发挥作用。

但为了使我们今人进入存在之真理的维度中以便能深思这一度，我们就要坚持首先搞清楚：存在如何关涉人，以及存在如何要求人。当我们领悟到人是通过绽出地实存而存在时，这样的本质经验就在我们身上发生了。若我们先还用传统的语言来说这一点，那么这就是说：人的绽出之实存乃是人的实体。因此，我在《存在与时间》中常常重复这样一句话：“人之‘实体’乃是实存”(第117页，第212页，第314页)。不过，从存在历史上看，“实体”(Substanz)早已是希腊文的 οὐσία[在场]一词的有所掩盖的翻译，
330 这个希腊词语命名的是在场者之在场状态，同时多半由于一种神秘的歧义性而意指在场者本身。在《存在与时间》中，“实体”的这种意义已按照在那里实行的“现象学的解构”①而出现(参看《存在

① 此处的“解构”(Destruktion)是现象学意义上讲的，即所谓“现象学的解构”，其意并非全然消极，而倒有对传统的“源始的居有”之义。后来的法国思想家德里达所发展出来的“消解”(deconstruction)与海德格尔的“解构”有思想上的承继关系，但德里达所倡扬的“消解”显然更具摧毁力和破坏性。关于海德格尔的“解构”，可参看海德格尔：《现象学的基本问题》，第5节；《存在与时间》，第6节。——译者注

与时间》,第 25 页);如果我们在此种意义上来思“实体”这个形而上学名称,那么,“人的‘实体’乃是绽出之实存”这个命题就不外乎是说:人在其本己本质中向着存在而在场的方式,就是绽出地内立于存在之真理中。这一对人之本质的规定并没有宣布人道主义把人解释为 animal rationale[理性的动物]、“人格”、精神—灵魂—肉体的生物的做法是错误的,也没有摒弃这些做法。毋宁说,唯一的想法倒是:对人之本质的最高的人道主义规定尚未经验到人的本真[1]尊严。就此而言,《存在与时间》中的思想就是反对人道主义的。但这种对立并不意味着,《存在与时间》中的思想投到人道的反面而去赞成非人道、维护非人性、贬低人的尊严了。这种思想反对人道主义,是因为人道主义把人之人道放得不够高。当然,人之本质的高贵并不在于:人是存在者的实体而成为存在者的“主体”,以便作为存在的统治者让存在者之存在状态(Seiendsein)消融在那种被过于聒噪地赞扬了的“客体性”中。

倒不如说,人是被存在本身“抛”入存在之真理中的,人在如此这般绽出地实存之际守护着存在之真理,以便存在者作为它所是的存在者在存在之光中显现出来。至于存在者是否显现以及存在者如何显现,上帝和诸神、历史和自然是否以及如何进入存在之澄明中,是否以及如何在场与不在场,凡此种种,都不是人决定的。
存在者之到达乃基于存在之天命[2]。但对人来说,依然有一个问 331

① 1949 年第 1 版:人所特有的、亦即人所占有、居有的尊严:拥有与本有(Eignung und Ereignis)。——作者边注

② 1949 年第 1 版:天命(Ge-schick):对使用着的让在场的时代(Epochen des brauchenden Anwesenlassen)的聚集。——作者边注

题：人是否发现应合于这种天命的他的本质的命运性的东西？[①] 因为按照存在之天命，作为绽出地实存者的人必须守护存在之真理。人是存在的守护者（Hirt des Seins）。当《存在与时间》把绽出的实存经验为“烦”时，它所思的就只是这一点而已（参看《存在与时间》，第 44 节 a，第 226 页以下）。

但存在——什么是存在呢？存在是存在本身。将来的思想必须学会去经验和道说存在。“存在”——它不是上帝，不是世界根据。存在本质上比一切存在者更远，[②]但存在依然比任何一个存在者更切近于人，不论这任何一个存在者是一块岩石也罢，是一只动物也罢，是一件艺术作品也罢，是一台机器也罢，是一个天使或上帝也罢。存在乃是最切近者（das Nächste）。但这种切近对于人依然最远。人首先始终已经而且仅仅执著于存在者。可是，如若思想把存在者作为存在者表象出来，思想固然就涉及到存在了。而实际上，思想始终只思考存在者之为存在者，而恰恰没有并且从来没有思存在之为存在。“存在问题”（Seinsfrage）始终还是追问存在者的问题。存在问题还根本不是这个棘手的名称所指示的东西：追问存在的问题（die Frage nach dem Sein）。即便在哲学成为“批判的”（kritisch）哲学的地方，诸如在笛卡尔和康德那里，哲学也总是追随形而上学表象的过程。哲学从存在者出发思到存在

① “命运性的东西”（das Schickliche）按德文字面也可直译为“合适的东西”、“得体的东西”。海德格尔显然亦想强调此词与“命运”（Schicksal）和“天命”（Geschick）的暗含联系。——译者注

② 1949 年第 1 版：远：但不是范围上的远，而是居有着的地方（Ortschaft）的远；作为澄明之远。——作者边注

者身上，在过道上对存在匆匆一瞥。因为在存在之光中，已然有着每一个出于存在者的起点和每一个回到存在者的归路。

可是，形而上学对存在之澄明的认识，或者仅仅把它认作对在“外观”(ἰδέα[相])中的在场者的观望，或者批判地把它认作从主体性方面进行的范畴表象之审视(Hin-sicht)所视见的东西。这就是说：存在之真理作为澄明本身，对形而上学来说始终是被遮蔽了的。然而，这种被遮蔽状态却并不是形而上学的一个缺陷，而是 332
对它自身扣留起来但又保留下来的它自己的财富中的财宝。但澄明本身就是存在。澄明在存在之天命范围内才赋予形而上学以那种面貌，而在场者就是从这种面貌而来接触到向着在场者在场的人，从而人本身才能够首先在觉知(νοεῖν)中触及存在(θιγεῖν，亚里士多德：《形而上学》，第九卷，第10章)。面貌(Anblick)首先把审视(Hin-sicht)吸引到自身那里。当觉知在对作为certitudo[确定性]之subiectum[主体]的res cogitans[思维体]的perceptio[知觉]中成了一种在自身面前确立(Vor-sich-Herstellen)时，面貌就听任自己被审视了。

但是——假定我们竟可以径直如此来发问的话——存在与绽出之实存的关系又如何呢？存在本身就是这种关系，①因为存在把在其实存论上的、亦即绽出状态的本质中的绽出之实存保持在自身那里，并且把它聚集到自身那里，以之作为在存在者中的存在之真理的处所。因为人作为绽出地实存者来到这种关系中立身，

① 《柏拉图的真理学说》，1947年第1版：来自拒绝(隐匿)之抑制状态(扣留)的关系。——作者边注

而存在就作为这种关系发送(schicken)自身，同时人绽出地忍受存在，也即忧烦着来承受存在，所以，人首先看错了最切近的东西而固执于次近的东西。人甚至以为后者就是最切近的东西。可是，比最切近的东西更近的，同时对通常思维来说又比它的最远的东西更远的，乃是切近(Nähe)本身，即：存在之真理。

为在本质上未被深思的存在者之蜂拥而遗忘存在之真理，这就是我在《存在与时间》中所谓的“沉沦”的意义。[①] 此词并不是指人的一种“在道德哲学上”被理解的、同时又世俗化了的原罪，而倒是指示一种在存在与人之本质的关联范围内的人与存在的根本关系。据此看来，前奏式地使用的“本真状态”(Eigentlichkeit)[②]和“非本真状态”(Uneigentlichkeit)两个名称，也就并不意味着一种道德的—实存状态上的区分，并不意味着一种“人类学的”区分，而

333 是意味着人之本质与存在之真理的“绽出的”关联，这种关联因为迄今仍对哲学遮蔽着，故首先有待一思。但这种关联如其所是的那样，并非根据绽出之实存，而倒是绽出之实存的本质在实存论上—绽出状态上出自存在之真理的本质。

在《存在与时间》中首次试图道出自身的那种思想要达到的唯一的东西，乃是某种简单的东西。作为这种简单的东西，存在始终

---

① 特别可参看海德格尔：《存在与时间》，第25—27节、第38节和第68节C。海德格尔把“沉沦”(Verfallen)视为此在实存(即“在世界之中存在”)的第三个构成环节(其他两个环节是“实际性”和“实存”或“筹划”)。所谓“沉沦”不是在道德或基督教神学的意义上讲的，不是一种消极现象，而是此在的一种基本实存论性质。——译者注

② 1949年第1版：要根据居有之拥有(Eignen des Er-eignens)来思考。——作者边注

是神秘的，是一种并不显眼的支配运作的质朴的切近。这种切近(Nähe)[①]作为语言本身而成其本质。不过，只消我们充其量把言语表象为语音形象(或字形)、音调、节奏和含义(或意义)的统一体，那么，语言就不只是这样一种简单的言语。我们把语音形象和字形看作文字躯体，把音调和节奏看作语言的灵魂，把合含义的东西看作语言的精神。通常我们还把人的本质表象为 animal rationale[理性的动物]，亦即表象为身体—心灵—精神的统一体，在此意义上，我们通常就是根据对人之本质的符合来思考语言的。然而，正如在 homo animalis[动物的人]的人道(Humanitas)中，绽出之实存始终被掩蔽着而且——通过绽出之实存——存在之真理与人的关联也始终被掩蔽着，同样地，对语言所作的形而上学的和动物的解释，也掩盖了语言的存在历史的本质。按照语言的存在历史的本质来看，语言就是存在之家，就是为存在所居有，并且由存在来贯通和安排的存在之家。因此就需要根据对存在的应合(Entsprechung zum Sein)来思语言之本质，而且要把语言之本质思为这种应合，也就是要把它思为人之本质的寓所。

但是，人不仅是一种除了其他能力之外还有语言的生物。毋宁说，语言是存在之家，人就在其中居住着绽出地实存，而这是由于人守护着存在之真理而归属于存在之真理。

因此，说到底，当我们把人之人性规定为绽出之实存时，关键
的一点就是：本质性的东西并非人，而是存在，即作为绽出之实存 334
的绽出状态之维度的存在。然而，这个维度并不是众所周知的空

---

① 1949年第1版：在近(Nahnis)意义上：澄明着准备好，作为守护的持守。——作者边注

间性的东西。毋宁说，一切空间性的东西[①]和一切时间—空间都是在此维度中成其本质的，而存在本身即作为此一维度而存在。

思想关注这些简单的关联。思想在久已流传下来的形而上学语言及其语法中间为这些简单的关联寻找适当的词语。假此在一个名称中终究包含有某种东西的话，是否这种思想还能被称为人道主义呢？断乎不能。只要人道主义以形而上学方式进行思考，那么，这种思想就肯定不能被称为人道主义。如果人道主义就是实存主义，而且拥护萨特尔说的那句话："严格讲来，我们在一个其上只有人的平面上"（参看萨特尔：《实存主义是一种人道主义》，第36页），[②]那么，这种思想就肯定不能被称为人道主义。从《存在与时间》的角度看，这话倒是应这样来说：严格讲来，我们在一个其上主要有存在的平面上。[③] 但是，平面（le plan）从何而来，又是什么呢？存在与平面（L'Etre et le plan）是一回事情。在《存在与时间》第212页上，我有意地而且谨慎地说："有"存在（法文 il y a l'Etre；德文"es gibt"das Sein）。其实，用法文的 il y a 译德文的 es gibt（有）并不准确。[④] 因为这里"给出"（gibt）的"它"（es）乃是存

---

① 《柏拉图的真理学说》，1947年第1版：空间既不与时间并存，也不消解于时间，也不是从时间推演出来的。——作者边注

② 此句原文为法文：précisément nous sommes sur un plan où il y a seulement des hommes。参看萨特尔：《实存主义是一种人道主义》，中译本，周熙良等译，上海译文出版社1988年，第12页。萨特尔在那里讲："'善'是有的，人必须诚实，人不能说谎，这些事迹哪儿也看不见，因为我们现在是处在仅仅有人的阶段"。——译者注

③ 此句原文为法文：précisément nous sommes plan où il y a principalement l'Etre。——译者注

④ 德文的"es gibt"（"有"）相当于英文的"there be"和法文的"il y a"。但海德格尔在此认为，法文的"il y a"没有传达他所用的德文"es gibt"一词的全部意义，即"它给出"的意思。——译者注

在本身。而这个“给出”却命名着那个给出着的、允诺着存在之真理的存在之本质。这种与存在本身一道进入敞开域中的自行给出(Sichgeben)就是存在本身。

同时,我用“有”(es gibt)这个词,乃是为了暂时避免“存在存在”[①]这种说法;因为通常这个“ist”(是、存在)是被用来言说存在着的东西的。我们把这种存在着的东西称为存在者。但存在恰恰不“是”“存在者”。如若不作进一步的解释就用这个“是”(ist)来言说存在,那么,存在就太容易被表象为一个“存在者”,亦即说,人们就太容易按照众所周知的存在者的样式——那种作为原因而起作用并且作为结果而被作用的存在者的样式——把存在表象为一个“存在者”。不过,在思想的早期,巴门尼德就已经说过:ἔστι γάρ εἶναι,“因为存在就是存在”。[②] 在此话中隐藏着一切思想的原初秘密。也许这个“是”(ist)只能以恰当的方式被用来言说存在,以至于可以说:一切存在者都不“是”而且绝不真正地“是”。但是,由 335
于思想首先要达到言说在其真理中的存在的地步,而不是要根据存在者来说明像某个存在者一样的存在,故对于思想的细心关注来说,必然悬而未决的是:存在是否是以及如何是。[③]

巴门尼德的 ἔστι γάρ εἶναι[因为存在就是存在]至今尚未被思。哲学之进步的情形如何,于此可见一斑。如果哲学关注自己

---

① 或译为“存在是”,德文原文为:das Sein ist。——译者注

② 巴门尼德残篇第六之第一行。德译文为:Es ist nämlich Sein。英译文为:for there is Being。——译者注

③ 原文为:ob und wie das Sein ist。或译“存在是否存在以及如何存在”。——译者注

的本质，那么哲学根本就并不进步。哲学原地踏步，为的是始终思同一个东西。所谓进步即是离开这个原地，这是一个错误，这个错误作为思想自身投下的阴影与思想亦步亦趋。因为存在尚未被思，故甚至《存在与时间》也用“有”(es gibt)来言说存在。不过，关于这个有(il y a)，人们却不能径直漫无边际地玄想。这个“有”作为存在之天命而起着支配作用。存在之历史在那些重要思想家的词语中达乎语言。因此一故，思入存在之真理中的思想作为思想乃是历史性的。没有一种“系统的”思想，也没有一种由过去的各种意见组成的历史学(Historie)可供图示。但也并不像黑格尔所见的那样，仅有一个体系，可以把思想的规律搞成历史的规律，同时又可以把历史扬弃在这个体系中。更原初地看来，却有存在之历史，而思想就作为对这种历史的思念(Andenken)——为历史本身所居有——归属于存在之历史。这种思念根本不同于那种对过去了的消逝这个意义上的历史的事后想象。历史并不首先作为事件(Geschehen)而发生。而且历史的发生也不是消逝(Vergehen)。历史之发生是作为存在之真理的天命而从存在而来成其本质的[①](参看我关于荷尔德林之赞美诗《如当节日的时候……》的演讲，1941年，第31页)。存在达乎天命，因为它——即存在——给出自身。但合乎天命地思，这却是说：存在给出自身而又拒绝给出自身。不过，黑格尔把历史规定为“精神”之发展，这种规定却并非不真。它也不是部分为真，部分为错。形而上学在体系

① 在此语境中，读者须特别注意海德格尔所思的“历史”(Geschichte)、“发生”(Geschehen)与“天命”(Geschick)之间的字面和意义联系。——译者注

中首次由黑格尔把它的绝对地被思的本质表达出来了。正如形而 336
上学是真的，黑格尔对历史的规定亦是真的。绝对的形而上学连同马克思和尼采对它所作的颠倒，都归属于存在之真理的历史。源自这种历史的东西，是不能通过各种反驳来抵制甚至消除的。这种东西只有被接受，这是由于它的真理更原初地隐回到存在本身之中，并且逸离了那个纯然属人的意见之区域。在本质性的思想之域中，一切反驳都是愚蠢的。思想家之间的争执乃是实事本身的“爱的争执”。这种争执使思想家互助，促使他们进入那种简单的对同一者的归属状态之中，而他们就从这个同一者中发现存在之天命中的命运性的东西(das Schickliche)。

假如人将来能够思存在之真理，则他就要从绽出之实存出发来思。人绽出地实存着置身于存在之天命中。人的绽出之实存作为绽出之实存乃是历史性的，但之所以这样，并非首先因为甚或仅仅因为有某些事情随人和人间事物一道在时间进程中发生了。因为事关宏旨的是思此一在的绽出之实存，故对《存在与时间》中的思想极为重要的事情是：对此在之历史性的经验。

但我在《存在与时间》中(第 222 页)谈到“有”(es gibt)这个词时，不是已经说过“唯当此在在，才有存在”[①]么？正是。这话的意思是说：唯当存在之澄明自行发生，存在才转让给人。不过，这个此(Da)自行发生，即作为存在本身之真理的澄明自行发生，这乃是存在本身的天命之发送(Schickung)。存在本身就是澄明之天

① 此句原文为：“Nur solange Dasein ist，gibt es Sein。”海德格尔在其中使用了德文的“es gibt”一词(“有”、“它给出”)。——译者注

命。而这句话却并不意味着：在 existentia［实存］的传统意义上的人之此在，而且在现代被看作 ego cogito［我思］之现实性的 existentia［实存］意义上的人之此在，就是存在由之才被创造出来的那个存在者。这话并不是说，存在是人的产物。在《存在与时间》导论中（第 38 页），我简单明了地写了下面这句话（甚至加了重点
337 号）："存在绝对是超越"（Sein ist das transcendens schlechthin）。正如从任何一个远远近近的东西来看，空间性的切近之敞开状态都超逾了任何远远近近的东西；同样地，存在根本上也比一切存在者更广阔，因为存在就是澄明本身。在这里，按照那个在依然居统治地位的形而上学中首先无可避免的开端，存在是从存在者方面来被思的。唯从这样一个角度来看，存在才在一种超逾（Übersteigen）中显示自身，并且就自行显示为这种超逾。

"存在绝对是超越"。这个指导性的规定把存在之本质迄今如何对人自行澄明的方式概括在一句简单的话中。这种根据存在者本身之澄明对存在之本质所作的回顾性规定，对存在之真理问题的有所预思的开端来说，依然是必要的。由此，思想就证实了它的命运性本质。这种思想绝不会妄图从头开始，并宣布一切先前的哲学都是错误的。但这种把存在说成朴素的 transcendens［超越］的规定是否就已经命名了存在之真理的简单本质，这个问题而且唯有这个问题，才首先是一种试图思存在之真理的思想的问题。因此一故，我在《存在与时间》第 230 页上也说过，唯从"意义"（Sinn），亦即从存在之真理，才能理解存在如何存在。存在在绽出的筹划中对人自行澄明。然则这种筹划并不创造出存在。

此外，筹划根本上却是一种被抛的筹划。在筹划中抛者不是

人，而是存在本身，是把人发送到作为其本质的此—在的绽出之实存中去的存在本身。这种天命（Geschick）作为存在之澄明而发生，而存在即作为这种澄明而存在。存在之澄明允诺着通向存在的切近处（die Nähe zum Sein）。在此切近处，在“此”（Da）的澄明中，居住着作为绽出地实存者的人，而人在今天却已经不能特别经验并承受这种居住了。此在之“此”作为存在“之”切近而存在。在我关于荷尔德林的哀歌《还乡》的讲话（1943 年）中，存在“之”切近是从《存在与时间》角度被思的，是从这位歌者的诗歌之所说中来聆听，并且从存在之被遗忘状态的经验而来被命名为“家乡”的。338
“家乡”（Heimat）一词在这里是在一种根本意义上被思的，不是爱国主义的，不是民族主义的，而是存在历史上的。但是，家乡之本质同时也是有意被命名出来的，其意图就是要根据存在之历史的本质来思现代人的无家可归状态（Heimatlosigkeit）。尼采最后经验了这种无家可归状态。除了对形而上学的颠倒之外，尼采在形而上学范围内找不到摆脱无家可归状态的其他出路。但这乃是无出路状态的完成。而当荷尔德林创作《还乡》时，他所忧心的是：他的“同胞们”在寻找他们的本质。他绝不在他的民族的利己主义中找这种本质。毋宁说，他是从那种对西方之天命的归属关系中来看这种本质的。不过，甚至西方（Abendland）也没有从区域上被看作有别于东方的西方（Occident），不只是被看作欧洲，而是在世界历史上从通向本源的切近处来思的。我们几乎尚未开始思那些与东方的神秘关联，而这些神秘关联在荷尔德林的诗中已成文字（参看荷尔德林：《伊斯特河》以及《漫游》，第三节以下）。所谓“德国的”不是对世界说的，以便世界靠德国的本质来康复；不如说，

“德国的”是对德国人说的，以便德国人从对各民族的命运性的归属状态与各民族一道变成世界历史性的(参看我对荷尔德林的《思念》一诗的讨论，载《图宾根纪念文集》，1943 年，第 322 页)。这种历史性的居住的家乡就是通向存在的切近处。[①]

如果确实如此，那么在这个切近处就要完成这样一种裁决：上帝和诸神是否以及如何不起作用，黑夜是否以及如何持留，神圣者之白昼是否以及如何破晓，在神圣者的升起中上帝和诸神的显现是否以及如何能够重新开始。但唯有神圣者才是神性的本质空
339 间，而神性本身又只允诺诸神和上帝之维度；唯当存在本身首先而且在长期的准备中已经自行澄明，并且在其真理中被经验了的时候，神圣者才得以显露出来。[②] 只有这样，才能从存在而来开始对无家可归状态的克服，而在无家可归状态中，不仅人，连人之本质都惘然失措了。

必须如此这般来思的无家可归状态，乃基于存在者的存在之被离弃状态(Seinsverlassenheit des Seienden)。这种无家可归状态是存在之被遗忘状态的标志。由于存在之被遗忘状态，存在之真理始终未被思及。存在之被遗忘状态间接地表现在：人始终只是观察和处理存在者。同时，由于人不得不在表象中拥有存在，故人也就把存在说明为存在者的“最普遍的”、因而涵括一切的东西，

---

① 《柏拉图的真理学说》，1947 年第 1 版：存在本身作为这种切近保存和庇护自身。——作者边注

② 在海德格尔的语言用法中，“神圣者”(das Heilige)、“神性”(Gottheit)、“上帝”(Gott)和“诸神”(Götter)有着某种层次关系，最高层次为“存在”意义上的“神圣者”。故在海德格尔看来，尼采所谓的“上帝死了”只是一个严重的表面现象，根本性的事情乃是“存在之被遗忘状态”以及“神圣者”之隐失。——译者注

或者只把存在说明为这个无限存在者的一种创造，或一个有限主体的制作物。同时，自古以来，“存在”就代表“存在者”，反过来，“存在者”亦代表“存在”，两者犹如在某种奇特而又未经深思的混淆中打转。

作为发送真理的天命，存在始终被遮蔽着。但是，世界天命（Weltgeschick）在诗作（Dichtung）中有所预示，而又并非作为存在之历史而变成可敞开的。因此，在《思念》一诗中得到表达的荷尔德林的世界历史性的思想，本质上比歌德的单纯的世界公民更具开端性，因而也更具未来性。由于这同一个理由，荷尔德林与希腊文明的关联，也是某种本质上不同于人道主义的东西。因此一故，曾对荷尔德林有所认识的青年德意志派面对死亡所思考和经历的东西，就不同于被公众冒充为德国意见的那种东西了。

无家可归状态变成一种世界命运。因此就有必要从存在历史上来思这种天命。马克思在某种根本的而且重要的意义上从黑格尔出发当做人的异化来认识的东西，与其根源一起又复归为现代人的无家可归状态了。[①] 这种无家可归状态尤其是从存在之天命而来在形而上学之形态中引起的，通过形而上学得到巩固，同时又被形而上学作为无家可归状态掩盖起来。因为马克思在经验异化 340
之际深入到历史的一个本质性维度中，所以，马克思主义的历史观就比其他历史学优越。但由于无论胡塞尔还是萨特尔——至少就我目前看来——都没有认识到在存在中的历史性因素的本质性，

① 关于此处的“异化”概念，可参看马克思：《1844年经济学—哲学手稿》；海德格尔在这里强调的“异化”与“世界历史”的关系，亦已在马克思、恩格斯的《费尔巴哈》中得到了清晰的表述。——译者注

故无论是现象学还是实存主义，都没有达到有可能与马克思主义进行一种创造性对话的那个维度。

当然，对于这样一种对话来说也必需的是，人们要摆脱那些关于唯物主义的素朴观念以及那些以唯物主义为目标的廉价反驳。唯物主义的本质并不在于它主张一切都只是质料，而倒是在于一种形而上学的规定，按照这种规定，一切存在者都表现为劳动的材料。在黑格尔的《精神现象学》中，劳动的现代形而上学的本质已经得到先行思考，被思为无条件的制造(Herstellung)的自行设置起来的过程，这就是被经验为主体性的人对现实事物的对象化的过程。唯物主义的本质隐蔽于技术的本质中。关于技术，诚然人们已多有论述，但还鲜有深思。技术在其本质中乃是沦于被遗忘状态的存在之真理的一种存在历史性的天命。这就是说，技术不仅在名称上可回溯到希腊人的 τέχνη[技艺]，而且在本质历史上也源出于作为一种 ἀληθεύειν[解蔽]——亦即使存在者敞开出来——方式的 τέχνη[技艺]。作为真理的一种形态，技术植根于形而上学之历史中。形而上学之历史本身乃是存在之历史的一个突出的和迄今唯一可以一目了然的阶段。人们可以用形形色色的方式来对待共产主义的学说及其论证，但在存在历史上可以确定的是：一种对世界历史性地存在着的东西的基本经验，在共产主义中表达出来了。谁如若只把“共产主义”看作“党派”或者“世界
341 观”，他就想得过于短浅了，犹如那些仅仅而且还贬低地把“美国主义”[①]看作一种特殊生活方式的人们那样目光短浅。迄今为止的

① 这里的“美国主义”(Amerikanismus)或可译为“美国特色”。——译者注

欧洲愈来愈清晰地被驱逼入其中的那个危险[1]也许就在于：首先，一度标明欧洲之伟大的欧洲思想，在正在到来的世界天命之本质进程中落后了，[2]但世界天命在其本质渊源之基本特征上却依然是由欧洲来规定的。任何一种形而上学，无论它是唯心主义的，还是唯物主义的，或者是基督教的，按其本质来看，而且绝非仅仅从其力图展开自己的种种努力中来看，都不可能赶得上这个天命；这意思就是说，任何一种形而上学都不可能通过思考达到现在在存在的某种充实意义上存在的东西，[3]并且把这种东西聚集起来。

有鉴于人的根本性的无家可归状态，对存在历史性的思想来说，人的未来天命就显示在：人要找到他进入存在之真理的道路，并且要动身去进行这种寻找。从形而上学上看来，任何一种民族主义都是一种人类主义（Anthropologismus），而且作为这种人类主义，民族主义就是主体主义（Subjektivismus）。民族主义并不是被单纯的国际主义克服了，而只是被后者扩充了，而且被提高为体系了。民族主义并不由此就被带向人道或人性并且消除掉，正如个人主义绝不通过无历史的集体主义而被带向人道并且消除掉。

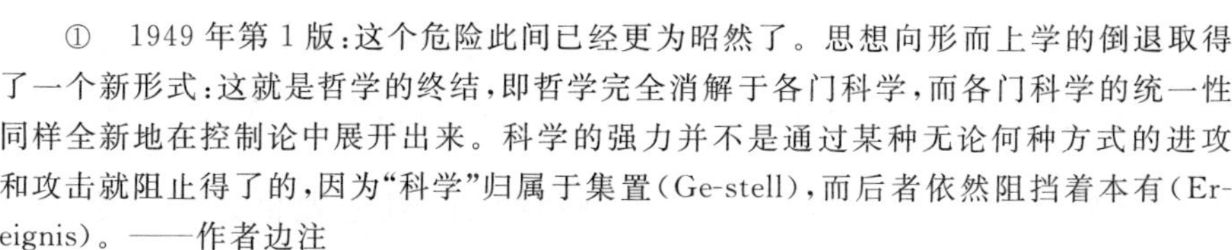

① 1949年第1版：这个危险此间已经更为昭然了。思想向形而上学的倒退取得了一个新形式：这就是哲学的终结，即哲学完全消解于各门科学，而各门科学的统一性同样全新地在控制论中展开出来。科学的强力并不是通过某种无论何种方式的进攻和攻击就阻止得了的，因为“科学”归属于集置（Ge-stell），而后者依然阻挡着本有（Ereignis）。——作者边注

② 1949年第1版：向形而上学倒退。——作者边注

③ 《柏拉图的真理学说》，1947年第1版：现在什么存在——在现在这个求意志的意志的时代里？现在有的是无限制的荒芜（Verwahrlosung），严格地在存在历史上来思这个词：无真实的（wahr-los）；相反：命运性的（geschicklich）。——作者边注

集体主义就是在总体性中的人的主体性。① 集体主义完成了人的
342 主体性的无条件的自我维护。这种无条件的自我维护是不可取消的。它甚至不可能通过一种片面的中介性思想而得到充分经验。无论在哪里，被逐出存在之真理之外的人都围绕着作为 animal rationale[理性的动物]的自身打圈子。

但是，人之本质在于：只消人被表象为理性的生物，人就比这个单纯的人更多些。在这里，“更多些”不能用加法来理解，仿佛传统的人的定义依然是基本规定，尔后只要加上实存内容作一种扩充即可。这个“更多些”意味着：更源始些因而在本质上更本质性些。但在这里显示出这样一个谜团：人在被抛状态（Geworfenheit）中存在。这就是说，作为存在②的绽出地实存着的反抛（Gegenwurf），人比 animal rationale[理性的动物]更多些，因为他恰恰比那个从主体性来理解自身的人更少些。人不是存在者的主人。人是存在的看护者。在这种“更少些”中，人并没有什么亏损，而倒是有所收获，因为人进入存在之真理中了。他获得了看护者的根本赤贫，而这种看护者的尊严就在于：他已经被存在本身召唤到对存在之真理的保藏（Wahrnis）中了。此种召唤乃是作为抛投（Wurf）而到来的，而此在之被抛状态即源出于这种抛投。人在其存在历史性的本质中就是这样一个存在者，这个存在者的存在作为绽出之实存，其要义就在于：它居住在存在之切近处。人是存在之邻居。

① 1949 年第 1 版：工业社会作为决定性的主体——以及思想作为“政治”。——作者边注

② 1949 年第 1 版：更好的说法：在作为本有（Ereignis）的存在中。——作者边注

然而，也许您早就想反问我，这样一种思想难道不是恰恰就思着 homo humanus[人道的人]的人道吗？这种思想难道不是在一种任何形而上学都没有思过并且向来就不能思的决定性意义上思着这种人道吗？这不就是最大意义上的“人道主义”么？确然。它就是人道主义，是从那种通向存在之切近处来思人之人性的人道 343
主义。不过，它同时也是这样一种人道主义，在这种人道主义中，并不是人在登台演戏，而是人的历史性的本质在其来自存在之真理的渊源中在登台演戏。但这样一来，在这场戏中岂不是人的绽出之实存在唱主角么？确实如此。

在《存在与时间》第 38 页上，我曾经写道，哲学的一切追问都要“回到实存中去”。但在这里，实存(Existenz)并不是 ego cogito[我思]之现实性。实存也不只是众多互随互为地起作用并且因而达到其本身的主体之现实性。与一切 existentia[实存]和“existence”[实存][①]根本不同，“绽出之实存”是在存在之切近处的绽出的居住(das ek-statische Wohnen)。绽出之实存乃是看护(Wächterschaft)，也就是为了存在的烦(die Sorge für das Sein)。因为在这种思想中要思某种简单的东西，故它使作为哲学而流传下来的表象感到十分困难。不过，这种困难并不在于要沉湎于某种特殊的深义并且形成复杂的概念，不如说，这种困难隐含在一个返回步伐(Schritt-zurück)中，这个返回步伐让思想深入到一种经验性的追问中并且放弃通常的哲学意见。

---

① 此处的“实存”(existentia)一词和“实存”(existence)一词是在传统形而上学以及现代“实存主义”(旧译“存在主义”)思潮意义上讲的，而与海德格尔本人所思的“绽出之实存”(Ek-sistenz)根本不同。——译者注

人们处处认为，《存在与时间》中的尝试已经进入一条死胡同中了。我们且不去管这种意见罢。实际上，在《存在与时间》这部论著中力图迈出几步的那种思想，直到今天也还没有超出《存在与时间》的范围。但在此期间，也许这种思想更为深入一些了，深入到它的实事(Sache)中了。不过，只要哲学仅仅忙于不断地堵塞进入思想之实事中的可能性，也即不断地堵塞进入存在之真理中的可能性，那么，哲学就有了保障，绝无在其实事之坚硬处破碎的危险。因此一故，关于这种失败的“哲学思考”与一种正在失败的思想是鸿沟相隔的。如若一个人幸而有了这种正在失败的思想，那就不会发生什么不幸。这个人就会得到一份唯一的礼物，它或许是从存在而来的思想所应得的礼物。

344 然而，同样需要指出的是：思想之实事并不是通过发动一场关于“存在之真理”和“存在历史”的空谈就可达到的。一切都只取决于：存在之真理达乎语言而思想进入这种语言中。也许在这个时候，语言所要求的并不是仓促的表达，而倒是适当的沉默。但今天在我们中间，谁能想象他的思想尝试要在沉默的小径上才到了家呢？如果继续走下去，我们的思想也许就能够指向存在之真理，也就是指向作为有待思的东西的存在之真理。从而，存在之真理就会更容易摆脱单纯的猜测和意见，而被指派给那种已经变得罕有的行文手艺(Hand-werk der Schrift)了。其中真有内容的那些实事，即使它们并没有被规定为永恒的，本身在最晚的时代里到达也还是及时的。

存在之真理的领域究竟是一条死胡同呢，还是自由得以在其中储存其本质的那个开放领域(das Freie)，这是一个问题，任何人在亲自尝试了走这条已指出的道路或者更好地去开辟一条更好的道路（也即一条适合于这个问题的道路）之后，都可以作出自己的判断。在《存在与时间》的倒数第二页（第 437 页）上，我写了下面这些话："有关对存在（这就是讲，不是对存在者，也不是对人之存在）的阐释的**争论**不能得到调停，**因为这个争论根本尚未展开**。而且说到底，这个争论是不能'挑起'的，相反，对此争论的展开就已经需要一种装备。我们眼下的探究只是在通向这种装备的途中。"这些话在二十年后的今天依然适用。甚至在未来的岁月里，让我们也作为漫游者走在通向存在之邻的道路上。您提出的问题有助于弄清这条道路。

您问：如何恢复"人道主义"一词的意义？您的问题不仅以您想要保持"人道主义"一词为前提，而且也包含一种承认，就是承认 345
此词已经丧失其意义了。

这个词之所以失去其意义，是由于我们洞察到，人道主义的本质是形而上学的，而现在这就是说，形而上学不仅没有提出存在之真理的问题，而且堵塞了这个问题，因为形而上学保持在存在之被遗忘状态中。只不过，正是导致这一对人道主义之可疑本质的洞察的那种思想，同时带领我们去更源始地思人之本质。着眼于 homo humanus［人道的人］的这一更为本质性的人道，就会出现一种可能性，有可能恢复人道主义一词的历史性意义，这个历史性意义比它在历史学上计算起来的最古老的意义还更古老些。这种恢复不能这样来理解，仿佛"人道主义"（Humanismus）一词根本就没有意义，而且只是一种 flatus vocis［空洞的声音］而已。在这个词中，"humanum"指示着 humanitas［人道］，即人之本质。"主义”则指示着：想把人之本质看作根本性的。“人道主义”这个词语作为词语，是有这种意义的。恢复这个词的意义，这只可能意味着：重新规定这个词的意义。一方面，这就要求我们更为原初地去经验人之本质；而另一方面，这也要求我们去指明，这种本质何以以其方式变成命运性的。人之本质基于绽出之实存。本质上，也即从存在本身方面来看，关键就在于绽出之实存，因为存在居有着[①]作为绽出地实存者的人，使得人进入存在之真理中而看护着存在之真理。如果我们决心保持“人道主义”一词的话，那么，“人道主义”一词现在就意味着：人之本质对存在之真理来说是本质性的，而且据此看来，关键恰恰不在于人，不在于仅仅作为人的人。我们就是这样来思一种奇特的“人道主义”的。这个词成了一个“lucus a non lucendo”[“文不对题”][②]的名称。

这种“人道主义”反对以往的一切人道主义，但却根本就没有
346 主张非人道的东西。我们还要把这样一种“人道主义”称为“人道主义”吗？而这样做，莫非只是为了通过参与使用这个名称，在那些窒息于形而上学的主体主义中并且沉溺于存在之被遗忘状态中的居统治地位的思潮里面一起畅游么？或者，这种思想是要尝试通过一种对“人道主义”的公开反抗，大胆激起一种愤懑，从而就可能促使人们有朝一日对 homo humanus[人道的人]的人道及其论证都产生疑心么？所以，说到底，要不是这个世界历史性的时刻已经自己挤逼到这个地步，就有可能唤起一种沉思，这种沉思不仅思

---

① 这里的动词“居有”(ereignen)在后期海德格尔思想中具有特殊的重要意义，是与他所思的作为存在的本有(Ereignis)相联系的。——译者注

② 这个短语的字面意思为：“一片没有光透过的树丛”。——译者注

及人，而且思及人的“自然本性”，不仅思及自然本性，而且还更原初地思及那个维度，在此维度中，从存在本身来规定的人之本质才有在家之感。时至今日，在《存在与时间》的基本要素中的思想的道路遭受到了种种曲解。难道我们不应该进一步花些时间来忍受这些无可回避的曲解，并且让这些曲解慢慢地自行消耗掉么？这些曲解乃是对阅读过的东西或者仅仅在阅读后所意指的东西做的自然而然的回溯性解释，就是把它们带回到人们在阅读之前自以为已经知道的东西中来进行解释。所有这些曲解都显示出同样的构造和同样的基础。

由于我们谈到反对“人道主义”，人们就担心这是要捍卫非人道的东西并且美化野蛮的残酷现象了。因为，否定人道主义的人就始终只肯定非人道——还有什么比这一点“更合逻辑”呢？

由于我们谈到反对“逻辑”，人们就以为这是提出了这样一个要求：否弃思想的严格性而使得冲动和情感的任意性占据统治地位，并且因而把“非理性主义”当作真实的东西宣告出来。因为，反对逻辑的人就是要捍卫非逻辑——还有什么比这一点“更合逻辑”呢？

由于我们谈到反对“价值”，人们就对一种据说胆敢蔑视人性的至善的哲学惊恐不已。因为，一种否定价值的思想势必就要把一切都认作无价值的——还有什么比这一点“更合逻辑”呢？

由于我们说到人之存在就在于“在世界之中存在”，人们就觉
得，人被贬降为一个全然尘世的生物了，哲学因此就沉沦于实证主 347
义中了。因为，谁主张人之存在的世界性（Weltlichkeit），他就只承认尘世的东西而否认彼岸的东西，并且否弃一切“超越”——还

有什么比这一点“更合逻辑”呢？

由于我们指出尼采关于“上帝之死”的话，人们就把这样一个行为宣布为无神论。因为，那个经验到了“上帝之死”的人也就是一个没有上帝的人——还有什么比这一点“更合逻辑”呢？

由于在上述一切说法中都谈到反对那种被人类视为崇高和神圣的东西，所以我们的这种哲学就是在教导一种无责任的和破坏性的“虚无主义”了。因为，谁如此普遍地否认真实存在者，他就站在非存在者的一边，因而把单纯的无（Nichts）宣讲为现实性之意义——还有什么比这一点“更合逻辑”呢？

这里到底发生了什么事情呢？人们听到关于“人道主义”、“逻辑”、“价值”、“世界”、“上帝”的谈论。人们听到一种对这些东西的反对。人们把上述这些东西认作肯定的东西。凡是以一种在听说时未经确切深思的方式反对上述东西的话，都立即被人们视为对上述东西的否定，而这种否定又被视为破坏性的东西（das Destruktive）意义上的“否定的东西”（das Negative）。实际上，在《存在与时间》一书的某个地方，我倒是明确谈论过“现象学的解构”。[1] 借助于人们津津乐道的逻辑和理性，人们认为，凡不是肯定的东西就是否定的，从而它就要推行对理性的摒弃，并且因此就活该被加以下流的污名。人们完全为“逻辑”所充塞，以至于把一切与通常的昏聩意见相违背的东西都立即算作可鄙的反面了。人
348 们把没有停留在众所周知的和众人喜爱的肯定的东西那里的一

① 参看海德格尔：《存在与时间》，导论部分，第6节。这里讲的“解构”（Destruktion）与前句中出现的“破坏性的东西”（das Destruktive）有字面上的联系。——译者注

切，都抛入那个事先铺设的完全否定的深坑，这种完全否定一切，由此终结于虚无之中，并因而完成了虚无主义。人们就通过这种逻辑的途径让一切都在一种虚无主义中没落，而这种虚无主义是人们依靠逻辑而已经为自己发明了的。

但是，一种思想面对通常意见提出来的这种“反对”竟是必然地指向完全否定和否定的东西么？只有当人们事先就把所意谓的东西设定为“肯定的东西”，并且从这个“肯定的东西”而来对那些与这个东西的可能对立的领域作出绝对而又否定的决断时，上面这种情形才会发生，而且当然就不可避免地和最终地发生了，亦即说，就在没有一种对其他东西的自由展望情况下发生了。在这样一种做法中，隐藏着一种拒绝，即拒绝对预先被意谓的“肯定的东西”连同它的肯定和反对作一种沉思，而这种预先被意谓的“肯定的东西”还自信被救入这种肯定和反对中了。人们不断援引逻辑，以此来唤起一种印象，仿佛人们径直在从事思想，而实际上已经与思想绝缘了。

与“人道主义”的对立绝不包含对非人道的捍卫，而是开启了其他一些眼界，这个道理或许在某些点上已变得比较清楚了。

“逻辑”把思想理解为对在其存在中的存在者的表象，存在者之存在把自己投送到在概念之普遍内容中的表象。然而，对存在本身的沉思的情形如何，这就是说，思存在之真理的思想的情形如何呢？这种思想首先触及λόγος[逻各斯]的原初本质，而后者在柏拉图和“逻辑”的创立者亚里士多德那里已经被埋没而丧失了。反对“逻辑”来思考，这并不意味着要为非逻辑的东西辩护，而只是说：要追思λόγος[逻各斯]及其在思想之早期显现出来的本质，就

是说：首先为准备这样一种追思作一番努力。如果一切还如此广
349 阔的逻辑体系事先就脱离了哪怕仅仅是刚刚来追问 λόγος[逻各斯]之本质的任务，而且甚至并不知道它们的所作所为，那么，这些逻辑体系又会给我们什么呢？假若我们要反驳几句（当然这种反驳是不会有用处的），那么，我们就可以更正确地说：作为对理性的否认，非理性主义未被认识又无可争辩地在对“逻辑”的捍卫中居统治地位，此种“逻辑”相信能够避开一种对 λόγος[逻各斯]以及植根于逻各斯的 ratio[理性]之本质的深思。

反对“价值”的思想并没有主张：被人们宣告为“价值”的一切东西——“文化”、“艺术”、“科学”、“人的尊严”、“世界”以及“上帝”——都是无价值的。毋宁说，现在我们终于要认识到，恰恰通过把某物称为“价值”这种做法，如此这般被评价的东西被剥夺了其尊严。这就是说：通过把某物评为价值，被评价的东西仅仅被容许作为人之评价的对象。但是，某物在其存在中所是的东西，并不限于它的对象性，尤其是当这种对象性具有价值之特征时就更是如此。一切评价，即便是肯定地评价，都是一种主体化（Subjektivierung）。一切评价都不是让存在者存在，不如说，评价只让存在者作为它的行为的客体而起作用。要证明价值之客体性的特别努力并不知道它的所作所为。尤其是，如果人们把“上帝”宣告为“最高价值”，那就是对上帝之本质的贬低。在评价行为中的思想在这里和在别处都是面对存在而能设想的最大的渎神。所以，反对价值来思考，并不是说要为存在者之无价值状态和虚无缥缈（Nichtigkeit）大肆宣传，而倒是意味着：反对把存在者主体化为单纯的客体，而把存在之真理的澄明带到思想面前。

把“在世界之中存在”指明为 homo humanus[人道的人]的人道的基本特征，这并非主张：人只是基督教所理解的意义上的一个“世俗的”生物，既背弃上帝也根本脱离“超越”的“世俗的”生物。用“超越”(Transzendenz)一词，人们指的是可以更清楚地被称为
超越者(das Transcendente)的那个东西。超越者乃是超感性的 350
存在者。超感性的存在者被视为一切存在者之第一原因意义上的最高存在者。上帝被看作这个第一原因。但在“在世界之中存在”这个名称中，“世界”绝不意味着与天国相区别的尘世存在者，也不是指与“精神的东西”(das Geistlichen)相区别的“世俗的东西”。在“在世界之中存在”这个规定中，“世界”根本就并不意味着一个存在者，并不意味着任何一个存在者领域，而是意味着存在之敞开状态。只要人是绽出地实存者，人就存在并且就是人。人站出到存在之敞开状态之中，而存在本身就作为这种敞开状态而存在，存在作为抛投已经为自己把人之本质抛入“烦”中了。如此这般被抛入，人就置身“在”存在之敞开状态中。“世界”乃是存在之澄明，人从其被抛的本质而来置身于这种澄明中。“在世界之中存在”命名着着眼于被澄明的那个维度来看的绽出之实存的本质，而绽出之实存(Ek-sistenz)的“绽出”(Ek-)就是从此维度而来成其本质的。从绽出之实存角度来看，“世界”以某种方式恰恰就是在绽出之实存范围内并且对绽出之实存而言的彼岸的东西。人绝不首先在世界之此岸才是作为一个“主体”的人，无论这个“主体”被看做“自我”，还是被看做“我们”。人也绝不首先只是主体，这个主体诚然始终同时也与客体相联系，以至于他的本质就处于主体—客体关系之中。毋宁说，人倒是首先在其本质中绽出地实存到存在之敞

开状态之中，而这个敞开域（das Offene）才照明了那个“之间”（Zwischen），在此“之间”中，主体对客体的“关系”才有可能“存在”。

人之本质基于“在世界之中存在”，这句话也并不包含对下面这回事情的决断：人在神学的—形而上学的意义上是不是一个完全此岸的生物，或者人是不是一个彼岸的生物。

因此，凭着对人之本质的实存论上的规定，还根本没有对“上帝存在”或者上帝“不存在”作出决定，同样也没有对诸神之可能性
351 或者不可能性作出决定。所以，如果人们声称根据人之本质与存在之真理的关联来解释人之本质的做法是无神论，那就不仅失之仓促，而且已然先行犯了错误。但除此一外，这种任意的归类也还可能是缺乏阅读的细心所致。人们没有注意到，在 1929 年的《论根据的本质》一文中（第 28 页，注 1），我就写道：“通过对作为在世界之中存在的此在的存在学阐释，对一种向着上帝的可能存在既没有作肯定的决定，也没有作否定的决定。但通过对超越的揭示，恰恰赢获了一个**关于此在的充分概念**；而顾及这个概念，我们现在就可能追问：此在对上帝的关系在存在学上处于何种情况中。”[①] 如果人们现在也还以通常的方式过于短浅地来思考这个注释，那么，人们就将宣称：这种哲学决定既不同意也不反对上帝之存在。这种哲学停留于冷漠状态中。也就是说，这种哲学对宗教问题是漠不关心的。而这样一种冷漠态度就归于虚无主义了。

然而，上面所引的这个注释是在教导这种冷漠态度吗？究竟

① 参看本书第五篇文章《论根据的本质》。——译者注

为什么在这个注释中是个别词语而不是随便哪些词语被加了着重号呢？其实这只是为了指明：从存在之真理的问题来思的思想问得更原初，比形而上学所能问的更为原初。唯从存在之真理而来才能思神圣者（das Heilige）之本质。唯从神圣者之本质而来才能思神性（Gottheit）之本质。唯在神性之本质的光亮中才能思、才能说“上帝”（Gott）一词所要命名的东西。或者，并非只有当我们作为人（也即作为实存的生物）应当可以经验上帝与人的关联时，我们才必然能够细心地理解和倾听所有这些话么？究竟当前世界历史的人应当如何才能够哪怕仅仅严肃而严格地追问一下上帝是切近了还是隐匿了，如果人放弃首先深入到这个问题唯在其中才能被追问的那个维度中来进行思考的话？但这个维度就是神圣者的维度。而如果存在之敞开域（das Offene des Seins）没有被澄明 352
而且在存在之澄明[1]中切近于人的话，那么，这个神圣者的维度作为维度甚至就依然被锁闭着。也许这个世界时代的特征就在于美妙者之维度的被锁闭状态中。也许这就是唯一的不妙。[2]

不过，在指出上面这一点时，深入到作为有待思的东西的存在之真理中而显示出来的思想，绝没有已经选中有神论。这种思想不可能是有神论的，正如它不可能是无神论的。但这并不是由于漠不关心的态度，而是由于对为思想之为思想所设定的界限的尊重，而且这种界限乃是由作为有待于思的东西而归于思想的那个东西（即存在之真理）设定起来的。只要思想安于其任务，则它就

[1] 1949年第1版：澄明之为自行遮蔽着的庇护的澄明。——作者边注

[2] 请注意“美妙者”（das Heile）、“不妙”（das Unheil）与“神圣者”（das Heilige）诸词之间的字面和意义联系。中译文未能显示此种联系。——译者注

在现在的世界天命的时刻里给人一种指引，把人指引到他的历史性逗留的源始维度中去。由于思想如此这般道说着存在之真理，思想已然信赖于比一切价值和任何存在者更本质性的东西了。当思想还更高升上去，超过形而上学并且把形而上学扬弃到无论何处的时候，思想并没有克服形而上学；不如说，当思想回降到最切近者之切近处时，思想才克服了形而上学。尤其是当人已经在攀登时误入主体性中时，这种下降就比那种上升更为困难、更加危险。这种下降引入 homo humanus[人道的人]的绽出之实存的赤贫中。在绽出之实存中，人就离开了形而上学的 homo animalis[动物的人]的区域。这一区域的统治地位乃是一个间接而必须深入追溯的理由，可说明人们称为生物主义的那种东西的蒙蔽和专断，但也可说明人们在实用主义名下认识的东西的蒙蔽和专断。思存在之真理，这同时也意味着：思 homo humanus[人道的人]的 humanitas[人道]。事关宏旨的是为存在之真理效力的人道，而不要形而上学意义上的人道主义。

但如果对存在之思想来说人道是如此根本地需要洞见的东西，那么，“存在学”(Ontologie)岂不是必须由“伦理学”来补充么？
353 那么，您在下面这句话中表达出来的您的努力岂不是十分重要么？——您说：“我长期以来企图做的事情，就是要确定存在学与一种可能的伦理学的关系”。[①]

《存在与时间》出版后不久，一位青年朋友就问我：“您何时写

① 此句原文为法文：Ce que je cherche à faire, depuis longtemps déjà, c'est préciser le rapport de l'ontologie avec une éthique possible。——译者注

一部伦理学呢?”当人之本质如此本质性地被思之际,亦即当人之本质唯从存在之真理问题而来被思而人却没有被提升为存在者的中心之际,就必然产生出对一种约束性的指导的要求,以及对那些说明那个从绽出之实存到存在而被经验的人应如何合乎天命地生活的规则的要求。当人的明显的不知所措状态增长到不可测量的地步,并不亚于人的自我掩饰起来的不知所措状态的时候,对一种伦理学的愿望就愈加热切地要求满足了。被移交到群体社会中的技术的人,总体上只有通过对他的计划和行动的一种与技术相应的聚集和安排,才还能够达到一种可靠的持存状态,在这种地方,就必须对伦理学的约束投以充分的忧切了。

谁能忽视此种困境呢?即便现存的约束依然如此贫乏地并且在纯然当前的事物中把人之本质集合起来,难道我们就不应该保护和保证这些现存的约束么?当然应该的。但是,莫非此种困境向来就免除了思想的责任,就是使思想免于去回想那个东西,那个同时保持为有待思想者和作为存在先于一切存在者而保持为保证(Gewähr)和真理的东西?当存在隐藏在长期的被遗忘状态中,同时又在当今的世界时刻通过对一切存在者的震动而昭示出来后,难道思想还能继续放弃思存在吗?

在我们试图更准确地规定“存在学”与“伦理学”的关系之前,我们还必须问:“存在学”和“伦理学”本身是什么?思想之为思想必须先于一切地思存在之真理。现在我们必须思索一下:在“存在学”和“伦理学”这两个名称中可能被命名出来的东西,是否依然与 354
那种被交托给思想的东西相适合和切近呢?

可是,倘若无论是“存在学”还是“伦理学”连同来自一切学科的思想统统失效了，因此我们的思想要变得更合乎学科要求，那么，关于上述两门哲学学科之间的关系的问题又是怎样的情形呢？

“伦理学”与“逻辑学”、“物理学”一道，最早是在柏拉图的学院中出现的。这些学科产生的时代，是一个使思想变成“哲学”、但又使哲学变成 ἐπιστήμη（科学）[①]并且使科学本身变成学院和学院活动的事情的时代。在出现如此这般被理解的哲学的过程当中，科学产生了，思想却消失了。在此时代之前的思想家既不知“逻辑学”，亦不知“伦理学”，亦不知“物理学”。但他们的思想既不是非逻辑的，亦不是非道德的。其实，他们倒是在后世一切“物理学”都不再能够达到的深度和广度上思了 φύσις［自然］。如果竟可以作这样一种比较的话，索福克勒斯的悲剧在其道说中就比亚里士多德关于“伦理学”的讲座更为原初地保存着 ἦθος。[②] 赫拉克利特有一个箴言，只有三个词，却道出了十分质朴的东西，竟使得伦理(Ethos)之本质就从其中直接显示出来了。

赫拉克利特的这个箴言说（残篇第一百十九）：ἦθος ἀνθρώπῳ δαίμων。人们通常译之为：“人的特性就是他的守护神。”这种译法是现代想法，而非希腊的想法。ἦθος 意味着居留、居住之所。这个词指示着人居住于其中的那个敞开的区域。人之居留的敞开的东西让那种向人的本质走近并且在到来之际居留于其切近处的东西显现出来。人之居留包含并且保存着人在其本质中所从属的那个

① 海德格尔在此以德文 Wissenschaft 一词翻译希腊文的 ἐπιστήμη，我们译之为“科学”，或者更应取其广义，译之为“知识”。——译者注

② 希腊文 ἦθος 一词译为“品格、气质、习惯”等，海德格尔在下文中另有一种解释和翻译，解之为“居留”(Aufenthalt，或译“逗留”、“居住地点”等)。——译者注

东西的到达。这个东西按赫拉克利特的话来讲，就是 δαίμων，即神。赫氏之箴言是说：只要人是人的话，人就居住在神之近处。赫
拉克利特的这个箴言与亚里士多德所报告的一个故事相合(《论动 355
物部分》，第一卷第五节，645a17)。这个故事说：Ἡράκλειτος λέγεται πρὸς τοὺς ξένους εἰπεῖν τοὺς βουλομένους ἐντυχεῖν αὐτῷ, οἳ ἐπειδὴ προσιόντες εἶδον αὐτὸν θερόμενον πρὸς τῷ ἰπνῷ ἔστησαν, ἐκέλενε γὰρ αὐτοὺς εἰσιέναι θαρροῦντας· εἶναι γὰρ καὶ ἐνταῦθα θεοὺς...

"人们谈到赫拉克利特的一句话，这句话是他对一些争先恐后来接近他的外来人讲的。他们到来时，看见他正在烘炉旁边烤火。他们大惊而停步不前，而且这首先是因为，他还鼓励这些踌躇不前的人，叫他们进来，对他们说：'因为即使这里诸神也在场'"。

这段叙述诚然讲得很明白，但仍有一些东西要强调一下。

这群外来客人好奇地来纠缠这位思想家，初眼一看他的居住情况便大失所望而不知所措了。他们原以为必定会在一些稀奇古怪的情形中碰到这位思想家，这些情形与人们普通的得过且过的生活大相径庭，带有例外、罕见因而令人激动的特点。这群人希望，通过访问可以在这位思想家那里获得一些事物，获得一些至少在一定时期内可供愉快闲谈的材料。这些想访问这位思想家的外来人期待着，也许恰恰在他冥思苦想的时候看见他。这些访问者想"体验"一下这种情况，绝不是为了为思想所震动，而只是因为他们借此可以说已经看到和听到过一个人，关于这个人，人们又只说他是一位思想家。

这些好奇的访客并没有达到上述目的，而是发现赫拉克利特

在烘炉旁边。这是一个十分平常、毫不起眼的地方。不用说这里是烤面包的。但赫拉克利特在烘炉旁边甚至没有烤面包。他待在那里只是为了取暖。于是，在这个本来就平常的地方，他把他的生
356 活的整个贫乏状况都暴露无遗了。一位冷得发抖的思想家的景象是并不能提供什么有趣的东西的。这些好奇的访客在看到这幅令人失望的景象时也就立即失去了进一步接近他的兴趣。他们在这里该做些什么呢？一个人感到寒冷而待在炉边，这种平常而毫不刺激的事件任何人任何时候都可以在自己家里找到。他们要找到这位思想家干什么呢？这些访客准备走开。赫拉克利特在这些人的面孔上看出了失望了的好奇心。他认识到，在人群中，只要所期待的轰动事件没有出现，就已经足以使刚来的人们立刻蜂拥着往回跑了。因此，他给他们以鼓励。他特意邀请他们进来，用的是这样一句话：εἶναι γὰρ καὶ ἐνταῦθα θεούς，“因为即使这里诸神也在场”。

这句话把思想家的居留（ἦθος）及其行为置入另一道光亮中了。至于这些访客是否立即就懂了，以及他们是否根本懂了这句话然后在另一道光亮中不同地看一切了，这段故事并没有说。但是，这个故事之所以被叙述而且还流传给我们今人，乃是由于这个故事所报告的东西来自这位思想家的氛围，并且标志着此种氛围。“即使这里”（καὶ ἐνταῦθα），在烘炉旁，在这个普通的地方，任何事物和任何环境，任何行动和思想都是熟悉的、常见的，也即亲切的——“即使这里”，在亲切的范围内，也εἶναι θεούς，情况也是：“诸神在场”。

赫拉克利特自己说道：ἦθος ἀνθρώπῳ δαίμων，“（亲切的）居留

对人说来就是为神(非凡者)之在场而敞开的东西”。

如果说按照ἦθος一词的基本含义来看,伦理学这个名称说的是它深思人的居留,那么,那种把存在之真理思为一个绽出地实存着的人的原初要素的思想,本身就已经是源始的伦理学了。不过,这种思想之所以是伦理学,也并非首先因为它是存在学。因为存 357
在学始终只思考在存在中的存在者(ὄν)。但只要存在之真理没有被思,一切存在学就都还没有基础。因此,力图借《存在与时间》来预先思入存在之真理中的那种思想,就把自己称为基础存在学(Fundamentalontologie)。基础存在学追溯到对存在之真理的思想得以从中产生出来的那个本质根据之中。光是通过另一种追问之开端,这种思想就已经离开了形而上学(包括康德的形而上学)的“存在学”。但无论是先验的存在学,还是前批判时期的存在学,“存在学”之所以要受到批判,并不是因为它思考存在者之存在,并且强逼存在进入概念之中,而倒是因为它不思考存在之真理,从而看不到有一种比概念性的思想更为严格的思想。力图先行思入存在之真理中的那种思想,在首次穿越险阻的困苦中,只是把那个完全不同的维度的少许东西带向语言了。这种语言还歪曲了自己,因为这种语言尚未成功地抓住现象学的观看(phänomenologisches Sehen)的根本性帮助,并且尚未成功地免除那种旨在从事“科学”和“研究”的不当意图。可是,为了使这种在现存的哲学范围内的思想的尝试为人所知同时又为人所理解,首先就只能在现存的哲学的视域中并且在对那些为这种哲学所习见的名称的应用范围内来说话。

在此期间,我已学会明见,正是这些名称必定直接而无可避免

地引人误入歧途。因为这些名称以及它们所包含的概念语言已经被读者们重新思考过，但这种重新思考不是根据首先有待思的实事来进行的；相反，这个实事倒是根据那些在其习惯含义中被固定下来的名称而被表象的。思想追问存在之真理，同时又从存在而来并且向着存在而去规定人之本质居留；这种思想既非伦理学亦
358 非存在学。因此一故，关于二者之间的相互关系的问题在此领域内不再有任何根基。可是，更源始地思之，您的问题还保持着一种意义和一种本质性的分量。

因为人们必定会问：如果思想在沉思存在之真理之际，根据绽出之实存对存在的归属状态而把人道的本质规定为绽出之实存，那么，这种思想依然只不过是一种对存在和人的理论表象吗？或者，从这种认识中立即就可以为积极的生活取得并且提供一些指引吗？

我们的回答是：这种思想既不是理论的也不是实践的。它发生在这种区别之前。这种思想之为思想，就是对存在的思念（das Andenken），而不是别的什么。这种思想属于存在，因为它被存在抛入对存在之真理的保藏（Wahrnis）中而且为此种保藏而被占用——这种思想思存在。这样一种思想是没有任何结果的。它没有任何作用。它由于存在着而满足于它的本质。但是，它是由于道说着它的实事而存在的。历史地看，思想之实事向来就只包含着一种道说（Sage），即与其实事性相合的道说。[①] 这种道说的合

① “道说”（Sage）一词在德语中的意思是“传说、谣言”等。海德格尔以此词来表示他所思的存在（Sein、Ereignis）意义上的语言。主要可参看海德格尔：《在通向语言的途中》，中译本，孙周兴译，商务印书馆 1997 年。——译者注

乎实事的约束性,本质上比诸科学的有效性更高,因为这种约束性更为自由。因为道说让存在——去存在。[1]

思想从事于存在之家的建造,作为存在之家,存在之嵌合(die Fuge des Seins)向来命运性地把人之本质指定入那种在存在之真理中的居住中。这种居住就是“在世界之中存在”的本质(参看《存在与时间》,第60页)。我在那里把“在之中”(In-Sein)指明为“居住”,这并不是在玩词源学上的戏法。[2] 在1936年做的一个演讲中,我指出了荷尔德林的一个诗句:“充满劳绩,然而人诗意地居住/在这片大地上。”指出这个诗句,并不是对一种从科学遁入诗歌来拯救自己的思想的装饰。关于存在之家的说法,也并不是把“家”这个形象套用到存在上面;不如说,从合乎实事地被思的存在之本质出发,我们终有一天将更能够思一思:什么是“家”和“居住”。

可是,思想绝不创造出存在之家。思想把历史性的绽出之实 359
存,亦即 homo humanus[人道的人]的 humanitas[人性、人道],带到美妙者之升起(Aufgang des Heilen)的范围中去。

与美妙者一道在存在之澄明中显现出来的,乃是凶恶者(das Böse)。凶恶者的本质并不在于人类行为的单纯恶劣,而在于狂怒之恶毒。然而,美妙者与狂怒者(das Heile und das Grimmige)两者都只能在存在中成其本质,因为存在本身就是有争执的东西

① 这里的“让存在——去存在”德文原文为:läßt das Sein－sein。——译者注

② 在《存在与时间》第60页上,海德格尔引用了语言学家雅各布·格里姆(Jakob Grimm)对“之中”(in)一词的分析,指明“在之中”(In-Sein)在词源上源自 innan-(居住)、habitare(逗留)。——译者注

(das Strittige)。在存在中隐蔽着不化(Nichten)之本质来源。不
化着的东西自行澄明为不性的东西。这个不性的东西(das Nich-
thafte)能够在“否”(Nein)中得到招呼。这个“不”(Nicht)绝非产
生于否定之否认(Nein-sagen)。“否”不可被曲解为对主体性之设
定力量的固执己见的坚持，而始终是一种让绽出之实存存在起来
的“否”。任何一种“否”都回答着已然澄明的不化的要求。一切否
(Nein)都只是对不(Nicht)的肯定。任何肯定都基于承认。承认
让它所承认的东西达到自身。人们认为，在存在者本身中无论如
何都找不到不化(das Nichten)。只要人们把不化当作某种存在
者，当作存在者身上的一种存在着的状态来寻找的话，那么这种看
法就是正确的。但这样地去寻找，人们是找不到不化的。同样，存
在也不是一种可以在存在者身上得到断定的存在着的状态。不
426 过，存在比任何存在者都更具有存在特性。[①] 因为不化是在存在
者本身中成其本质的，所以，我们绝不能把这种不化当作存在者那
里的某种存在者来加以察觉。指出这种不可能性，绝没有证明不
(das Nicht)源出于否认(Nein-Sagen)。只有当人们把存在者设
定为主体性之客观的东西时，这种证明看来才是可接受的。这时
候，人们根据这种抉择来推断：任何一种不，因为它绝不显现为一
种客观的东西，故必然都不是一种主体行为的产物。然而，是否否
认(Nein-sagen)才把这个不设定为一个单纯的所思，或者，是否不
化(das Nichten)才要求把这个“否”当作在让存在者去存在这回
360 事情中有待言说的东西，这无疑绝不能根据对那种已经被设定为

① 1949 年第 1 版：就存在让存在者“存在”(sein)而言。——作者边注

主体性的思想所作的主观反思来加以裁定。在这样一种反思中，人们还根本没有达到合乎实事的问题提法的维度。依然有待追问的是：假定思想属于绽出之实存，那么，是否一切“是”和“否”都已经入于存在之真理中而绽出了？如果是这样，那么“是”和“否”[①]本身就已经从属于存在了。作为这种从属的东西，“是”和“否”就绝不能首先把它们本身所属的那个东西设定起来。

只要人之此在被看作 ego cogito[我思]的主体性，不化就是在存在本身中而绝不是在人之此在中成其本质的。只要作为主体的人实行着拒绝意义上的无化（Nichtung），那么此在就绝不不化（nichten）；相反，只要此—在作为人绽出地实存于其中的那个本质而本身就归属于存在之本质，则此—在就不化。存在不化——作为存在而不化。[②] 因此，在黑格尔和谢林的绝对唯心主义中，不（das Nicht）显现为存在之本质中的否定之否定性。但是，在那里，存在是在绝对现实性意义上被思考为无条件的意求自身的意志，而且被思考为知的意志和爱的意志。在这种意志中，还隐蔽着作为强力意志的存在。可是，何以绝对主体性的否定性是“辩证的”否定性，以及何以这个不化（das Nichten）通过辩证法虽然显露出来、但同时在本质上却被掩盖起来了，对于这个问题，我们在此不能探讨了。

在存在中不化者（das Nichtende im Sein），就是我所谓的无的本质。因此一故，因为思想思存在，所以思想就思无。

---

① 1949年第1版：肯定与否定，承认与拒绝，已被用于本有之指令（Geheiss des Ereignisses）——从区分之指令被召唤入放弃（Entsagen）之中。——作者边注

② 此句德文原文为：Das Sein nichtet－als das Sein。——译者注

唯存在才允诺美妙者在恩宠中升起，并促使狂怒趋于不妙。[①]

唯当人在进入存在之真理中绽出地实存着之际归属于存在，
361 从存在本身中才能够出现一种对那些必然成为人之律令和规则的指示的指派。指派(Zuweisen)在希腊文中叫 νέμειν。希腊文的 νόμος 不仅是律令，而且更源始地是隐藏在存在之发送中的指派(Zuweisung)。只有这种指派才能把人指定入存在中。只有这样一种安排(Fugung)才能够承荷和维系。此外一切律令始终只是人类理性的制作品而已。比一切制订规则的工作都更重要的，是人找到逗留入存在之真理中的处所。唯这种逗留才允诺对牢靠的东西的经验。存在之真理赠送出一切行为的依靠。在我们德语中，"依靠"(Halt)的意思是"守护"(Hut)。[②] 存在就是守护；存在之真理使绽出之实存寓居于语言中，如此这般地，存在这种守护就把在其绽出的本质中的人守护到存在之真理中去。因此一故，语言同时既是存在之家亦是人之本质的寓所。唯因为语言是人之本质的寓所，历史性的人类和人才可能并不以他们的语言为家，以至于语言在他们那里变成了他们的各种谋制的外壳。[③]

但眼下，存在之思想与理论的和实践的行为又处于何种关系

---

① 此句几不可译，德语原文为：Sein erst gewährt dem Heilen Aufgang in Huld und Andrang zu Unheil dem Grimm。英译本把此句译为：To healing Being first grants ascent into grace; to raging its compulsion to malignancy。参看海德格尔：《基本著作选》，英文版 1978 年，第 238 页。——译者注

② 中译文未能显示这里上下文中的"逗留"(Aufenthalt)、"牢靠的东西"(das Haltbare)、"行为"(Verhalt)、"依靠"(Halt)等词语之间的词根上的联系。——译者注

③ 有英译者把这里的"谋制"(Machenschaften)译为"偏见、成见"(preoccupations)，似不合德文本义。参看海德格尔：《基本著作选》，英文版 1978 年，第 239 页。——译者注

中呢？存在之思想超过一切思考，因为存在之思想所关心的是那种光亮，唯在这种光亮中，作为理论（Theoria）的观看（Sehen）才能逗留和活动。由于思想把它的从存在而来的道说放到语言中去，以之作为实存之寓所，思想便关注着存在之澄明。所以，思想是一种行为，但却是一种同时超越一切实践的行为。思想耸突于行动和制造之上，并不是由于它的功劳伟大，也不是由于它的作用成果，而倒是由于它的毫无成就的完成微不足道。

因为，思想在其道说中仅仅把存在之未被说出的词语带向语言了。

我们这里用的短语“带向语言”，现在必须完全在字面上来看待。[①] 存在自行澄明着达乎语言。存在总是在通向语言的途中。这个到达者也把绽出地实存着的思想（das ek-sistierende Den- 362
ken）在其道说中带向语言。于是，语言本身就被提升到存在之澄明中了。唯有这样，语言才以那种神秘的但又始终贯通并且支配着我们的方式而**存在**。由于这种如此完全地被带入本质中的语言是历史性的，存在才被保存入思念（Andenken）中了。绽出之实存运思着居住在存在之家中。在所有这一切中，事情就是这样，就仿佛通过运思着的道说（das denkende Sagen）根本什么都没有发生似的。

但刚才我们已经指出了一个说明这种毫不起眼的思想行为的例子。这就是说，由于我们专门思考“带向语言”这个说明语言的

① 这里的短语“带向语言”（zur Sprache bringen）在日常德语中意为：“把……表达出来。”海德格尔则取其字面意义。——译者注

短语，只思考这个短语而不思其他东西，由于我们把此种所思当作将来始终有待思的东西保持在道说之注意中，我们就已经把存在本身的某种本质因素带向语言了。

在存在之思想中令人惊异的东西乃是某种简单的东西。恰恰这种简单的东西妨碍我们去思想。因为，我们是在那种唯有行家才能达到的非同寻常的东西的形态中寻找这种思想，即这种在“哲学”之名义下具有其世界历史性的威望的思想。我们同时是按照科学认识及其研究活动的方式来设想这种思想。我们把这种行为与十分动人的、而且卓有成效的实践成就相比较。但是，思想之行为既不是理论的，也不是实践的，也不是这两种活动方式的结合。

由于它的简单的本质，存在之思想令人无法把它识别出来。而如果我们习惯了这个简单的东西的异常之处，我们就会立即遭到另一种困境。我们心头就会升起一种怀疑：这种存在之思想有陷入任意专断的危险；因为这种思想是不能以存在者为依据的。这种思想是从哪里取得它的尺度的呢？它的行为的规律是何种规律呢？

这里，我们不得不听一下您信中的第三个问题：如何能保持一切探寻所包含的冒险因素，而又不至于使哲学成为一种简单的冒险呢？[①] 现在我们只能附带地提一下诗的创作。作诗与思想一样
363 以同一方式面对着同一问题。但亚里士多德在其《诗学》中讲的几乎未被深思过的一句话，始终还是适用的，亚氏说：作诗比对存在

① 此问句原文为法文：Comment sauver l'élément d'aventure que comporte toute recherche sans faire de la philosophie une simple aventurière? ——译者注

者的探查更真。

不过，思想不仅作为那种进入未被思者的寻求和追问才是一种冒险。思想在其本质中作为存在之思想而为存在所占用。思想联系于作为到达者(l'avenant)的存在。思想之为思想，被维系于存在之到达(Ankunft)中，被维系于作为到达的存在中了。存在已把自己发送给思想。存在作为思想之天命而存在(*ist*)。但这种天命在自身是历史性的。天命之历史已然在思想家们的道说中达乎语言了。

存在之到达持续着，并且在其持续中等待着人。把这样一种存在之到达时时带向语言，这乃是思想的唯一实事。因此，本质性的思想家们总是道说着同一者(das Selbe)。但同一者并不是：相同者(das Gleiche)。当然，只是对那个从事对他们的追思的人，他们才道说这个同一者。由于思想历史性地思念着去关注存在之天命，思想就已然把自身维系于合乎这个天命的合适的东西上了。逃遁入相同者中，是不危险的。大胆地进入分歧，以期道说同一者，这才是危险(Gefahr)。这里面临着歧义性的威胁，也面临着赤裸裸的纷争的威胁。

从作为真理之天命的存在而来的道说的合适性，①乃是思想的第一规律。它不是逻辑的各种规则，逻辑的各种规则只能从存在的规律而来才变成规则。但是，去关注运思着的道说的合适的东西，这不只包括这样一件事，即：我们总是要沉思必须关于存在

① 这里的“合适性”(Schicklichkeit)应与海德格尔所思的“命运”(Schicksal)和“天命”(Geschick)有某种隐蔽的联系。——译者注

道说**什么**以及必须**如何**道说存在。同样重要地，我们依然要深思：
有待思的东西**是否**可以道说，在何种程度上可以道说，在存在历史
的哪一个时刻可以道说，在与存在历史的何种对话中可以道说，从
364 何种要求而来可以道说。前一封信中提到的那三重东西是共属一
体性的，是根据存在历史之思想的合适性的规律来规定的，那就
是：沉思之严格、道说之细心、词语之节约。

现在是时候了，人们必须戒除这样一种习惯：高估哲学并因而对哲学要求过高。在当今的世界困境中必需的是：少一些哲学，而多一些思想的细心；少一些文学，而多一些文字的保养。

未来的思想将不再是哲学了，因为未来的思想比形而上学思得更源始些，而形而上学这个名称说的就是哲学。但未来的思想也不可能再像黑格尔所要求的那样，放弃“爱智慧”这个名称而自身却变成了绝对知识之形态中的智慧。这种思想正在下降而进入它的暂时的本质之赤贫中去。这种思想把语言聚集到简单的道说之中。语言是存在之语言，正如云是天上的云。这种思想以它的道说把毫不显眼的沟垄犁到语言之中。这些沟垄比农夫缓步犁在田野里的那些沟垄还更不显眼。

《形而上学是什么?》导言 365

回到形而上学的基础

在致《哲学原理》法文版译者皮柯的一封信中,笛卡尔写道:Ainsi toute la Philosophie est comme un arbre,dont les racines sont la Metaphysique,le tronc est la Physique,et les branches qui sortent de ce tronc sont toutes les autres sciences...[整个哲学就像一棵树:树根就是形而上学,树干就是物理学,而从树干长出来的许多树枝,就是一切其他科学……](《笛卡尔生平和著作》,

亚当和唐内里编,第九卷,第14页)。 433

按照这个比喻,我们要问:哲学之树的根生长在什么样的土壤中呢?树根以及通过树根的整棵树,是从什么基础中获得其养料和力量的呢?隐藏在土壤深处的什么要素,渗透在这些支托并且滋养这棵树的树根中呢?形而上学居于何处,活动于何处?从其基础看,什么是形而上学呢?形而上学本身究竟是什么呢?

形而上学思考作为存在者的存在者。凡存在者是什么被问及之处,存在者之为存在者便得以视见。形而上学之表象把这种视见(Sicht)归功于存在之光(Licht)[①]。这种光,亦即被此种思考经

---

① 1949年第5版:澄明(Lichtung)。——作者边注

验为光的那个东西，本身不再进入此种思考的视见之中；因为此种思考始终只是着眼于存在者来表象存在者。着眼于此，形而上学的思考当然要追问存在着的源泉，追问光的创始者。这种光本身被认为是充分照明了的，因为它使任何一种对存在者的探视（Hinsicht）都成为透视（Durchsicht）。

不论存在者是如何得到解释的，或被解释为唯灵论意义上的精神，或被解释为唯物论意义上的质料和力量，或被解释为变易和
366 生命，或被解释为观念、意志、实体、主体、能力（Energeia），或被解释为同一者的永恒轮回，无论何时，存在者之为存在者都是在存在之光中显现出来的。无论何处，当形而上学表象存在者时，存在都已经照亮自身了。存在已在一种无蔽状态（’Αλήθεια）中到达。至于存在是否以及如何随自身带来这样一种无蔽状态，甚至于存在本身是否以及如何在形而上学中并且作为这种无蔽状态而显示（anbringt）[①]自身，那还是晦暗不明的问题。存在没有在其解蔽着的本质中被思考，亦即没有在其真理中被思考。然而，当形而上学回答它关于存在者之为存在者的问题时，它还是从存在的未受注意的可敞开状态而来说话的。因此，存在之真理就可以说是基础（Grund），而作为哲学之树根的形而上学，就被保持在这个基础上，从中获取它的养料。

由于形而上学究问存在者之为存在者，故它停留在存在者那

① 1949年第5版：显示、递送（An-bringen）：对无蔽状态的允诺以及在无蔽状态中给出无蔽者、在场者。在在场中隐蔽着：对无蔽状态的显示、递送，而无蔽状态让在场者在场。“存在本身”就是在其真理中的存在，这种真理归属于存在，这就是说，“存在”消失在这种真理中。——作者边注

里而没有转向作为存在的存在。作为树之根，形而上学把一切养分和活力输送到树干和树枝之中。根在土壤深处蔓延，由此，树才能为了生长而从土壤深处生出，并因而离开土壤深处。哲学之树从形而上学所植根的土壤中长出。土壤诚然是树根赖以生长的要素，但树的生长绝不能如此这般地吸收根基土壤，使得根基土壤作为树的一部分而消失于树中。相反地，树根乃至最微细的须蔓，倒是全然消失于土壤之中。基础乃是适合于树根的基础；在其中，树根为了树而忘掉自身。即使当树根按其方式深植于土壤的要素中的时候，树根依然归属于树。它们于树身上消耗它们的要素以及
它们自身。它们作为树根并非投身于土壤；至少并非以某种方式 367
投身于土壤，仿佛它们的本质只是向着这种要素生长并且于其中自行蔓延似的。可见，若树根并不交织于此种要素，也许就连此种要素也不成其为要素了。

就形而上学往往只是把存在者表象为存在者而言，形而上学并不思及存在本身。哲学并不集自身于它的基础。[①] 哲学总是离开它的基础，而且是通过形而上学之助而离开它的基础的。不过，哲学绝不逃脱它的基础。只要思想踏上一条经验形而上学之基础的道路，只要这种思想尝试去思及存在本身之真理，而不是仅仅把存在者表象为存在者，那么，这种思想就已经以某种方式离开了形而上学。这种思想——而且还是从形而上学的角度来看——回到了形而上学的基础之中。可是，这个如此这般还显现为基础[②]的

---

① 1949年第5版：存在与基础：同一者。——作者边注

② 1949年第5版：存在作为非基础（Nichtgrund）、~~基础~~（~~Grund~~）。——作者边注

东西，如若它是从它本身而来被经验的，那它兴许就是另一个东西、还未被道说的东西；据此看来，就连形而上学的本质也是某种不同于形而上学的东西了。

诚然，一种思及存在之真理的思想不再满足于形而上学了；但它也并不反对形而上学而思。若用比喻说法，就可以说，这种思想并不拔掉哲学的根。它为了这个根挖地犁土。形而上学依然是哲学之首（das Erste）。但形而上学没有达到思想之首。在思及存在之真理的思想中，形而上学被克服了。形而上学要求掌管那种与存在的基本关联，并且决定性地规定一切与存在者之为存在者的关系——这个形而上学的要求失效了。然而，这种“对形而上学的克服”（Überwindung der Metaphysik）并不消除形而上学。只要人还是 animal rationale［理性的动物］，则人就是 animal metaphysicum［形而上学的动物］。只要人还把自身理解为理性的动物，那么，按康德的话来讲，形而上学就属于人之本性。与此相反，
368 如果思想得以成功地回到形而上学的基础，则这种思想或许就可能一道引发人之本质的一种转变，而随此转变，也就会出现一种形而上学的变化。

因此，如若我们在展开关于存在之真理的问题时谈到一种对形而上学的克服，那么，这意思就是说：思念存在本身。这样一种思念（Andenken）超出了以往那种对哲学之树根的基础的不假思索（Nichtdenken）。这种在《存在与时间》（1927 年）中已经尝试的思想开始上路，去准备如此这般被理解的对形而上学的克服。不过，把这样一种思想带上其道路的那个东西，只可能是有待思的东

西本身(das Zu-denkende selbst)。[①] 存在本身在此与一种思想相关,以及存在本身在此如何与一种思想相关,这样的情况首先绝不,而且绝不单单取决于思想。存在本身关涉到一种思想,以及存在本身如何关涉到一种思想,这样的情况使这种思想一跃而起;由此,这种思想才源起于存在本身,以便如此这般地应合于存在本身。[②]

但是,为什么这样一种对形而上学的克服是必需的呢?莫非其目的仅仅是要以此方式,用一门更加源始的哲学学科来为以往一直作为根的那门哲学学科打地基,并且取而代之吗?关键是对哲学体系的一种改变吗?非也。或者,是要通过回到形而上学的基础,以揭示哲学的一个迄今一直被忽视了的前提,并且向哲学指明:它还没有站立在一个无可动摇的基础上,因而还不能是绝对的科学吗?也不是。

不论存在之真理是到达还是缺席,事关宏旨的都是另一回事情:不是哲学的机制,也不只是哲学本身,而是那个存在的近和远
(die Nähe und Ferne)——由此而来,哲学作为对存在者之为存 369
在者的表象性思维,获得了它的本质和必然性。有待决断的是:存在本身是否能从它固有的真理中居有(ereignen)[③]它与人之本质的关联,或者,形而上学是否在对它的基础的背弃中还继续阻挡着这样一回事情,即:存在与人的关联从这种关联本身的本质而来达乎一线光亮,一线使人归属于存在的光亮。

---

① 1949年第5版:什么叫思想?——作者边注

② 1949年第5版:本有(Ereignis)。——作者边注

③ 1949年第5版:需用(Branch)。——作者边注

在回答它的有关存在者之为存在者的问题时，形而上学已经先于存在者而表象了存在。形而上学必然地说出存在，并因此持续地说出存在。可是，形而上学并不把存在本身形诸语言，因为形而上学并没有在存在的真理方面思索存在，并没有把真理思索为无蔽状态，也没有在其本质中[①]思索这种无蔽状态。对形而上学而言，真理之本质始终只是以认识以及认识之陈述的真理的已然派生的形态显现出来。但无蔽状态或许是比拉丁文的 veritas[真理][②]意义上的真理更为原初的东西。希腊文的’Αλήθεια[无蔽状态]可能是这样一个词语，它提供出对 esse[存在]的未经思考的本质的一个尚未得到经验的暗示。倘若情形果然如此，则形而上学的表象性思维当然就绝不能达到真理的这种本质，不论它如何勤勉地致力于对前苏格拉底哲学作历史学的考察；因为关键并不是某种对前苏格拉底思想的复兴，这样一种企图是空洞而荒谬的，毋宁说，关键是要去留意那尚未被道出的无蔽状态之本质的到达——存在已经这种作为无蔽状态自行预示了。[③] 在此期间，在从阿那克西曼德直到尼采的形而上学历史过程中，存在之真理一直对形而上学遮蔽着。为何形而上学没有思及存在之真理呢？形而上学之所以没有思及存在之真理，只是由于形而上学思维的方
370 式吗？或者，是不是形而上学之本质命运就包含着这样一回事情，

① 1949年第5版：解蔽着庇护着的作为本有的保证（Ge-währnis als Ereignis）。——作者边注

② 1949年第5版：托马斯·阿奎那那里的 Veritas[真理]始终在 intellectu[知]中，而且据说这就是 intellectus divinus[神性的知]。——作者边注

③ 1949年第5版：存在、真理、世界、~~存在~~（~~Sein~~）、本有（Ereignis）。——作者边注

即:由于在无蔽状态的涌现(Aufgehen)中,无蔽状态的本质因素(即遮蔽状态)[①]一概都付诸阙如,而且是为无蔽者(作为存在者显现出来的无蔽者)之故而付诸阙如,因而形而上学便脱离了它的固有基础——是这样吗?

然而,形而上学却不断地并且以至为不同的变化方式说出存在。形而上学本身唤起并且加固了一个假象,仿佛它追问并且解答了存在问题似的。而事实上,形而上学绝没有回答存在之真理的问题,因为它从未追问过这个问题。形而上学之所以不问此问题,是因为它只是通过把存在者表象为存在者而去思考存在。形而上学意指(meinen)存在者整体并且说及存在。形而上学命名(nennen)存在,并且意指作为存在者的存在者。自其发端乃至其完成阶段,形而上学的陈述都以某种奇怪的方式活动于一种对存在者与存在的普遍混淆[②]之中。这种混淆当然必须被思为居有事件(Ereignis),而不能看作一种错误。这种混淆的根据绝不可能在于一种单纯的思想之疏忽,或一种言说之含混。由于这种普遍的混淆,当有人断言形而上学提出存在问题时,这种表象就达到迷乱的顶峰了。

看起来,事情几乎就是:形而上学通过它对存在者的思考方式而受到指引,在它毫不自知的情况下充当了界限,对人阻挡了那种

① 1949 年第 5 版:作为遮蔽(Verbergung)的 Λήθη。——作者边注

② 1949 年第 5 版:混淆:束缚于向存在的“往”(das Hinüber)与向存在者的“来”(das Heruber)。一方总是处于另一方中,代表另一方,“替换”、“转变”,一会儿这样,一会儿那样。——作者边注

存在[①]与人之本质的原初[②]关联。

371 但是，如若这种关联的缺失（Ausbleiben）以及这种缺失之被遗忘远远地规定着现代世界时代，那又如何呢？如若存在之缺失愈来愈唯一地只把人委弃于存在者，以至于人几乎离弃了存在与他的（人的）本质的关联，而同时，这种离弃状态还始终被掩蔽着，那又如何呢？如若情形就是如此，而且如若情形久已如此，那又如何呢？如若已有种种迹象表明，这种被遗忘状态将来还要更确然地安置于被遗忘状态中，那又如何呢？

对一个思想者来说，还会有理由在这种存在之命运面前摆出傲慢自大的姿态吗？倘若情形如此，还会有理由在这种存在之被离弃状态（Seinsverlassenheit）中用别的东西来迷惑自己，并且甚至是以一种自我陶醉的情绪来自欺欺人吗？如若存在之被遗忘状态（Seinsvergessenheit）的情形是这样的话，那么，难道会没有足够的动因，使一种思及存在的思想陷于恐惧之中，从而使这种思想只得在畏（Angst）中忍受此种存在之命运而别无他法，以便首先使这种思及存在之被遗忘状态的思想得到解决么？不过，只要对一种思想来说，如此被发送来的畏只是一种紧张的情绪，那么，这种思想是否能够做到上面讲的这一点呢？这种畏的存在之命运与心理学和心理分析有什么干系吗？

然而，假定相应于对形而上学的克服，会出现一种努力，努力学会有朝一日去关注存在之被遗忘状态，以期经验到存在之被遗

① 1949年第5版：存在本身＝~~存在~~（~~Sein~~）。——作者边注

② 1949年第5版：开端性的、在开端中成其本质的居有事件（Ereignis）——使用着——失本（Enteignis）。——作者边注

忘状态，而且把这种经验纳入存在与人的关联之中并且把此种经验保持于其中，那么，在存在之被遗忘状态的困境中，“形而上学是什么？”这个问题，也许就依然是一切对思想来说必需的东西当中最必需的东西。

因此，一切都取决于：思想要适得其时地变得更具思想性。如果思想受到指引，已然进入了另一个渊源之中，而不是设法去完成一种更高程度的努力的话，那就达到这一点了。这样的话，这种由存在者之为存在者所摆置的、因而表象性的并且由此而有所照亮的思想，就被一种为存在本身所居有的、并因而归于存在的思想取 372
而代之了。

在日常公共生活中，何以普遍地还是形而上学的而且仅仅是形而上学的表象，能以有效而又有用的方式成为直接的行动呢？对此问题的种种思索都不免流于空洞。因为思想变得愈是有思想性，愈是适应地从存在与它的关联而来实现自己，这种思想自然就愈加纯粹地处于那一种唯独与它相称的行动中了，亦即：处于那种向着它而被思的、[1]因而已然被思过的东西的思想中了。

可是，还有谁思及已被思过的东西呢？人们有各种点子。把思想带上一条道路，使思想通过此道路而进入存在之本质与人之本质的关联中，为思想开启一条小路，以便这种思想在存在之真理中[2]专门思索存在本身——这乃是一个目标，《存在与时间》所尝试的思想就在走向这个目标的“途中”。在这条道路上，这就是说，

① 1949 年第 5 版：被允诺者（Zu-gesagten）、被给予者（Ge-währten）、被居有者（Er-eigneten）。——作者边注

② 1949 年第 5 版：作为本有的真相（Wahrnis als Ereignis）。——作者边注

在效力于存在之真理的问题时，一种对人之本质的沉思就成为必要的了；因为对存在之被遗忘状态的经验——这种经验由于首先有待挑明，故未曾被道出过——就包含着那种决定一切的猜度，即：按照存在之无蔽状态，存在与人之本质的关联甚至就归属于存在本身。然而，如果事先不投入一切努力，从主体性中，但也从animal rationale[理性的动物]的主体性中，提取出人的本质规定，那么，上面这种已得经验的猜度，如何可能也仅仅成为被道出的问题呢？为了用**一个**词语既表示存在与人之本质的关联，又表示人与存在本身的敞开状态（Offenheit）（“Da”，即“此”）的本质关系，我们选择了“此在”（Dasein）这个名称，以之意指人之为人所置身于其中的那个本质领域。虽则形而上学用这个名称来表示那种通常还以 existentia[实存]、现实性、实在性和客体性来命名的东
373 西，虽则通常所谓“人的此在”的说法甚至往往是在这个词的形而上学含义中来说的，我们还是选择了“此在”这个名称。[①] 因此一故，当人们满足于断定《存在与时间》是用“此在”一词来代替“意识”一词，这时候，就连任何一种追思（Nach-denken）都受到了阻碍。仿佛在这里只不过是要讨论不同词语的使用似的；仿佛这里的关键并非一个独一无二的事情似的——这个独一无二的事情就是：把存在与人之本质的关联带到思想面前，并且因而——从我们

① 在形而上学的学院语言中，Dasein（一般中译为“此在”，也有“存在”、“现存在”等译法）指事物的现实性、实在性；而海德格尔以 Dasein 特指人的存在，我们译之为“此在”。就 Dasein 的汉语翻译而言，我们认为“此在”这个译名也可以适合于古典哲学的语境。有关“此在”的意义及其用法，海德格尔在本文中做了说明。——译者注

出发来看[1]——就是首先把一种对主导性问题来说绰绰够用的关于人的本质经验带到思想面前。“此在”这个词既非仅仅取代了“意识”一词,这个被称为“此在”的“实事”(Sache)也没有取代人们借“意识”一词所表象的东西。而毋宁说,我们以“此在”所命名的是这样一种东西,这个东西就是首先作为存在之真理的处所(Stelle)[2]也即地方(Ortschaft)而被经验、进而相应地被思考的东西。

普遍地贯穿《存在与时间》这部论著,在“此在”这个词中所思及的是什么,这个问题已经由该书第 42 页上的一个主导命题给出了一个答复。这个主导命题是:“‘此在’之本质在于它的实存。”[3]

诚然,如果人们考虑一下,在形而上学的语言中,“实存”(Existenz)一词所命名的,就是“此在”(Dasein)所意指的东西,亦即指的是从上帝到沙粒的无论何种现实的东西的现实性,那么,这个主导命题——如若人们只是径直去理解这个命题的话——就仅仅是把有待思的东西的困难从“此在”一词推卸到“实存”一词上而已。在《存在与时间》中,“实存”(Existenz)这个名称专门被用来表示人的存在。[4] 从得到正确思考的“实存”出发,此在的“本质”便得一思;在此在的敞开状态中,存在本身自行呈示又自行遮蔽,自行

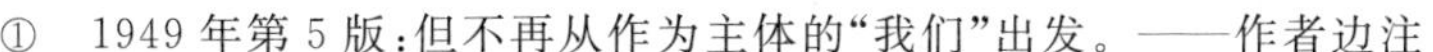

① 1949 年第 5 版:但不再从作为主体的“我们”出发。——作者边注

② 1949 年第 5 版:说得不够:终有一死者所居住的地方,终有一死者的地方之地带(Gegend der Ortschaft)。——作者边注

③ 此句德文原文为:Das“Wesen”des Daseins liegt in seiner Existenz。可参看海德格尔:《存在与时间》,中译本(陈嘉映、王庆节译),三联书店(北京)1987 年,第 52 页。——译者注

④ 在古典形而上学的语言用法中,“实存”(Exsitenz)一词指的是一般事物的实在性、现实性,相当于 Dasein(“此在”、“现存在”);而海德格尔以此词专门指人的存在。海德格尔这种“旧词新用”的做法,给翻译工作带来了困难。——译者注

374 允诺又自行隐匿，而同时，这种存在之真理并非仅仅限于“此在”，或者甚至也并不能按照“一切客观性本身就是主观性”这个形而上学命题的方式而与此在合为一体。

在《存在与时间》中，“实存”意味着什么呢？这个词指的是一种存在方式，而且是指这样一个存在者的存在，这个存在者为存在之敞开状态保持敞开，它由于忍受着这种敞开状态而立身于此种敞开状态中。这种忍受(Ausstehen)是在“烦”(Sorge)之名下被经验的。此在的绽出的本质是从“烦”这个角度被思的，同样，反过来讲，“烦”也只有在其绽出的本质中才被充分地经验。如此这般被经验的忍受，乃是这里有待思的绽出(Ekstasis)的本质。因此，如果人们只是把实存之本质设想为“站到外面”(Hinausstehen)，而把这个“外面”(Hinaus)把握为从一种意识和精神的内在性的内部“脱离开来”(Weg von)，那么，实存的绽出的本质就还没有得到充分理解；因为，若这样来理解，“实存”始终还是从“主体性”和“实体”方面被设想的，而“外”(Aus)作为存在本身之敞开状态的分开(Auseinander)却依然有待于思。不管听来多么稀奇，绽出者之持立(die Stasis des Ekstatischen)依据于那种在无蔽状态之“外”(Aus)和“此”(Da)中的内立(Innestehen)，而存在本身即是作为这种无蔽状态而成其本质的。如果思想向着存在之真理并且从这种真理而来思，而“实存”一词就是在这种思的范围内被使用的，那么，在“实存”这个名称中要思的东西，我们就可以用“迫切性”一词最美好地加以命名。[①] 只不过，在这种情况下面，我们就必须同时

① 中译未能显示这里的“迫切性”(Inständigkeit)与前述的“内立”(Innestehen)之间的联系。——译者注

把在存在之敞开状态中的内立(Innestehen)、这种内立之实现(Austragen)(即烦)、与在极端境况中的坚持(Ausdauern)(即向死亡存在)[①]这三者合在一起来思考,并且思之为实存的完全本质。[②]

以实存方式存在的存在者乃是人。唯独人才实存。岩石存在
(ist),但它并不实存(existiert)。树木存在,但它并不实存。马存
在,但它并不实存。天使存在,但它并不实存。上帝存在,但它并
不实存。“唯独人才实存”,这个句子绝不意味着:只有人才是一个 375
现实的存在者,而其他一切存在者都是不现实的,只不过是一种假
象或者人的表象。“人实存”这句话的意思是:人是这样一个存在
者,这个存在者的存在是通过在存在之无蔽状态中的保持着开放
的内立——从存在而来——在存在中显突出来的。人的这个[③]实
存论上的本质(das existenziale Wesen)乃是一个根据,即人之所
以能够把存在者表象为这样一个存在者并且能够对被表象者有一
种意识的根据。一切意识都是以作为人之essentia[本质]的绽出
地被思的实存为前提的,而这里的essentia[本质]意味着:人之为
人现身而为的那个东西。相反,意识既不首先创造出存在者之敞
开状态,也不首先使人对存在者保持开放。如若人并非已经在那
种“迫切性”中有其本质,那么,意识之一切意向性该向何处去、从
何处来,并且在何种自由的维度中活动呢?如果人们向来已经认
真地想到这一点,那么,在“意识”以及“自身意识”这些名称中的

① 1949年第5版:静候死亡的到来,在作为 ~~存在~~ 藏身之所(Ge-Birg des ~~Seins~~)的死亡的到达中守住自己。——作者边注

② 1949年第5版:栖居,“筑造着的”栖居。——作者边注

③ 1949年第5版:被居有—被使用的(ereignet-gebrauchte)。——作者边注

“存在”一词,[1]除了命名那个通过实存而存在的东西的实存论上的本质之外,还能有别的意思吗?要成为一个自身(Selbst),这诚然标志着那个实存着的存在者的本质,但是,实存既不在于自身存在(Selbstsein),也并不取决于这种自身存在。然而,由于形而上学思维是从实体出发或者从主体出发——这根本上是一回事情——来规定人之自身存在的,所以,那第一条道路,也即从形而上学引向人之绽出的—实存论上的本质的道路,就不得不通过对人之自身存在的形而上学规定来进行(参看《存在与时间》,第63和64节)。

然而,因为实存问题在任何时候都只是服务于那个唯一的思想问题,即那个首先要展开的关于作为一切形而上学的隐蔽根据的存
376 在之真理的问题,故我的这本试图回到形而上学之基础中去的著作的标题,不叫《实存与时间》,也不叫《意识与时间》,而是叫作《存在与时间》。不过,我们也不能按通常流行的想法,把这个标题看作如同“存在与变易”、“存在与假象”、“存在与思想”、“存在与应当”之类。因为在这类标题中,存在往往是受限制地被表象的,仿佛“变易”、“假象”、“思想”和“应当”并不属于存在似的;而实际上,它们明显地不是一无所有的,因而是属于存在的。在《存在与时间》中,“存在”不是别的什么,而就是“时间”,因为“时间”是作为存在之真理的名字而被命名的,而存在之真理乃是存在的本质因素,因而也就是存在本身。但为什么要把“时间”与“存在”相提并论呢?

存在在希腊人的思想中揭示自身。回顾一下这个历史的开端

① “意识”(Bewußtsein)和“自身意识”(Selbstbewußtsein)两词的词尾都为“存在”(-sein),中译文无以传达其中的字面及意义联系。——译者注

就能显示,希腊人从早期开始,就把存在者之存在经验为在场者之在场状态。当我们用德文“存在”(sein)来翻译希腊文的 εἶναι 时,这种翻译在语言上是正确的。但我们只不过是用一个词来代替另一个词而已。检验一下我们自己,立即就可以表明:我们既没有以希腊方式来思希腊文的 εἶναι,也没有思一种相当清楚而明确的对“存在”(sein)的规定。那么,当我们说“存在”而不说 εἶναι 时,以及当我们说 εἶναι 和 esse 而不说“存在”时,我们说的到底是什么呢?我们没有说什么。这个希腊词、这个拉丁词和这个德文词,都是同样愚钝不堪的。若坚持惯常的用法,我们就暴露出自己只不过是那种最大的漫不经心态度(Gedankenlosigkeit)的先驱,这种漫不经心态度向来就在思想范围内出现了,而且直到眼下还处于统治地位。可是,上面这个 εἶναι 却是说:在场(anwesen)。这种在场的本质深深地隐藏在存在之原初名称中。但对我们而言,εἶναι,以及作为 παρουσία[在场]和 ἀπουσία[不在场]的 οὐσία,[①]首先说的是:未经思索地和隐蔽地,在在场中运作着当前和延续,在在场中时间现身而成其本质。据此看来,存在之为存在就是无蔽地从时间而来存在的。所以,时间就指示着无蔽状态,亦即存在之真理。但现在要思的这种时间却不是在存在者的变化过程那里被经验到的。时间显然还完全是另一种东西,[②]通过形而上学的时间 377

① 在希腊文中,名词 οὐσία 是从不定式 εἶναι[是、存在]的一个变化形式而来,一般被译为“本质、实体”等。海德格尔则以为,应从 παρουσία[在场]和 ἀπουσία[不在场]意义上来理解这个 οὐσία,并把它译为 Anwesen,即“在场”。——译者注

② 1949 年第 5 版:时间有四个维度:第一个、聚集一切的维度乃是切近(*Nähe*)。——作者边注

概念不仅还没有思及这种东西，而且绝不能思及这种东西。因此，时间就成了一个首先有待思索的名称，即表示首要地有待经验的存在之真理的名称。

正如在存在的那些最初的形而上学名称中，时间的一个隐蔽本质发出声音，同样地，在它那个最后的名称中，即在“相同者的永恒轮回”中，也有时间的一个隐蔽本质在起着作用。[1] 在形而上学时代里，[2]存在之历史是由时间的一个未经思的本质所贯通并且支配的。空间并不与这种时间并列，但也并非仅仅附属于这种时间。[3]

一种力图从对存在者之为存在者的表象过渡到对存在之真理的思想的尝试，必定从那种表象出发，同样也还以某种方式去表象存在之真理，结果，后面这种表象必然是另一种样子，最终作为表象而与那个有待思的东西格格不入。这种从形而上学而来、深入到存在之真理与人之本质的关联中的关系，被把握为“领悟”。[4] 但同时，这种领悟在这里也是从存在之无蔽状态来思的。这种领悟就是绽出的、亦即内立于敞开者之领域中的被抛的筹划（Entwurf）。[5] 这个在筹划中把自身投送出来（sich zustellt）[6]的敞开

① 海德格尔称尼采为“最后一个形而上学家”，而尼采的“相同者的永恒轮回”在海德格尔看来就是表示“存在”的最后一个形而上学名称。——译者注

② 1949 年第 5 版：这个时代就是整个存在之历史。——作者边注

③ 1949 年第 5 版：时间—空间（Zeit-Raum）。——作者边注

④ “领悟”（Verstehen），或可译为“理解”。这在我看来又是一次翻译上的“错位”：“领悟”更有意味，更能与“知”（“认识”）相区别，而“理解”这个译名更合乎解释学传统的词语用法。——译者注

⑤ 1949 年第 5 版：被抛状态与本有。抛、抛向、发送；筹划（Ent-Wurf）：应合这一抛（Wurf）。——作者边注

⑥ 1949 年第 5 版：递送（sich zu-bringt）。——作者边注

领域——借此使某种东西(在这里就是存在)在这个领域中表明自身为某种东西(在这里就是:存在表明自身为在其无蔽状态中的存在本身)——,我们称之为意义(Sinn)[①](参看《存在与时间》,第151页)。“存在之意义”与“存在之真理”说的是一回事情。

设若时间是以一种依然隐蔽的方式归属于存在之真理的,那
么,任何一种对存在之真理的筹划着的开放,作为存在之领悟,就 378
都必须放开眼界,观入作为存在之领悟的可能[②]视域的时间(参看《存在与时间》,第31—34节以及第68节)。

在《存在与时间》这部论著的卷首序言结尾处,有这样的句子:“本书的目的是要具体地探讨‘**存在**’的意义问题。其初步目标则是把**时间**阐释为任何一种一般的存在领悟的可能视域。”

一切哲学都沦于存在之被遗忘状态中。但同时,这种存在之被遗忘状态亦已在《存在与时间》中成了对思想的命运性要求,并且依然还是这样一种要求。哲学不能轻易为存在之被遗忘状态的力量提供一个更为明确的证明,而只能通过那种梦游般的确信来提出证明了——哲学正是带着这种梦游般的确信而与《存在与时间》中那个真正的和唯一的问题交臂而过了。因此一故,事关宏旨的也并非对于一本书所产生的种种误解,而是我们的对于存在的离弃状态(Verlassenheit vom Sein)。

形而上学言说存在者之为存在者是什么。它包含着一种关于ὄν(存在者)的λόγος(陈述)。后来的“存在学”(Ontologie)这个名

① 1949年第5版:意义——事态(Sach-Verhalt)之路向。——作者边注

② 1949年第5版:使……成为可能(ermöglichenden)。——作者边注

称标志着形而上学的本质，当然，这是有条件的，须假定我们是根据它的本真内涵，而不是在学院式的狭隘化中理解这个名称的。形而上学活动于 ὂν ᾗ ὄν[存在者之为存在者]的领域中。形而上学的表象就是把存在者表象为存在者。以这种方式，形而上学总是把存在者之为存在者整体表象出来，把存在者之存在状态(Seiendheit)即 ὄν[存在者]之 οὐσία[在场]表象出来。但是，形而上学是以双重方式来表象存在者的存在状态的：一方面是在其最普遍的特性意义上来表象存在者之为存在者整体(ὂν καθόλου, κοινόν)；而另一方面也在最高的、因而神性的存在者意义上来表象存在者之为存在者整体(ὂν καθόλου, ἀκρότατον, θεῖον)。作为这样一个存在者的存在者的无蔽状态，已在亚里士多德的形而上学中特别地形成为这种双重的东西(参看亚里士多德：《形而上学》，第四、六、十一卷)。

379 形而上学于自身中——而且是因为它把存在者之为存在者表象出来的缘故——把在普遍者中和至高者中的存在者之真理合二为一。按其本质来看，形而上学既是较为狭义的存在学，又是神学。真正的哲学(πρώτη φιλοσοφία)的这种存在—神学的(onto-theologisch)本质，无疑地必定是以 ὄν[存在者]作为 ὄν[存在者]如何向哲学公开出来的方式来得到论证的。因此，存在学的神学特征并不是由于希腊形而上学后来为基督教的教会神学所吸收和改造了。而毋宁说，这种神学特征倒是由于那种方式，即自早期开始存在者之为存在者如何自行解蔽出来的方式。这种存在者的无蔽状态才首先给出这样一种可能性，即：基督教神学得以侵袭希腊哲学，至于是否对它有利或者有害，这可能要由神学家们根据基督教经验来决定;做这番决定时,他们应记住使徒保罗在哥林多前书中所写的话:οὐχὶ ἐμώρανεν ὁ θεὸς τὴν σοφίαν τοῦ κόσμου;上帝岂不是叫这世上的智慧变成愚拙么?(《新约·哥林多前书》,第一章第20行)。但是,这 σοφία τοῦ κόσμου[世上的智慧],根据哥林多前书第一章第22行的说法,指的就是Ἕλληνες ζητοῦσιν,即希腊人所追求的东西。亚里士多德甚至明确地把 πρώτη φιλοσοφία(即真正的哲学)称为 ζητουμένη,即所追求的东西。基督教神学是否有一天还会下决心,把使徒保罗的话并且因之也把哲学当作一种愚拙来认真对待呢?

作为存在者之为存在者的真理,形而上学具有双重形态。但这种双重形态的根据,甚至这个根据的来源,对形而上学一直是锁闭着的,而且这种情况并不是偶然的或者由于某种耽误。形而上学之所以具有这双重形态,是因为它就是它所是的东西,是对存在者之为存在者的表象。形而上学是没有选择余地的。作为形而上学,它是通过它本己的本质而被排除在存在之经验之外的;因为它
始终只是在那个作为存在者(ᾗ ὄν)而已经从存在者方面自行显示 380
出来的东西中来表象存在者(ὄν)的。可是,对于在上面这个变得无蔽的 ὄν[存在者]中也已然自行遮蔽起来的那个东西,形而上学却是从来没有注意到的。

因此,我们才能够适得其时地,有必要重新去沉思,以 ὄν 亦即“存在着”(seiend)一词说的究竟是什么。[①] 依此,关于 ὄν 的问题

① 希腊文 ὄν 通常有名词和分词两重意义,相当于德文名词 das Seiende(存在者)与分词 seiend(存在着)。——译者注

才被重新纳入思想之中了(参看《存在与时间》之序言)。[1] 不过，这种重新纳入并不是简单地复述了柏拉图—亚里士多德的问题，而是回到那个在 ὄν 中自行遮蔽起来的东西[2]中来进行追问。

只要形而上学致力于表象 ὄν ᾗ ὄν[存在者之为存在者]，那么，形而上学就始终建基于上面所说的这个在 ὄν 中遮蔽着的东西上。于是，从形而上学角度来看，回到这个遮蔽者中来进行追问，就是为存在学寻求基础。因此一故，在《存在与时间》(第 13 页)中，这种做法就被称为“基础存在学”。不过，这个名称马上就表明自身是糟糕的，就像任何此种情形中的名称一样。从形而上学角度来看，这个名称固然道出了某种正确的东西；但它恰恰因此而令人误入歧途；因为，重要的事情是要赢获从形而上学转渡到对存在之真理的思想的通道。只要这种思想本身还把自己称为“基础存在学”，那它就以这个名称阻碍了自己的道路，并且使自己的道路模糊不清了。因为“基础存在学”这个名称容易引发下面这个意见：这种思想，这种尝试去思存在之真理——而不像一切存在学那样去思存在者之真理——的思想，作为基础存在学，本身也还是一种存在学。而对存在之真理的思想，作为向形而上学之基础的回归，在迈出第一步时就已经离开了一切存在学的领域。相反地，任何

① 在《存在与时间》序言中，海德格尔引用了柏拉图的一段话：“当你们用‘存在着’这个词的时候，显然你们早就很熟悉这究竟是什么意思，不过，虽然我们也曾相信领会了它，现在却茫然失措了。”《智者篇》(244a)海德格尔进一步设问：“‘存在着’(seiend)这个词究竟意指什么？我们今天对这个问题有答案了吗？不。所以我们现在要重新提出存在的这一意义问题。”见《存在与时间》，德文版，第 1 页；中译本，第 1 页。——译者注

② 1949 年第 5 版：区分(Unterschied)。——作者边注

一种活动于对“超越”(Transzendenz)的间接的或者直接的表象中的哲学,都必然还是根本意义上的存在学,哪怕它能够完成一种对
存在学的奠基,或者,它能够按照保证把存在学当作对体验的概念 381
性僵化来加以拒斥。

诚然,如果那种尝试去思存在之真理的思想,也就是尝试从长期的对存在者之为存在者的表象习惯中走出来的思想,甚至本身还深深地陷于这种表象之中,那么,无论是为一种最初的沉思,还是为促成那种从表象性思维到思念性思想[①]的过渡,变得更为迫切的都不外乎是这样一个问题:形而上学是什么?

下面这个讲座[②]对上述问题的阐发又归结为一个问题。这个问题被叫做形而上学的基本问题,亦即:为什么竟是存在者存在而无倒不存在?[③] 诚然,在此期间,人们对我们这个讲座所道出的畏(Angst)和无(Nichts)聚讼纷纭。但人们还从未想到去考虑一下:为什么一个讲座,一个尝试从对存在之真理的思想出发来思及无并且由此而思入形而上学之本质的讲座,要求把上面这个问题当作形而上学的基本问题。这难道不使一位细心的听者简直要脱口道出一种顾虑,一种必定比一切对畏和无的竭力反对更为重要的顾虑吗?我们感到自己已经被最后这个问题摆到这种顾虑面前,即:一种尝试通过无这个途径思及存在的沉思,最后又返回到一个关于存在者的问题上了。只要这个问题根本还以形而上学的传统

① “思念性思想”(das andenkende Denken)或可译为“追忆之思”。——译者注

② 指讲座《形而上学是什么?》(作于1929年7月24日,弗莱堡大学),即本书中的第四篇文章。——译者注

③ 参看本书第四篇文章《形而上学是什么?》结尾处。——译者注

方式、以为何之故(Warum?)的问法为引线来作因果的追问,那么,思及存在的思想便为了那种根据存在者对存在者所作的表象性认识而完全被否弃了。偏偏最后这个问题显然就是形而上学家莱布尼茨在其《自然的原理和神恩的原理》一书中提出的问题:pourquoi il y a plutôt quelque chose que rien? [为什么有某物而不是无?](参看格哈德版《莱布尼茨哲学文集》,第六卷,第 602 页注 7)。

那么,莫非这个讲座退回到它自己的意图后面去了吗?——
382 由于从形而上学过渡到另一种思想的困难,这种情况本身或许是有可能的。这个讲座在结尾处追随莱布尼茨,[①]提出了关于一切存在事物的最高原因的形而上学问题了吗?那么,又为什么没有适当地提一下莱布尼茨的名字呢?

或者,莫非这个问题是在一种完全不同的意义上被追问的么?如果这个问题并非就存在者来究问,并且为存在者来探查最初的存在着的原因,那么,这个问题就必须从那个并非存在者的东西那里开始了。这个问题把这个并非存在者的东西称为无,并且把它大写为:无(Das Nichts),它就是这个讲座当作其唯一的课题所思索过的东西。这里明摆着有这样一个要求,即根据这个讲座所特有的、处处起着引导作用的视界,对这个讲座的最终目的作一番彻底的深思。这样的话,所谓形而上学的基本问题,就要在基础存在学上作为从形而上学的基础而来的问题并且作为关于这个基础的问题来实行了。

① 1949 年第 5 版:以及谢林。——作者边注

然而,如果我们承认这个讲座最终是要思到它自己所关切的事情上去,那么,我们应如何理解这个问题呢?

这个问题就是:为什么竟是存在者存在而无倒不存在?设若我们不再在形而上学范围内以习惯方式做形而上学的思考,而是从形而上学的本质和真理而来思及存在之真理,那么,我们在这里也可以如是发问:何以存在者处处具有优先地位,并且自为地要求每一个"存在"(ist),而那种并非某个存在者的东西,亦即如此这般被理解为存在本身的无,却始终被遗忘了呢?何以就存在[1]而言它(Es)[2]根本就是一无所有,而无根本就并不现身成其本质呢?莫非由此而来,就有一个未曾被动摇过的假象进入到一切形而上学之中,即认为:"存在"是不言而喻的,因而无就比存在者更容易造成自己?实际上,存在和无的情形就是如此。如若不然,则莱布尼茨可能就不会在上文所引的那段话中作出解释,说:Car le rien 383
est plus simple et plus facile que quelque chose[因为无比任何东西都更简单更轻易]。

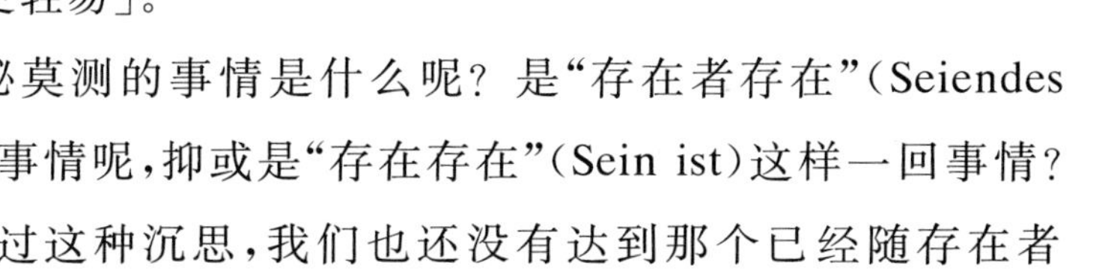

更为神秘莫测的事情是什么呢?是"存在者存在"(Seiendes ist)这样一回事情呢,抑或是"存在存在"(Sein ist)这样一回事情?或者,即使通过这种沉思,我们也还没有达到那个已经随存在者之[3]存在一道发生[4]的谜团近处?

不论答案如何,或许时机已经在此间变得更为成熟一些了,可

① 1949年第5版:作为存在。——作者边注

② 1949年第5版:对形而上学来说。——作者边注

③ 1949年第5版:区分。——作者边注

④ 1949年第5版:区分之被遗忘状态的本有(Ereignis)。——作者边注

以让我们从它的最终目的出发，对《形而上学是什么？》这个聚讼纷纭的讲座做一番透彻的思考——是从**它的**最终目的出发，而不是从某个幻想出来的目的出发。

面向存在问题 385

前　　言

本文原为恩斯特·荣格尔[①]纪念文集而作(1955 年),这里未作改动,仅增加了几行文字(第 29—30 页)。标题做了变动。原先的标题是:《**关于**“**线**”》。眼下这个新标题意在显示:对虚无主义之本质的沉思起于一种对存在之为~~存在~~[②]的探讨。按传统来看,哲学把存在问题理解为存在者之为存在者的问题。它就是形而上学的**这个唯一**问题。对此问题的回答向来依据于一种对存在的解释,这种解释永远无可怀疑,并且为形而上学提供了基础和根基。形而上学并没有回归到它的基础中去。我的《形而上学是什么?》之“导言”[③]就是对这种回归的解释;从第五版(1949 年)起,我把这

---

① 恩斯特·荣格尔(Ernst Jünger),德国作家,1895 年生于海德堡。荣格尔是一位有争议的作家。有人认为他带有强烈的民族主义倾向;在德国,甚至也有人把他看做纳粹分子。但荣格尔的寓意小说《在大理石危岩上》(1939 年)影射希特勒;在第二次世界大战期间,荣格尔也曾希望有人能够推翻元首,拯救德国。荣格尔创作了大量的文学作品,对二十世纪德国文学产生了巨大的影响。——译者注

② 这是海德格尔首创的打叉涂划法,意在打破在形而上学传统中形成的根深蒂固的表象性思维定向和言说(书写)定向。参看本篇第 486 页注①。——译者注

③ 这个“导言”的标题为“回到形而上学的基础”(Der Rückgang in den Grund der Metaphysik),曾收入《形而上学是什么?》的单行本,后收入文集《路标》(本书第十一篇

个“导言”加在《形而上学是什么？》这个演讲文本的开头上了。（第七版 1955 年，第 7—23 页）

关于“线”

亲爱的荣格尔先生！

我以本文祝贺您六十寿辰。本文采用了您在同样的时机惠赠给我的文章的题目，稍有改动而已。[①] 在此期间，大作《关于线》已经作为单篇著作出版了，您对某些段落作了增补。它是一个对线之“纵横交织”的“形势评论”，但不止于对形势的描写。您也把线叫做“零度子午线”（第 29 页）。在第 22 页和第 31 页上，您讨论了
386 “零点”。零指示着无（Nichts），而且是空洞的无。当一切都趋于这个无之际，便流行虚无主义（Nihilismus）。在零度子午线上，虚无主义近乎其完成。您接受了尼采的一个解释，把虚无主义理解为这样一个过程，即：“**最高价值的自行贬值**”（尼采：《权力意志》，第 2 条，作于 1887 年）。

零度线作为子午线自有其区域。完成了的虚无主义的领域构成两个时代的界线。标明这个领域的线乃是临界线。在临界线上可以裁定：虚无主义运动是葬身于虚幻之无（das nichtige Nichts）中呢，还是过渡到一个“全新的存在之转向”（neue Zuwendung des Seins）（第 37 页）的领域中。因此，虚无主义运动必定从自身而来

文章）。——译者注

① 荣格尔的著作标题为《关于线》（Über die Linie），而海德格尔这篇文章的标题立为《关于“线”》（Über“Die Linie”），对前者稍作改动。——译者注

就具有种种不同的可能性，并且按其本质来看就是多义的。

您的形势评论探讨了一些标志，它们让我们认识到：是否以及在何种意义上我们穿越这条线，并且由此而走出完成了的虚无主义的区域。在大作的标题《关于线》中，“über”一词的意思也就是：超过去(hinüber)、超越(trans、μετά)。相反地，我在本文中做的评论只在 de、περί[关于]意义上来理解这个“über”。[①] 这些评论“对于”(von)线本身，对于正在自行完成的虚无主义的区域做了讨论。若我们坚持“线”这个比喻，我们就会发现，线活动于一个本身由位置(Ort)规定的空间中。这个位置有所聚集。这种聚集把被聚集者庇护入它的本质之中。从线之位置中，得出了虚无主义之本质及其完成的来源。

我的这封信想对这种线之位置作出预先思考，并由此来探讨线。您以 trans lineam[超越线]为名所做的形势评论，与我以 de linea[关于线]为名所做的探讨，是共属一体的。您的评论包含着我的探讨。我的探讨有赖于您的评论。因此，我并没有告诉您什么特别的东西。您知道，对与虚无主义运动相联系的，并且在此运动内的人的形势做一种评论，要求有一种充分的本质规定。但许 387
多人并不知道这一点。这种无知使人们在评论我们的形势时沦于盲目。它使人们对虚无主义做出轻率的判断，看不到虚无主义“这

① 在德文中，介词 über 有“超出”(相应于拉丁文的 trans)和“关于”(相应于拉丁文的 de)两种基本的含义。海德格尔认为，荣格尔的著作《关于线》(Über die Linie)取介词 über 的“超出”之义，而海德格尔自己在本文中则取 über 的“关于”之义。如此看来，荣格尔的这部著作就应当译作《超越线》；但我们仍在字面上译之为《关于线》。——译者注

个所有来客中最可怕的来客”已在眼前(尼采:《权力意志》,关于计划,参看《尼采全集》,第十五卷,第141页)。虚无主义之所以被称为“最可怕的”,是因为它作为无条件的求意志的意志(der unbedingte Wille zum Willen)意求着无家可归状态本身。① 因此一故,把虚无主义拒之门外是无济于事的,因为它早已无处不在,无形地在家中徘徊了。要紧的是看到这个来客并且看透这个来客。您自己也写道(第16页):“对虚无主义的一种确切定义,就好比对癌症起因的揭示。它或许并不意味着疗救,但只要人们毕竟为此而共同努力,它就肯定是疗救的前提。因为,其实在这里事关一个远远超越历史的过程。”

因此,如果可以把人类致力于疗救的努力与一种 trans lineam[超越线]的护送相比,那么,人们就可以期望从一种对 de linea[关于线]的探讨中获得“对虚无主义的一个确切定义”。虽然您强调指出,虚无主义不能与疾病相等同,也不能与混乱和邪恶相提并论。虚无主义本身并不像癌症起因那样,是某种病毒。关于虚无主义的本质,没有任何疗救的前景,没有任何富有意义的疗救要求。但是,您的著作的风格却是一种医生风格,这已经由大作的“预诊”、“诊断”和“治疗”这种布局暗示出来了。青年尼采曾把哲学家称为“文化医生”(Arzt der Kultur)(参看《尼采全集》,第十卷,第225页)。不过,现在所讨论的不再只是文化。您说得对:“整体都处于危险中了。”“问题关系到整个地球”(第33页)。疗救

① 德文中的“可怕的、阴森的”(unheimlich)一词在字面上含有“无家的、非家的”之意。据此,海德格尔在这里把“最可怕的”与“无家可归状态”(Heimatlosigkeit)一词联系起来了。——译者注

只能关系到这个全球性事件的种种凶险后果和危险的伴随现象。于是，我们就益发需要了解和认识虚无主义的起因即本质。我们就益发需要思想——假如一种对虚无主义之本质的充分经验只在相应的思想中作准备的话。但随着一种直接有效的疗救的可能性 388
的消失，思想之能力也已经在相同程度上缩小了。虚无主义之本质既非可疗救的，亦非不可疗救的。它是无救的东西，但作为无救的东西，它却是一种独一无二的对救的指引。[①] 如果思想要接近虚无主义之本质领域，那么，思想就必然将变得更为暂先的，并因此将变得完全不同。

一种对线的探讨是否能提供“一个对虚无主义的确切定义”呢？这种探讨是否可以哪怕仅仅是追求这样一个定义呢？这对一种暂先的思想来说变得大可追问了。一种对线的探讨必须尝试做别的事情。这里说的是对定义的放弃。这种放弃似乎牺牲了思想的严格性。但是，也有可能是另一回事情：唯这种放弃才把思想带向一种努力，这种努力让我们认识到，思想的合乎实事的严格性是何种严格性。这一点绝不能从理性（Ratio）的审判席上下来来加以裁决。理性根本不是一位公正的法官。理性肆无忌惮地把一切与它不合拍的东西都推入所谓的、还由它自己划定的非理性之物的泥潭中。理性及其表象只不过是思想的一种方式，而且它绝不是由自身来规定的，而是由那个已经令思想按理性方式进行思考的东西来规定的。理性的统治地位作为对一切秩序的理性化、作

① 此处的“无救的东西”（das Heil-lose）和“救”（das Heil）亦可译为“不妙的东西”和“美妙的东西”。——译者注

为规范化、作为平均化，是在欧洲虚无主义的展开过程中建立起来的，这一事实就如同与此相关的遁入非理性的企图，都是同样有待思考的。

可是，最令人担忧的是这样一个过程：理性主义与非理性主义同样地陷入一种兑换业务之中，它们不仅不能从中脱身，而且不再想从中脱身。因此，人们否认有任何可能性，认为思想不可能达到一个指令(Geheiß)面前，这个指令保持在理性与非理性的非此即
389 彼的抉择范围之外。但是，这样一种思想或许可以得到准备，可以通过那种尝试以历史性的解释、沉思和探讨的方式迈出探索性步骤的努力来准备。

我做的探讨想与您阐述的医生般的形势评论相呼应。您直观并且超越了线；我首先只是观察您所描绘出来的线。两者互相促动，一方促使另一方进入经验的广阔和清晰之中。两者可以为唤起"精神的充沛力量"(第 33 页)提供助力，而这种力量是一种对线的穿越所需要的。

为了看到处于其完成阶段的虚无主义，我们必须深究虚无主义运动的行动。如果对这种行动的描述作为描述本身参与了这种行动，那么，此种描述就特别地鞭辟入里。但由此，描述也就陷于一种非同寻常的危险之中，而且面临一种十分广大的责任。凡以此方式参与其中者，他的责任就必须聚集于这样一种回答，[①]这种回答起于一种在虚无主义的最大可能的可疑性范围内的不懈追问，并且作为

① 在此语境中，中译文未能显示"责任"(Verantwortung)与"回答"(Ant-wort)的词根联系。——译者注

对这种可疑性的应合(Ent-sprechung)而被采纳和传布。

大作《劳动者》(1932 年)描述了第一次世界大战后那个时期的欧洲虚无主义。它是从您的论文《总体动员》(1930 年)中发展出来的。《劳动者》属于尼采所讲的"积极的虚无主义"时期。这部著作的行动曾经在于,并且——以变化了的功能——仍然在于:它根据劳动者形象揭示了一切现实事物的"总体劳动特征"。这样,起初只是欧洲的虚无主义,就在其全球性趋势中显现出来了。可是,没有一种自在的描述能够显示出自在的现实之物。任何一种描述越是鲜明,就越是确定地以其特殊方式在某个特定的视界中活动。观看方式和视界——您说"透镜"(Optik)——听命于人的那种根据对存在者整体的基本经验而作的表象。但是,在您之前 390
已经发生了一种对存在者如何"存在"(ist)的情况的澄明(Lichtung),而这种澄明绝不是人就能制作出来的。那种承荷并且贯穿着您的表象和描绘活动的基本经验,是在第一次世界大战的技术装备战中形成的。对您来说,存在者整体却显示在尼采以价值论形式所解释的权力意志之形而上学的光亮和阴影中。

1939 年至 1940 年的那个冬季,在一个由大学教师组成的小圈子里,我对大作《劳动者》做了讲解。人们当时很惊异,发现几年前就已经有了这样一本目光敏锐的著作,而我们自己却尚未学会大胆一试,以《劳动者》的透镜去观察当前并且作全球性的思考。人们感到,甚至对世界历史的普遍历史学的考察也不足以做到这一点。当时,人们热衷于阅读大作《在大理石危岩上》①,但在我看

① 恩斯特·荣格尔写于 1939 年的作品。——译者注

来，这种阅读并不带有足够广阔的视野，也即全球性的视野。不过，人们也并不吃惊：一种讲解《劳动者》的尝试受到了监视，并且最终受到了禁止。因为，权力意志本质上就不让它所占取的现实事物在它本身所是的**那种**现实性中显现出来。

请您允许我在这里复述一下我在上述讲解试验中做的一个笔记。之所以要这样做，是因为我希望自己在这封信中能够更清楚、更自由地说出某些事情。这个笔记如下：

“恩斯特·荣格尔的《劳动者》之所以有分量，是因为它以一种不同于斯宾格勒的方式，完成了迄今为止一切尼采研究文献所未能做出的事情，即：根据尼采对作为权力意志的存在者的筹划来促成一种关于存在者及其存在方式的经验。当然，由此并没有在思想上理解了尼采的形而上学；甚至连达到那里的途径也没有得到指点；相反地，这种形而上学没有在真正意义上变得可疑可问，而是变得不言自喻，并且显得多余。”

391 您会看到，这个关键问题是在某个方面进行思考的，而对这个方面的追踪绝不属于《劳动者》所实施的描述的任务范围。今天，人人都看到并且说着您的描述所洞察到的和首次表达出来的许多东西。此外，拙著《技术的追问》还从大作《劳动者》的描述中获得了一种持续的推动。关于您的描述，这里我要做一个评语：它们并非仅仅描写一个已知的现实事物，而是要让人理解一种“新的现实性”，在此“重要的并不是一些新的观念或者一个新的体系……”（《劳动者》，前言）。

即使在今天，您的道说成果也还集中在完全被理解了的“描述”中——如何可能不是这样呢？可是，引导这种描述活动的透镜和视界，却不再或者尚未像从前那样相应地得到规定。因为您现在不再参与那种积极的虚无主义的活动了，而甚至在《劳动者》一书中，这种活动也已然是根据尼采的意思而在一种克服（Überwindung）的方向上被思考的。但这里所谓的不再参与却绝不就意味着：处身于虚无主义之外；尤其是当虚无主义之本质绝不是什么虚无主义的东西，而且这个本质的历史较之于历史学上可确定的不同形式的虚无主义阶段更老、并且也始终更年轻，这时候，情形就更是如此了。因此一故，大作《劳动者》以及随后创作的、更加向前跃进的论文《论痛苦》（1934 年），也不属于虚无主义运动已做出的行动。相反地，在我看来，这些著作是**永久的**，因为，只要它们说着我们这个世纪的语言，那么，在这些著作中就能重新燃起那种还绝没有完成的对虚无主义之**本质**的分析。

当我写下这些话的时候，我想起我们在四十年代末的一次对话。当时我们行走在一条林间小道上，我们在一条林中路的分叉处停了下来。那当儿，我鼓动您把《劳动者》不加修改地再版一下。392
您只是犹犹豫豫地采纳了我的建议，原因不在于这本书的内容，而是关系到它再版的适当时机。我们关于《劳动者》的对话中断了。我自己当时也没有十分专心地对我这个建议的理由加以充分清晰的表述。到现在，也许时机已经变得更成熟了些，可以对此做些说明了。

一方面，虚无主义运动以其全球性的、吞噬一切的和多形态的不可抑制性而变得更为公开了。在今天，没有一个明眼人还想否认，具有最多样的和最隐蔽形态的虚无主义乃是人类的一个“常态”（参看尼采：《权力意志》，第 23 条）。那些针对虚无主义的一味地反动的(re-aktiv)的尝试最好不过地证明了这一点。这些尝试没有致力于对虚无主义之本质的分析,而是对以往的东西做修修补补。它们在逃遁中寻求拯救,也即逃避那种对人的形而上学位置的可疑问性的洞见。甚至当人们表面上放弃一切形而上学,并且用逻辑斯谛、[①]社会学和心理学来取而代之的时候,这种逃遁亦蜂拥而来。这里先行突现的知识意志及其可控制的总组织指示着强力意志的一种提高,后者与被尼采称为积极的虚无主义的那种提高是完全不同的。

另一方面,您自己的创作和追求眼下正在寻思,如何帮助人们摆脱完成了的虚无主义的区域,而您又没有放弃《劳动者》一书从尼采的形而上学出发开启出来的那个视角的基本轮廓。

在《关于线》中(第 36 页),您写道:“总体动员进入了一个时期,这个时期在威胁性方面还超出了过去那个时期。德国人当然不再是这种总体动员的主体,而且由此产生出一种危险,即德国人被理解为这种总体动员的客体。”即使到现在,您也还合理地把总
393 体动员视为现实的一个突出特征。但是,现在对您来说,现实之现实性不再由“**力求**总体动员的**意志**(重点号为引者所加)”(《劳动者》,第 148 页)来规定,而且这种意志也不再能被看作那种为一切作出辩护的“意义赋予”(Sinngebung)的唯一源泉。因此,您写道(《关于线》,第 30 页):“毫无疑问,我们的持存物(Bestand)(按照第 31 页上的说法,这就是‘个人、作品和设置’)作为整体越过临界线而运动。危险和安全因此而发生改变。”在线的区域里,虚无主

① “逻辑斯谛”(Logistik),即现代数理逻辑、符号逻辑。——译者注

义趋近于它的完成。唯当“人类的持存物”走出完成了的虚无主义的领域，这个持存物之整体才能穿越这条临界线。

据此看来，一种对线的探讨必须追问：哪里有虚无主义的完成？答案似乎是明摆着的。当虚无主义抓住了一切持存物并且处处露面时，当虚无主义已成为常态从而无物能声称自己是例外时，虚无主义就完成了。但在常态中**实现**的，只是完成而已。常态是完成的一个结果。完成(Vollendung)是指虚无主义的一切本质可能性的聚集(Versammlug)，而虚无主义的一切本质可能性在整体和个体中始终是难以看穿的。只有当我们回头思到虚无主义的本质时，我们才能思及虚无主义的本质可能性。这里我之所以说“回头”，乃是因为虚无主义的本质持存于个别的虚无主义现象之前，并把这些现象聚集到完成之中。可是，虚无主义的完成并不就是它的结束。随着虚无主义的完成，虚无主义的结束阶段才刚刚**开始**。这个结束阶段的区域也许非常地广阔，因为它完全是受一个常态及其固定过程所支配的。所以，完成变为结束的那条零度线，说到底还是根本不可见的。

那么，一种对线的穿越的前景又如何呢？人类的持存物已经在 trans lineam[超越线]的过渡之中，还是才刚刚踏上这条线的广 394
阔前沿区？但也许，我们也正在为一种不可避免的幻象所迷惑。也许这条零度线正以一种全球性灾难的形式突兀地出现在我们面前。这时候，谁还穿越这条线呢？而且灾难又能何为呢？两次世界大战既没有阻止虚无主义运动，也没有使之偏离它的方向。您关于总体动员所讲的话(第 36 页)恰恰证实了这一点。现在，临界线的情形又如何呢？无论如何，一种对临界线之位置的探讨能唤

起人们去沉思：我们是否并且在何种意义上可以想到一种对这条线的穿越。

光是想在与您的通信对话中 de linea[关于线]有所言说的尝试，就碰到一个特有的困难。其原因就在于，您在对线的“超越”(Hinüber)中，也即在线的这边和那边的空间中，说着相同的语言。表面看来，通过对线的穿越，虚无主义的立场已经以某种方式被放弃了，但实际上，**虚无主义的语言还保持下来了**。在这里，我所讲的语言不是指单纯表达手段，后者可以像一件伪装那样卸下来并且更换掉，而那种被表达的东西并没有为此而被触动。在语言中首先显现和现身的东西，乃是我们在运用关键语词时看起来仅仅事后陈述出来的那种东西，并且是在这样一些表达中陈述出来的那种东西——而关于这些表达，我们认为它们是可以随意被放弃和由其他表达来替而代之的。在我看来，《劳动者》中的语言揭示出这些表达的主要特征，最可能是在这部著作的副标题中揭示出来。这个副标题叫做：“支配和形态”(Herrschaft und Gestalt)。它标志着这部著作的基本轮廓。所谓“形态”，您首先是在当时的格式塔心理学意义上来理解的，把它理解为“一个大于其部分之总和的整体”。人们或许会认为，这种对形态的描绘始终还——因为通过“大于”和“总和”——依赖于求和的(summative)
395 表象活动，并且使有形态的东西(das Gestalthafte)本身变得不确定。但其实，您赋予形态以某种神圣的地位，并由此而合理地把它与“单纯理念”分离开来。

现代人是在主体的 perceptio[知觉]、表象意义上来理解这里所讲的“理念”(Idee)的。另一方面，即使对您来说，形态也依然只

有在一种观看中才可获得。这就是被希腊人称为 ἰδεῖν 的那种观看。柏拉图用这个词来表示一种观(Blicken),这种观不是观察感官可感知的可变事物,而是观察不变的东西,即存在,ἰδέα[相]。连您也把形态称为“静止的存在”。诚然,形态不是现代理智中的“理念”,因而也不是康德意义上的理性的规整性表象。对于希腊思想来说,静止的存在始终完全区别于(即 different)可变的存在者。于是,从存在者向存在看,存在与存在者之间的这种差异便显现为超越(Transzendenz),亦即显现为超—物理的东西。[①] 不过,这种区分并不是绝对的分离。它根本就不是绝对的分离,以至于我们可以说:在场者(存在者)就是在在场(存在)中被产生出来的,但这种被产生却并不是一种有效的因果性意义上的被引发。产生者(das Her-vor-bringende)偶尔被柏拉图看作烙印者(das Prägende)(τύπος)(参看柏拉图:《泰阿泰德篇》,192a,194b)。您也把形态与它所“构形”的东西的关系看作印章与烙印的关系。当然,您现在也把烙印理解为一种赋予,即把“意义”赋予给无意义的东西。形态乃是“赋予意义之源泉”(《劳动者》,第 148 页)。

我从历史角度指明形态、ἰδέα[相]与存在的共属一体性,并不是想对您的著作作历史学上的清算,而是意在表明:**您的著作始终在形而上学中安家**。按照形而上学,一切存在者,变化的和运动的、活动的和被动员的存在者,都是从一个“静止的存在”出发而被表象的,甚至在黑格尔和尼采那里也还是如此,在他们那里,“存

① 这里的“超—物理的东西”(das Meta-Physische)或可译为“形而上的东西”,前缀 Meta-有“超越”之义。——译者注

在”(即现实之现实性)被思考为纯粹的变易和绝对的动荡。形态乃是“形而上学的权力”(《劳动者》,第113、124、146页)。

396 但从另一角度来看,《劳动者》中的形而上学表象区别于柏拉图的形而上学表象,甚至区别于近代的形而上学表象(尼采是其中的一个例外)。赋予意义的源泉、事先现存并因而烙印一切的强力,乃是作为某一种人类之形态的形态,即:“劳动者形态”。这个形态基于某种人类的本质构架中,这种人类作为一般主体[①]乃是一切存在者的基础。并非某个具体个人的自我性(Ichheit),并非利己性(Egoität)的主体因素,而是某个人种(类型)的预先构形的形态性现存(vorgeformte gestalthafte Praesenz),才构成那种极端的主体性,即那种从近代形而上学之完成过程中产生出来、并且通过这种形而上学的思维而如此这般地生成的极端主体性。

在劳动者形态及其支配地位中,已经见不到人之本质的主观的主体性,更不用说人之本质的主观主义的主体性了。对劳动者形态的形而上学的观看,吻合于在强力意志的形而上学范围内对查拉图斯特拉之本质形态的筹划。那么,在一般主体(即存在者之存在)的客观主体性的这种显现中隐藏着什么呢?——这个一般主体被认为是人之形态,而不是某个个别的人。

把人之本质的主体性(不是主观性)说成是任何一个一般主体(任何一个在场者)的客观性的基础,这种说法从所有方面来看,似

---

① “一般主体”(Subiectum)区别于“主体”(Subjekt),前者是在希腊的ὑποκείμενον[基体、主体]意义上讲的,并非近代主体形而上学意义上的作为自我(ego)的主体。为区别起见,我们把Subiectum译为“一般主体”。——译者注

乎都是悖谬的和虚假的。这样一种假象的原因在于，我们几乎还没有开始追问，在近代形而上学范围内，一种把查拉图斯特拉表象为形态的思想为什么是必然的，并且以何种方式是必然的。人们对此常做的回答是：尼采的思想已经不幸地陷入诗作（Dichten）之中了。这种回答本身就是对运思着的追问的放弃。但在这里，我们甚至无需回想到康德的范畴之先验演绎就可以看到，当我们把形态看作赋予意义之源泉时，其中的关键问题就是对存在者之存在的**合法化**（*Legitimation*）。倘若有人说，这里，在一个世俗化的世界中，人作为存在者之存在的发动者取代了上帝的位置，这实在 397
是一种过于粗糙的说法了。当然，人之本质也参与其中，这是毋庸置疑的。但人的本质（这里“本质”作动词解）、“人的此在”（参看拙著《康德和形而上学问题》，第一版 1929 年，第 43 节）不是什么人性的东西。要使人之本质的 idea［理念］能够达到这样一种东西的地位，这种东西已然构成一切在场者的基础，它作为现存（Praesenz）首先允许一种在存在者中的“再现”（Repräsentation）、并因此使存在者**作为**存在者而“合法化”，那么，人首先就必须在一个决定性的奠基者意义上被表象出来。但这是对何而言的决定性呢？是对在其存在中的存在者的保证而言的决定性。如果事关对存在者的保证，那么，“存在”在何种意义上显现出来？在随时随地可确定的东西意义上，亦即在随时随地可表象的东西意义上。笛卡尔在如此理解存在时，是在有限的人的 ego cogito［我思］中发现一般主体之主体性的。形而上学的人的形态显现为赋予意义之源泉，这是那种把人之本质设定为决定性的一般主体的做法的最终结果。因此，基于那种我们可以称之为超越的东西中的形而上学

的内在形式就发生了变化。这里所谓的超越在形而上学范围内由于种种本质原因而是多义的。如若不注意这种多义性，就会有一种无可救药的混乱蔓延开来，这种混乱可以被视为今天依然流行的形而上学表象的标志。

超越首先是在存在者与存在之间的一种从存在者出发向存在过渡的关系。但同时，超越也是那种从可变的存在者通向静止的存在者的关系。最后，与"至高无上者"(Excellenz)这个名称的用法相合，超越还意味着那个最高存在者本身，这个最高存在者也被称为"存在"，从中产生出一种与前述的含义的奇特混合。

我何以要指明这些今天被人们过于粗糙地对待、也即在其差
398 异性和共属一体性方面几乎没有被深思过的区别，以此来使您厌烦呢？我这样做，是为了由此出发来表明：如果在超越的区分领域中，人之本质的形态作为赋予意义之源泉而显现出来，那么，形而上学的超—物理的东西，即超越，究竟会如何变化。超越(Transzendenz)，在多样意义上被理解的超越，转身返回到相应的回越(Reszendenz)之中，并且消失在这种回越之中。如此这般形成的通过形态的回越(Rückstieg)是这样发生的：形态的现存再现出自身，在其烙印过程所烙印的东西中重又变成在场着的。劳动者形态的现存乃是强力。而现存之再现是劳动者的作为"新型的和特殊的强力意志"的支配地位(《劳动者》，第70页)。

您在作为现实之现实性的总体特征的"劳动"(Arbeit)中，经验和认识到了这种新型的和特殊的东西。由此就使得在强力意志之光亮中的形而上学表象更为确定地从生物学的—人类学的区域中转出来了，而这个区域曾经十分强烈地扰乱了尼采的道路，这一

点可以为诸如下面这一段笔记所证明：“这时候（在相同者的永恒轮回的学说传布之时）哪些人将证明自己是**最强者**？……——是这样一些人，他们**能够对自己的权力充满确信**，并且带着自觉的骄傲再现出**所获得的**力量”（尼采：《权力意志》，第 55 条结尾）。“支配”（《劳动者》，第 192 页）“在今天只有作为劳动者形态的再现才是可能的，这种再现具有全球性的有效性”。在最高的并且贯穿于一切动员的意义上的“劳动”，乃是“劳动者形态的再现”（同上书，第 202 页）。“而劳动者形态开始穿透世界的方式，就是总体的劳动特征”（同上书，第 99 页）。稍后还有一句话几乎与此同义：“技术就是劳动者形态动员世界的方式。”（第 150 页）

紧靠此句前面有这样一个决定性的评论：“为了拥有一种与技
术的现实关系，人们就必须是某种多于技术专家的东西。”（同上 399
书，第 149 页）我只能这样来理解这句话：您所说的“现实的”关系是指真实的关系。那种与技术之本质相符合的东西就是真实的。通过直接技术上的成就，亦即通过各个特殊的劳动特征，是绝不能达到这种本质关系的。这种本质关系基于与总体的劳动特征的联系中。而如此这般被理解的劳动与权力意志意义上的存在是同一的（同上书，第 86 页）。

从中可以得出何种对技术的本质规定呢？技术乃是“劳动者形态的象征”（同上书，第 72 页）。“作为通过劳动者形态对世界的动员”（同上书，第 154 页），技术显然建基于那种倒转，即把超越倒转为劳动者形态之回越，由此，劳动者形态的现存便自行展开到其权力的再现中。正因为这样，您才能说（同上）：“技术……就如同任何一种信仰的毁灭者，同样也是迄今为止出现过的最坚决的反基督的强力。”

大作《劳动者》已经通过它的副标题“支配与形态”，先行标画出那种从整体上显露出来的全新的权力意志之形而上学的基本特征，因为这种权力意志现在已经普遍地和完全地作为劳动而呈现出来。在初读这部著作的时候，就有一些问题触动我了，直到今天，我也还必须把这些问题提出来：劳动之本质是从何处得到规定的？是从劳动者形态中得来的么？如若不是劳动之本质贯穿并支配着劳动者形态，那么，这个形态是通过什么而成为这种劳动者形态的？这个形态是从劳动之本质中获得其人类的现存的吗？您赋予形态及其支配以崇高的地位，在这个崇高地位上的劳动和劳动者的意义是从何而来的呢？这种意义的产生是不是由于劳动在这里被思为权力意志的一个烙印了？这种特殊化根本上源自技术之本质，即源自“作为通过劳动者形态对世界的动员”的技术之本质
400 么？最后，如此这般被规定的技术之本质还指引着一个更为源始的领域么？

人们或许会过于轻率地指出，在您对于总体的劳动特征和劳动者形态的关系的阐述中，有一个循环缠绕着处于相互联系中的规定者（劳动）和被规定者（劳动者）。我并不想利用这种说法来证明一种非逻辑的思维，而是把它视为一个标志，标明在这里始终有待思考的是某个整体的圆——当然是在这样一种思想中，对于这种思想来说，一种以无矛盾性为尺度的“逻辑学”永远不能成为标准。

不久前，在慕尼黑做完演讲（《技术的追问》）之后，我就曾想向您端出上面提出的这些问题。如果我像当时那样来理解这些问

题，那么，这些问题就会获得更为鲜明的可疑问性。如果技术是那种通过劳动者形态对世界的动员，那么，它就是通过这种特殊人类的权力意志的有所烙印的现存（die prägende Praesenz）而发生的。在现存和再现中，显示出那个在西方思想中作为存在而自行揭示出来的东西的基本特征。自希腊文化的早期时代直至我们这个世纪的晚期时代，"存在"（Sein）都意味着：在场（Anwesen）。任何一种现存和呈现都来源于在场状态之本有事件。[①] 但是，"权力意志"作为现实之现实性，却是存在者之"存在"的一种显现方式。劳动者形态本身从"劳动"中获得意义，而这种"劳动"是与"存在"同一的。这里依然有待思索的事情是：是否以及在何种意义上，"存在"之本质于自身中就是那种与人之本质的关联（参看拙著：《什么叫思想？》，第 73－74 页）。倘若"存在"之本质就是这样一种关联，那么，在形而上学上理解的"劳动"与"劳动者"之间的关系就必定建立在这种关联中。在我看来，下面的问题几乎不再能够回避了：

我们能够更为源始地就其本质渊源来思考作为形态的劳动者形态，来思考作为 εἶδος［爱多斯、形式］的柏拉图的 ἰδέα［相］么？如若不能，那么，是哪些原因阻碍着我们做这种思考，并且要求我 401
们放弃这种思考，而简单地把形态和 ἰδέα［相］看作对我们而言的

① "在场状态之本有事件"（Ereignis der Anwesenheit）或可译为"在场状态之本有"。其中的 Ereignis 属于后期海德格尔思想的"基本词语"，形成于 1936－1938 年的手稿《哲学论稿》（《全集》第六十五卷，1989 年出版）。在五六十年代的《在通向语言的途中》、《同一与差异》以及《面向思的实事》等著作中，海德格尔对 Ereignis 更有深思。此词多义而难以形成定译。在本书中，此词更多地出现在"作者边注"中，我们一般译之为"本有"。——译者注

最终之物和自在的最先之物？如若能够，那么，对 ἰδέα[相]和形态之本质渊源的追问可以通过哪些途径来进行呢？一般地讲来，形态之本质产生于我所谓的集置[①]的渊源领域吗？ἰδέα[相]之本质渊源因此也属于这同一个领域，也即与它相近的形态之本质从中得以产生的那个领域么？或者，集置只是一种人类的形态的一个功能而已？倘若是这样，则存在之本质，尤其是存在者之存在，就依然是人类表象的一个制作物。欧洲思想持此意见的那个时代，还在我们身上投下了最后的阴影。

初眼看来，关于形态和集置的问题依然是一些古怪的考虑。不应强求任何人接受这些考虑，尤其是因为这些考虑本身还在暂先状态中费尽心计。在眼下这封信中，这些问题也不是作为您在《劳动者》中必定已经提出的问题而被端出来的。要求《劳动者》提出这些问题，这就意味着对这部著作的风格的误识。这部著作职责在于：着眼于现实之总体的劳动特征来解释现实，而且，这种解释本身就分有这种特征，并且昭示出在这个时代里的一位作家所具有的特殊的劳动特征。因此，在该书结尾处的“梗概”中（第 292 页注）有这样几句话：“请注意，所有这些概念（形态、类型、有机构造、总体的）都是为了便于把握才出现的。对我们来说重要的不是这些概念。它们是用来把捉某种不顾并且远离任何概念而持存的

① “集置”（Ge-Stell）是海德格尔生造的一个词语，他以此词来规定技术之本质。从字面上，海德格尔显然是要借“集置”突出现代技术与“表象”（Vorstellen）、“订造”（Bestellen）、“制造”（Herstellen）和“摆置”（Stellen）等词语的联系。汉语学界中，也有人译之为“座架”、“框架”、“构设”等。可参看海德格尔：《演讲与论文集》，特别是其中的“技术的追问”一文。——译者注

现实性的劳动尺度。一旦这些概念被用过之后，我们就立即可以忘掉它们或者把它们撇在一边；读者务必通过这种描述来透视，就像通过一个透镜系统来透视一样。”

在此期间，在读您的著作时，我时时关注着这个“请注意”，并且问我自己：是否对您来说，概念、语词含义，而且首先是语言，只可能是一个“透镜系统”？是否有一个自在的现实与这些系统相对 402
立，而这些系统宛若被拧接在这个现实上的仪器，可以重新被卸下来，也可以用其他的仪器来替换它们？难道在“劳动尺度”的意义中不是已经包含着这样一回事情：它一同规定着现实，规定着一切现实事物的总体劳动特征，向来只是像它本身已经受这个劳动特征的规定那样来规定的？当然，概念是为了把握才出现的。[①] 不过，现代的对现实事物的表象，即这种把握自始就在其中进行的对象化(Vergegenständigung)，往往都是一种对现实事物的进攻(Angriff)，因为现实事物受到促逼，被要求在表象性把捉(der vorstellende Griff)之视野中显示出来。这种促逼(Herausforderung)在现代和当代的把握范围内造成了这样的后果，即：被把握的现实突然地、而起初长期未被注意地转入反攻(Gegenangriff)，现代自然科学虽然有康德却还是突然对这种反攻大吃一惊，并且不得不首先通过自己在科学进程内的种种发现，使自己把这种惊异当做一种可靠的认识来加以了解。

当然，从康德对物理学的自然认识的先验解释中，是绝不能直

① 德文名词“概念”(Begriff)与动词“把握”(Begreifen)有着字面及意义联系，中译文未能显示之。——译者注

接推导出海森堡的测不准关系的。但同样地，这种测不准关系在任何时候都是不能被表象出来的，亦即被设想出来的——如果这种表象没有首先回溯到主体—客体关系的先验领域中去的话。当这种表象首先回溯到主体—客体关系的先验领域中去时，才能开始追问那种对存在者之对象化的本质渊源，亦即说，才能开始追问“把握”(Be-greifen)的本质。

可是，在您那里和在我这里一样，问题甚至并不只在于一门科学的概念，而倒是在于诸如形态、支配、再现、强力、意志、价值、保证之类的基本词语，在于现存(即在场)和无，这种无作为不在场(Absenz)而使现存中断(即“无化”)，但从不毁灭现存。无“无化”(das Nichts “nichtet”)，就此而言，无倒是证实自己是一种别具一

403 格的现存，无把自己当作这种现存本身掩盖起来。在上述基本词语中，起支配作用的是一种不同于科学陈述的道说。尽管形而上

学的表象也有其概念，但这些概念不仅仅是在普遍性程度上有异于科学的概念。康德首先充分清晰地看到了这一点(参看康德：《纯粹理性批判》，A843，B871)。形而上学的概念本质上乃是另一种概念，因为它们所把握的东西以及这种把握本身始终在一种源始的意义上保持不变。因此，在思想的基本词语领域中，更不可漠然处之的是：人们是遗忘这些基本词语，还是继续不加检验地使用它们，尤其是在那些地方使用它们——在那里，我们应当走出一个区域，您所指出的那些“概念”就在这个区域中言说决定性的东西，这也就是完成了的虚无主义的区域。

大作《关于线》讨论了作为“基本力量”的虚无主义(第66页)；它提出了关于未来的“基本价值”的问题(第36页)；它又指出了

“形态”，“包括劳动者形态”(第 47 页)。如果我看得不错，这里所
谓“劳动者形态”已经不再是“其中蕴涵着宁静”(同上)的唯一形态
了。您倒是说(第 15 页)：虚无主义的力量领域乃是这样一种领
域，在那里，“人的丰富显现付诸阙如”。莫非劳动者形态其实是那
种其中还隐藏着丰富显现的“全新的”形态么？即便对那个被穿越
的线的领域来说，关键也在于“保证”。甚至到现在这时候，痛苦也
仍然是试金石。“形而上学因素”(das Metaphysische)也在新的
领域中运作。在这里，“痛苦”(Schmerz)这个基本词语还是根据
您在《论痛苦》一文中所界定的那种含义来讲的吗？还是根据那种
使“劳动者”的位置最广泛地推进了的含义来讲的吗？即便在线的
那一边，形而上学因素也保持着与在《劳动者》中一样的意义，即
“合形态的东西”的意义吗？或者，对一个人类本质的形态的再现，
作为过去唯一的对现实事物的合法化的形式，现在已不复存在，取
而代之的是那种向一个非人性的、而是神性的“超越者”(Tran- 404
szendenz)和至高无上者的“超越”(Transzendieren)？在一切形
而上学中起支配作用的神学因素得到显露了吗？(《关于线》，第
32、39、41 页)。在我看来，当您在《沙漏书》一书(1954 年)第 106
页上说“形态在痛苦中经受考验”的时候，您还保持着您的思想的
基本结构，但却让“痛苦”和“形态”这两个基本词语在一种变化了
的、而尚未得到专门解释的意义上来说话了。或者，是我弄错了
么？

现在或许可以来探讨一下您的论文《论痛苦》，并把“劳动”与“痛苦”之间的内在联系揭示出来。这个联系指示着那些形而上学关联，即从大作《劳动者》的形而上学位置出发向您显示出来的那

些形而上学关联。为了能更清楚地描画出那些承荷着“劳动”与“痛苦”之联系的关联，最为必需之事莫过于对黑格尔形而上学的基本特征作透彻的思考，对《精神现象学》和《逻辑学》的统一体作透彻的思考。黑格尔形而上学的基本特征，是“绝对否定性”，就是作为现实之“无限力量”、即“实存概念”之“无限力量”的“绝对否定性”。在同一的（而非相同的）对否定之否定的归属状态中，劳动和痛苦展示出它们最内在的形而上学上的亲缘性。我们指出这一点，就已经足以说明：这里需要哪一些详尽的探讨才能与实事相符合。如若有人竟大胆冒险，回过头去通过黑格尔的《逻辑学》对作为存在者之基本特征的“劳动”与“痛苦”之间的关联作出透彻的思考，那么，希腊文中的“痛苦”一词，即 ἄλγος，才能够为我们而说话。也许 ἄλγος［痛苦］与 ἀλέγω 相近，而后者作为 λέγω［说、采集］的强化动词意味着亲密的聚集。这样的话，痛苦或许就是最亲密的聚集者了。黑格尔的“概念”（Begriff）这个概念及其得到正确理解的“努力”，就是在绝对主体性之形而上学的有所变化的基地上言说这个同一者（das Selbe）的。

405 您由其他一些途径被引导入劳动与痛苦之间的形而上学关联中，这一点极好地证明了：您如何试图以您的形而上学表象的方式来倾听从那些关联而来才可听闻的声音。

那种标画出对线的穿越的思想的基本轮廓，是以何种语言来说话的呢？强力意志的形而上学语言，形态的和价值的语言，应当穿过临界线而被保存下来吗？如果形而上学的语言和形而上学本身，无论它是活的上帝的形而上学还是死的上帝的形而上学，作为形而上学根本上构成了那种界限，阻碍着一种穿过线的过渡，亦即阻碍着对虚无主义的克服，那又如何呢？倘若情形果真如此，那么，难道对线之穿越就未必成为一种道说（Sagen）的转变，就未必要求一种与语言之本质的变化了的关系么？而且，您本人与语言的关联不是具有这样一种特性，即它也要求您对科学的概念语言作出另一种刻画么？如果说人们往往把这种语言表象为唯名论，那么，人们就始终还被卷入关于语言本质的逻辑的和语法的观点之中了。

我以问题形式写下所有这一切；因为在我看来，今日之思想只能对上述问题所引发出来的东西进行不懈的思索，此外别无作为。也许有一天，虚无主义之本质会通过其他一些途径，在一道更为明亮的光线中更清晰地显示出来。在此一前，我只能满足于这样一种猜度：我们只有事先开辟一条通向对存在之本质的探讨的道路，以此方式来沉思虚无主义的本质。只有在这条道路上，无之问题才能得到探讨。**不过，如果由于形而上学的表象阻止人们去思考存在之本质的问题，因而存在之本质的问题并不放弃形而上学的语言，那么，这个问题就将渐渐枯衰下去。**

对那种沉思存在之本质的道说的改变有着不同的要求，不同 406
于对旧术语的更换，这一点可以说是明白无疑的。进行这种改变道说的努力也许还会长期地劳而无功，但这绝不是放弃这种努力的充分理由。在今天，人们尤其容易受到这样一种诱惑，就是按照计算和规划活动的速度来估价思想的谨慎，而计算和规划活动通过经济成就在每个人那里直接表明了它们的技术发明的合理性。对思想的这种估价以一些与思想格格不入的标准来苛求思想。同时，人们向思想提出这样一种傲慢的要求，就是要求它知道谜底并

且带来疗救。与此相反，您指出，有必要让一切依然完好无损的力量源泉流动起来并且使每一个救助都发挥效用，以便能“在虚无主义的旋涡中”经受考验，您的这一见解理当得到完全的赞同。

但在这方面，我们不可小视对虚无主义之**本质**的探讨，仅仅由于以下原因便不可小视这种探讨：虚无主义竭力想伪装它自己的本质，并由此来逃避那种决定一切的辨析。唯有这种辨析才能帮助人们去开启并且扩展一个自由的领域，在这个领域中，人们才能经验到您所谓的“一个全新的存在之转向”(《关于线》，第 32 页)。

您写道：“线得以被穿越的那个瞬间带来一个全新的存在之转向，现实存在的东西随之开始闪烁。”

这话易读但却难思。我首先要问，是否倒是相反，全新的存在之转向才带来适合于线之穿越的瞬间。这个问题似乎仅仅颠倒了您的这句话。但单纯的颠倒往往是一种棘手的做法。它想提供的答案依然缠绕于它所颠倒的问题中。您的这句话说：“现实存在的
407 东西”，即现实之物，也就是存在者开始闪烁，因为存在发生了新的转向。因此，我们现在要更合适地问，是否“存在”是某种自为的东西，并且是否它此外常常也转向人。也许这种转向本身——但却以隐蔽的方式——就是我们十分尴尬地和不确定地称之为“存在”的那种东西。不过，这样一种转向不也还以一种奇特的方式——也即以“存在”自行回避并且隐匿入不在场之中这样一种方式——发生在虚无主义的支配地位之下么？但回避(Abwendung)和隐匿(Entzug)并非一无所有。它们几乎更为紧逼地支配着人，拽开他，吸住他的所求所为，并且最终把他吸入那个自行隐匿的涡旋之中，结果，人就可能以为他所照面的只还不过是他自身而已。而实

际上，人的自身（Selbst）无非只是一种在您所说的总体劳动特征的支配地位中对他的绽出之实存（Ek-sistenz）的消耗。

无疑，当我们充分关注存在之转向和回避时，这种转向和回避绝不能被表象出来，就仿佛它们只是有时候并且短暂地触及人似的。毋宁说，人之本质倒是在于，它总是这样或那样地在转向和回避中持留和安居。如果我们在言说“存在”之际撇开那种**向着**人之**本质**的在场（An-wesen），并且因此而误认为，这个本质本身一道构成了“存在”，那么，我们就始终**太少地**言说到“存在本身”。如果我们在言说“存在”（而不是人之存在）之际把自为的人设定起来，然后才把如此被设定之物带入一种与“存在”的关系中，那么，我们始终也对人言说得**太少**。但是，如果我们以为存在是包罗万象者，同时仅仅把人表象为其他存在者（植物、动物）中间的一个特殊的存在者，并且把这两者置入关系之中，那么，我们对存在也就言说得**太多**了；因为，在人之本质中已经包含着那种关系，即与那个通过关联——在使用或需要意义上的关涉①——而被规定为“存在”，并且由此而从其所谓“自在自为”中获取的东西的关系。关于“存在”的谈论把表象从一种窘境驱赶到另一种窘境中，而这种无 408
计可施的情况的源泉却又无从显示。

然而，如果我们不是故意地把早已被思的东西即主体—客体关系置之度外，那么，一切就似乎会立即进入最佳状态。主体—客体关系说的是，每一个主体（即人）都包含着一个客体（即存在），反

① 海德格尔喜欢在“使用”、“需要”（Brauchen）意义上来理解德文的“关联”、“关涉”（Bezug，Beziehen）。特别可参看海德格尔：《在通向语言的途中》，商务印书馆 1997 年，第 102—104 页。——译者注

之亦然。确实如此；只要这个整体——关系、主体、客体——并非已经建立在我们十分不充分地把它当作存在与人之间的关系来表象的那个东西的本质之中。主体性和客体性已经建基于“存在”和“人之本质”的一种特有的可敞开状态中。这种可敞开状态（Offenbarkeit）根据对这两个作为主体与客体的东西的区分来确定表象。这个区分从此就被视为绝对的区分，并且把思想引入绝境。一种对“存在”的设定，即一种想根据主体—客体关系来命名“存在”的做法，并没有思索它已经忽略了的大可追问的东西。所以，说到底，关于一种“存在之转向”的谈论，始终是一种权宜之计，而且完全是可疑的，因为存在就以转向为基础，以至于这种转向决不可能首先走向“存在”。

在场（“存在”）作为在场有时就是向着人之本质的在场，只要在场是始终呼唤着人之本质的指令。人之本质本身是倾听着的，因为它归属于呼唤着的指令，归属于在场。那么，这个始终同一的东西，亦即呼唤与倾听的共属一体关系，就是“存在”吗？我在说什么呢？如果我们试图透彻地想象“存在”，想象它如何合乎命运地起支配作用，也即把它想象为在场，想象我们只有通过什么途径才能应合于它的命运性的本质，那么，“存在”也就根本不再是“存在”了。这样的话，我们就必须像对待“人”这个名称一样，坚定地放弃“存在”这个个别化的和分离性的词语。关于这两者之间的关系的问题表明自身是不充分的，因为它从未通达那个它想探问的东西
409 的领域。于是，我们实际上甚至不再能够说，“存在”与“人”在它们共属一体这种意义上“是”同一个东西；因为，如果我们如是说，我们就始终还听任两者自为地存在。

但是，我何以要在一封关于完成了的虚无主义之本质的信中，提到上面这些复杂而又抽象的事情呢？一方面，我这是为了说明，道说"存在"绝不比谈论无更容易些；而另一方面，我也是为了再次表明，在这里一切都无可回避地取决于适当的道说，取决于那种Λόγος[逻各斯]，后者的本质是起源于形而上学的逻辑学和辩证法绝不能经验到的。

我们的道说无法与存在相应合，并且始终只是那种被人们过于草率地怀疑为"神秘主义"的东西，其原因是否在于"存在"呢？——"存在"一词眼下暂时是指那个可疑的同一者，存在之本质与人之本质就在这个同一者中共属一体。或者，我们的道说尚未说话，因为它尚未能适应与"存在"之本质的应合，这样一回事情的原因莫非就在于我们的道说么？在穿越线的瞬间，也即在跨越完成了的虚无主义的临界区域时，道说者可以随意决定用哪一种基本词语的语言来说话么？如果这种语言是普遍可理解的，这就够了么？或者，在这里起支配作用的是其他一些规律和标准，它们与虚无主义的全球性完成过程的世界历史性瞬间以及对虚无主义之本质的分析一样，也是独一无二的么？

上面这些问题对我们来说几乎还没有开始变得如此可疑可问，使得我们能在这些问题中得心应手，并且不再离开它们，哪怕我们面临这样一种危险，即：不得不放弃在形而上学表象意义上的思想的固有习性，并且被指责为蔑视一切健全理性。

上面这些问题在"超越线"的进程中还会显示出一种特别的尖锐性；因为这个进程乃是在无之领域中运动。随着虚无主义的完 410
成，或者至少随着对虚无主义之克服，无也一道消失了吗？也许，只有当虚幻之无的假象不复出现，而一度与“存在”同源的无之本质(das einsther ins “Sein”verwandte Wesen des Nichts)能够到来，并且能够在我们终有一死者那里安顿下来，这时候，才能够达到对虚无主义的克服。

这样一个无之本质从何而来呢？我们必须在哪里寻找这个本质呢？无之位置是何种位置呢？如果我们寻找这个位置并且探讨线之本质，我们就并没有草率地作过多的追问。但是，莫非这是某种不同的尝试，与那种力图完成您所要求的“对虚无主义的一个确切定义”的尝试有所不同的尝试么？看起来，仿佛思想是在一个神秘的圈子中不断地围绕着同一个东西被牵来牵去，或者说被耍来耍去，同时却往往不能接近这个同一者。但也许这个圈子乃是一个隐蔽的螺旋。也许这个螺旋在此期间已经缩小了。这意思是说：我们接近虚无主义之本质的方式和方法发生了变化。适当地被要求的“确切定义”是善意的，这种善意在下面这回事情中获得了证实：我们放弃做定义的意愿，因为这种意愿必须在陈述句中确定下来，而思想就会在这些陈述句中衰亡。然而，如果我们学会关注，关注到在陈述句形式中不可能包含任何随手可得的答复，即关于无、关于存在、关于虚无主义及其本质、关于本质(名词的)之本质(动词的)的任何答复，那么，这一点依然是一个微小的收获，因为它只是一个否定性的收获。

而这一点之所以还是一个收获，是因为我们经验到：“确切定义”的那个对象，即虚无主义的本质，把我们指引到一个要求另一种道说的区域之中。如果“存在”包含着转向，而且“存在”就基于转向中，那么“存在”就消解于这种转向中了。这种转向现在成为

大可追问的东西，从此以后，回到其本质之中并且在其中涌现出来的存在，就被思为这种大可追问的东西了。与此相应，对这个领域的有所运思的前瞻（Vorblick），就只还能够以下面的方式来书写
“存在”，即写成：~~存在~~。[①] 这种打叉涂划首先只是防御性的，也就是 411
为了抵御那种几乎根除不了的陋习：把“存在”表象为一个对立面，一个自为地持立着的、只是偶尔才走向人的对立面。根据这种表象，就有了这样一个假象：仿佛人已经被“存在”排除在外了。然而，实际上，人不仅没有被排除在外，也就是说，人不仅被包含在“存在”之中，而且，“存在”需要人之本质，“存在”依赖于对自为（das Für-sich）假象的抛弃，因此它也就具有另一种本质，而不是想去觉知那种表象，即关于一个包括主体—客体—关系的总体的表象。

诚然，根据上面所述，这个打叉符号不可能是一个纯粹否定性的涂划符号。而毋宁是说，这个符号指示着四重整体的那四个区域，[②]以及它们在打叉位置上的聚集（参阅拙著：《演讲与论文集》，1954 年，第 145—204 页）。

在场之为在场转向人之本质，转向首先在人之本质中才得以

① 海德格尔在此首次使用了所谓“打叉涂划法”，就是把“存在”书写为：“~~存在~~”（~~Sein~~）。此法首先意在防御一种习惯的对象性思维方式，亦表明“存在”之难以言传和难以书写（不可说、不可写）。海德格尔在下文中讲到，或许对“无”（Nichts）也要如是书写。这种书写法后来为法国后结构主义思想家雅各·德里达（J. Derrida）所继承和发展。但海德格尔自己认为，他的这个打叉符号并不是完全消极的和否定性的，而倒是指示着他所思的“四重整体”（Geviert）。——译者注

② “四重整体”（Geviert）的四个区域或地带（Gegende）为“天、地、神、人”。海德格尔亦称这四者为“四方”（das Vier）。“天、地、神、人”四方相互映射的运作，构成所谓的“世界游戏”（Weltspiel）。参看海德格尔：《演讲与论文集》，特别是其中的“筑·居·思”、“物”等文。——译者注

完成，因为人之本质回想着这种转向。人在其本质中乃是存在之记忆（das Gedächtnis des Seins），而其实就是~~存在~~（~~Sein~~）之记忆。这意思是说：人之本质同属于那个东西，即思想在对存在的打叉涂划中根据更原初的指令所要求的那个东西。[①] 在场建基于转向，转向之为转向把人之本质利用到转向中，使得人之本质为转向而挥霍自身。

与~~存在~~一样，我们对无也必须作同样的书写，也就是作同样的思考。这是因为，在无中包含着——并非仅仅作为附加物——那个进行回想的人之本质。所以，如果说在虚无主义中，无以一种特殊的方式达到支配地位，那么，人就不仅仅是被虚无主义所关涉，而且还根本上参与了虚无主义。但这样一来，整个人的“持存物”（Bestand）也就并不处于线的此岸的某个地方，以便能够穿越
412 线，并且在线的彼岸安居于存在之旁。人之本质本身属于虚无主义的本质，并且因此属于虚无主义的完成阶段。作为那样一个被用到~~存在~~中去的本质，人参与构成了~~存在~~之区域，并且同时也参与构成了无之区域。人不仅处身在线的临界区之中。人本身就是这个临界区，并因此就是这条线，但他并非自为地（für sich），而且尤其并非仅仅自因地（durch sich）是这个临界区。无论如何，这条线，这条被思为完成了的虚无主义之区域的标志的线，绝不是像一个可超越的东西那样摆在人面前。而这样一来，一种 trans lineam［超越线］的可能性以及线之穿越的可能性也就失落了。

我们对于“线”思考得愈多，这个直接明了的形象也就消失得

① 1956 年第 1 版：本有（Ereignis）。——作者边注

愈多，而由它所点燃的那些思想却并不因之而丧失其意义。在《关于线》这部著作中，您提供了一种对虚无主义之位置的描写，并着眼于被描写的、通过线这个形象来标识的位置，提供出一种对人的处境和运动可能性的评判。确实，需要有一门关于虚无主义、关于虚无主义的进程及其克服的地形测量学（Topographie）。但是，在这门地形测量学之前，还必须有一门地志学（Topologie）：就是对那样一个位置的探讨，这个位置把存在和无聚集入它们的本质中，规定着虚无主义的本质，并因此使人们认识到那些道路——在这些道路上，一种可能的对虚无主义的克服的各种方式才得以显现出来。

虚无主义在存在与无之间运作之际把它的本质展开出来。那么，存在和无又何所归属呢？在《关于线》这部著作中（第 22 页以下），您把“还原”（Reduktion）称为各种虚无主义思潮的一个主要标志，您说：“剩余（Überfluß）胜利了：人感到自己不仅在经济关系中，而且还在多重关系中是被剥削者。”但您又合理地补充说：“这并不排除这样一点，即它（还原）在很大程度上是与变动不居的力量发挥以及突破力相结合的”，就如同消损（Schwund）“其实也不仅仅是消损”一样（第 28 页）。

这无非是说：在存在者整体范围内发生的导致丰富性和源始 413
性日趋减少的运动，不仅为一种强力意志的生长所伴随，而且还由这种生长所规定。权力意志乃是意求**自身**的意志（Wille, der *sich* will）。作为这种意志、并且在这种意志的秩序中显现出来的东西，就是从存在者出发被表象的那个东西，它早已先行形成，并且以多种方式起着支配作用；这个东西超逾存在者，并且在这种超逾范围内反过来作用于存在者，无论它是存在者的根据，还是存在者的起因。那种在存在者范围内可确定的还原依据于一种存在之生产（Produktion des Seins），也就是依据于权力意志向无条件的求意志的意志（Wille zum Willen）的展开过程。消损，即不在场，是从一种现存出发并且通过这种现存而被规定的。这种现存先行于一切消逝者，超逾一切消逝者。所以，即便在存在者消逝的地方，说到底也不仅只有自为的存在者在起作用，而且首先还有一个它者以决定性的方式在起作用。到处都有那种向存在者返回的超逾（Überstieg），即那种“绝对超越”（transcendens schlechthin）（《存在与时间》，第 7 节），就是“存在者之存在”。超逾就是形而上学本身。现在，形而上学这个名字在这里并不是指一种哲学学说或者哲学学科，而是指：“有”（es gibt）那种超逾（《存在与时间》，第 43 节 C）。超逾是被给予的，因为它被带到其支配作用的道路上了，亦即被发送到其支配作用的道路上了。作为超逾而自行展开出来的东西自有其丰富性和险峻处，这种不可估量的丰富和险峻就被叫做形而上学之（宾语第二格）天命。

依此天命，人之表象本身也变成一种形而上学的表象。关于存在者的形而上学表象尽管可以在历史学上按其顺序而呈现为一个发生事件。但是，这种发生事件（Geschehen）并不是存在之历史，而不如说，存在乃是作为超逾之天命而起支配作用的。“有”（es gibt，）以及如何“有”存在者之存在，这就是上述意义上的形而上学（Meta-Physik）。

即使我们是在对在场者的完全的不（das Nicht）之意义上来
414 意指无，无也在不在场之际作为在场的诸可能性之一而归属于在场。因此,如果无在虚无主义中起支配作用,并且无之本质属于存在,而存在却是超逾之天命,那么,形而上学之本质就显示为虚无主义的本质位置。只有当并且只要当我们把形而上学之本质经验为超逾之天命,我们才能言说这一点。

那么,对虚无主义的克服又基于何处呢?基于对形而上学的经受。[①] 这是一个令人反感的想法。人们试图回避这个想法,因此更没有机会去缓和这个想法了。但如果我们注意到,按照这种想法,虚无主义的本质并不是什么虚无主义的东西,并且形而上学的古老尊严因此丝毫无损,如果形而上学本己的本质本身就隐含着虚无主义,那么,对这种想法的采纳就会遇到比较小的抵抗。

因此,我们或许就要在形而上学之本质展开其极端的可能性并且把自身聚集于这种可能性中的地方,来寻找那个临界线的区域,也即完成了的虚无主义之本质的处所。在那种求意志的意志唯一地仅仅在其持存物的普遍而单一的可订造性(Bestellbarkeit)中意求一切在场者的地方,即促逼、摆置一切在场者的地方,形而上学之本质就展开其极端的可能性并且把自身聚集入这种可能性之中。作为对这样一种摆置(Stellen)的无条件的聚集,~~存在~~并没有消逝。它在一种独一无二的阴森之境(Umheimlidhkeit)中显露出来。在消逝和还原中仅仅显示出从前在场的东西,后者尚未为求意志的意志所把捉,而是还保留在精神之意志及其总体的自

① 德语中的Überwindung(克服、压倒、克制)与Verwindung(克服、熬过、经受住)具有相同的词根和相近的意义,难以明确地区分开来。但在词语色彩上,Überwindung比Verwindung更强烈些。根据海德格尔在本文中所作的思考,我们权把前者译为"克服",而把后者译为"经受"。——译者注

身运动中——黑格尔的思想就在这种自身运动中活动。

从前在场的东西的消逝绝不是在场之消失。恰恰相反，在场隐匿自身。但这种隐匿对于由虚无主义所规定的表象来说始终是隐而不显的。它具有这样一种假象，仿佛持存物意义上的在场者满足于自身。持存物的持存状态（Beständigkeit）以及摆置入这样一种持立状态（Ständigkeit）中的东西，即在场者之在场，就显现——只要谈得上这种显现——为那种漫游不定的思想的一个发现，这种思想不
415 再能够在纯“存在”面前看到存在者，即所谓的唯一的“现实”。

在完成了的虚无主义阶段上，看起来，仿佛没有那种像存在者**之存在**一样的东西，仿佛存在一无所有（在虚幻之无意义上）。~~存在~~以一种奇怪的方式缺席。~~存在~~遮蔽自身。~~存在~~保持在一种被遮蔽状态中，这种被遮蔽状态又遮蔽着自身。而那种以希腊方式被经验的被遗忘状态的本质就基于这种遮蔽中。说到底，也即从其本质之开端来看，这种被遗忘状态并不是什么否定性的东西，相反地，它作为遮蔽也许就是一种庇护，[①]保存着尚未被解蔽的东西。对流行的表象而言，遗忘很容易给人造成耽搁、匮乏、糟糕的印象。我们习惯于把遗忘和健忘一味地看作一种疏忽，这种疏忽往往作为自为地被表象的人的一种状态而能够为人们所发现。我们依然还远远没有对被遗忘状态之本质作出规定。而当我们已经看到了被遗忘状态之本质的广度时，我们自己就很容易陷入这样一种危险：仅仅把遗忘理解为人的所作所为。

① 注意这里的“遮蔽”（Ver-bergung）与“庇护”（Bergen）的字面及意义联系。——译者注

对于“存在之被遗忘状态”，人们毕竟也已经作了多重表象，以至于——打个比喻来说——存在就被表象为一把伞，是健忘的哲学教授丢在某处的一把伞。

然而，被遗忘状态作为一种表面上与存在相分离的东西，不只是**侵袭着**存在之本质。而且，被遗忘状态实际上属于存在之实事本身，是作为存在之本质的天命而运作的。恰当地得到思索的被遗忘状态，即对尚未被解蔽的~~存在~~之本质（这里“本质”作动词解）的遮蔽，庇护着尚未被发掘出来的宝藏，并且是对一个仅仅有待于合适的寻找的发掘物的允诺（Versprechen）。为了猜测这种寻找，人们无须具备先知的天赋和宣告者的姿态，而仅仅需要那种已经操练了几十年之久的对曾在者（das Gewesene）的关注，即对在西方形而上学思维中显示出来的曾在者的关注。这个曾在者处身于在场者之无 416
蔽状态的标志（Zeichen）中。无蔽状态基于在场之被遮蔽状态。无蔽状态（'Αλήθεια）建基于其中的**这种**被遮蔽状态有待于思念。思念（Andenken）是对那个曾在者的思念，这个曾在者并没有消逝，因为它在向来由~~存在~~之本有事件（das Ereignis des ~~Seins~~）提供出来的一切持续中始终是不朽的东西（Unvergängliche）。

对形而上学的经受（Verwindung）就是对存在之被遗忘状态的经受。这种经受朝向形而上学之本质。它用形而上学之本质本身所要求的东西来缠绕这种本质，因为这种本质呼唤着那个领域，即那个把它提升到其真理之旷野中的领域。因此一故，为了响应对形而上学的经受，思想必须事先把形而上学之本质解释清楚。对这样一种尝试来说，对形而上学的经受首先表现为一种克服（Überwindung），这种克服只是把唯一地形而上学的表象置于身

后，以便把思想护送到形而上学的被经受了的本质之旷野中。然而，在经受中，表面上已经被驱逐的形而上学的持久真理，又作为形而上学的现在被占有的**本质**而返回到自身。

这里所发生的事情有别于一种简单的对形而上学的修复。此外，也绝没有一种修复，它只能像某个人捡起从树上掉下来的苹果那样来接受传统。任何一种修复都是对形而上学的阐释。如果今天有人以为，他更为清楚地看穿和遵循了形而上学的追问的整个方式和历史，那么，当他如此从容地乐意在敞亮的空间里活动时，他有朝一日应当沉思一下，他究竟是从何处取得那一道使他能看得更清楚的光线的。无以复加的怪诞之事是：人们把我的思想尝试宣布为对形而上学的摧毁（Zertrümmerung），而同时，人们又借助于我的这些思想尝试而纠缠于那些思路和观念中，即人们从那种所谓的摧毁中提取出来的那些思路和观念中——我是说“提
417 取”，而不说“归功”。[①] 在这里不需要任何感谢，但却需要一种沉思。[②] 然而，无沉思状态（Besinnungslosigkeit）早就已经开始了，早已随着人们对我在《存在与时间》（1927 年）中所探讨的“解构”做的肤浅的曲解而开始了；[③]其实，我探讨的这种“解构”并没有其

① 海德格尔这里的意思是说：人们并没有把“那些思路和观念”归（因）或归功（verdanken）于“所谓的摧毁”，而只是从后者中“提取”出前者。——译者注

② 这里的“感谢”（Dank）与前句的“归功”（verdanken）有词根联系。——译者注

③ 参看海德格尔：《存在与时间》，第 6 节。海德格尔在那里提出针对存在学传统的“解构”（Destruktion）任务：“以存在问题为线索，把古代存在学传下来的内容解构为一些原始经验。”并且说：“这种解构倒是要标明存在学传统的各种积极的可能性，而这意思始终是说：要标明存在学传统的限度……。这一解构并不是想把过去埋葬入虚无之中，它有其积极的意图；它的消极作用始终是隐而不露的、间接的。”——译者注

他意图，而仅仅是力求在对已经变得流行和空洞的观念的拆解(Abbau)中重新赢回形而上学的源始的存在经验。

但是，为了挽救形而上学的本质，终有一死者(Sterblichen)这个部分在这种挽救中必须满足于首先作这样一种追问："形而上学是什么？"尽管会有过于烦琐以及重复我在别处已讲过的话的危险，我仍想利用这封信的机会，把上面这个问题的意义和作用范围再解说一下。为什么呢？因为您所关切的事情也在于，以您的方式协助对虚无主义的克服。但这样一种克服却是在对形而上学的经受的领域内发生的。我们带着"形而上学是什么？"这个问题进入这个领域。如果深思熟虑地来追问，这个问题就已经包含着这样一种猜度：这个问题所特有的追问方式由于这个问题本身而陷于动摇中。"……是什么？"(Was ist...?)表示人们常用的探问"本质"的方式。但如果问题在于把形而上学当作存在对存在者的超逾来探讨，那么，随着超逾着的"存在"，那种区分所区分的东西就立刻变得大可追问了；自古以来，形而上学的学说就在那种区分中活动，从中获得其语言的基本轮廓。那就是本质(Wesen)与实存(Existenz)的区分，什么存在(Was-sein)与如此存在(Daß-sein)的区分。

"形而上学是什么？"这个问题首先毫无猜疑地运用上面这种区分。但很快就表明，关于存在对存在者的超逾的沉思，乃是一个必然击中要害的问题——并不是为了使思想在此衰死，而是为了使思想改变活法。当我尝试去探讨"形而上学是什么？"这个问题的时候——那是在您的《总体动员》 文发表前一年的事情了——，我并没有首先去追求一个关于学院哲学的一门学科的定 418

义。而毋宁说,我倒是着眼于一种形而上学的规定来探讨一个思索那种与存在者不同的东西的问题的;根据这种形而上学的规定,在形而上学中,对存在者的超逾是向着存在者本身而发生的。但是,甚至这个问题在当时也并非偶然地被抓住,并且不确定地被追问的。

时隔四分之一个世纪之后,也许是指明一个事实的时候了;而对于这个事实,人们至今也还熟视无睹,就好像那是一个外部的无关痛痒的情况似的。当时,"形而上学是什么?"这个问题是在一个哲学教授就职讲座中,面对全体到会的师生而得到探讨的。[1] 因此,它是在全部科学的圈子里被提出的,并且是面向全部科学讲话的。但这是如何进行的呢?我的意图并不狂妄,并不是想改进全部科学的工作,甚或贬低这些工作。

科学的表象都以存在者为目标,而且是以存在者的各个不同领域为目标。于是人们就要从这种对存在者的表象出发,并且跟随这种表象而屈从于一种对科学来说可想而知的意见。科学认为,这种对存在者的表象囊括了可研究和可追问的东西的整个领域,除存在者之外,"此外无什么"。关于形而上学之本质的问题试图接受科学的这个意见,并且表面上看来与科学一道分享了这个意见。不过,每一个深思熟虑者必须也已经知道,一种对形而上学之本质的追问只能看到形而上学(Meta-Physik)的突出标志,那就是超逾,即:存在者之存在(*das Sein des* Seienden)。相反地,在那

---

① 《形而上学是什么?》系海德格尔1929年7月24日在弗莱堡大学作的教授就职讲座。——译者注

种仅仅认识存在者的科学表象的视界内，根本不是存在者的那个东西（也即存在）就只能作为无而呈现出来。因此一故，我的就职讲座追问“这个无”。它并非随意而不确定地来追问“这个”无。它问：这种完全不同于任何存在者的东西的情形如何，这个不是存在者的东西的情形如何？同时表明：人之此在“被嵌入”“这个”无中 419
了，“被嵌入”这个与存在者完全不同的东西之中了。换种讲法，这就意味着并且只能意味着：“人是无的占位者”（Platzhalter des Nichts）。这话是说：人为那个与存在者完全不同的东西保留位置，以至于在这个位置的敞开状态中可能有某种类似于在场（即存在）的东西。这个不是存在者，但又“有”（*es gibt*）的无，并不是什么虚幻的东西。这个无归属于在场。存在与无并非相互并列地有（es gibt）。两者在一种亲缘关系中相互支持，而对于这种亲缘关系的丰富本质，我们几乎尚未予以深思。我们也还没有思索这种亲缘关系，只要我们放弃追问：这里“给出”（gibt）的“它”（Es）指的是什么？[1] 它在何种给出（Geben）中给出呢？那个通过对这种给予（Gabe）的保存而交付给这种给予的东西，在何种意义上属于这种“有存在和无”（Es gibt Sein und Nichts）呢？我们不假思索地说：有（es gibt）。存在与无一样很少“是”（ist）。但两者皆有（*Es gibt*）。

列奥纳多·达·芬奇写道：“无没有中心，而且它的边界就是

① 在日常德文中，“es gibt”这个固定词组通常表示“有……”，相当于英文的“there be”。但海德格尔却认为不能干脆用英文的“there be”来翻译德语的“es gibt”，因为后者有“它给出……”之义。海德格尔显然是在“有……”和“它给出……”两层意思上使用这个“es gibt”的。可参看海德格尔：《面向思的事情》，特别是其中的“时间与存在”一文。——译者注

无。”——“在我们当中能找到的伟大事物中，无之存在乃是最伟大的”(《日记和笔记》，特奥多・吕克根据意大利文手稿编译，1940年，第4—5页)。这位伟人的话不能证明什么，也不应证明什么；但他的话指示着这样一些问题：以何种方式有(es gibt)存在，以何种方式有无？这种给出(Geben)从何处走向我们？如果我们作为人之本质而存在，那么，我们在何种意义上已经被交付给(vergeben)这种给出了呢？

由于《形而上学是什么？》这个讲座根据当时激动的场合有意做了某种限制，是着眼于超逾，亦即着眼于存在者**之存在**，来追问**那个**无，即追问那个首先对有关存在者之科学表象而表现出来的无，所以，人们就抓住这个报告中的无，把它搞成虚无主义的一个证据。经过较长时间后，现在终于可以允许我提出这样一个问题了：在何处、在哪句话中、在哪个说法中，我曾讲过，讲座中所指出
420 的无(Nichts)乃是虚幻之无(nichtiges Nichts)意义上的无，并且它作为这种无就是一切表象和实存活动的最初的和最终的目标呢？

这个讲座结束于这样一个问题：“为什么竟是存在者存在而无倒不存在？”在这里，我有意地并且一反习惯做法，把“无”大写了。诚然，按字面来看，这里表达出来的问题是由莱布尼茨提出的，并且为谢林所采纳。这两位思想家都把这个问题理解为对一切存在者之最高根据和最初存在原因的追问。今天的各种修复形而上学的尝试喜欢采纳这里所标明的问题。

但是，《形而上学是什么？》这个讲座根据它穿过另一个领域的不同途径，也在一种变化了的意义上思考了这个问题。这里要追

问的是：何以存在者总是具有优先地位，而对存在者的不（das Nicht），也即“这个无”，即存在，倒是没有着眼于其本质而得到思考呢？如若有人把这个讲座当作从《存在与时间》而来的那条道路的一段来加以深思，那么，他就只能在上述意义上来理解这个问题。做这种尝试，首先乃是一个令人奇怪的苛求。因此一故，在那个“导言”中，就是在我加在《形而上学是什么？》第五版（1949 年）前面的那个“导言”中，我对这个变化了的问题做了明确的解说（第 20 页以下）。[①]

这能说明什么呢？它应能指明，思想是多么艰难而踌躇地去从事一种沉思，这种沉思所思索的也是大作《关于线》的关切所在，即：虚无主义之本质。

“形而上学是什么？”这个问题只想做到一点：使各门科学去思索这样一回事情，即，它们必然地、并且因此随时随地都会触及那个完全不同于存在者的东西，也就是存在者身上的无。诸科学**自己**不知道，它们已经处于与存在的关联中了。它们只有从始终起支配作用的存在之真理那里获得一道光线，然后才能把它们所表象的存在者**当做这样一个存在者**来观看和考察。“形而上学是 421
什么？”这样一种追问，亦即从这个问题而来的思想，不再是科学了。但对思想来说，超逾之为超逾，亦即存在者**之存在**，就在其本质方面成为可疑可问的，而因此绝不会成为恶劣的和无意义的（nichtswürdig und nichtig）。在这里，“存在”这个看似空洞的词语始终是在这样一些规定的本质丰富性中被思考的，这些规定从

① 参看本书第十一篇文章。——译者注

φύσις[自然]和 Λόγος[逻各斯]直至“权力意志”，都相互引证，并且往往都显示出一个基本特征，就是我在《存在与时间》第 6 节中试图用“在场”(An-wesen)来命名的那个基本特征。只是因为“形而上学是什么?”这个问题自始就在思考超逾，即 transcendens[超越]，思存在者之存在，所以它才能思那种对存在者的不，思那个无，即同样源始地与存在相同一的那个无。

当然，如果有人从未对这个关于形而上学的问题的基本方向、它的道路的出发点、它的展开时机、它所面对的科学圈子，做出严肃的和贯通的思索，那么，他就会得出这样一个答案：这里所端出的是一门有关无——在消极的虚无主义意义上的无——的哲学。

表面上看来还无法根除的对“形而上学是什么?”这个问题的曲解以及对这个问题的立足点的误识，只有极小部分是一种对思想的厌恶的结果。它们的起源更深地隐藏着。它们倒是属于那些照亮我们的历史进程的现象，即：我们和全部持存物一道都还在虚无主义的区域内运动，当然，这里要假定虚无主义的本质基于存在之被遗忘状态中。

那么，对线的穿越的情形又如何呢？这种穿越会把我们从完成了的虚无主义的区域中引出来吗？对线的穿越的尝试始终还沉迷于一种表象，这种表象属于存在之被遗忘状态的支配领域。因此一故，它也还在用形而上学的基本概念(形态、价值、超越)来说话。

422 线之形象能够充分地说明完成了的虚无主义的区域吗？区域之形象是否会更好些呢？

这里会生出疑问：这些形象是否适合于用来说明对虚无主义

的克服，亦即对存在之被遗忘状态的经受。实际上，也许每一个形象都会受到这样的怀疑。但是，这样的怀疑依然不能损害这些形象的昭示力量，损害它们原本的和无可回避的当前呈现。这样一些思考仅仅表明：我们如何没有精通于思想之道说（die Sage），对思想之道说的本质所知甚微。

虚无主义的本质，最终在强力意志的支配地位中得到完成的虚无主义的本质，乃基于存在之被遗忘状态中。如果我们遗忘了存在之被遗忘状态，在此也即说，如果我们对存在之被遗忘状态无动于衷，那么，我们似乎就与存在之被遗忘状况最相符合了。但这样的话，我们就不会去注意：被遗忘状态作为~~存在~~之被遮蔽状态意味着什么。如果我们注意到这一点，我们就会经验到这样一种令人惊愕的必然性：我们不是想克服虚无主义，而是必须首先进入到它的**本质**之中。进入它的本质之中，是我们借以超过虚无主义而要迈出的第一步。这种进入（Einkehr）的道路具有一种回归（Rückkehr）的方向和方式。当然，回归并不是指一种向过去时代的返回，以便试着某种人为的形式来重温这些过去时代。在这里，“回”（das Zurück）指的是朝向那个场所（存在之被遗忘状态）的方向，形而上学就是从这个场所中获得并且保持了它的来源。

根据这个来源，形而上学始终受到阻止，在某个时候去经验它作为形而上学的本质；因为对超逾来说并且在超逾范围内，存在者之**存在**向形而上学的表象**显示**出来。当存在以这种方式显现之际，存在便特别地占用了形而上学的表象。毫不奇怪，形而上学的表象反对这样一种想法：它在存在之**被遗忘状态**中活动。

但尽管如此，一种充分的和持续的沉思仍能赢获这样一种洞 423

察:形而上学按其本质绝不会允许人之居住特别地定居于那个处所中,即定居于存在之被遗忘状态的本质中。因此,运思与作诗(Denken und Dichten)必须回到它以某种方式始终已经存在过、而又从未筑造过的地方。可是,我们只有通过一种筑造(Bauen)才能够造成在那个处所中的居住。这种筑造几乎已经不能思索上帝之家和终有一死者之居所的设施。它必须满足于在那条**道路**上筑造,这条道路回归到对形而上学的经受的处所中,并且因此而使对虚无主义的克服的合乎命运的东西得以穿行。

如若谁胆敢说这样的话,甚至在公开的著作中说这样的话,那他就非常了解:人们是多么仓促而轻率地把这种意在引发沉思的道说仅仅当作含混的窃窃私语而加以排斥,或是当作蛮横的宣言公告而加以拒绝。尽管如此,不断学习者必须想到,对有所思念的思想之道说(Sage)进行更为源始和更为细心的检验。总有一天,他会做到,让这种道说(Sagen)作为最高的礼物和最大的危险,作为罕见的成功和经常的失败,处于神秘的东西中。

这里我们认识到,为什么任何这样一种道说都要继续笨拙地费心尽力。这些道说始终渗透着语词及其用法的根本多义性。道说之多义性的原因,绝不在于对那些随意出现的含义的单纯堆砌。这种多义性基于一种游戏,这种游戏愈是丰富地展开出来,就愈加严格地始终被束缚在一个隐而不显的规则中。通过这个规则,多义性就在一种平衡中游戏,而我们是极少经验到这种平衡的动摇的。因此一故,道说始终被维系于最高的规律。这个最高的规律就是自由,即一种释放到永不止息的变化所具有的到处游戏着的构造中去的自由。那些“犹如花朵一般产生”(荷尔德林:《面包和

美酒》)的词语的多义性,乃是荒野上的花园,在那里,生长与培养由于一种不可思议的亲密性而相得益彰。您不会感到奇怪,对虚 424 无主义之本质的探讨必此在每一个路段上都要触及那个激发性的值得思想的东西,即被我们十分笨拙地称为思想之道说的那个东西。这种道说不是思想之表述,而就是思想本身,是思想的行进和思想的歌唱。

我的这封信想做些什么呢?它试图把《关于线》这个标题,亦即把这个标题在您的和我的意义上写下的、并且可以在书写之道说中得到证明的一切东西,提升到一种更高的多义性中。这种多义性可以让人们经验到:在何种意义上对虚无主义的克服要求进入到虚无主义之本质中,借助于何种进入(Einkehr),克服之意愿才会失效。对形而上学的经受把思想召唤入一个更原初的指令之中。

您的 trans lineam[超越线]的形势评论与我的 de linea[关于线]的探讨是相互依赖的。它们一道受到指引,绝不放弃在一段道路上——尽管还是很短的一段路——练习全球性思想的努力。在这里,我们也并不需要先知的才能和姿态就可以想到:全球性的筑造活动面临着一些遭遇,而遭遇者今天还根本应付不了这些遭遇。这种情况适合于欧洲语言,同样也适合于东亚语言,首先是适合于这两种语言的可能的对话之领域。而这两种语言中的任何一种,都不能自发地开启和创建这个领域。

今天,人人都在尼采的光亮和阴影中进行"赞成尼采"或"反对尼采"的运思和作诗。尼采听到了一个指令,它要求人们准备去接管一种对地球的统治。他看到并理解了为这种统治地位而燃起的斗争（参看《尼采全集》，第十四卷，第 320 页；第十六卷，第 337 页；第十二卷，第 208 页）。那其实不是战争，而是 Πόλεμος，[1]后者才使得诸神与人类、自由人与奴隶以它们各自的方式显现出来，并且引发一场对~~存在~~的争辩（Aus-einander-setzung des ~~Seins~~）。与
425 这种争辩相比较，世界大战始终还是表面的。世界大战在技术上装备得越好，它们的决定能力也就越来越小。

尼采听到了那个指令，要求对一种全球性的统治地位的本质作出沉思。他听从了这种召唤，踏上了那种对他来说命定的形而上学思想的道路，并且在途中摔倒了。至少就历史学上的考察来看是这样。但也许他并没有摔倒，而倒是达到了他的思想所能达到的那个境界。

尼采思想留下了沉重和困惑，这一点应能更严格地并且还以不同于以往的方式提醒我们：在他那里出现的关于虚无主义之本质的问题具有何种久长的渊源。这个问题对我们来说并没有变得轻松一些。因此，我们必须把这个问题限制在一个比较暂时的目标上面：去沉思那些古老的、令人敬畏的话语，这些话语的道说（Sage）向我们道出虚无主义以及对虚无主义的经受的本质领域。还有比这样一种思念（Andenken）更为费心尽力的拯救，即对那种由命运发送给我们、并且在命运中被传承给我们的东西的拯救吗？我不知道。但在那些始终认为传统毫无起源的人们看来，这种思念似乎是颠覆性的。素朴地闪现出来的东西也已经被他们看作绝

[1] Πόλεμος 是希腊文的“战争、斗争”。海德格尔在此显然认为希腊意义上的“战争、斗争”并不是现代观念中的“战争”（Krieg）。——译者注

对有效的东西了。他们要求这种绝对有效的东西在一个被夸大了的体系中显现出来。与之相反，如果我们的思索始终仅仅去关注思想的语言用法，那么，这种思索就毫无用处。但偶尔地，它会服务于有待思的东西(das zu-Denkende)所需要的东西。

我这封信试图阐述的**内容**(*Was*)，很快就会表明自身是不充分的。

而这封信想要培养沉思和探讨的**方式**(*Wie*)，却已由歌德的一句话道出。我就以他的这句话来作结束语吧：

“如果有人把词语和表达视为神圣的证明，并且绝不仅仅使它们——像硬币或纸币那样——快速而短暂地流通起来，而是要在精神行为和变化中把它们了解为真正的交换等价物，那么，我们就不能抱怨他，说他促使人们去注意，那些不再令人作出反应的传统表达如何会造成有害的影响，会使观点阴郁，会使概念扭曲，并会 426
给予全部学科一个错误的方向。”

致以衷心的问候！

427 # 黑格尔与希腊人

本次演讲[①]的标题可以改换为一个问题。这个问题就是：黑格尔在其哲学视野中是如何描绘希腊人的哲学的？我们要从今日的一个立足点出发，对黑格尔哲学作历史学的考察，同时追踪黑格尔本人借以历史学地表象希腊哲学的那种关系，由此，我们就可以回答上面这个问题了。我们这种做法的结果是对历史学上的联系的一个历史学的探究。这样一个意图有它自己的合法性，亦有它的用处。

可是，其中别有一种东西牵涉进来了。以“希腊人”这个名称，我们思及哲学的开端；而以“黑格尔”一名，我们思及哲学的完成。黑格尔本人即是在此规定下来理解他的哲学的。

由“黑格尔与希腊人”这个标题，在其历史中的哲学整体便对我们说话，并且就在现在，在哲学的崩溃变得显而易见的时候；因为哲学迁移入逻辑斯谛、心理学和社会学中去了。这些独立的研究领域为自己确保了它们不断升高的有效性和多层面的影响，作为政治—经济世界（亦即在某个根本意义上的技术世界）的功能形

① 本文系海德格尔为1958年7月26日在海德堡所作的一个演讲所撰，稍前还在法国埃克斯讲过这个题目。——译者注

式和效果工具。

不过——从深远处得到规定、并且不可阻挡的哲学之崩溃并非就是思想的终结，而毋宁说是另一种东西，但却是不具有公开的可确定性的东西。我们下面所作的陈述想对这种东西作片刻的沉思，作为一种尝试，它要唤起对思想之实事的洞察。思想之实事牵涉进来了。实事(Sache)在此意味着：从自身而来要求探讨的东西。为了能够响应这种要求，我们必得让自己受到思想之实事的注视，并且进入期备状态，让思想——作为由其实事规定的思 428
想——自行变化。

下面的讨论限于显示一种可能性，一种使思想之实事变得可见的可能性。但为了进入思想之实事，这条经由黑格尔和希腊人的弯路目的何在呢？这是由于我们需要这条道路，而这条道路本质上并非弯路；因为得到正当经验的传统为我们带来当前，带来那种作为思想之实事迎面期待着我们，并且如此这般地牵涉进来的东西。真正的传统并不是载有过去的重负的拖船队，毋宁说，它把我们释放到当前呈现的东西(das Gegenwartende)中，并因而成为对思想之实事的基本指引。

黑格尔与希腊人——这听来犹如：康德与希腊人、莱布尼茨与希腊人、中世纪经院哲学与希腊人。听来如此，实则不然。因为是黑格尔首次把希腊人的哲学思考为整体，并且对这个整体作了哲学的思考。这是何以可能的呢？这是由于，黑格尔以某种方式来规定历史本身，认为历史在其基本特征上必定是哲学的。在黑格尔看来，哲学史乃是精神达到本身的在自身中统一的、因而必然的进步过程。哲学史绝不是毫无联系地依次更替的那些不同意见和

学说的一个单纯序列。

在其关于哲学史的柏林讲座的一个导言中，黑格尔说：“我们眼前具有的历史乃是观念自我发现的历史。”(《哲学史讲演录》，霍夫麦斯特编，1940 年，第一卷，第 81 页注)“因为哲学史只阐明哲学本身。”(同上，霍夫麦斯特编，第 235—236 页)因此，对黑格尔来说，作为精神向着绝对知识的自我发展，哲学与哲学史是同一的。在黑格尔之前，没有一种哲学获得过这样一种对哲学的基本态度，
429 这种基本态度使得下面这回事情成为可能并且要求着下面这回事情，即：哲学思考同时在其历史中活动，并且这种活动就是哲学本身。但是，按照黑格尔在海德堡第一个讲座导言中的一句话来讲，哲学的目标是：“真理”(同上，霍夫麦斯特编，第 14 页)。

正如黑格尔在对这个讲座的手稿做的一个眉批中所说的，作为哲学史的哲学乃是“**纯粹真理的王国**——不是**外部现实性**的行为，而是精神内在的寓于自身之持存(Beisichselbstbleiben)”。(同上，第 6 页注)“真理”——在此意味着：在其纯粹现实化中的真实，这种现实化同时表现出真实之真理、真理之本质。

那么，对于一种关于思想之实事的沉思来说，我们可以把黑格尔对哲学之目标(即真理)的规定一道当做一个暗示么？也许可以吧。一旦我们着眼于哲学的目标(即真理)充分解释了“黑格尔与希腊人”这个论题，现在亦即在其命运之整体中的哲学，我们就可以把黑格尔的这个规定当做一个暗示了。

因此，我们首先就要问：在何种意义上，哲学史作为历史在其基本特征上必定是哲学的？在此何谓“哲学的”？在此何谓“历史”呢？

答案必定很快就有一种危险，给人老调重弹的印象。但对思想来说，任何时候都没有什么熟知的东西。黑格尔解释道：“随着

笛卡尔，我们才真正踏进了一种独立的哲学。……在这里，我们才可以说到了自己的家园，可以像一个在惊涛骇浪中长期漂泊之后的船夫一样，高呼‘陆地’……”（《黑格尔全集》，第十五卷，第328页）。黑格尔想用这个比喻来暗示：“ego cogito sum”，即“我思故我在”，乃是哲学能够真正地和完全地定居于其上的坚固陆地。在笛卡尔哲学中，自我（Ego）成为决定性的 subiectum［一般主体］，亦即成为自始就摆在眼前的东西。但只有当主体的主体性的结构和运动已经被展开出来了，并且主体已经被提升为绝对的自我认识时，这个主体才以正确的方式，亦即在康德意义上，变成为先验 430
的和完全的，也就是在思辨唯心主义意义上被占有。由于主体自认为是这种决定一切客体性的认识，它作为这种认识就是：绝对者本身（das Absolute selbst）。真正的存在乃是绝对地自我思考的思想。对黑格尔来说，存在与思想是同一的，而且这是由于一切都被取回到思想中，被规定为黑格尔绝对地称之为“观念”（Gedanken）的东西了。

作为 ego cogito［我思］的主体性乃是意识，意识表象某物，把这个被表象者与自身联系起来，并且在自身那里把它聚集起来。聚集在希腊语中叫做 λέγειν。把对自我而言的多样之物聚集入自我中，这以被动形式来讲，就是 λέγεσθαι。思想着的自我把被表象者聚集起来，因为它贯通这个被表象者，通过这个在其可表象状态中的被表象者。“贯通某物”（Durch etwas hindurch）在希腊文中叫做：διά。Διαλέγεσθαι，①即辩证法，在此意味着：主体在所谓的过

① 希腊文中的 Διαλέγεσθαι（辩证法）由 διά［通过、贯通］与 λέγεσθαι［聚集］合成。——译者注

程(Prozeß)中并且作为这个过程引发即生产出它的主体性。

辩证法是绝对主体之主体性的生产过程,并且是作为绝对主体的“必然行为”的过程。依据主体性的结构,生产过程具有三个层次。首先,作为意识的主体直接联系于它的客体。这个直接而不确定地被表象的东西,黑格尔亦称之为“存在”,即普遍者、抽象者。因为这里依然忽视了客体对主体的关系。只有通过这种逆向关系,即反思,客体才作为为主体的客体被表象出来,主体才自为地也即作为与客体联系的主体被表象出来。但只要我们只是把客体与主体、存在与反思相互区分开来,并且固执于这种区分,那么,
431 从客体到主体的运动就还没有为主体性而把主体性整体突出出来。客体,即存在,虽然与主体一道,是以反思为中介的,但中介作用本身还没有作为主体的最内在的运动为(*für*)主体而被表象出来。只有当客体之正题和主体之反题在它们的必然的综合中被发现时,客体—主体关系的主体性之运动才完全地在其进程中了。这个进程以正题为起点,进展到反题,再向综合过渡,并且从这个作为整体的综合而来,被设定的设定过程返回到自身那里。这一进程把主体性整体聚集入它的展开了的统一性之中。主体性因此就紧密结合在一起,即 con-crescit,成为具体的。这样,辩证法就是思辨的(spekulativ)。因为 speculari 意味着:看见、发现、把握、理解。[①] 在《逻辑学》导言(拉松版,第一卷,第 38 页)中,黑格尔说道:思辨就在于“从对立面的统一中把握对立面”。如果我们注意

① 拉丁文 speculari 原意为“窥视、观察、观望”;与此相联系的名词 specularis 意为“明镜、透明者”。而“思辨的”(speculativa)一词与此同根。——译者注

到，在思辨中重要的不仅仅是对统一的把握，即综合阶段，而首先并且始终是对“对立面”本身的把握，那么，黑格尔对思辨的标画就变得更为清晰了。对“对立面”的把握也包含着对对立面的相互对立的显像和相互交织的显像（das Gegeneinander-und Ineinander-Scheinen）的把握；作为对立面，反题起支配作用，其方式在“本质的逻辑”（即反思的逻辑）中得到表达。从这一自我反思着的显像即反映（Spiegeln）而来，speculari（speculum，即：镜子）获得了它的充分的规定。如此思来，思辨就是这里所说的“辩证法”的全部积极的意思：不是先验的、批判地限制着的甚或论战性的思想方式，而是对作为精神本身之生产过程的对立面的反映和统一。

黑格尔也把“思辨辩证法”径直称为“方法”。用“方法”这个名
称，他既不是指一个表象工具，也不仅仅是指哲学探讨的一个特殊
方式。“方法”乃是主体性的最内在的运动，是“存在之灵魂”，是绝 432
对者之现实性整体的组织由以发挥作用的生产过程。“方法”：“存
在之灵魂”——这听来是虚幻的。人们认为，我们的时代已经离开
了这种思辨的迷途。但实际上，我们就生活在其中，在这种假定的
虚幻中。

如果说现代物理学致力于获得世界公式，那么，从中就显示出一点：存在者之存在消解于总体可计算性的方法中了。在黑格尔看来，经由笛卡尔，哲学以及现代科学才踏上了坚固的陆地；而笛卡尔的第一部著作即冠有《方法论》（1637 年）这样一个标题。方法，亦即思辨辩证法，对黑格尔来说乃是一切现实的基本特征。因此，作为这样一种运动，方法决定着一切发生事件，亦即历史。

现在变得清晰的是，何以哲学史就是精神进程中最内在的运动，亦即绝对主体达到自身的进程中最内在的运动。这一进程的起点、进展、过程和返回乃是在思辨辩证法上被规定了的。

黑格尔说："在哲学本身中，在现在的、最近的哲学中，包含着千百年来的工作所产生的一切；它乃是一切先行者的成果。"（霍夫麦斯特版，同上，第118页）在思辨唯心主义体系中，哲学已经得到了完成，亦即达到了它的顶峰，并且由之而来已经结束了。人们对黑格尔关于哲学之完成（Vollendung der Philosophie）的命题感到反感。人们认为这个命题狂妄不羁，并把它称为一个早已被历史驳倒了的错误。因为在黑格尔之后，继续还有过哲学，而且现在也还有哲学。然而，这个关于哲学之完成的命题并不是说，哲学在停止和中断意义上结束了。而毋宁说，这种完成才恰恰给出多重构成的可能性，甚至包括其最简单的形态，即：粗暴的颠倒和巨大
433 的对立。马克思和基尔凯郭尔是最伟大的黑格尔信徒。他们不由自主地成了黑格尔信徒。哲学的完成既不是哲学的结束，这种完成也不在于思辨唯心主义的孤立体系。这种完成仅仅作为哲学史的整个进程而**存在**（*ist*），在此进程中，开端与完成一样本质性地保持着：黑格尔与希腊人。

那么，如何根据历史的思辨辩证法的基本特征来规定希腊人的哲学呢？在这种历史的进程中，黑格尔的形而上学体系乃是最高的阶段，即综合的阶段。在此一前是从笛卡尔开始的反题的阶段，因为笛卡尔哲学首次把主体**作为**主体设定起来。由此，就连客体也才**作为**客体而成为可表象的。于是，主体—客体关系作为对立的设定（Gegen-setzung）即作为反题而显露出来。与之相反，笛卡尔之前的全部哲学仅限于对客观事物的单纯表象。就连灵魂和

精神也像客体一样被表象，虽然没有作为客体被表象出来。因此，在黑格尔看来，即便在这里也已然普遍地有思维主体在起作用，但它还没有被把握为主体，还没有被把握为一切客观性植根于其中的那个东西。在其哲学史讲演录中，黑格尔说：“（希腊世界的）人尚没有像在我们的时代里那样回复到自身。虽然人已经是主体，但他尚没有把自己设定为这样一个主体。”（霍夫麦斯特版，同上，第 144 页）主体对客体的反题在笛卡尔之前的哲学中还不是坚固的陆地。先行于反题的那个阶段是正题的阶段。随这个阶段开始了“真正的”哲学。这个开端的完全展开就是希腊人的哲学。那个与希腊人有关并且让哲学得以开始的东西，在黑格尔看来乃是纯粹客观的东西。它是精神的第一次“显示”，是精神的第一次“出现”，是一切客体得以在其中合而为一的那个东西。黑格尔把它称为“一般普遍者”（das Allgemeine überhaupt）。因为它尚未与主体之为主体联系起来，尚未被把握也即被结合为由主体确定并且 434
以主体为中介的东西，尚未成为具体的，故这个普遍者依然是“抽象的东西”。“这第一次出现必然是最抽象的东西；它是最简单的东西，最贫乏的东西，是与具体对立的东西。”黑格尔对此作了评注：“因此最古老的哲学家就是最贫乏的哲学家。”希腊“意识”的阶段，正题的阶段，是“抽象的阶段”。但同时，黑格尔也把“希腊意识的阶段”称为“美的阶段”（《黑格尔全集》，第十三卷，第 175 页）。

这两者是如何凑在一起的呢？美的东西和抽象的东西诚然不是同一的。但如果我们在黑格尔意义上来理解一方与另一方，那么这两者就是同一的。抽象的东西乃是纯粹地停留在自身那里的第一次显示，乃是一切存在者中最普遍的东西，乃是作为无中介

的、简单的显像的存在。而这种显像(Scheinen)就构成美的基本特征。这种纯粹在它自身中显像出来的东西,虽然也源出于作为理想(Ideal)的精神,亦即主体,但这个精神“尚未以它自身为媒介,(以便从中)把自身表象出来,并且在此基础上建立它的世界”。(同上)

黑格尔如何在作为抽象阶段的美的阶段的视野中来划分和描绘希腊哲学史,我们在此不予赘述。在下文中,我们接着倒是要对黑格尔关于希腊哲学的四个基本词语的解说作一简要的提示。这四个基本词语言说着“存在”——即εἶναι (ἐόν, οὐσία)——这个主导词语的语言。它们在后继的西方哲学中一再被说出,直到今天依然。

按照黑格尔的翻译,这四个基本词语如下:一、Ἕν,大全;二、Λόγος,理性;三、Ἰδέα,概念;四、Ἐνέργεια,现实。[①]

Ἕν 是巴门尼德的词语。

Λόγος 是赫拉克利特的词语。

Ἰδέα 是柏拉图的词语。

Ἐνέργεια 是亚里士多德的词语。

435 为了理解黑格尔是如何解说上述基本词语的,我们必须注意两点:首先,在解释上述哲学家时,与他仅仅附带提及的东西相比较,对黑格尔来说决定性的东西是什么;其次,黑格尔据以在“存在”这个主导词语的视界中规定他对四个基本词语的解释的方式。

① 此处是黑格尔对四个希腊基本词语的翻译,依次译为德文的 das All, die Vernunft, der Begriff, die Wirklichkeit。而按照海德格尔的理解,这四个希腊词语应分别译为“一”、“聚集”、“相”、“实现”。——译者注

在其《哲学史讲演录》导言中(霍夫麦斯特版,同上,第240页),黑格尔解释道:“最初的普遍者乃是直接的普遍者,亦即存在。内容、对象也就是客观的观念,是存在着的观念。”黑格尔是想说:存在乃是直接被思的东西的被思状态,还没有顾及那种思想,即撇开清查过程来思考这种被思的东西的思想。纯粹被思的东西的规定乃是“无规定性”,它的清查过程是不可规定性。如此被理解的存在乃是直接无规定的一般被表象者,而且,这种最初的被思的东西甚至还避免那种对自身的规定作用和中介作用的阙失,仿佛竭力反对这种阙失。由此就可明见,作为最初的简单的客体之客体性,存在是根据主体的纯粹抽象与有待思考的主体的关系而被思考的。这一点是我们必须注意的,一方面是为了理解黑格尔在解释上述四位哲学家的哲学时所遵循的方向,而另一方面也是为了衡量黑格尔当时分配给这些基本词语的分量。

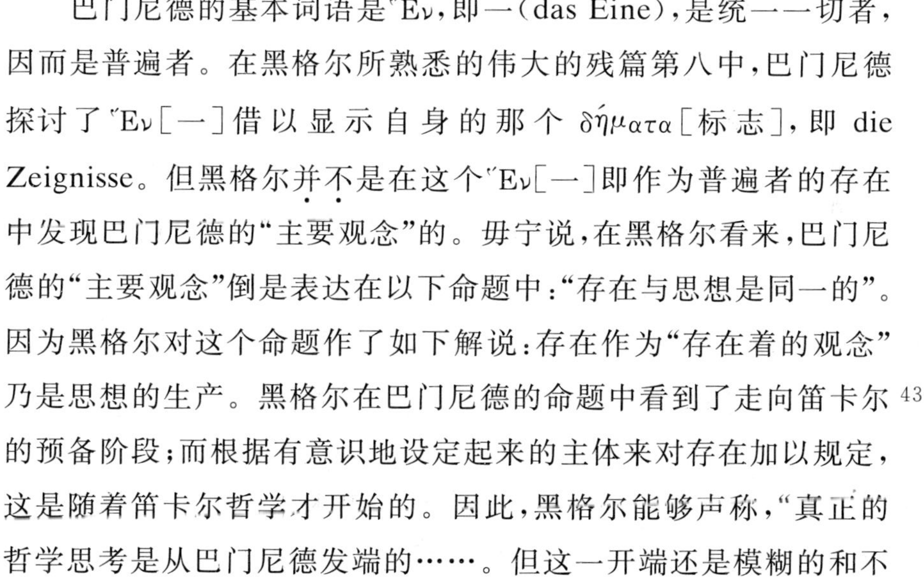

巴门尼德的基本词语是Ἕν,即一(das Eine),是统一一切者,因而是普遍者。在黑格尔所熟悉的伟大的残篇第八中,巴门尼德探讨了Ἕν[一]借以显示自身的那个δήματα[标志],即die Zeignisse。但黑格尔**并不**是在这个Ἕν[一]即作为普遍者的存在中发现巴门尼德的“主要观念”的。毋宁说,在黑格尔看来,巴门尼德的“主要观念”倒是表达在以下命题中:“存在与思想是同一的”。因为黑格尔对这个命题作了如下解说:存在作为“存在着的观念”乃是思想的生产。黑格尔在巴门尼德的命题中看到了走向笛卡尔 436
的预备阶段;而根据有意识地设定起来的主体来对存在加以规定,这是随着笛卡尔哲学才开始的。因此,黑格尔能够声称,“真正的哲学思考是从巴门尼德发端的……。但这一开端还是模糊的和不

确定的”。(《黑格尔全集》,第十三卷,第296—297页)

赫拉克利特的基本词语是Λόγος[逻各斯],即聚集,让一切存在者整体作为存在者呈放和显现的聚集(Versammlung)。Λόγος[逻各斯]乃是赫拉克利特给予存在者之存在的名称。但黑格尔对赫拉克利特哲学的解说恰恰**并不**以Λόγος[逻各斯]为定向。这是令人奇怪的,比黑格尔用“没有一个赫拉克利特的命题,是我没有纳入我的逻辑学中的”(同上,第328页)这样的话结束他对赫拉克利特的解释的前言更为令人奇怪。不过,对这种黑格尔“逻辑学”来说,Λόγος[逻各斯]乃是绝对主体性意义上的理性,而“逻辑学”本身乃是思辨辩证法,通过这种辩证法的运动,直接普遍者和抽象者,即存在,作为客观的东西进入与主体的矛盾之中而得到反思,而且这种反思被规定为中介——在变易(Werden)意义上,在变易中对立面相交,变得具体并因而达到统一。把握这种统一,乃是作为辩证法而展开自身的思辨的本质。

根据黑格尔的看法,赫拉克利特乃是认识到辩证法原理的第一人,因而超出和超前于巴门尼德。黑格尔主张:“存在(正如巴门尼德对存在所思考的那样)是一,是第一者;第二者是变易——他(赫拉克利特)进到了变易这一规定。这是第一个具体者,是作为在自身中的对立面统一的绝对者。因此在赫拉克利特那里,哲学的理念第一次以它的思辨的形式出现了。”(同上,第328页)所以,黑格尔把他对赫拉克利特的解释的重点放在赫氏那些表达出辩证法要素即矛盾的统一和统一作用的句子上。

437 柏拉图的基本词语是'Ιδέα[相]。就黑格尔对柏拉图哲学的解说而言,我们始终要注意,他把理念(die Ideen)把握为“在自身中被规定的普遍者";"在自身中被规定"意思是说：理念是在它们的共属一体性中被思考的；理念并不是纯粹的自在地存在着的原型，而是与"感性实存者"相区别的"自在自为的存在者"(《黑格尔全集》，第十四卷，第199页)。"自在自为"(an und für sich)——其中包含着一种向自身的变易，也即自我把握。因此，黑格尔可以说：理念"不是直接在意识(即作为直观)中，而是(以意识为中介)在认识中"。"因此，人们并不具有理念，而是理念通过精神中的认识产生出来"(同上，第201页)。这种产生，即生产(Produzieren)，乃是作为绝对知识即"科学"之活动的把握。因此，黑格尔说："哲学科学作为科学是从柏拉图那里发端的"(同上，第169页)。"柏拉图哲学的特性乃是以理智的、超感性的世界为方向……"(同上，第170页)。

亚里士多德的基本词语是 'Ενέργεια[实现]，黑格尔以"现实"(即罗马语的 actus)译之。这个 'Ενέργεια"更确定地"是"隐德莱希(ἐντελέχεια)，后者在自身中就是目的和目的的实现"。'Ενέργεια 是"出于其自身的纯粹的作用性"。"唯有能力(Energie)、形式才是活动性、现实化的东西、与自身相关的否定性"(同上，第321页)。

在这里，ἐνέργεια[实现]同样也在思辨辩证法的角度被思考为绝对主体的纯粹活动。如果正题被反题所否定，而反题被合题所否定，那么，在这样一种否定中起支配作用的，就是黑格尔所谓的"与自身相关的否定性"。它不是什么否定的东西。而毋宁说，否定之否定乃是精神在其中通过它的活动而把自己设定为绝对者的那种断定(Position)。黑格尔在亚里士多德的 ἐνέργεια[实现]中

438 看到了精神(即自在自为的现实)的绝对的自我运动的预备阶段。黑格尔是如何评价亚里士多德的整个哲学的呢？他在下面的句子中作了表达:“如果要严肃地对待哲学,那么最值得做的莫过于讲授关于亚里士多德的课。”(同上,第 314 页)

如果哲学不再失落在客体那里,不再迷失于对客体的主观反思,而是证明自己为绝对知识的活动,那么,在黑格尔看来,这就是“严肃地”对待哲学了。

对上述四个基本词语的解释让我们认识到:黑格尔是在被他把握为抽象普遍者的存在的视野中,来理解Ἕν[一]、Λόγος[逻各斯]、Ἰδέα[相]和 Ἐνέργεια[实现]的。存在以及在基本词语中被表象的东西**尚未**得到规定,**尚未**通过并且进入绝对主体性的辩证运动而被中介化。希腊人的哲学乃是这一“尚未”的阶段。它尚不是完成,但仍然只有从这种完成的角度被把握;而这种完成已经把自己规定为思辨唯心主义体系了。

在黑格尔看来,精神进入绝对主体性的具体之中实现自己并因此向其本身解放自己,以此来摆脱抽象,这乃是精神最内在的“冲动”、“需要”。因此黑格尔可以说:“哲学乃是与抽象最为对立的东西;它就是反对抽象的斗争,是与知性反思的持久战。”(霍夫麦斯特版,同上,第 113 页)在希腊世界里,精神虽然首次进入了与存在的自由对立。但精神尚未真正作为自知的主体达到其本身的绝对确定性。唯当后面这一点发生之际,在思辨—辩证法的形而上学体系中,哲学才成其所是,即:“精神本身最神圣、最内在的东西”(同上,第 125 页)。

黑格尔把“真理”规定为哲学的“目标”。真理首先在完成阶段

才被获得。希腊哲学阶段还处于“尚未”中。它作为美的阶段尚不 439
是真理的阶段。

在这里，如果我们要洞察哲学史整体，“黑格尔与希腊人”，即这种历史的完成和开端，我们就要深思和追问：高踞于哲学之路的开端，在巴门尼德那里不是就有 ’Αλήθεια 即真理么？[①] 为什么黑格尔没有把**它**表达出来呢？莫非他所理解的“真理”不同于无蔽状态么？确实如此。对黑格尔来说，真理乃是自知的绝对精神的绝对确定性。而对希腊人来说，按照黑格尔的解释，主体尚未**作为主体**显露出来。因此，’Αλήθεια 不可能是对确定性意义上的真理的规定。

在黑格尔看来事情就是如此。但如果 ’Αλήθεια——即使它还被掩蔽着，还未经思考——支配着希腊哲学的开端，我们实际上就必须问：假如我们并非不确定地和任意地把 ’Αλήθεια 解说为确定性意义上的真理，而是把它思考为解蔽(Entbergung)，那么，难道不正是确定性在其本质中依赖于 ’Αλήθεια 吗？如果我们冒险一试，如此这般来思 ’Αλήθεια，我们预先就还要注意两点：首先，对作为无蔽状态和解蔽的 ’Αλήθεια 的经验绝非根据关于一个被遴选出来的词语的词源学，而是根据我们这里要思的实事，甚至黑格尔哲学也不能完全避开这个实事。如果说黑格尔把存在标识为精神的第一次出现和第一次显示，那么我们依然要思考的是：是否在这种出现和自行敞开中，就必定没有解蔽在运作，这里更不用说在按

① 希腊思想中的 ’Αληθεια 通译为“真理”，海德格尔则译之为“无蔽”或“无蔽状态”(Unverborgenheit)。——译者注

黑格尔看来规定着希腊“意识”阶段的美的纯粹显像中。如果黑格尔是以绝对理念，即精神的完整的自我显现，为他的体系的基本立场的顶峰，那么，这就促使我们提出一个问题：是否即使在这种显像中，也即在精神的现象学中，因而在绝对的自我知识及其确定性
440 中，必定也**还**有**解蔽**在运作呢？而且，立即就有这样一更进一步的问题出现在我们面前：是否解蔽在作为绝对主体的精神中有其位置呢，或者，是否解蔽本身就是位置，而且指引着诸如一个表象性主体之类的东西首先能在其中“是”其所是的那个位置呢？

因此，一旦我们把'Αλήθεια 表达为解蔽，我们就已经持留在我们必须加以注意的别一种东西那里了。这个名称所命名的东西，并不是解开一切思想之谜的粗笨的钥匙，而不如说，'Αλήθεια 就是谜本身——即思想之实事。

然而，并不是我们把这一实事确定为思想之实事的。实际上，它早就呼唤着我们并且通过整个哲学史传承下来了。我们只需要回到这传统中去倾听，同时去考验那些先行之见（Vor-Urteile）——每一种思想都必须以自己的方式逗留于这些先行之见中。不过，就连这样一种考验也绝不能把自己弄成一个法庭模样，一个绝对地裁定历史之本质以及一种与历史的可能关系的法庭；因为这种考验有其界限，这个界限可以这样来说明：一种思想愈是具有思之特质，也即愈是为它的语言所占用，则对它来说未曾思的东西甚至它所不能思的东西就愈加具有决定性。

如果说黑格尔是从绝对主体性出发，以思辨—辩证法的方式把存在解释为无规定的直接的东西、抽象的普遍者，并且在**这种**近代哲学视野中来解说希腊的表示存在的基本词语῞Εν［一］、Λόγος

[逻各斯]、'Ιδέα[相]、'Ενέργεια[实现],那么,我们所做的尝试就是要作出判断:他这个解说在历史学上看是不正确的。

但每一种历史学的陈述及其论证都已经活动在一种与历史的关系中。因此,在对表象的历史学上的正确性作出裁决之前,我们先就需要沉思:历史是否以及如何被经验,历史的基本特征从何而来被规定?

着眼于黑格尔与希腊人来看,这就意味着:先行于一切正确的或不正确的历史学上的陈述有这样一回事情,即,黑格尔已经根据 441
绝对主体性意义上的存在之本质经验了历史的本质。直到此刻,从哲学上看,还没有一种对历史的经验能够与黑格尔的这种历史经验旗鼓相当。不过,对历史的思辨辩证法的规定恰恰导致了这样一点,即:黑格尔始终受到阻碍,未能把'Αλήθεια及其运作专门当做**思想之实事**来考察,而且这正是在那种把"纯粹真理王国"规定为哲学的"目标"的哲学中发生的事情。因为,当黑格尔把存在理解为无规定的直接的东西时,他就把存在经验为由规定着和理解着的主体所设定起来的东西了。因此,他就可能使希腊意义上的存在即εἶναι**无法**从那种与主体的关联中脱身,并且可能把存在释放到主体的本己本质之中。但这种本质就是在场,也就是从遮蔽状态**而来**进入无蔽状态之中的**先行**持存(*vor*-Währen)。在在场(An-wesen)中运作着解蔽。这种解蔽在'Ἕν[一]和Λόγος[逻各斯]中运作,亦即在统一着、聚集着的呈放中运作——这就是:让持存(An-währen-lassen)。'Αλήθεια[无蔽]在'Ιδεα[相]和理念的κοινωνία[共有、联合]中运作,因为各种理念相依相随地显像出来,并因此构成存在状态(Seiendsein),即ὄντως ὄν。'Αλήθεια[无蔽]

在 'Ενέργεια[实现]中运作,后者与拉丁文的 actus[现实]毫无关系,也与活动(Tätigkeit)毫无关系,而仅仅与希腊地被经验的 ἔργον[作品、作用]及其进入在场之中的被生产状态(Her-vor-gebrachtheit)相关。

然而,'Αλήθεια 即解蔽不仅在希腊思想的基本词语中运作,而且也在希腊语言之整体中运作;一旦我们在对希腊语言的解释中不让罗马的、中世纪的和近代的表象方式来插手,并且在希腊世界中既不寻求人格也不寻求意识,则希腊语言便以不同方式说话了。

但这个谜一般的 'Αλήθεια[无蔽]本身的情形如何呢?——对希腊世界的解释者来说,它已经变成了一件麻烦事,因为人们只固执于这个个别的词语及其词源,而没有根据诸如无蔽状态和解蔽

442 所指引的实事来思考。作为无蔽状态的 'Αλήθεια 与存在即在场是同一个东西吗?这个问题可由以下事实来说明:甚至亚里士多德,依然是用 τὰ ὄντα(即存在者、在场者)来意指与 τὰ ἀλήθεα(即无蔽者)意思相同的东西。但无蔽状态与在场状态,即 ἀλήθεια 与 οὐσία,是如何相互归属一体的呢?两者具有相同的本质等级吗?或者,只有在场状态才依赖于无蔽状态,而不是相反地,无蔽状态依赖于在场状态?倘若这样的话,虽然存在与解蔽相关,但解蔽却无关乎存在了。更有甚者:如果即刻发挥作用的作为正确性和确定性的真理的本质只能在于无蔽状态之领域中,那么,真理虽与 'Αλήθεια[无蔽]相关,但 'Αλήθεια[无蔽]却与真理无关。

如果 'Αλήθεια[无蔽]必须从真理和存在的角度脱离开来并且被释放到它的本己之中,那么 'Αλήθεια[无蔽]本身何所属呢?为了哪怕仅仅是猜度一下,在解蔽中甚至在为一切解蔽所需要的**遮蔽**(*Verbergung*)中发生着什么,思想已经有了洞察领域么?

'Αλήθεια[无蔽]之谜向我们靠近，而同时亦有一种危险到来，那就是：我们把它假设为一个虚幻的世界本质。

说到底人们也已经多次注意到，不可能有一种自在的无蔽状态，无蔽状态实际上始终是“对某人而言”的无蔽状态。这样一来，无蔽状态就不可避免地“被主观化”了。

然而，这里所思考的人势必要被规定为主体吗？难道“对人而言”必定就意味着：“**通过**人而被设定”么？我们不可对这两个问题作否定回答，并且必须牢记，希腊地被思的 ἀλήθεια[无蔽]诚然是对人而言运作着，但人依然是由 λόγος[逻各斯]规定的。人乃是道说者(der Sagende)。道说，即古高地德语的 sagan，意味着：显示、让显现和让看。人乃是这样一种生物，他道说之际让在场者在其在场状态中呈放并且觉知这个呈放出来的东西。只是由于人是道 443
说者，人才能言说。①

对于 ἀληθείη 和 ἀληθής，即无蔽状态和无蔽的，我们在荷马那里找到了最古老的证据，而且是在与道说(Sagen)这个动词的联系当中。有人十分仓促地从中得出结论：可见，无蔽状态是“依赖”于 verba dicendi[言说之话语]的。② 如果道说乃是让显现，而且这种让显现因此也就是伪装和掩蔽，那么，这里何谓“依赖”呢？其

① 海德格尔区分了德文的 Sagen 和 Sprechen 两个动词，我们分别译为“道说”和“言说”，前者为本真的“显示”、“让显现”，是响应于“存在”的；后者则是一般理解的“人言”。关于海德格尔的语言之思，可参看《在通向语言的途中》，商务印书馆 1997 年。——译者注

② P. 弗里德伦德尔即持此见解，参看他的著作：《柏拉图》，第一卷，1954 年第二版，第 235 页(现已予以改正，参看该书 1964 年第三版，第 233 页以下)，这是按照 W. 路德的处理，后者在其哥廷根大学博士学位论文中(1935 年，第 8 页以下)更清楚地看清了实情。——原注

实，并非无蔽状态“依赖”于道说，而是一切道说都需要无蔽状态之领域。只有在无蔽状态已经运作之处，某物才能成为可道说的、可见的、可显示的、可觉知的。如果我们牢牢记住 'Αλήθεια 即解蔽的谜一般的运作，那么，我们就能获得这样一种猜度：甚至语言的整个本质也植根于解蔽(Ent-bergung)，植根于 'Αλήθεια[无蔽]之运作。可是，要是 'Αλήθεια[无蔽]的作用方式是从解蔽本身，也即从自行遮蔽的澄明中获得其规定的，那么，关于这种运作的谈论也就还是一种权宜之计。

“黑格尔与希腊人”——此间我们似乎远离论题，探讨着某种令人奇怪的东西。但实际上，我们比以前更切近于论题了。在本演讲的开头，我们说过：

思想之实事牵涉进来了。我们要做的努力是贯通这个论题而把这种实事带入眼帘。

黑格尔把希腊人的哲学规定为“真正哲学”的开端。但是，这种哲学作为正题和抽象阶段还处于“尚未”(Noch nicht)中。那种进入反题和综合的完成还付诸阙如。

我们对黑格尔关于希腊的存在学说的解释所做的沉思试图指
444 明，唯就 'Αλήθεια[无蔽]已经起支配作用而言，哲学借以开端的“存在”才作为在场状态而成其本质，而 'Αλήθεια[无蔽]本身就其本质渊源方面来看还始终是未经思考的。

因此，就在对 'Αλήθεια[无蔽]的考察中，我们经验到：随着 'Αλήθεια[无蔽]，我们的思想被某种东西所召唤，[1]这种东西在“哲

---

[1] 《当代思想中的希腊人》抽印本，1960 年：催逼者(das Bedrängende)，争执(der Streit)。——作者边注

学"的开端之前并且贯穿哲学的整个历史，就已经把思想接收到自身那里。'Aλήθεια[无蔽]抢先于哲学史，但却是以这样的方式，即：它作为要求思想对之进行探讨的东西，对哲学的可规定性隐瞒自身。'Aλήθεια[无蔽]乃是未曾被思的最值得思的东西，是思想的这种唯一实事(*die* Sache)。所以，说到底，'Aλήθεια[无蔽]对我们来说始终是首先要思的东西——要思之为摆脱了那种顾虑的东西，即从对形而上学所提供的关于正确性意义上的"真理"和现实性意义上的"存在"的观念的顾虑中脱身的东西。

黑格尔就希腊人的哲学说："其中只能在一定程度上获得满足"，也就是说，精神的那种力求达到绝对确定性的冲动只能在一定程度上得到满足。黑格尔这个关于希腊哲学不能满足精神要求的判断，乃是从哲学之完成的角度来讲的。在思辨唯心主义的视野中，希腊人的哲学还处于完成之"尚未"中。

但是，如果我们去关注那个支配着希腊哲学开端、并且支配着整个哲学进程的'Aλήθεια[无蔽]的奥秘，[①]那么，对我们的思想来说，希腊人的哲学也就显示在一种"尚未"中。只不过，这乃是未曾被思的东西的"尚未"，不是使我们不能满足的"尚未"，而是我们不能符合和适应的"尚未"。

① 《当代思想中的希腊人》抽印本，1960年：奥秘之权限(die Befugnis des Rätsels)。——作者边注

445

康德的存在论题

从标题来看，下面的演讲应是一个基于康德哲学的教本。借此我们将讲授一种已经过去了的哲学。这种讲授也许有其用处；但唯当对于传统的感受力还觉醒着的时候，它才有用处。

恰恰这种说法几乎还是不切实际的——尤其在那里，事关向来始终地并且普遍地关涉我们，而我们却没有特别予以注意的那个东西的传承，这时候，最难有清醒的感受力。

我们用“存在”(Sein)一词来命名那个东西。这个名称所命名的，是我们在说“是”(ist)以及“曾是”(ist gewesen)和“将是”(ist im Kommen)时所指的那个东西。我们所获得和达到的一切，都贯穿着这个被说出的或者未被说出的“它是”(es ist)。这样一种情况，是我们无论如何不能放过的。这个“是”以其全部显示的和隐蔽的变化始终为我们所熟悉。然而，一旦“存在”这个词传到我们的耳朵里，我们还是坚信：人们不能就此词设想什么，人们不能就此词想象什么。

也许，这一过于仓促的断言是正确的；这一断言使得人们有权对那种关于“存在”的谈论——更不用说对那种关于“存在”的闲谈——生出愤怒，而且此种愤怒是如此强烈，以至于人们把“存在”当作了笑料来加以嘲弄。不去深思存在，不去回想一条通往存在的思想道路，人们以法庭自居，自以为能裁定“存在”一词是否说话。对于这种把漫不经心的态度抬高为原则的情形，几乎没有人心存芥蒂。

如果事情已经到了这样的地步，即：一度是我们的历史性此在之源泉的东西在人们的嘲弄中渐渐淤塞，那么，我们也许就有必要去从事一种质朴的沉思了。

人们在“存在”一词上不能思考什么。那么，说思想家的实事 446
就是对何谓“存在”作出答复，这样一种猜度又是怎么回事呢？

如若这样一种答复甚至对思想家来说也是十分困难的，那么，至少下面这一点还可以是思想家的实事，即：总是一再把作为值得思的东西的存在显示出来，而且要使得这种值得思的东西本身保留在人类的视野中。

我们遵循上述猜度，并且来倾听一位思想家要向我们说的关于存在的话。我们来倾听**康德**。

为了经验到关于存在的某些东西，我们为什么要去倾听康德呢？这里有两个原因。首先，在对存在的探讨方面，康德完成了一个具有深远意义的步骤。其次，康德的这个步骤起于对传统的忠实，这同时也即说，是在一种对传统的辨析中产生的，而通过这种辨析，传统进入一道全新的光亮之中了。这两个原因说明我们何以要提及康德关于存在的论题；它们使我们获得了一种沉思的动力。

按照在其主要著作《纯粹理性批判》(1781 年)中的说法，康德关于存在的论题是：

> “存在显然不是一个实在的谓词，就是说，它是关于某个

东西的概念，能够加在一个事物的概念上。它只是对于一个事物或者对于某些自在的规定本身的断定。”(A598,B626)

着眼于今天存在的东西，着眼于作为存在者逼向我们和作为可能的非存在(Nichtsein)威胁我们的东西，我们以为康德关于存在的论题是抽象的、贫乏的和苍白的。此间，人们竟也对哲学提出了要求，要求哲学不再满足于解释世界，不再满足于在抽象的思辨中打转，而是要致力于实际地改变世界。不过，如此被思考的对世界的改变首先就要求思想发生转变，正如说到底，甚至在上述要求
447 的背后也已经有一种思想的改变。(参看卡尔・马克思:《德意志意识形态——关于费尔巴哈的提纲》以及《费尔巴哈》，第 11 条:“哲学家只是以不同方式解释世界；而问题在于改变世界。”)

然而，如若思想并没有动身走上通向值得思的东西的道路，那么，这种思想应以何种方式发生转变呢？而现在，存在表现为值得思的东西，这一点既非一个随意的假设，亦非一个任意的虚构。这乃是一种传统的判词，这种传统今天还规定着我们，而且这种规定远比人们能够承认的更具有决定性。

唯当我们放弃去深思康德为了解释其论题所说的话以及他是如何说这些话的，这时候，康德的论题才作为抽象的和贫乏的论题而令人奇怪。我们必须跟踪他对这个论题的解释的思路。我们必须看清楚这条道路伸展于其中的那个领域。我们必须思索康德在“存在”名下探讨的东西所具有的位置。[①]

当我们做这种努力时，就显示出某种令人吃惊的东西。我们

① 1963 年第 1 版:存在之地志学(Topologie des Seins)。——作者边注

看到，康德对他的论题的解释，更多地只是“插曲式的”，也就是说，更多地是在其主要著作的插句、注释和附录中进行的。康德并没有以合乎其内容和意义的方式，把这个论题当作一个体系的原命题(Ursatz)提出来，并且没有把它展开为一个体系。这看起来像是一个缺陷，但实际上却有其好处，那就是：在不同的插话中总是表达出康德的一种源始的沉思，而这种源始的沉思绝不误以为自己是最后封闭的沉思了。

下面的阐述必须与康德的这种方法相适应。它的主要意图是让人们看清楚：贯穿康德的全部解释，亦即贯穿他的哲学的基本立场，他的论题的主导思想如何到处闪烁着，尽管其论题并没有构成他的著作的专门构筑起来的结构轮廓。因此，这里所奉行的做法意在对一些适当的文本进行相互对比，使它们相互得到澄清，并且 448
由此使那种未能直接被陈述出来的东西显露出来。

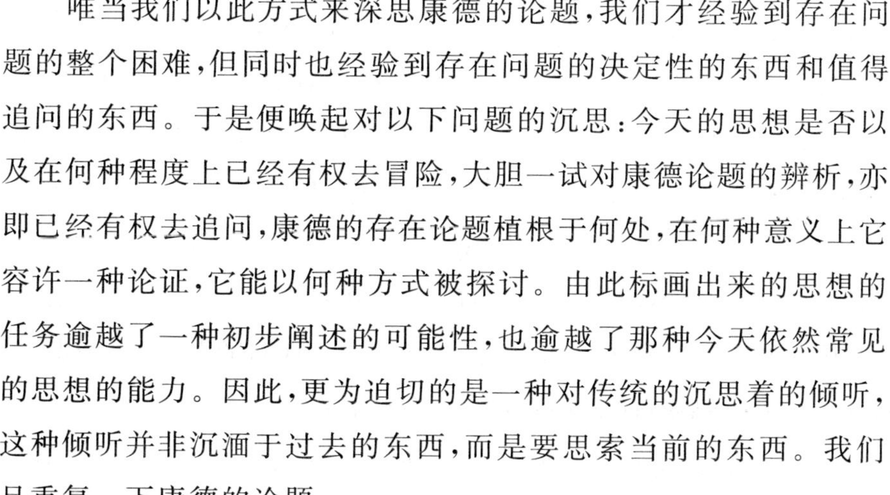

唯当我们以此方式来深思康德的论题，我们才经验到存在问题的整个困难，但同时也经验到存在问题的决定性的东西和值得追问的东西。于是便唤起对以下问题的沉思：今天的思想是否以及在何种程度上已经有权去冒险，大胆一试对康德论题的辨析，亦即已经有权去追问，康德的存在论题植根于何处，在何种意义上它容许一种论证，它能以何种方式被探讨。由此标画出来的思想的任务逾越了一种初步阐述的可能性，也逾越了那种今天依然常见的思想的能力。因此，更为迫切的是一种对传统的沉思着的倾听，这种倾听并非沉湎于过去的东西，而是要思索当前的东西。我们且重复一下康德的论题：

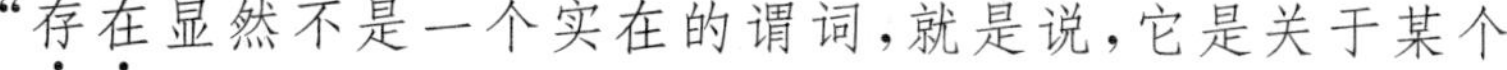

“**存在**显然不是一个实在的谓词，就是说，它是关于某个

东西的概念，能够加在一个事物的概念上。它只是对于一个事物或者对于某些自在的规定本身的断定。"

康德这个论题包含着两个陈述句。第一个陈述句是一个否定陈述句，它否认存在具有一个实在的谓词的特性，但绝没有否认存在具有一个一般谓词的特性。因此，论题的下一个肯定陈述句就把存在标识为"只是……的断定"。

即便在这里，当这个论题的内容分散在两个陈述句上时，我们也难以摆脱那种意见：人们在"存在"一词上不能思什么。不过，如果我们在做一种更准确的解释之前注意一下，在《纯粹理性批判》的结构和思路范围内，康德是在哪一个地方表达出他的论题的，那么，眼下的一筹莫展的状况就会缓和下来，康德的论题就会变得熟悉些。

让我们仅仅粗略地回忆一下一个无可否认的事件：西方—欧
449 洲思想是受"什么是存在者？"（Was ist das Seiende?）这个问题引导的。它也如此这般地来追问存在。在这种思想的历史中，康德，尤其是通过他的《纯粹理性批判》，完成了一个决定性的转折。着眼于此，我们便可预料，康德是凭着对存在的探讨和对他的论题的揭示，使其主要著作的主导思想运转起来了。而实情却并非如此。我们倒是在《纯粹理性批判》的最后三分之一中，而且是在那个题为"论一种关于上帝此在的存在学证明之不可能性"（A592，B620）的章节中，才碰到上面所指出的这个论题的。

可是，如果我们再度回忆一下西方—欧洲思想史，我们就会了解到：存在之问题作为存在者之存在的问题是有双重形态的。它一方面问：存在者一般地作为存在者是什么？在哲学史进程中，在这个问题领域内的考察是在“存在学”(Ontologie)这个名目下进行的。而另一方面,“什么是存在者?”这个问题也追问:何者是以及如何是最高存在者意义上的存在者? 这就是对神性的东西和上帝的追问。这个问题的领域乃是神学(Theologie)。我们可以把关于存在者之存在的问题的双重形态概括在“存在—神—逻辑学”这个名称之中。[①] “什么是存在者?”这个二重性的[②]问题一方面是说:(究竟)什么是存在者? 另一方面是说:什么(何者)是(绝对)存在者?

显然,存在者之问题的二重性必定取决于:存在者之存在如何显示自身?[③] 存在显示在我们称之为根据的那个东西的特征中。一般存在者乃是基地(Boden)意义上的根据(Grund),任何一种对存在者的进一步考察都在此基地上活动。作为最高存在者的存 450
在者则是使一切存在者进入存在而产生出来的那个东西意义上的根据。[④]

存在被规定为根据,这一点直到现在还被人们视为最不言自明的事情;而实际上这是最值得追问的事情了。何以存在被规定

① 后期海德格尔把西方形而上学的基本机制规定为“存在—神—逻辑学”(Onto-Theo-Logie,或译为“存在—神—学”),实际上是把形而上学的基本成分看作“存在学”(Ontologie)与“神学”(Theologie)。特别参看海德格尔:“形而上学的存在—神—逻辑学机制”,载《同一与差异》,弗林根 1957 年。——译者注

② 1963 年第 1 版:以“二重性”(Zwiefalt)一词所道出的意思已经超出了单纯的“与”,即 ὄν ᾗ ὄν[存在之为存在]“与”θεῖον[神]中的“与”。——作者边注

③ 1963 年第 1 版:存在与存在者,但并非作为差异与作为值得追问的东西(甚至最值得追问的东西)的差异。——作者边注

④ 1963 年第 1 版:κοινόν[共性]——κοινότατον[共同者];κοινόν[共性]——καθόλου(θεῖον)[普遍者(神)]。——作者边注

为根据，根据之本质基于何处，这些问题我们在此不能加以探讨。但是，即便对一种看起来肤浅的思考来说，也会不由得生出这样一种猜测：在康德把存在规定为断定(Position)时，起支配作用的是一种与我们所谓的根据的亲缘关系。Positio，ponere 意味着：设定、摆置、放置、放、放在面前(*vorliegen*)、位于底部(zum Grunde liegen)。

在存在神学的追问的历史进程中，出现了这样一项任务：不仅要证明什么是最高存在者，而且要证明存在者中这个最具存在特性的存在者的存在，即证明上帝之实存。实存、此在、现实性等词语指称着一种存在方式。[①]

1763 年，差不多在《纯粹理性批判》出版前二十年，康德发表了一篇著作，题为《表明上帝此在的唯一可能的证据》。这篇著作的"第一研究"讨论的是"一般此在"(Dasein überhaupt)和"一般存在"(Sein überhaupt)。我们在这里已经看到康德的存在论题，而且他在此也采取了否定陈述句和肯定陈述句的双重形式。两个陈述句的表述在某种程度上与《纯粹理性批判》中的表述是一致的。在这篇前批判时期的著作中，否定陈述句是："此在根本不是谓词或者关于无论何种事物的限定。"肯定陈述句则是："判定或设定之概念是完全简单的，并且与一般存在一致。"

我们首先只需指出，康德是在哲学神学的问题领域内表达出

① 在康德以及德国古典哲学的意义上，Existenz 和 Dasein 指一般事物的实际存在，我们分别译之为"实存"和"此在"，其意义近乎"现实性"(Wirklichkeit)；而在海德格尔本人的用法中，Existenz 和 Dasein 专指人之存在，我们同样译之为"实存"和"此在"。——译者注

这个论题的。这种哲学神学统治着整个关于存在者之存在的问题，亦即统治着形而上学的核心内容。由此可见，这个关于存在的 451
论题绝不是一个古怪的、抽象的教本，并不是其字句最初容易使我们相信的那样。

在《纯粹理性批判》中，康德在那个否定—拒绝性的陈述句中加上了一个“显然”。据此看来，这个陈述句的内容就应该是每个人都可以直接就明白的了：存在——“显然”不是一个实在的谓词。对我们今人来说，这个命题绝不是直接可以理解的。存在——这其实意味着实在性。那么，存在何以不应被看作实在的谓词呢？对康德来说，“实在的”（real）一词其实还具有更为源始的意义。它指的是某个 res［物］、某个实事、某物的事态所包含的某个东西。例如，着眼于石头来看，“重的”这个谓词是一个实在的谓词，是一个属于实事的规定，不论这块石头是否现实地实存。因此，在康德的论题中，“实在的”并不意味着我们今天在谈论那种考虑事实、现实的实在政治（Realpolitik）时所指的东西。实在性（Realität）对康德来说并非现实性，而是实事性（Sachheit）。一个实在的谓词是这样一个谓词，它属于某个事物的实事内容（Sachgehalt）并且能够被判归该事物所有。对某事物的实事内容，我们在其概念中予以表象。我们可以表象“石头”一词所指称的东西，而这种被表象的东西未必像一块一向恰恰现成的石头那样实存着。康德的论题说，实存、此在、亦即存在，显然不是一个实在的谓词。一旦我们在康德意义上思考“实在的”一词，就可得出这个否定陈述句的明显意思。存在不是什么实在的东西。

但这是怎么回事呢？对一块摆在我们面前的石头，我们就说：

它——这块石头——实存着。这块石头**存在**。因此，这里同样明显地显示出了这个“存在”(ist)，即作为谓词的存在，因为后者在关于这块作为陈述句之主词的石头的陈述中。在《纯粹理性批判》中，康德也并不否认，关于一块现成摆着的石头所陈述出来的实存是一个谓词。但这个“存在”(ist)不是一个**实在的**谓词。那么，这个“存在”(ist)是关于什么的陈述呢？显然是关于这块现成摆在眼
452 前的石头。而且在“石头在这里存在”这个陈述句中，这个“存在”(ist)说的是什么呢？它不是说石头之为石头所是的**东西**，而是说石头所包含的东西在这里实存即存在的**情况**。那么，何谓存在呢？康德用他的论题中的肯定陈述句来回答：存在“只是对于一个事物或者对于某些自在的规定本身的断定”。

这个陈述句在字面上容易诱发这样一种意见：作为“只是对于一个事物的断定”，存在关涉到自在和自为的事物意义上的事物。这个论题是在《纯粹理性批判》范围内被说出来的，就此而言，它不可能具有这种意义。事物(Ding)的意思在此如同：某物(Etwas)；康德也把它说成：客体或对象。康德也并没有说，断定涉及具有其全部实在规定的事物；而倒是说：只是对于事物或者某些自在的规定本身的断定。“或者某些……规定”这个说法该如何解释？我们先且搁一搁这个问题。

“自在的……本身”[①]这个表述并不是指：“自在”的某物，无关乎某种意识而实存的某物。我们必须把“自在的……本身”理解为

① “自在的……本身”(an sich selbst)或可译为“本身自在地”，显然是指上文所讲的“某些自在的规定本身”(gewisser Bestimmungen an sich selbst)中的“an sich selbst”。——译者注

一个反面规定(Gegenbestimmung),即对那种着眼于它者而被表象为此或彼的东西的反面规定。由于康德说:存在“只是断定”,上述“自在的……本身”的意义就已经表达出来了。这个“只是”听起来犹如一种限制,仿佛与某个事物的实在性亦即实事性相比较,断定乃是某种微不足道的东西。但实际上,这个“只是”指示着:存在绝不能根据一个存在者当下所是的东西来说明,对康德来说也即绝不能根据概念来说明。这个“只是”(bloß)并非限制,而是把存在引向一个领域,只有从这个领域而来,存在才能得到纯粹的标画。“只是”在此意味着:纯粹(rein)。“存在”(Sein)和“是(存在)”(ist)与它们的全部含义和变化一起,归属于一个特有的领域。它们不是物性的东西,对康德来说亦即:不是对象性的东西。

因此,为了思“存在”和“是”,就需要另一道眼光,它不受对事物的专门考察和对事物的计算的引导。我们可以在全部方向上来 453
搜索和探究一块摆在我们面前的、明显“存在着”的石头,我们绝不会在这块石头上寻找这个“是(存在)”。但这块石头实际上存在着。

“存在”是由何获得“只是断定”这种意义的呢?“纯粹的断定”这个名称的意义是从何而来以及如何得以界定的?对我们来说,难道这种关于作为断定的存在的解释不是令人诧异的、甚至任意独断的,至少多义的、因而不准确的么?

康德本人虽然用德文的“设定”(Setzung)来翻译“断定”(Position),但这没有多大用处。因为我们德语中的“设定”一词与拉丁语的 positio 一样,也是多义的。拉丁语的 positio 可以有下述意思:一、作为行为的设定、摆置、放置;二、被设定的东西、主题;

三、被设定状态、状况、机制。但我们也还可以对断定和设置作如下理解，即：它们一体地指对在其被设定状态中的被设定者本身的设定。

在任何情形下，把存在标画为断定的做法都显示着一种多义性，这种多义性并非偶然的，而且也不是我们所不熟悉的。因为它在被我们当作表象（Vorstellen）来认识的那种设定和摆置的领域内普遍地运作着。对于表象，学院哲学语言有两个独特的名称：其一，表象是 percipere、perceptio，即保存、把捉某物；其二，表象是 repraesentare，即面对某物、考虑某物。在表象中，我们把某物摆在我们面前，使得它作为如此这般被摆置的东西（即被设定的东西）与我们相对，作为对象而站立。作为断定的存在指的是在有所设定的表象中某物的被设定状态。按照被设定的内容和设定方

536 式，设定、断定、存在，就具有另一种意义。因此，在《纯粹理性批判》这个文本中，康德在提出他的存在论题之后继续写道：

> “在逻辑用法中，它（也即作为‘只是断定’的存在）不过是一个判断的系词。‘**上帝是万能的**’这个命题含有两个概念，其对象分别为上帝和万能；‘**是**’（*ist*）这个词并不是一个增加
> 454 的谓词，而只是一个标志，指出‘万能的’这个谓词（宾词）**或者**是对于上帝这个主词而说的。”

在《表明上帝此在的唯一可能的证据》中，康德说，由系词“是”设定的命题主词与谓词之间的关系是 respectus logicus［逻辑方面］的关系。康德关于存在的“逻辑用法”的说法让人以为存在还另有一种用法。同时，我们也已经在这段文字中经验到关于存在

的本质性东西。它之被“用”，乃是在“利用”意义上讲的。知性、思想来完成这种用。

除了“逻辑的”用法外，“存在”和“是”还有何种别的用法呢？在“上帝是（上帝存在）”（Gott ist）这个命题中，并没有一个实际的、实在的谓词被添加在主词上。倒是这个主词，即上帝，以其全部谓词“本身自在地”被设定起来了。“是（存在）”现在意味着：上帝实存，上帝此在。虽然“此在”、“实存”意指着存在，但“存在”和“是（存在）”却不是在命题主词与谓词之间的关系的设定意义上讲的。在“上帝是（存在）”这个命题中，“是”之设定超出了上帝概念之外，而且把物本身，即作为此在者的上帝这个客体，带向这个概念。在这里，有别于逻辑的用法，存在是着眼于存在着的客体而本身自在地被使用的。因此，我们就可以谈论存在的存在者状态上的（ontisch）用法，更好地讲，存在的客观的用法。在这篇前批判时期的著作中，康德写道：

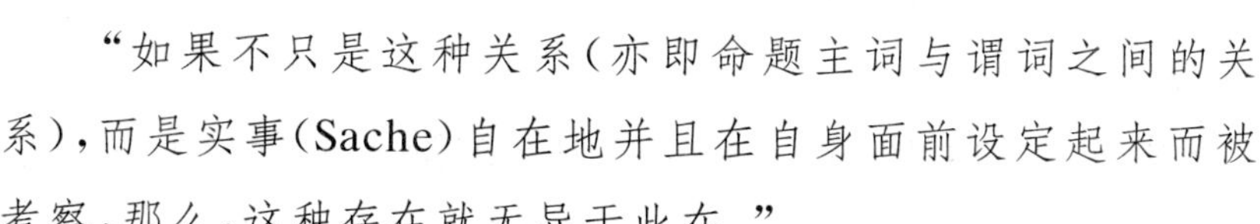

> “如果不只是这种关系（亦即命题主词与谓词之间的关系），而是实事（Sache）自在地并且在自身面前设定起来而被考察，那么，这种存在就无异于此在。”

而且这个相关段落的小标题是这样开头的：

> “此在乃是对于某个事物的绝对断定。”

在一则未注明日期的笔记中（见《康德全集》，学院版，第十八卷，第6276条），康德对前面的阐述做了简明的概括：

> “通过此在之谓词，我没有给事物添加什么，而是把事物本身添加给概念了。也就是说，我在一个实存性命题中超出 455

> 了概念，并没有走向另一个谓词——作为在概念中被思考过的东西——，而恰恰是随事物本身一道走向事物本身，不再，至少不是谓词，只是关于相对断定的绝对断定依然得到了补充思考。”

然而，这里对康德来说成为问题并且始终保持为问题的是：“上帝存在”这个命题是否、如何以及在何种界限中才可能作为绝对的断定？这个问题乃是一种隐蔽的刺激，它驱使着《纯粹理性批判》的全部思想，并且推动着康德此后的主要著作。诚然，关于作为绝对断定——区别于那种作为逻辑断定的相对断定——的存在的谈论会唤起一种假象，仿佛在绝对断定中没有任何联系被设定起来。但如果在绝对断定中关涉到对此在和实存意义上的存在的客观用法，那么，对批判性沉思来说，下面这一点不仅变得清晰起来，而且变得咄咄逼人了，即：即使在这里，也有一种关系被设定起来，而且“是(存在)”(ist)因此获得了一个谓词的特性——尽管不是一个实在的谓词。[①]

在存在的逻辑用法中(A是B)，关键在于命题主词与谓词之间的关系的断定。而在存在的存在者状态上的用法中——这块石头存在(“实存”)——，关键在于自我主体与客体的关系的断定，不过，情形却是这样：主词—谓词关系仿佛交叉地与主体—客体关系相接通。这是由于：作为系词的“是”(ist)在一种客观认识的陈述中具有一种意义，不同于纯粹逻辑的意义，且比后者更为丰富。但

① 1963年第1版：在场得到允诺——但并不是在自然科学的经验意义上可证明的。——作者边注

我们将看到，康德是在作了长期沉思之后才获得这种洞识的，这种洞识甚至首先是在《纯粹理性批判》第二版中才表达出来的。第一版之后过了六年，他才能说这个"是"(ist)情况如何，亦即存在的情况如何。唯《纯粹理性批判》才使得康德对作为断定的存在的解释 456
变得丰富而且确定。

倘若有人在康德撰写他的前批判时期的《表明上帝此在的唯一可能的证据》这篇著作时问他，对于他在绝对断定意义上理解的"实存"究竟应该如何作进一步的规定，那么，康德就会指点这位发问者去参阅他的这篇著作，其中写道：

> "这个概念(关于此在和实存)是如此简单，以至于人们对它的展开不能说什么。"

康德甚至还附加了一个原则性的评论，它让我们得以认识在《纯粹理性批判》出版之前的康德的哲学立场：

> "如果我们认识到，我们的全部知识实际上最终结束于无法消解的概念中，①那么我们也就理解了，存在着某些几乎不可消解的东西，这就是作为实事本身的东西，只是在那里，标志很不清楚明了。这就是我们对实存的说明工作的情形。我愿承认，通过我们的说明，所说明的东西的概念仅仅在很小程度上变得清晰了。不过，与我们的知性能力相关的对象的本性也不容许有更高程度的清晰了。"

① 1963年第1版：亦即说，按实事来看是从那里开始、出发的，作为主宰一切的ἀρχή(始基)。——作者边注

“对象的本性”(Natur des Gegenstandes),在这里也就是存在之本质,不容许有更高的说明程度。但在这里,对康德来说有一点是确定的,即:他所思考的是“与我们的知性能力相关的”实存和存在。即使在《纯粹理性批判》中,存在依然并且一再被规定为断定。诚然,批判性的沉思也达不到“更高的说明程度”,亦即按前批判时期的对概念的说明和分析的程度。但是,《纯粹理性批判》却获得
457 了另一种对存在及其不同方式——我们在可能存在、现实存在、必然存在等名下来认识的那些方式——的说明。

这里发生了什么事情呢?如果关于存在的沉思被确定为这样一种关于存在“与我们的知性能力”的“关系”的沉思,那么,通过纯粹理性批判必然发生了什么事情呢?在《纯粹理性批判》中,康德本人用一个论断给出了答案:

> “如果人们只想从纯粹知性那里汲取它们的定义,那么,除了用明显的同语反复,[①]还没有人能对可能性、此在[②]和必然性作出不同的说明。”(A244,B302)

然而,在其前批判时期,康德本人恰恰还在尝试这样一种说明。此间他已经获得了一种洞识,认识到光是存在和存在方式与“我们的知性能力”的关系并不能提供出任何充分的视界,让我们据以说明存在和存在方式,现在亦即:让我们据以“证明”存在和存在方式的意义。

① 1963年第1版:καθ’ αὑτό[按照自身、由己]的“同语反复”的不同可能性,参看亚里士多德:《形而上学》,卷七。——作者边注

② 1963年第1版:现实性。——作者边注

这里缺少什么呢？为了获得一种充分的本质规定，我们的思想必须在何种角度上同时考察存在连同存在的样态？在《纯粹理性批判》（B302）第二版的一个补充说明中，康德说：

> “如果取消了一切感性直观（我们所具有的唯一的感性直观），那么，我们就不能通过什么来证明可能性、此在和必然性（亦即就它们的意义作出证明和论证）……。”①

倘若没有这种直观，各种存在概念就缺乏与客体的关系，而唯
有通过这种关系，各种存在概念才能够获得康德所谓的它们的“意 458
义”。虽然“存在”表示那种在由作为知性行为的思想所做的设定中的断定、被设定状态，但只有当感性直观亦即感官之情感（Affektion）给予断定以可设定的东西时，这种断定才能把某物设定为客体，也即设定为对立之物，并因而使之立身为对象（Gegenstand）。只有作为一种情感之断定，这种断定才能让我们理解：对康德来说存在者之存在意味着什么。

但是，在情感中通过我们的感官，始终有一种有关各种表象的多样性被给予我们了。为了使被给予的“杂乱麇集”即这种多样之物的河流得以站立，并因而能让一个对象②显示出来，多样之物必须被规整、亦即被联结起来。但这种联结绝不能通过感官来实现。按康德看，一切联结皆出于那种被叫做知性的表象力。知性的基

① 1963年第1版：胡塞尔的“范畴直观”则与之相反，《逻辑研究》第六研究；但对胡塞尔来说，“范畴”意味着什么呢？——作者边注

② 中译文未能显示“站立”（Stehen）与“对象”（Gegenstand）之字面联系。“对象”实可译为“对立者”。——译者注

本特征乃是作为综合(Synthesis)的设定。设定具有命题(Proposition)即判断的特性,由之,某物作为某物被先行设定起来,一个谓词通过“是”(ist)而被判归某个主词所有。但只要断定作为命题①必然与在情感中被给予的东西相联系——如果一个客体要为我们所认识的话——,那么,由此出发,作为系词的“是”(ist)就获得了一种新的意义。康德只在《纯粹理性批判》第二版中(第19节,B140以下)才来规定这种意义。在第19节开头,康德写道:

> “通过逻辑学家关于一般判断所给出的说明,我从来不能心满意得:正如逻辑学家所说的,这乃是对于两个概念之间的一种关系的表象。”

关于这种说明,康德发现,“这种关系存在于何处,在此没有得到规定”。康德在关于判断的逻辑说明中,看到了从谓词到主词的设定过程植根于其中的那个东西。只有作为对认识着的自我主体(Ich-Subjekt)而言的客体,陈述句的命题主词(Satz-Subjekt)才可
459 能是论证性的。因此,在原文中开了一个新章节的头之后,康德继续写道:

> “但当我更准确地探究在每一个判断中的被给予的认识的联系,并且把这种归属于知性的联系与服从再生性想象力之定律的关系(后者[关系]只具有主观的有效性)区分开来,这时我就发现,一个判断无非是那种使给定的认识成为统觉之客观统一性的方式。其中的关系词‘是’(ist)的目标同样

① 中译文未能显示“断定”(Position)与“命题”(Proposition)之字面联系。——译者注

> 亦在于此,是为了把被给予表象的客观统一性与主观统一性区分开来。”

在试图对上述句子作恰如其分的思考时,我们首先必须注意到,在这里,不仅系词“是”得到了不同的规定,而且“是”与联结(即聚集)之统一性的关联也得到了揭示。

存在与统一性、ἐόν[存在、是]与 ἕν[一]的共属一体性,早就在西方哲学的伟大开端里向思想显示出来了。当人们今天径直向我们说出“存在”和“统一性”这两个名称时,我们几乎不能就两者的共属一体关系给出一个充分的回答,更洞察不到这种共属一体关系的根据了;因为我们既没有根据 λόγος[逻各斯]的既聚集着又解蔽着的本质来思考“统一性”和统一作用,也没有把存在思为自行解蔽着的在场,甚至根本就没有思两者的共属一体关系——早在希腊人那里,这种共属一体关系就未曾被思而被放过了。[①]

在康德思想中,存在与统一性的共属一体性是如何呈现出来的呢?康德的存在论题是如何因此而表明其更为丰富的和首先有根有据的内容的?在探究这一问题之前,我们先要提一下康德所举的一个例子,它向我们说明了作为系词的“是”的客观意义。康德说:

> 如果我仅仅根据联想定律,把表象的次序仅仅[②]看作主 460
> 体中的一个事件,那么,“我就只能说:当我肩负一个物体,我

① 1963 年第 1 版:未曾被思:使用性的拥有(brauchendes Eignen)。——作者边注

② 1963 年第 1 版:“仅仅”:主观之物首先被给定。——作者边注

> 感到一种重压；而**不**能说：这个物体**是**重的；后者的意思无非是：这两个表象在客体中——亦即在没有主体状况之差别的情况下——被联结起来了，而不只是在知觉（不管它能多么经常地重复）中共在。”

按照康德对“是”的阐释，在“是”中显露着命题主词与客体中的谓词的联结。每一种联结都带有一个统一性，它把被给予的多样之物联结到这个统一性中。但是，如果这个统一性首先不能从联结中产生出来——因为联结首先依赖于统一性——，那么，这个统一性是从何而来的呢？在康德看来，这个统一性须在“更高处寻求”，也即须在高于知性的那种有所联结的设定的地方来寻求。这个统一性乃是让一切 σύν（共同地）从每一种 θέσις（设定）中源出的 ἕν（起统一作用的一）。因此，康德就称之为“源始综合的统一性”。它首先就已经在一切表象活动、在知觉（Perzeption）附近（adest）了。它乃是统觉的源始综合的统一性。由于它使存在者的存在用康德的话讲，即客体的客体性成为可能，故它在更高处，超出客体之外。由于它使对象作为这样一个对象成为可能，故它被叫做“先验的统觉”（transzendentale Apperzeption）。对于后者，康德在第 15 节（B131）结尾处说：

> 它“本身包含着判断中的不同概念的统一性的根据，也包含着知性——甚至在其逻辑用法中——的可能性的根据”。

在其前批判时期的著作中，康德还满足于这样一点，即：存在和实存尚不能进一步在它们与知性能力的关系方面得到说明，而
461 经过纯粹理性批判，康德不仅得以专门廓清知性能力，甚至也按照

其根据说明了知性本身的可能性。不过，在这种向知性的可能性之位置的追溯中，在这个从前批判时期的考察进入批判时期的追问领域的决定性步骤中，却还有一点未经变动地保存下来了。那就是康德在提出和解释他的存在论题时所遵循的指导线索，即：必然可以根据它们与知性的关系来规定存在及其方式。

可是，对知性所作的更源始的批判性规定也为一种变化了的、更丰富的存在解释提供了保证。因为现在，“此在”的样态、方式及其规定特别地进入了康德思想的视界之内。康德本人生活在那种确信中，他确信已经获得了一个位置，由之而来，对存在者之存在的规定便得以进行了。这一点又为一个注释所证明，这个注释是在《纯粹理性批判》第二版的文本中才出现的（第16节，B134，注）：

> “因此，统觉的综合统一性乃是一个极点，我们必须把一切知性使用（这本身就是整个逻辑学）以及据此而来的先验哲学都维系于这个极点，确实，这种能力（即所谓统觉）实即知性本身。”

统觉（Apperzeption）的意思是：一、预先在一切表象中与之相随而起着统一作用；二、在这种对统一性的预先确定中同时依赖于情感（Affektion）。如此这般被理解的统觉乃是“一个极点，我们必须把……整个逻辑学……都维系于这个极点”。康德并没有说：我们必须把……系到它身上去。[①] 那样的话，整个逻辑学就只是

① 康德上面引文中的“维系于”用的是介词第三格 an dem，而没有用介词第四格 an den，前者有归属之义，而后者的意思则是“把……加到……上面去”。——译者注

被事后添加到某个没有这种"逻辑学"而存在的东西身上去的。相反,先验的统觉是这样一个"极点",全部逻辑学作为逻辑学已经"依着于(an dem)这个极点",由于它的全部本质依赖于先验的统觉,它便充满着这个极点,因为它必须从这个本源而来并且只有这样被思考。

462 再者,这段话中的"据此而来"(nach ihr)又是什么意思呢?它并不是说:整个逻辑学自为地对先验哲学来说是预先规定了的,而是说:首先并且只有当整个逻辑学已被编排到先验统觉的位置之中,它才能在批判性的、与感性直观的被给予物相联系的存在学范围内起作用,亦即充当概念(范畴)之规定和存在者之存在的原理的引线。情形之所以如此,乃是因为"最初的、纯粹的知性认识"(亦即对存在者之存在的决定性烙印)乃是"源始的、综合的统觉统一性的原理"(第 17 节,B137)。因此,这个原理乃是一个统一作用的原理,而且,"统一性"并不只是共在(Beisammen),不如说,它是既统一着又聚集着的,是原初意义上的 λόγος[逻各斯],但却转移到自我主体(Ich-Subjekt)身上。这种 λόγος[逻各斯]掌握着"整个逻辑学"。

546

康德以先验哲学这个名称来指称那种依照纯粹理性批判而变化了的存在学,后者把存在者之存在当做经验对象之对象性来思考。它植根于逻辑学。但这种逻辑学不再是形式逻辑,而是由先验统觉的源始的综合统一性规定的逻辑学。存在学植根于这种逻辑学。这一点由上面已经说过的一句话所证实:存在和实存取决于那种与知性使用的关系。

即便在这里,表示对存在者之存在的解释的主导标题也还是:

存在与思想(Sein und Denken)。但合法的知性用法在于:作为设定着—判断着的表象活动、作为断定和命题,思想始终由先验统觉来规定,并且始终通过感官而与情感相联系。思想深入到人的那种被感性所关涉的,也即有限的主体性中。“我思”(Ich denke)意味着:我根据对统觉统一性的先行洞见,把一种感性地被给予的表象之多样性联结起来;而统觉统一性把自己划分为纯粹知性概念 463
亦即范畴的有限制的多重性。

与对知性之本质的批判性阐发一体地,是对知性之使用的限制,也就是把知性之使用限制在对那种通过感性直观及其形式而被给予的东西的规定上。相反地,把知性使用限制到经验上的做法同时开启了通向一种更源始的对知性本身的本质规定的道路。在断定中被设定者乃是一个被给予者的被设定者,这个被给予者本身通过这种设定和设置而对于这种设定和设置而言成为被对置起来的东西、对象、被抛到对面的东西、客体。被设定状态(断定),即存在,转变为对立状态(Gegenständigkeit)。尽管康德在《纯粹理性批判》中也还谈论物,诸如在其存在论题的肯定陈述句中,但这时候,“事物”(Ding)始终是指:在被表象的某物(即 X)这种最宽泛意义上的对—象、客—体。[①] 因此,康德在《纯粹理性批判》第二版之前言(BXXVII)中说:

> 批判“教人认识**两重意义**上的客体,也即作为现象,或者作为物自体本身”。

① 海德格尔在这里把德文“对象”(Gegenstand)和“客体”(Objekt)书作 Gegen-stand 和 Ob-jekt,我们权且译之为“对—象”和“客—体”。——译者注

批判把“一切对象”区分为“现象与本体”(A235,B294)。而本体(Noumenon)又被区分为消极知性中的本体与积极知性中的本体。在纯粹的、与感性无关的一般知性中被表象,但没有被认识并且是不可认识的东西,被看作X,后者只被设想为显现着的对象的基础。积极意义上的本体,亦即所谓的非感性的自在对象本身,例如上帝,始终对我们的理论认识锁闭起来了,因为我们不拥有非感性的直观,可以让这种对象直接自在地在我们眼前出现。

通过“批判”,康德既没有放弃对作为断定的存在的规定,根本
464 上也没有放弃存在这个概念。因此,认为通过康德哲学——正如人们所说的那样——存在概念“被解决”了,这乃是新康德主义的一个至今仍在继续产生影响的错误。自古以来起支配作用的存在之意义(持续的在场状态)不仅依然保留在康德对作为经验对象之对象性的存在的批判性解释中,通过“对象性”之规定,这种存在之意义甚至以一个别具一格的形态重新显露出来,而通过其他在哲学史上占统治地位的对作为实体之实体性的存在的解释,这种存在之意义恰恰被掩盖,甚至被伪装起来了。而康德却完全是在对存在的批判性解释意义上把“实体”(Substantiale)规定为对象性的:实体的意思无非是

> “关于一般对象的概念,这种对象实存着,只要人们在它身上只想到没有任何谓词的先验主体”。(A414,B441)

这里我们不妨指出:只要在康德语言中的“对—象”和“客—体”等词语中回响着那种与思维着的自我主体的关系,而从这种关系中作为断定的存在获得了它的意义,那么,我们最好也在字面上

来理解这些词语。

由于断定之本质是从那种与感性情感联系的先验统觉的角度被规定为客观的命题、即客观的判断命题，故思想的“极点”即知性本身的可能性也必须证明自己为一切可能的命题的根据，因而证明自己为定律（*der Grundsatz*）。所以，第 17 节的标题也就是（B136）：

> “统觉的综合统一性定律乃是一切知性使用的最高原理”。

因此，对存在者之存在亦即经验对象之对象性的系统解释只能在定律中进行。在此实情中包含着下面这回事情的原因，即：通过黑格尔，借助于费希特和谢林，“逻辑科学”就成了辩证法，变成

了各种定律的一种于自身中循环的运动，这种运动本身就是存在 465
的绝对性。康德以下面的话开始了关于纯粹知性的“一切综合定律的系统表象”（A158/59，B197/98）：

> “一般地无论在何处发生定律，这仅仅应归因于纯粹知性，后者不只是规则的能力，鉴于所发生的事情，它本身不如说是定律的源泉，按此源泉，一切（对我们来说只能作为对象出现的东西）必然服从规则，因为，倘若没有这种规则，则对一个与现象一致的对象的认识就绝不能与现象相宜。”

那些专门“说明”存在之样态的定律，在康德那里被叫做“一般经验思想的假设”。康德明确地指出，他“有意地”在“定律表”上选择了表示四个组的“名称”（即“直观的公理”、“知觉的预见”、“经验的类比”和“一般经验思想的假设”），“目的是为了鉴于这些定律的

自明性和运用不让人忽视差异”(A161,B200)。我们现在不得不局限于对第四组(即“假设”)的描绘,而且以唯一的意图:就是要让人们认识到在这些定律中作为断定的存在的主导概念是如何显露出来的。

我们且撇开对“假设”(Postulate)这个名称的解说,而来回忆一下:这个名称在康德的真正的形而上学的极点处重现,而在那里所关涉的乃是实践理性的假设。

假设乃是要求。谁或什么来要求呢?为何而被要求呢?作为“一般经验思想的假设”,它们被这种思想本身所要求,即从思想的源泉而来,从知性的本质而来被要求,而且是为了使那种对感性知
466 觉所给出的东西的设定成为可能而被要求,因而也就是为了使那种对此在的联结,即对现象的多样之物的现实性的联结成为可能而被要求。现实之物始终是某个可能物的现实之物;而且,它是现实之物,这最终归结为一个必然之物。“一般经验思想的假设”乃是那些定律,通过它们,可能存在、现实存在和必然存在得到说明,因为经验对象的此在由此得到了规定。

第一个假设是:

> “凡与经验(按直观和概念来看)的形式条件相一致的,就是**可能的**。”

第二个假设是:

> “凡与(感觉的)经验的质料条件相联系的,就是**现实的**。”

第三个假设是:

> “凡与现实的联系是按经验的普遍条件而被规定的，就是**必然的**（即必然实存的）。”

我们不可自以为一开始就完全明白地理解了上述定律的内容。但我们已经为一种初步的理解做好了准备，而且是通过康德在其存在论题的否定陈述句中所作的说明：“**存在**显然不是一个实在的谓词。”这是由于：存在，以及存在的方式——可能存在、现实存在、必然存在——并非关于对象（客体）是什么的陈述，而是关于客体与主体的关系之**如何**（*Wie*）的陈述。顾及这种如何，上述存在概念被叫做“样态”（Modalitäten）。康德本人也就以下面的句子开始他对“假设”的解释：

> “样态范畴本身具有特殊之处，即：它们毫不扩大作为客体之规定的概念（也即命题主词的概念）——它们作为谓词被附加给概念——，而只是表达出与认识能力的关系。”（A219，467
> B266）

让我们重新注意一下：康德在这里不再根据与**知性**能力的关系，而是根据与**认识**能力的关系——诚然也是与知性、判断力的关系——来说明存在和实存，但这样一来，这种判断力就是从与经验（感觉）的关联中获得其规定性的。虽然存在始终是断定，但却被纳入与情感（Affektion）的关系中。在可能存在、现实存在和必然存在的谓词中包含着一个“对于客体的规定”，但只是一个“某种程度上的”规定，只要关于自在客体本身，关于作为客体的客体，有某种东西被陈述出来，亦即着眼于它的客体性，即对象性，着眼于它所独有的此在，而不是着眼于它的实在性，亦即实事性。对批判的—先验的存在者之存在的解释来说，前批判时期的论题——即存在“根本不是一个谓词”——不再适用了。作为可能存在、现实存在、必然存在，存在虽然不是一个实在的（存在者状态上的）谓词，但却是一个先验的（存在学上的）谓词。

现在，我们才理解了那个初看起来令人诧异的说法，即康德在《纯粹理性批判》中他的关于存在的论题的肯定陈述句所用的说法：“存在……只是对于一个事物或者对于某些自在的规定本身的断定。”按《纯粹理性批判》的语言，“事物”（Ding）在此是指客体或对象。认识的对象之为对象的“某些”规定是并非实在的规定，是存在之样态。作为存在之样态，它们乃是断定。这一点在何种程度上是正确的，必须根据一般经验思想的三个假设的内容才能看清。

我们眼下只注意一点：在康德对存在之方式的解释中存在被思考为断定，以及存在如何被思考为断定。

客体的可能存在在于某物的被设定状态，即某物“与”那种在
468 纯粹直观形式（即空间和时间）给出自身并且可以根据思想的纯粹形式（即范畴）而被规定为如此这般自身给出者的东西“相一致”。

客体的现实存在乃是一个可能之物的被设定状态，也即被设定的东西“与”感性知觉“相联系”。

客体的必然存在乃是那种“与”服从普遍经验定律的现实之物“相联结”的东西的被设定状态。

可能性是：与……相一致（Übereinkommen mit...）；

现实性是：与……相联系（Zusammenhängen mit...）；

必然性是：与……相联结（Verknüpfung mit...）；

在每一个样态中起支配作用的，是对一种各个不同的与那个为经验对象之此在所必需的东西的关系的断定。**样态乃是各个必需的关系的谓词**。说明这些谓词的定律要求这种对一个对象的可能的、现实的、必然的此在来说必需的东西。在此，康德用“假设”这一名称来命名这些定律。它们在双重意义上是思想的假设，一方面，这些要求（Forderung）是**从**作为思想之源泉的知性**中**产生的，同时，就思想应该通过它的范畴把在经验中被给予的东西规定为实存的对象而言，这些要求又是针对思想的。“一般经验思想的假设”——这里“一般”（überhaupt）的意思是：在纯粹知性的定律表上，假设虽然只是在第四位即最后一位上被说出的，但按等级来看，它们是第一位的，因为每一个关于经验对象的判断事先都必须满足这些假设。

假设指称着那种对一个经验对象的断定来说首先所必需的东西。假设指称存在；存在归属于存在者之此在；存在者作为现象乃是对认识主体而言的客体。康德关于存在的论题始终还是有效的：存在“只是断定”。但这个论题现在显示出其更为丰富的内容。“只是”指的是客体之客体性与人类认识之主体性的纯粹关系。可 469
能性、现实性、必然性乃是对于这种关系的不同方式的断定。不同的被设定状态是从源始的设定的源泉中获得规定的。这就是先验统觉的纯粹综合。它乃是认识思想的原始行为（Urakt）。

由于存在不是一个**实在的**谓词，但依然是谓词，因此被判归客体所有而又不能从客体的实事内容中获悉，故样态的存在谓词（Seinsprädikate）不可能来自客体，毋宁说，作为断定的方式，它们必然在主体性中有其渊源。此在之断定及其样态取决于思想。因此，在康德的存在论题中，未曾道破地回荡着一个指导词语：**存在与思想**。

在对假设的“解释”中，并且早在对范畴表的描绘中，康德就区分了可能性、现实性和必然性，而没有说明或者哪怕只是追问一下：对可能存在和现实存在的区分的根据何在。

只是在《纯粹理性批判》十年之后，大约在他的第三部主要著作《判断力批判》（1790 年）的结尾处，康德才触着了这个问题，而且又是“插曲式的”，在题为“注解”的第 76 节中触着这个问题的。二十岁的**谢林**在他五年之后发表的处女作《论作为哲学之原则的自我或者关于人类知识中的无条件者》中，以下面的句子结束了他的著作的结语：

> “但也许在如此少的篇幅中容纳不了如此一多的深刻的思想，情形正如在康德关于目的论的判断力批判之第 76 节中一样。”（谢林：《哲学文集》，第一卷，1809 年，第 114 页；《谢林全集》，第一卷，第 242 页）

470 谢林此话恰到好处，故我们不可自以为充分地深思了这第 76 节。根据本文的描述的意图，我们只需揭示一点：即便在眼下指出的关于存在的表达中，康德如何也贯彻了关于作为断定的存在的指导性规定。康德说：

“人类知性不可通达的”对事物之可能性和现实性的“必然”区分的“根据”，“乃在于主体和主体认识能力的本性中”。

为了行使认识能力，对我们人来说有“两个完全异质的东西……是必不可少的”。此话怎讲？因为知性与感性直观乃是完全不同的东西；前者“对概念来说”是必需的，后者“对与它们相符的客体来说”是必需的。我们的知性绝不能够给我们以对象。而我们的感性直观又不能把由它所给予的东西设定为在其对象性中的对象。就其本身言，我们的知性通过它的概念只能就一个对象的可能性来思这个对象。为了把对象当做现实的对象来加以认识，知性需要通过感官的情感。着眼于上述情形，我们便可理解康德的下述关键句子：

> “但我们对纯然可能之物与现实之物的全部区分都立足于：前者仅仅意味着各个地按照我们的概念（而且一般而言是按照思想能力）对某个事物的表象的断定，而后者（现实之物）则意味着对自在之物本身（在这一概念之外）的设定。”

从康德自己的话中可得出：可能性和现实性乃是断定的不同方式。对这些方式的区分是我们人不可避免的，因为只有当客体

性作为感性地被给予的客体性由知性所规定，并且反过来通过知 471
性而得规定的东西被赋予给知性时，一个对象的实事性，即它的实在性，才对我们来说是一种客观的实事性，即客观的实在性。

“客观的实在性”意味着：被设定为客体的实事性；康德用此名称来表示那个作为经验对象为我们所通达的存在者之存在。因此，康德在《纯粹理性批判》的一个关键地方说：

> “如果一种认识具有客观实在性，亦即与一个对象相关，并且应在这同一个对象中具有意义和含义，那么，对象就必须能够以某种方式被给予。”(A155，B194)

通过指明关于可能性与现实性的区分的必要性及其根据，我们便可看到：在存在者之存在的本质中，在断定中，起支配作用的是关于可能性与现实性的必然区分的构造。由于看清了存在构造的这一根据，表面上就获得了最极端的东西，即康德关于存在所能说的东西。如果我们指的是结果而不关心康德的道路，则情形看来就是如此。

但是，康德在存在规定方面还迈出了更远的一步，而且这一步又只是试探性的，以至于它没有形成对作为断定的存在的系统描述。从康德著作的角度看，这并不意味着什么缺陷，因为对于作为断定的存在的插曲式陈述乃是他的著作的一个风格。

康德的最后一步的不可避免性，我们可以通过下面的沉思来加以澄清。康德把他关于存在的陈述称为“说明”(Erklärung)和“解说”(Erläuterung)。两者应能让我们清晰而纯粹地看到他所说的存在的意思。就他把存在规定为“只是断定”而言，他对存在的理解就是从一个限定的位置出发的，也即是从设定出发的，而设定乃是人类主体性的行为，亦即是依赖于感性地被给予者的人类
472 知性的行为。向这个位置的返回，我们名之为探讨。[1] 说明和解说植根于探讨。由此首先澄清了这个位置，但位置网络(Ortnetz)尚未可显示，也就是说，作为断定的存在(即断定本身)由之而得真正规定的那个位置网络尚未可显示。

于是，在他关于人类的存在者经验及其对象所作的解释的肯定部分的结尾处，亦即在他的批判的存在学(kritische Ontologie)

---

[1] 海德格尔强调“位置”(Ort)与“探讨”(Erörterung)的字面和意义联系。——译者注

的结尾处，康德添加了一个附录，标题为“论反思概念的模棱两可”。也许这个“附录”是很晚才出现的，是在完成了《纯粹理性批判》才插进来的。从哲学史上看，它表达了康德对莱布尼茨的辨析。从康德本人的思想来考察，这个“附录”包含着一种对已经实行的思想步骤和此间所经历的维度的回顾性沉思。这种回顾性沉思本身乃是一个新的步骤，是康德在存在解释方面实行的最后一步。只要这种存在解释就在于把知性的使用限制在经验上，那么，这种解释的关键就是对知性的限定。因此，康德在这个“附录”的“注解”中说（A280，B336）：对反思概念的探讨“有大用场，可以牢靠地规定和确保知性的界限”。

这个“附录”提供了保证，借此，康德的《纯粹理性批判》保障了人的理论认识的范围。我们在此也必得满足于作一种提示，它仅可表明：康德在这个“附录”中如何勾画出作为断定的存在所属的那个位置的位置网络的线条。在对作为断定的存在的解释中包含着这样一回事情，即：对象之设定和被设定状态是根据与认识力量的不同关系来解说的，亦即是在与认识力量的反向关系中，在反射（Rückbeugung）中、在反思中得到解说的。如果这些不同的反思性关系专门作为这样一种关系而得到洞察，同时得到相互比较，那么，很显然地，对这些反思关系的解释必定是在特定方面进行的。 473

于是，这种考察便集中于“心灵的状态”，亦即集中于人类主体。这种考察不再直接朝向经验客体，它折回到经验主体上，是一种反思。康德说是“思考”（Überlegung）。如果这种反思关注的是表象的那些状态和关系，而一般地，对存在者之存在的界定由此才成为可能的，那么，对在存在之位置中的位置网络的反思就是一种先验的反思。与此相应，康德写道（A261，B371）：

> “我借以把一般表象的比较与认识力量结合起来的那种行为，这种比较得以在其中进行的那种行为，以及我借以区分这些表象是否作为属于纯粹知性的东西或者属于感性直观的东西而得到相互比较的那种行为，我称之为**先验的思考**。”

在对作为断定的**可能存在**的解说中，与经验之形式条件的关系得以运作，从而**形式**之概念得以运作了。在对**现实存在**的解说中，经验的质料条件得以表达出来，从而**质料**之概念出现了。因此，对作为断定的存在的样态的解说也就着眼于质料与形式的差异而得以实现。这种差异属于作为断定的存在的位置的位置网络。

由于反思关系是借助上述概念而得到规定的，故这些概念被叫做反思概念。但是，反思概念借以获得规定的方式本身又是一种反思。对康德来说，对作为断定的存在的最后规定实现于一种关于反思的反思中——也即在一种别具一格的思想方式中。这一实情增加了理由，使我们可以把康德对存在的沉思置于“**存在与思**
474 **想**”这个名目下。这个名目看起来意思明白，但其中却隐含着未曾澄清的东西。

在对可能性与现实性之区分的澄清和论证中得出了一点：对现实之物的设定超出了关于可能之物的单纯概念，而进入那种与主体之主观状态的内在相对的外在中。在此出现了“内在”与“外在”之区分。内在意指对事物的内部规定，后者从知性中产生（qualitas-quantitas［质—量］），不同于外在，即那些在空间和时间的直观中作为现象事物的外部关系而显现出来的规定。这些概念（反思概念）

的区分以及这些概念本身是对先验反思而言产生出来的。

在所谓的先验的反思概念"质料与形式"、"内在与外在"之前，康德还指出了"单一与差别"、"一致与矛盾"。但关于最后被指出的第四个反思概念"质料与形式"，康德却说：

> "这是两个概念，它们为其他一切反思奠定了基础，尤其是它们与每一种知性使用不可分地结合在一起。第一个概念(质料)意味着一般可规定的东西，第二个概念意指前者的规定。"(A266，B322)

这种对反思概念的单纯列举已经为我们更彻底地理解康德关于作为断定的存在的论题提供了暗示。断定显示在形式与质料的构造中。这一构造被解释为规定与可规定的东西的区分，亦即是考虑到那种与感性知觉的感受性(Rezeptivität)相关联的知性行为的自发性(Spontaneität)而被解释的。作为断定的存在被探讨，亦即被安置于作为其本质渊源之位置的人类主体性之构造中。

进入主体性的通道乃是反思。只要反思作为先验的反思并不 475
直接指向客体，而是指向客体之客体性与主体之主体性的关系，因此只要反思主题本身作为上述关系已经是一种与思想着的自我的逆向关系，那么，康德借以解说和探讨作为断定的存在的那种反思，便表明自身乃是关于反思的反思，即一种关于与知觉相关的思想的思想。我们已经多次提到的表示康德之存在阐释的主导词语，即**存在与思想**这个名称，现在更清晰地道出了它更为丰富的内容。但这个主导名称的决定性的意义还是模糊的。因为在它的公式化的表述中隐含着一种必须得到考虑的模棱两可，那就是说：**存**

在与思想这个名称不仅标志着康德的存在阐释，而是指示着构成整个哲学史进程的基本特征。

在最后揭示上述模棱两可之前，如果我们能够显示——虽然只是粗略地——传统思想如何在康德对作为断定的存在的阐释中起作用，那也许是大有必要的。从康德的早期著作《表明上帝此在的唯一可能的证据》中，我们就可以得知，对存在的说明是着眼于此在进行的，因为“对上帝之此在的证明”乃是考察的主题。替代“此在”(Dasein)，形而上学的语言也说“实存”(Existenz)。回忆一下后面这个词语，就足以让我们认识到在 sistere[安置、建立]即设定中那种与 ponere[放置、设定]和断定(Position)的联系；existentia[实存]乃是 actus，quo res sistitur，ponitur extra statum possibilitatis[事物借以在可能性状态之外被建立、设定起来的行为](参看海德格尔:《尼采》，1961 年，第二卷，第 417 页以下)。

诚然，在做这种提示时，我们必须放弃那种流行的对语言的工具性的和技术性的态度，并且对语言之道说(Sagen)的远远地运作着的作用力和作用范围保持开放。

在西班牙语中，表示存在(Sein)的词语是 ser。它是从 sedere(即坐、居住)一词中派生出来的。我们德语中说“住处”
476 (Wohnsitz)，那是指居住所逗留的地方。逗留乃是寓于……在场(das Anwesenbei...)。荷尔德林曾想“歌唱王侯及其双亲的驻地”。[①] 在这里，倘若我们认为存在问题可以通过一种对词语含义

① 此句中的“驻地”德文为 die Sitze，与前面讲的动词“坐、居住”(sitzen)同根。——译者注

的分析来解决，那恐怕是愚蠢的。可是，在必要的审慎和明察道说之联系的情况下，对语言之道说的倾听能够为我们暗示出思想之实事（die Sache des Denkens）。

这就必须问：究竟何谓存在——可以从表象角度被规定为设定和被设定状态的存在？这乃是康德没有进一步提出来的问题；康德同样也没有提出以下问题：究竟何谓存在——可以通过形式和质料之构造来规定的断定？究竟何谓存在——以至于在对被设定者之被设定状态的规定中这种被设定状态以双重形态显露出来：一方面作为与谓词相联系的命题主词，另一方面作为与客体相联系的自我主体？究竟何谓存在——可从 subiectum［一般主体］方面也即从希腊文的 ὑποκείμενον［基体、主体］方面来规定的存在？希腊文的 ὑποκείμενον［基体、主体］乃是事先已然呈放出来的东西，[①]因为它是持续在场者。由于存在被规定为在场状态，故存在者乃是在此摆着和呈放出来的东西（das Da-und Vor-liegende），即 ὑποκείμενον。与存在者的关联乃是作为放置（das Legen）（也即 ponere）之方式的让呈放（das Vorliegenlassen）。这其中包含着设定和摆置的可能性。由于存在澄明自身为在场状态，故与作为现成呈放者的存在者的关联能够成为放置、摆置、表象和设定。在康德关于作为断定的存在的论题中，但也在他对作为客体性和客观实在性的存在者之存在的解释的整个领域当中，起支配作用的乃是持续在场意义上的存在。

① 这里的“事先已然呈放出来的东西”（das Zum-voraus-schon-Vor-liegende）或者可译为“事先已然摆在眼前的东西”。——译者注

作为单纯的断定，存在展开自己入样态中。存在者在其断定中被设定，通过与感性情感相关的命题，亦即通过在经验的知性使用中、在如此被规定的思想中的经验性判断力。存在是根据与思
477 想的关系而被解说和探讨的。解说和探讨具有反思的特性，而反思乃作为关于思想的思想显露出来。

现在，在“存在与思想”这个主导名称中还有什么不清楚的呢？如果我们在这个名称中插入那种通过对康德的存在论题的描述向我们表明出来的东西，那么，替代存在，我们要说的是断定，替代思想，我们要说的是反思之反思。这样，“存在与思想”这个名称的意思就如同：断定与反思之反思（Position und Reflexion der Reflexion）。这里处于连词“与”两边的东西是按照康德的意思被解说的。

但是，“存在与思想”中的这个“与”意指什么呢？人们对此问题的回答不费吹灰之力。人们喜欢引用最古老的哲学命题之一，即巴门尼德的一个箴言。此箴言说：τὸ γὰρ αὐτὸ νοεῖν ἐστίν τε καὶ εἶναι。“因为思想与存在是同一的。”

思想与存在之间的关系是同一性（Selbigkeit、Identität）。“存在与思想”这个主导名称说的是：存在与思想是同一的。仿佛“同一的”的意思是明确的，仿佛同一性的意义就在手边似的，而且恰恰就在这个关于存在与思想的关系的突出“情形”中。存在与思想两者显然不是诸如事物和对象之类的东西；在事物和对象之间，人们可以毫不介意地反复进行计算。“同一的”（identisch）的意思绝不同于“相同的”（gleich）。存在与思想，在这个“与”中隐含着迄今为止的哲学以及今天的思想的最值得思的东西。

不过，通过对康德的论题的描述已经无可争辩地表明：作为断定的存在是根据那种与经验的知性使用的关系而被规定的。主导名称中的“与”指的就是这种关系，按康德之见，这种关系在思想中，亦即在人类主体之行为中有其立足点。

这种关系具有何种特性呢？对作为反思之反思的思想的刻画给予我们一个暗示，虽然这个暗示只是粗略的，也不能说是诱人的。思想以双重方式运作：既作为反思，又作为反思之反思。但这 478
一切意味着什么呢？

假如对作为反思的思想的特性刻画已经足以把那种与存在的关联标识出来，那么，这就是说：思想作为简单的设定，预先规定了一道视界，在其中诸如被设定状态、对象状态之类东西能够得到考察。对关于存在及其作为断定的样态的解说来说，思想的作用是视界之预先确定（Horizontvorgabe）。

与之相反，作为反思之反思的思想指的则是方法（das Verfahren），后者就如同工具和推理方法（Organon）；而在被设定状态之视界中得到洞察的存在借此获得了解释。作为反思的思想指的是视界，而作为反思之反思的思想指的是存在者之存在的解释的方法。在“存在与思想”这个主导名称中，思想在我们已经指明的根本意义上是模棱两可的，而且这一点贯穿着西方思想的整个历史。

可是，如果我们现在在原初的希腊思想意义上把存在觉知为当下逗留者（das Je-Weilige）的自行澄明着和持留着的在场状态，而不仅仅并且不首先把它觉知为知性之设定中的被设定状态，那又会如何呢？对这种原初地被烙印的存在来说，表象性思维能够构成视界吗？显然不能。如果自行澄明着和持留着的在场状态不同于被设定状态——尽管这种被设定状态与那种在场状态始终是亲近的，因为被设定状态的本质渊源归于在场状态——，那么，表象性思维就不能构成这种视界。

如果情形是这样，那么，存在之解释的**方式**，即思想的方式，不是也必定具有另一种相应的特性么？自古以来，关于思想的理论被叫做“逻辑学”。但如果思想在其与存在的关联中是有歧义的——既是视界之预先确定，又是方法，那么，所谓的“逻辑学”不也在上述角度上是模棱两可的么？这样，作为方法和作为存在之解释的视界的“逻辑学”，不就成为完全大可置疑的么？一种在此
479 方向上咄咄逼人的沉思并不反对逻辑学，而是致力于一种对 λόγος［逻各斯］的充分规定，亦即致力于对那种道说（Sagen）的充分规定——在此道说中，存在把自己表达出来而作为思想的**这个**值得思的东西。①

在毫不显眼的“是”（ist）中隐含着存在的一切值得思的东西。但其中最值得思的东西始终是：我们要思索，“存在”（Sein）是否能够存在，这个“是”本身是否能够存在，或者，存在是否绝不“是（存在）”（ist），而依然始终真实的事情是——有存在（Es gibt Sein）。

然而，“有”（Es gibt）中的赠与（Gabe）是从何而来的？从何者开始？以何种给出（Geben）方式？②

---

① 此句或可译为：“存在作为思想的这种值得思的东西把自己带向语言。”其中的“表达出来”（zur Sprache bringen）可按字面译作“带向语言”。——译者注

② 前句的“有存在”（Es gibt Sein），可直译为“它给出存在”。故在这里讲到“有（它给出）”（Es gibt）中的“赠与”（die Gabe）和“给出”（Geben）。——译者注

存在不能存在(*sein*)。倘若存在存在,则它就不再是存在,而是一个存在者了。

但是,那位首次思存在的思想家巴门尼德不是说(残篇第六):ἔστι γὰρ εἶναι,"存在就是存在"——也即"在场在场着"么?[①] 如果我们考虑到,在 εἶναι 即在场中真正说话的是 'Αλήθεια,即解蔽,那么,在 ἔστι[是、存在]中着重从 εἶναι[存在][②]而来被说出的在场,意思就是:让在场(*Anwesenlassen*)。存在——真正讲来就是:允诺在场状态者(das Anwesenheit Gewährende)。

在这里,存在,即"是"(ist),被假装为某种存在者了么?或者,存在,即 τὸ αὐτό(同一者),在这里 καθ' αὐτό(按照自身)而被道说了么?这里不是讲着一种同义反复么?不错。但在最高意义上的同义反复并非无所道出,而是道说着一切:那种原初地和在将来对思想有决定作用的东西。因此,这种同义反复于自身中包含着未曾被道说的东西,未曾被思的东西,未曾被追问的东西。"在场在场着"(Anwest nämlich Anwesen)。

在此何谓在场状态?是当前(Gegenwart)么?诸如此类的东西是从何而来得到规定的?这里显示出——更准确地讲:遮蔽着——时间的一个隐蔽本质的未曾被思的特性么?

---

① 海德格尔把巴门尼德的这个残篇译为:"Es ist nämlich Sein"以及"Anwest nämlich Anwesen"。——译者注

② 在希腊文中,ἔστι(是、存在)是系动词 εἰμί(相当于德语的 sein、英语的 be)的主动语态而在直陈式单数第三人称,相当于英语的 it is 或德语的 es ist;εἶναι(存在)是系词不定式。海德格尔认为,在希腊语的各种词类中,不定式是晚出的,而不定式"是"的形成以及进一步的动名词化,才形成了名词性的"存在"(ὄν)范畴。特别可参看海德格尔:《形而上学导论》,德文版,第二部分。——译者注

若是这样,则存在问题就必定获得了下面这个主导名称:“存在与时间”。

那么,康德关于作为纯粹断定的存在的论题又如何呢?

如若被设定状态、对象状态表明自身为在场状态的变种,则康德的存在论题就归属于那种在一切形而上学中始终都未曾被思的东西。

480 关于存在者之存在的形而上学规定的主导名称“存在与思想”,不足以哪怕仅仅提出存在问题,更遑论为之寻获一个答案了。

不过,康德关于作为纯粹断定的存在的论题始终是一个顶峰,由之而来,(思想的)目光向后直抵那种对作为ὑποκεῖσθαι[放置、呈放][1]的存在的规定,而且向前指向那种对作为绝对概念的存在的思辨辩证法的解释。

① 在希腊文中,ὑποκεῖσθαι是动词ὑπόκειμαι的不定式。海德格尔在上文中讲到,与此相联系的名词ὑποκείμενον[基体、主体]乃是“事先已然呈放出来的东西”,其动词词根有“呈放、摆在眼前”之意(德文的Vorliegen),与拉丁文的ponere(放)相当。我们把ὑποκεῖσθαι译为“放置、呈放”。——译者注

说　　明 481

一、评卡尔·雅斯贝尔斯《世界观的心理学》

这是一篇批判性的评论，作于1919—1921年间；1921年6月，作者曾将本文寄给卡尔·雅斯贝尔斯。读者可参看雅斯贝尔斯《世界观的心理学》第三版(1925年)之前言；虽然未指名道姓，但雅氏的这个前言也包含着对我这篇批判性评论的回答：

“新版是第二版的未经改动的重版。在此我想做几点纯粹个人的评注，说明何以一种修订会是令人棘手的。

或者，我干脆可以写一部新书。当时，在对各种世界观的设想过程中，即把各种世界观设想为从一种真正的世界观——后者不确定地、从未明确地包含整体的要素或维度——而来的世界观，这时候，我试图从直观出发来表述，而且未予深思熟虑地来传达。如此这般得到具体描述的东西，今天在我看来依然是真实的；对之我不能做得更好了，要做，就只能不同地做了。因为相当一段时间以来，我在方法上关心的是，在一种直观性取向的这个最初的直接尝试之后，现在要斗胆试一下一种在逻辑上确定的对现代实存意识的揭示的第二个步骤。因此，把年轻时的计划在其最初形态中保留下来，就显得更为自然一些。当时，在这本书的整个态度中，以

无意的分析方式，道出了一个隐秘的理想。我完全肯定我能想起这种理想。然而，那些植根于这样一种描述的本性中的界限却要求同一内容以多种形式显现出来。我致力于一种新的形态，而且，不能错误地认为通过修改现有的东西就可以获得这种新的形态。在进一步的工作中，我并没有在思想品质上成为另一个我，而是在知识上，在逻辑形式上成了另一个我，并且宁可不触动我早先的成果——怀着这样一种希望，即在这种对哲学上的实存作心理学廓清和奠基的尝试之后，也端出一种对哲学上的实存作逻辑的一系统的廓清和奠基的尝试。

或者，我可以在作某种修订时损害这部书。因为它有种种缺陷——在结构上，在有条理的评论上，在历史的说明中，也就是在那些就此书的目标方面应被看作无关紧要的东西中——，所以在作修订时，我就会希望从当下的认识出发来改正这些缺陷。这就要删去一些虚弱的方面或者句子，就要改变某些表述，首要地也要
482 补充缺失，在不触动细节的情况下重新建立整体系统。但这样一来，就会产生一个不伦不类的怪胎。这本书就会受到损害，为此就会获得一种表面的和琐屑的准确性”。

眼下这篇“评注”最初发表于《卡尔·雅斯贝尔斯论辩》上，汉斯·萨纳编，R.皮珀尔出版公司，慕尼黑 1973 年，第 70—100 页。

二、现象学与神学

本文是作者 1927 年 3 月 9 日在图宾根做的演讲，1928 年 2 月 14 日在马堡重做。作为“附录”付印的 1964 年 3 月 11 日的书

信是为一次神学谈话而做的，后者是在 1964 年 4 月 9 日至 11 日在美国麦迪逊的德鲁大学举行的。两个文本首次发表于《哲学档案》第 32 卷（1969 年），第 356 页以下，同时出法文本。1970 年以《现象学与神学》为书名出单行本，由美茵法兰克福的克劳斯特曼出版社出版，书前写有一献辞："献给鲁道夫·布尔特曼，纪念 1923—1928 年马堡岁月的友情"。

三、最后一次马堡讲座节选

本文节选自作者于 1928 年夏季学期做的《逻辑学》讲座，此讲座讨论莱布尼茨的思想。首次发表于鲁道夫·布尔特曼八十寿辰纪念文集《时间与历史》中，I.C.B.莫尔（保罗·西贝克），图宾根 1964 年，第 491—507 页。

四、形而上学是什么？

本文系作者 1929 年 7 月 24 日在弗莱堡大学礼堂做的公开的教授就职讲座，1929 年首次在波恩的弗里德里希·柯亨出版社出版；第四版以后由美茵法兰克福的维多里奥·克劳斯特曼出版社出版。自 1949 年第五版始，题有"贺汉斯·卡罗莎七十寿辰"的献辞。1975 年出版第十一版（审订版）。

五、论根据的本质

本文是为爱特蒙德·胡塞尔七十寿辰纪念文集（《哲学和现象

学研究年鉴》增刊）所作的论文，马克斯·尼迈耶出版社，哈勒（萨勒河畔），1929 年，第 71—110 页。同时由马克斯·尼迈耶出版社出单行本。自 1949 年第三版始增加了一个“前言”，由美茵法兰克福的维多里奥·克劳斯特曼出版社出版。1973 年出版第六版。

483 六、论真理的本质

本文首版于 1943 年，由维多里奥·克劳斯特曼出版社（美茵法兰克福）出版。此文内容包含一个公开演讲的经多次审查的文本，而这个公开演讲是在 1930 年写成，并且以相同标题做过多次（1930 年秋季和冬季在不莱梅、马堡以及弗莱堡，1932 年夏季学期在德莱斯顿）。1949 年第二版增加了文后注解的第一段。1967 年出第五版。

七、柏拉图的真理学说

本文的思路要追溯到 1930—1931 年冬季学期的弗莱堡讲座《论真理的本质》。文章编成于 1940 年，初版于《精神遗产》，年刊第二期，海尔姆特·库珀尔出版社，柏林 1942 年，第 96—124 页。作为独立著作，本文与《关于人道主义的书信》一道，在 A. 弗兰克股份公司出版，伯尔尼 1947 年。1975 年出第三版。

八、论 Φύσις 的本质和概念。亚里士多德《物理学》第二卷第一章

本文写作于1939年。首次发表于《思想》，第三卷，第2期和第3期，米兰出版社，1958年。单行本收入《哲学文集》，1960年（《思想》文库）。

九、《形而上学是什么？》后记

1943年附加在作者的教授就职讲座的第三版上。1949年出第四版时，作者又对"后记"做了局部加工。这些改动过的文字的原文均在脚注中标出。1975年出审订第十一版。

十、关于人道主义的书信

1946年秋致巴黎让·波弗勒的书信，出版时作者对书信的原文作了审订并作了若干处扩充。最初与《柏拉图的真理学说》一文一道出版，由A.弗兰克股份公司出版，伯尔尼1947年。1949年在维多里奥·克劳斯特曼出版社（美茵法兰克福）出版单行本。1974年出版第七版。

十一、《形而上学是什么?》导言

这是 1949 年加在作者的教授就职讲座第五版前面的导言。1975 年出审订第十一版。

484 十二、面向存在问题

首次以《关于“线”》为标题发表在恩斯特·荣格尔六十寿辰纪念文集《友好往来》上,维多里奥·克劳斯特曼出版社,美茵法兰克福 1955 年,第 9—45 页。单篇著作出版于 1956 年,维多里奥·克劳斯特曼出版社,美茵法兰克福。1967 年出版审订第三版。

十三、黑格尔与希腊人

本文系作者为 1958 年 7 月 26 日在海德堡科学院全体会议上做的演讲所撰。首次发表于汉斯-乔治·伽达默尔六十寿辰纪念文集《当代思想中的希腊人》中,J.C.B.莫尔出版社(保罗·西贝克),图宾根 1960 年,第 43—57 页。本文的一个更早的文稿以作者于 1958 年 3 月 20 日在法国埃克斯所做的演讲为蓝本,演讲稿由让·波弗勒和皮埃尔-保罗·萨加维翻译,发表在《南方杂志》,t.XLⅦ,第 349 期,1959 年 1 月,第 355—368 页。

十四、康德的存在论题

本文系作者于1961年5月17日在基尔作的一个演讲。首次发表在艾里克·武尔夫六十寿辰纪念文集《实存与秩序》上，维多里奥·克劳斯特曼出版社，美茵法兰克福1962年，第217－245页。1963年由维多里奥·克劳斯特曼出版社出版单行本。

485

编者后记

（第三版）

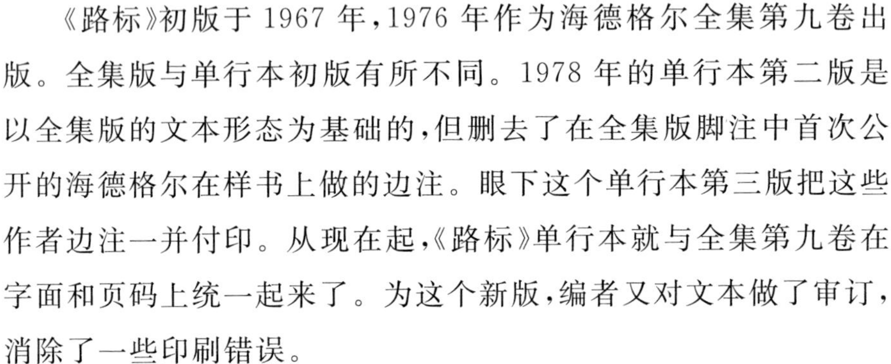

《路标》初版于1967年，1976年作为海德格尔全集第九卷出版。全集版与单行本初版有所不同。1978年的单行本第二版是以全集版的文本形态为基础的，但删去了在全集版脚注中首次公开的海德格尔在样书上做的边注。眼下这个单行本第三版把这些作者边注一并付印。从现在起，《路标》单行本就与全集第九卷在字面和页码上统一起来了。为这个新版，编者又对文本做了审订，消除了一些印刷错误。

《路标》全集版的文本格式，是根据海德格尔在生前最后几年里给编者的指示安排的。据海德格尔的意见，全集版增录了两个单篇（《评卡尔·雅斯贝尔斯〈世界观的心理学〉》和《现象学与神学》），它们在《路标》第一版中还是没有的；此外，根据写作日期对书中各篇文章做了安排；还有，从作者样书中采用了几个短小的、为说明文本服务的修改，还把从作者样书中采录的边注纳入脚注中。

《形而上学是什么？》的“后记”是在该文第四版（1943年）时增补的。作者在《形而上学是什么？》第五版时（1949年）对该“后记”作了一些文字改动。现在，在用阿拉伯数字标示的脚注中，录下了这些改动处原来的表述(即 1943 年版的表述)。

在脚注中用字母(a,b,c,...)标示的边注(中译本中以“作者边注”标示。——译者),是从本书所收诸篇的单行本样书以及《路 486
标》第一版样书中摘录的。在多数情况下,一个单篇就有几本样书,偶尔甚至有四本或五本不同版次的样书。在眼下这个新版中,每一个边注前均标出了相关样书的版次。

这些边注是作者在不同年份和年代里写下的,从各个单篇发表年份开始,一直到海德格尔生命的最后几年,但没有标明具体日期。读者可以根据样书的出版年份来估计作者写下这些边注的大概日期。

F.-W.冯·海尔曼

1995 年于弗莱堡

人名对照表

Anaxagoras 阿那克萨哥拉
Anaximander 阿那克西曼德
Antiphon 安提丰
Aquino,Thomas von 托马斯・阿奎那
Aristoteles 亚里士多德
Augustinus 奥古斯丁

Barbarus H. 海姆劳斯・巴尔巴鲁
Bauch,Kurt 库尔特・鲍赫
BauerW. 鲍尔
Baumgarten 鲍姆嘉通
Beaufret Jean 让・波弗勒
Bergson 柏格森
Bernoulli 贝努利
Bosses de 德・博斯
Buchenau 布赫诺
Bultmann,R. 鲁道夫・布尔特曼

Carnap 卡尔纳普
Carossa,H. 汉斯・卡罗莎
Cassirer 卡西尔
Charlotte,S. 索菲・夏洛特
Couturat L. 库图拉特
Crusius,Chr. A. 克鲁休斯

Demokrit 德谟克利特
Descartes 笛卡尔
Diels 第尔斯
Dilthey,W. 狄尔泰

Erdmann 埃德曼

Feuerbach 费尔巴哈
Fichte 费希特
Frauenstädt,Jul. 弗劳恩斯达特
Friedländer 弗里德伦德尔

Gadamer,H-G. 汉斯-乔治・伽达默尔
Gerhardt 格哈德
Glaukon 格劳孔
Goethe 歌德

Hegel 黑格尔
Heidegger 海德格尔
Heisenberg 海森堡
Heraklit 赫拉克利特

Hoffmeister 霍夫麦斯特
Hölderlin 荷尔德林
Homer 荷马
Husserl 胡塞尔

Jäger 耶格尔
Jäsche,G.B.雅旭
Jaspers 雅斯贝尔斯
Jünger,E.恩斯特・荣格尔

Kant 康德
Kierkegaad 基尔凯郭尔
Kowalewski 科瓦列夫斯基

Leibnitz 莱布尼茨
Lücke,Theodor 特奥多・吕克
Luther,M.马丁・路德
Luther,W.W.路德

Marx 马克思
Melissos 麦里梭
Migne 米涅

Nietzsche 尼采

Overbeck,F.弗兰茨・奥维贝克

Parmenides 巴门尼德
Paulus 保罗
Picot 皮柯
Platon 柏拉图
Porphyrios 波菲利

Reinhardt,K.莱因哈特
Remond 雷蒙
Rickert 李凯尔特
Rilke 里尔克

Sagave,P-P 皮埃尔-保罗・萨加维
Sahner,H.汉斯・萨纳
Sartre 萨特尔
Scheler,M.舍勒
Schelling 谢林
Schiller 席勒
Schlatter,A.施拉特尔
Schmalenbach 施马伦巴赫
Schopenhauer 叔本华
Simplicius 辛普里丘
Snell 斯纳尔
Socrates 苏格拉底
Sophokles 索福克勒斯
Spengler 斯宾格勒

Taine 泰纳
Themistius 提米斯修

van Gogh 梵・高
Vinci,Leonardo da 列奥纳多・达・芬奇
Volder de 沃尔德

Weber,Max 马克斯・韦伯
Winkelmann 温克尔曼
Wolf,E.艾里克・伍尔夫

译 后 记

今年是本书作者马丁·海德格尔(Martin Heidegger,1889—1976年)逝世二十周年。读者眼前这部《路标》中译本的出版,也许可以作为汉语学术思想界对这位二十世纪最杰出、最具创造性魅力的德国思想家的一份纪念。

《路标》是海德格尔晚年自编的论文集,汇集了海德格尔自1919年至1961年间所做的重要文章十四篇,特别可以呈现海德格尔在近半个世纪的思路历程。在《路标》一书中,读者可以全面地了解到海德格尔本人的存在思想之进程和他对西方"存在历史"的独特的清理、批判。本书书名亦已明示,它包含海德格尔在"存在"问题之追问的道路上的各个标记——"路标"。

书中收有海德格尔不同时期的名篇。其中前五篇属于前期海德格尔(1930年以前)的重要作品,如《现象学与神学》、《形而上学是什么?》、《论根据的本质》等,分别出版过单行本。后九篇为后期海德格尔作品,如《论真理的本质》一文,标志着海德格尔思想"转向"(Kehre)的开端;《关于人道主义的书信》一篇,最明确地表现出后期海德格尔对于其前期思想的自我批判和反思,以及与现代实存主义(存在主义)哲学思潮的自觉划界,亦被视为海德格尔思想"转向"的完成的标志;而《面向存在问题》一文对后现代(主义)

思想产生了卓著的影响，尤其是海德格尔在其中首创的“涂划法”，对于法国激进思想家雅各·德里达的“消解论”（deconstruction），有着直接的启发作用。

与后期海德格尔的其他一些著作相比较，我们可以说，《路标》一书最具有“学术性”——这当然并不意味着海德格尔的其他作品算不上严格的思想著作；我在此所谓的“学术性”，是指《路标》一书中的文章在形式上（论题、文风等）相对而言更加近于西方传统学术的讨论风格。《路标》的论题几乎完全是哲学史专业的题目。我们从中可以看到海德格尔对西方哲学史上众多哲学巨匠的讨论，或专题，或兼论，从古希腊哲学家柏拉图和亚里士多德，到德国古典哲学家莱布尼茨、康德和黑格尔，及至与海德格尔同时代的欧洲现代哲学家，如雅斯贝尔斯和萨特尔等。显然，海德格尔把这十四篇不同时期的文章汇集在一起，是有其专题设计的意图的。

这个专题，海德格尔已经在“前言”中明言：本书意在让读者体察到一条“通向对思想之实事的规定的道路”。所谓“思想之实事”乃是“存在”（Sein）。在《林中路》中，海德格尔把他前期的奠基之作《存在与时间》称为“路标”，实即因为海德格尔在《存在与时间》中重新提出了“存在问题”，确立了他毕生思想的这个唯一主题。主题是唯一的，思想之路以及路上的风光却是多彩的。

本书初版于 1967 年，由维多里奥·克劳斯特曼出版社（美茵法兰克福）出版，后被辑为海德格尔《全集》之第九卷，于 1976 年出版。我的译文是根据 1978 年扩充审订版（第二版）做的，后又根据 1996 年审订版（第三版）作了校订，并补译了“作者边注”和“编者后记”。凡能找到英译文的篇目,我在翻译时尽量作了参照。只可惜其中许多篇目尚未见有英文翻译。

书中的“注释”包括海德格尔的“原注”、“作者边注”和中译者所加的“译注”。所谓“作者边注”(Randbemerkung)是海德格尔生前在他自己的样书上做的一些批注,现由《路标》全集版编者海尔曼教授(Friedrich-Wilhelm von Herrmann)整理并补入新版中。这些样书包括本书中相关文章的单行本以及本书 1967 年第一版。有关具体情况,可参看本书的“编者后记”。

这里有必要说明一下与“作者边注”相关的 Seyn 和 Ereignis 两个词语的翻译。这两个词语在本书正文中较少出现,而在“作者边注”中却经常出现。Seyn 是表示“存在”(Sein)的古德语词,本来也可以译为“存在”,但为了显出字面上的区别以及海德格尔的用心,我们译之为“存有”。Ereignis 的翻译更为复杂,我们在书中译为“本有”,以体现它与“存在”、“存有”以及动词“居有”(er-eignen)等的联系;在少数地方,我们也译之为“居有事件”。

译文中的[ ]用于标示希腊文和拉丁文的中文翻译;有必要注明的原文词句则用( )标示。书后的“人名对照表”是译者做的,凡在本书中出现的人名均已收入此表中,以备读者查考之用。

本书中的《形而上学是什么?》和《关于人道主义的书信》两文,曾由我尊敬的老师、原北京大学外国哲学研究所教授熊伟先生译成中文,分别发表在《西方现代资产阶级哲学论著选辑》(商务印书馆,北京 1982 年)和《现代外国资产阶级哲学资料选辑·存在主义哲学》(商务印书馆,北京 1963 年)上。熊伟先生的这两篇译文无疑是精彩的，而且是很有特色的。我这次对这两篇文章做了重新翻译，仅仅是为了追求全书译文风格和思想术语的统一；自然，在重译过程中，我对熊先生的译文颇多借鉴。我想，熊伟先生在天之灵是会同意我辈后学的这种做法的。

另外，我在编译《海德格尔文选》（上海三联书店，1996 年）时，曾约请友人倪梁康博士译出本书中《面向存在问题》一文。这次征得梁康学兄的同意，我在他的译文基础上重译此文，同样也是为照顾全书译文风格的统一。在我审校全书译稿时，正值梁康学兄在杭，帮助我克服了译文中的一些难点。我在此感谢他的热情支持，也感谢他长期以来在学业上对我的兄长般的帮助。

如上所述，本书可以说是海德格尔对西方形而上学历史的长期反思的成果，故在本书中出现了大量希腊文和拉丁文，不但有个别的字句，而且有整段的文字，对我构成一大难题。我在这两门语言方面没有什么修养。因此，若严格讲来，我个人是不足以胜任本书的翻译的。在此我特别要感谢瑞士巴塞尔大学海因里希·奥特教授（Heinrich Ott）的帮助。奥特教授在杭讲学期间（1995 年 10 月下旬），为我解决了这两门古典语言方面以及其他翻译理解方面的部分困难，又与我共同主持了几次研究生讨论班，研讨与本书相关的几个题目，对我的翻译是大有促进的；后又通过书信，帮助我把本书第三篇文章的一些拉丁文句子译成德文。

除奥特教授外，南京大学历史系的张竹明教授为我解决了本书第八篇文章的希腊文方面的部分困难；科隆大学托马斯文库的马丁·皮卡费博士（Martin Pickave）和浙江省天主教杭州教区朱峰青主教为我翻译了第五篇文章中的两段拉丁文。由于上述海内外专家学者的友情支持，使本书的翻译工作在一定程度上成为一项集体的成果。我在此谨向各位专家表示我的谢意。

因为译事的繁难，我也特别希望读者们不吝赐教。

孙周兴

1996 年 1 月 8 日记

1996 年 9 月 3 日补记

1999 年 4 月 3 日再记于西子湖畔求是村寓所

图书在版编目(CIP)数据

路标/(德)海德格尔著;孙周兴译. —北京:商务印书馆,2017
(汉译世界学术名著丛书:120年纪念版:珍藏本)
ISBN 978-7-100-14804-7

Ⅰ. ①路… Ⅱ. ①海… ②孙… Ⅲ. ①海德格尔(Heidegger, Martin 1889-1976)—哲学思想 Ⅳ. ①B516.54

中国版本图书馆CIP数据核字(2017)第161056号

汉译世界学术名著丛书
(120年纪念版·珍藏本)
路 标
〔德〕海德格尔 著
孙周兴 译

商 务 印 书 馆 出 版
(北京王府井大街36号 邮政编码100710)
商 务 印 书 馆 发 行
北 京 冠 中 印 刷 厂 印 刷
ISBN 978-7-100-14804-7

2017年12月第1版 开本 710×1000 1/16
2017年12月北京第1次印刷 印张 36¾
定价:185.00元